财产保险（第二版）

PROPERTY INSURANCE

王绪瑾 著

图书在版编目(CIP)数据

财产保险/王绪瑾著.—2版.—北京:北京大学出版社,2017.3
(21世纪经济与管理规划教材·保险学系列)
ISBN 978-7-301-28197-0

Ⅰ.①财… Ⅱ.①王… Ⅲ.①财产保险—高等学校—教材 Ⅳ.①F840.65

中国版本图书馆CIP数据核字(2017)第053402号

书　　　名	财产保险(第二版)
	CAICHAN BAOXIAN
著作责任者	王绪瑾　著
责 任 编 辑	贾米娜
标 准 书 号	ISBN 978-7-301-28197-0
出 版 发 行	北京大学出版社
地　　　址	北京市海淀区成府路205号　100871
网　　　址	http://www.pup.cn
电 子 信 箱	em@pup.cn　　QQ:552063295
新 浪 微 博	@北京大学出版社　@北京大学出版社经管图书
电　　　话	邮购部62752015　发行部62750672　编辑部62752926
印 刷 者	天津和萱印刷有限公司
经 销 者	新华书店
	730毫米×1020毫米　16开本　21.75印张　489千字
	2011年3月第1版
	2017年3月第2版　2022年8月第6次印刷
定　　　价	45.00元

未经许可,不得以任何方式复制或抄袭本书之部分或全部内容。
版权所有,侵权必究
举报电话:010-62752024　电子信箱:fd@pup.pku.edu.cn
图书如有印装质量问题,请与出版部联系,电话:010-62756370

丛书出版前言

作为一家综合性的大学出版社，北京大学出版社始终坚持为教学科研服务，为人才培养服务。呈现在您面前的这套"21世纪经济与管理规划教材"是由我国经济与管理领域颇具影响力和潜力的专家学者编写而成，力求结合中国实际，反映当前学科发展的前沿水平。

"21世纪经济与管理规划教材"面向各高等院校经济与管理专业的本科生，不仅涵盖了经济与管理类传统课程的教材，还包括根据学科发展不断开发的新兴课程教材；在注重系统性和综合性的同时，注重与研究生教育接轨、与国际接轨，培养学生的综合素质，帮助学生打下扎实的专业基础和掌握最新的学科前沿知识，以满足高等院校培养精英人才的需要。

针对目前国内本科层次教材质量参差不齐、国外教材适用性不强的问题，本系列教材在保持相对一致的风格和体例的基础上，力求吸收国内外同类教材的优点，增加支持先进教学手段和多元化教学方法的内容，如增加课堂讨论素材以适应启发式教学，增加本土化案例及相关知识链接，在增强教材可读性的同时给学生进一步学习提供指引。

为帮助教师取得更好的教学效果，本系列教材以精品课程建设标准严格要求各教材的编写，努力配备丰富、多元的教辅材料，如电子课件、习题答案、案例分析要点等。

为了使本系列教材具有持续的生命力，我们将积极与作者沟通，争取三年左右对教材不断进行修订。无论您是教师还是学生，您在使用本系列教材的过程中，如果发现任何问题或者有任何意见或建议，欢迎及时与我们联系(发送邮件至em@pup.cn)。我们会将您的宝贵意见或建议及时反馈给作者，以便修订再版时进一步完善教材内容，更好地满足教师教学和学生学习的需要。

最后，感谢所有参与编写和为我们出谋划策提供帮助的专家学者，以及广大使用本系列教材的师生，希望本系列教材能够为我国高等院校经管专业教育贡献绵薄之力。

北京大学出版社
经济与管理图书事业部

第二版说明

自本书2011年首版以来,国内外财产保险得到了迅速发展,互联网保险、机动车保险改革尤为突出,为了适应这样的变化,作为源于实践又指导实践的财产保险理论,也有必要进行修订。本次修订主要体现在以下几个方面:

第一,结合中国保险行业协会2014年公布的《中国保险行业协会机动车综合商业保险示范条款》,修改了机动车保险的相关章节。

第二,结合国内外财产保险变化的数据,修订、补充了有关章节。

第三,对相关章节的案例、习题等进行了修订和完善。

在本书修订的过程中,中国保险监督管理委员会发展改革部席友先生,中国保险行业协会副秘书长、车险专业委员会郭红主任,泰康在线财产保险股份有限公司运营中心盖雪莹总经理,信泰保险研究院院长刘越博士,中国再保险集团战略发展部高级副经理鑫蕊史博士,北京工商大学经济学院风险管理与保险学系主任宁威教授,中国人民财产保险股份有限公司精算部产品处王浩帆先生,中国太平保险(香港)有限公司赵云珂女士提供了大量帮助,很多同事、同行、好朋友和学生也提供了宝贵的建议,在此一并表示感谢。还要特别感谢北京大学出版社经济与管理图书事业部的贾米娜编辑,本书的第一版和第二版,均由她辛苦地负责编辑加工,由于她工作的认真与执着,减少了书中的许多笔误,使本书趋于准确和完善。本书于2013年被评为"北京高等教育精品教材"。当然,书中肯定还会有不妥之处,敬请同行专家和学者批评、指正,以趋完善。

王绪瑾
2017年3月1日
于北京工商大学风险管理与保险学系

前　言

　　我国自 1980 年恢复国内财产保险业务以来,财产保险公司的数量从 1 家增加到 2009 年的 52 家;财产保险保费收入得到了快速的发展,从 1980 年的 4.6 亿元增加到 2009 年的 2 875.8 亿元,财产保险保费收入在全部保费收入中的比重从 100% 下降到 25.82%。同时,财产保险业务内部也发生了巨大的变化,机动车辆保险保费收入占财产保险保费收入的比重从 2001 年的 61% 增加到 2009 年的 74.96%。根据"入世"承诺,可以预见未来我国财产保险公司的数量将会进一步增加;同时,2002 年、2009 年《中华人民共和国保险法》的两次修订,以及 2003 年 1 月《机动车辆保险条款》和费率市场化,2006 年 7 月 1 日机动车交通事故责任强制保险的实施,2006 年中国保险行业协会《机动车商业保险行业基本条款(A、B、C 款)》的推出和 2007 年年初的完善,2009 年北京机动车辆保险浮动费率改革,2010 年深圳机动车辆保险费率市场化试点,均使我国的财产保险市场发生了较大变化。因此,财产保险公司如何根据新的情况开展保险业务,推动自身的稳健经营,促进整个保险业的持续稳定发展,是我国财产保险理论与实务中面临的重要课题。

　　本书力图为保险专业的本科生和研究生提供系统的财产保险理论与应用技术的蓝本。本书在论述财产保险一般理论与方法的基础上,注意吸收最新的研究成果,既包括财产保险原理,也包括财产保险实务。在理论上,既包括财产保险基础理论,也包括财产保险经营理论;在实务中,既包括财产损失保险,也包括责任保险、信用保证保险。在财产损失保险方面,包括企业财产保险、营业中断保险、家庭财产保险、工程保险、机动车辆保险、船舶保险、货物运输保险、农业保险;在责任保险方面,包括责任保险概论、公众责任保险、雇主责任保险、产品责任保险、职业责任保险;在信用保证保险方面,则包括信用保险和保证保险。从而,全书形成了财产保险基础、财产保险经营、财产损失保险、责任保险、信用保证保险的基本架构。其特点主要有:在内容上,既注重基本理论的研究,也注意吸纳国内外保险界最新研究成果与应用技术,充分考虑我国保险工作近期的新情况,按最新的法律法规的规范来融合各章的理论和知识;在结构上,采用板块式体系,从财产保险原理到实务,从财产损失保险到责任保险、信用保证保险;在分析方法上,注意定性分析与定量分析相结合,理论与实务兼备,并且强调案例分析;在适用层次上,力争让读者获得现代财产保险理论与技能。

本书是作者28年来从事教学的成果,尤其是北京工商大学1994级以来历届保险专业本科生的"财产保险"与"保险原理"及1998级以来历届保险方向研究生的"风险管理与保险研究"与"财产保险研究"等保险课程教学研究,以及保险同仁的研究成果的结晶;本书的初稿写于1999年,2003年完稿,其后不断修改;同时,针对2006年机动车交通事故责任强制保险的实施、2009年《中华人民共和国保险法》的第二次修订、我国有关侵权法的颁布、新理论和新业务的出现,进行了补充,终成本书。

本书的编写得到了保险学界和业界的帮助。在稿件写作和修订的过程中,第一,应当感谢首都经贸大学庹国柱教授、中国人民大学保险学系主任许飞琼教授、湖南商学院保险学系主任王韧教授,他们在农业保险、机动车辆保险方面给予了我极大的帮助。第二,感谢我的研究生席友、赵鹏、杨雨亭、刘颖、袁磊、刘扬、陈鸿、唐守庆、沈桂林、肖琼琪、姜涛、王慧,他们对本书的修正和校对做了许多工作。第三,感谢中国保监会办公厅调研处副处长温燕博士、中国保监会财产保险监管部农险处邵绛霞女士、中国人寿集团卓宇博士、中国平安保险李怡老师、中国人民保险公司机动车辆保险部方仲友总经理、中国人民财产保险公司精算部张文娜精算师、北京大学经济学院肖志光博士、美国拉斯维加斯州林肯大学助理教授林一佳博士、美国国际集团朱燕旎女士、美国圣约翰大学研究生王浩帆先生,他们对本书提出了不少宝贵意见并参与了修订工作,促成了本书的完善。第四,感谢北京工商大学保险专业的同学:1994—2009级保险专业本科23个班1 100多名本科生和1998级以来的13届保险专业的研究生——在课堂上他们对各个章节进行认真讨论,因此本书的蓝本既是他们的教材,也是他们的讨论稿,这些研究生是:2010级的研究生陈建龙、何雪华、孔海青、李冠然、林亭亭、刘璐、齐晶、王麦秀、徐梦、徐雅琴、袁璟璟;2009级的研究生龙云飞、刘艳芳、王智慧、梅喻、王鹏程、耿蕴洁、李慧丽;2008级的研究生刘扬、肖杰、骆俊峰、任卓昕;2007级的研究生刘思、罗超、马璇、李博婧、王淑贤;2006级的研究生韩秦、周源、高婧等。以此上溯,还包括我校保险专业的第一位研究生1998级的温燕博士、第二位研究生1999级的林一佳博士等。这些学生既是读者,也是本书的推敲者和建议者,正是他们的耐心和共同努力,给了我完成书稿的信心和决心。第五,感谢我们保险学系的同仁,他们是保险学系副主任宁威博士,保险学系副主任徐徐副教授,保险研究中心副主任栾红副教授、兰新梅副教授、许敏敏副教授、薛梅副教授、乔杨博士等,他们结合教学对本书的修订提出了许多真知灼见。第六,感谢参加承担中国保监会"十一五"规划重点课题"财产保险市场研究"的保险学系课题组成员,把关单位中国保监会财产保险监管部、合作单位中国保监局北京监管局和中国人保战略规划部,感谢董波副主任、丁小燕局长、盛和泰总经理,正是他们的指导,使我们的课题在圆满完成之后,又得以将部分研究成果转换为教材。第七,感谢北京工商大学教务处和经济学院的同事,在他们的帮助下,本书成为"北京工商大学优秀教材"和"北京高等教育精品教材重点立项项目"。最后,特别感谢北京大学出版社的贾米娜编辑对本书的出版付出的巨大努力,使本书避免了许多可能出现的失误。此外,在本书写作的过程中,我们还参阅了中外许多保险专家学者的著作,在此一并表示感谢。正因为如此,从某种意义上说,本书是集体智慧的结晶。

  财产保险商品作为保险商品的一种重要形式,在现代经济中处于非常重要的地位,并且该商品逐步从纯保障型向以保障型为主的带有一定投资功能的财产保险商品转变。因而,本书力争对财产保险商品交易的研究和实务有所帮助。当然,对于本书中的不妥之处,敬请同行专家和学者批评、指正。

王绪瑾
2011 年 2 月 28 日
于北京工商大学保险学系

目 录

第一章　财产保险导论 ………………………………………………… 1
　　第一节　财产保险的概念与特征 ……………………………………… 3
　　第二节　财产保险的职能与作用 ……………………………………… 5
　　第三节　财产保险商品的形态 ………………………………………… 7
　　第四节　财产保险的产生与发展 ……………………………………… 13

第二章　财产保险合同 ………………………………………………… 37
　　第一节　财产保险合同的特点与分类 ………………………………… 39
　　第二节　财产保险合同的基本要素 …………………………………… 41
　　第三节　财产保险合同的基本原则 …………………………………… 46
　　第四节　财产保险合同的订立、变更、转让、无效和终止 ………… 64
　　第五节　财产保险合同的解释原则 …………………………………… 72
　　第六节　财产保险合同的争议处理 …………………………………… 73

第三章　财产保险的数理基础 ………………………………………… 91
　　第一节　财产保险费率 ………………………………………………… 93
　　第二节　财产保险责任准备金的提存 ………………………………… 98
　　第三节　财产保险的财务稳定性 ……………………………………… 101

第四章　火灾保险 ……………………………………………………… 109
　　第一节　火灾保险导论 ………………………………………………… 111
　　第二节　企业财产保险 ………………………………………………… 115
　　第三节　营业中断保险 ………………………………………………… 124
　　第四节　家庭财产保险 ………………………………………………… 127

第五章　运输工具保险 ………………………………………………… 135
　　第一节　机动车保险 …………………………………………………… 137
　　第二节　船舶保险 ……………………………………………………… 170
　　第三节　飞机保险 ……………………………………………………… 176

第六章 货物运输保险 ... 186
第一节 海上货物运输保险 ... 188
第二节 国内货物运输保险 ... 210

第七章 工程保险 ... 218
第一节 工程保险的基本特征与类型 ... 220
第二节 建筑工程保险 ... 223
第三节 安装工程保险 ... 231
第四节 机器损坏保险 ... 241
第五节 船舶工程保险 ... 242
第六节 科技工程保险 ... 248

第八章 责任保险 ... 254
第一节 责任保险的特征与基本内容 ... 256
第二节 公众责任保险 ... 261
第三节 产品责任保险 ... 264
第四节 雇主责任保险 ... 267
第五节 职业责任保险 ... 269

第九章 信用保险 ... 274
第一节 信用保险概述 ... 276
第二节 国内信用保险 ... 278
第三节 出口信用保险 ... 281
第四节 投资保险 ... 289

第十章 保证保险 ... 294
第一节 保证保险概述 ... 296
第二节 诚实保证保险 ... 299
第三节 合同保证保险 ... 303
第四节 产品保证保险 ... 305

第十一章 农业保险 ... 310
第一节 农业保险概述 ... 312
第二节 农业保险的主要内容 ... 322

主要参考文献 ... 334

21世纪经济与管理规划教材
保险学系列

第一章

财产保险导论

通过本章的学习,掌握财产保险的含义、分类、财产保险商品的设计,了解财产保险的特征、职能和作用、发展趋势。本章的内容包括:

- 财产保险的概念与特征
- 财产保险的职能与作用
- 财产保险商品的形态
- 财产保险的产生与发展

第一节 财产保险的概念与特征

一、财产保险的概念

财产保险(Property Insurance)有很多不同的名称,在意大利①、德国②、日本③和韩国④,均称为损害保险;有的国家或地区称为产物保险;有的则包括在非寿险中,不过非寿险一般包括财产保险、意外伤害保险和健康保险。⑤ 至于产物保险,一般是以各种物质财物为保险标的的保险,其范围较窄⑥,实际范围为财产损失保险。因此,非寿险、财产保险以及财产损失保险三者的关系可表示为图 1.1 的形式。

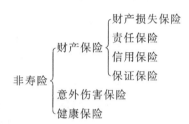

图 1.1 非寿险、财产保险以及财产损失保险的关系

在我国一般称之为财产保险。但在理论上,财产保险亦分广义的财产保险和狭义的财产保险。

广义的财产保险是以财产及其有关利益为保险标的的一种保险。它是当保险财产遭受保险责任范围内的损失时由保险人提供经济补偿的一种保险。这里的财产是金钱、财物及民事权利与义务的总和。

财产按其形式分为有形财产与无形财产,有形财产是可以触摸的财产。⑦ 有形财产按法律属性分为动产和不动产,如厂房、机械设备、运输工具、产成品、农作物等;无形财产是不能触摸的财产⑧,其体现为某种权利⑨,预期利益、权益、责任、信用均为无形财产。有形财产属于物质财产,无形财产属于有关利益、责任和信用,所以,财产保险的定义常为:财产保险是以物质财产及其有关利益、责任和信用为保险标的的保险。

狭义的财产保险是财产损失保险,是以物质财产及有关利益为保险标的的保险。可分为火灾保险(含企业财产保险、家庭财产保险、营业中断保险)、货物运输保险、运输工具保险、工程保险、农业保险。其中,运输工具保险可分为汽车保险、飞机保险、船舶保

---

① 参见:费安玲等译,《意大利民法典》,中国政法大学出版社,2004 年版,第 480 页。
② 参见:江朝国译,《德国保险法规》,(中国台湾)财团保险事业发展研究中心编印,1993 年版,第 48 页。
③ 参见:刘春堂译,《日本保险法规》,(中国台湾)财团保险事业发展研究中心编印,1994 年版,第 1 页。
④ 参见:吴日焕译,《韩国商法》,中国政法大学出版社,1997 年版,第 180 页。
⑤ 新加坡称非寿险为普通保险。
⑥ 参见:郑功成主编,《财产保险学》,武汉大学出版社,1996 年版,第 1 页。
⑦ 有形财产属于有体物的一部分,有体物是可以触摸的物。
⑧ 参见:费安玲著,《罗马继承法研究》,中国政法大学出版社,2000 年版,第 36 页。
⑨ 无形财产是无体物的一部分,无体物是不能触摸的物,体现为某种权利,如遗产继承权、用益权以及以任何形式缔结的债权。

险;工程保险可分为建筑工程保险、安装工程保险、机器损坏保险、船舶工程保险、科技工程保险,其余各险种均可由此细分,并且各细分的险种还可进一步细分。

广义的财产保险包括狭义的财产保险(财产损失保险)、责任保险与信用保证保险,即:

广义的财产保险＝狭义的财产保险(财产损失保险)＋责任保险＋信用保证保险

一般意义上所指的财产保险均为广义的财产保险,故而本书所指的财产保险均属该范畴。

二、财产保险的特征

财产保险与人身保险相比,主要有如下特征:

第一,保险标的不同。财产保险的保险标的是被保险人的财产及有关利益;人身保险的保险标的是被保险人的生命和身体。由于人的生命和身体的价值是很难用货币度量的,因而,人身保险的保险价值难以确定,其保险金额在保险合同当事人双方约定的基础上依照投保人缴纳保险费的能力确定;当保险事故发生时,保险人按保险合同约定的保险金额给付。财产保险则不同,其保险标的的价值一般是可以计算的,保险金额的最高限额是保险价值,保险事故发生后,其赔偿金额根据实际损失额和投保方式确定,具有损失补偿的性质。

第二,保险金额的确定依据不同。财产保险的保险金额是根据保险价值确定的;而由于人身保险的保险标的是被保险人的生命和身体,因而人身保险的保险价值难以确定,其保险金额是在保险合同当事人双方约定的基础上依照投保人缴纳保险费的能力确定。当保险事故发生时,保险人按保险合同约定的保险金额给付。

第三,保险期限不同。在保险期限上,财产保险一般为一年一保;而人身保险,除意外伤害保险和短期健康保险外,一般是长期保险。

第四,基本职能不同。在基本职能上,财产保险的基本职能是经济补偿;人身保险的基本职能是保险金给付。在财产保险中,确定保险金额的基本依据是保险价值,在发生保险事故时,保险人根据保险合同赔偿保险金额范围内的损失;而在人身保险中,确定保险金额的依据是投保人支付保险费的能力,由保险人和投保人约定,在发生保险事故时,保险人根据约定的保险金额进行给付。

第五,技术要求不同。在经营技术上,财产保险风险事故的发生较不规则,并缺乏稳定性,损失的概率相对缺乏规律性,因而计算的费率不及寿险精确;而人身保险中的人寿保险,对死亡率的计算较为精密,出现的风险事故也较规则和稳定。

第六,纯费率厘定的依据不同。财产保险纯费率厘定的依据是损失概率,人身保险中寿险纯费率厘定的依据是生命表和利率。

第七,性质不同。财产保险一般不带有储蓄性质;而人身保险,尤其是人寿保险则带有储蓄性质。

第八,二者的适用对象也存在差别。人身保险主要适用于个人,财产保险主要适用于机构。

第二节 财产保险的职能与作用

一、财产保险的职能

职能是指人、事物、机构所应有的作用。财产保险的职能是财产保险内在固有的功能。它是由财产保险的本质和内容决定的。我国保险界对财产保险的职能存在不同的看法，可分为单一职能论、双重职能论、多重职能论。① 从多重职能论来看，财产保险的职能分为基本职能和派生职能。

(一) 财产保险的基本职能

财产保险的基本职能是保险原始与固有的职能。关于其基本职能有两种观点：一种是分摊损失和补偿损失，另一种是经济补偿。本书采用后一种观点。

经济补偿职能是指保险标的在发生保险事故造成损失时，根据财产保险合同的约定对所保标的的实际损失数额在保险金额范围内给予赔偿，亦即：保险人赔偿的保险金正好填补被保险人因保险事故造成的保险金额范围内的损失。这是财产保险的基本职能。该职能的含义包括：其一，赔偿的是损失；其二，在保险事故范围内赔偿损失；其三，该赔偿金额属于因保险事故引起的保险金额范围内的损失。

(二) 财产保险的派生职能

财产保险的派生职能是在基本职能的基础上产生的职能。其派生职能是防灾防损职能和融资职能。

(1) 财产保险的防灾防损职能。防灾防损是风险管理的重要内容，而保险经营的是风险，因此，保险本身也是风险管理的一项重要内容。保险进行风险管理，体现在防灾防损工作上，从承保前到承保后均体现这一功能。保险防灾防损工作的最大特点就在于积极主动地参与、配合其他防灾防损主管部门扩展防灾防损工作。保险防灾防损的作用主要体现为：减少保险事故，减少被保险人的损失，同时增加保险经营的收益。

(2) 财产保险的融资职能。财产保险的融资职能是保险人参与社会资金融通的职能。其融资职能体现在两个方面：一方面，通过收取保险费体现筹资职能；另一方面，通过购买有价证券、购买不动产等投资方式体现投资职能。②

二、财产保险的作用

(一) 财产保险的宏观作用

财产保险的宏观作用是保险对全社会和整个国民经济总体所产生的经济效应。其宏观作用主要体现在以下四个方面：

(1) 有利于国民经济持续稳定地发展。由于财产保险具有经济补偿的职能，因此任

---

① 单一职能为经济补偿；双重职能为分摊损失和补偿损失；多重职能为基本职能和派生职能，派生职能包括融资和防灾防损职能。

② 本书认为承保理赔也是一种融资过程，一方面通过收取保险费的形式筹集保险基金；另一方面将从大量投保人那里筹集到的保险基金填补少数发生保险事故的被保险人的保险金额范围内的损失，故而也可将其视为融资功能。

何单位只要投了保,并履行了合同的义务,则一旦发生保险事故,便可得到经济补偿,消除因自然灾害和意外事故造成经济损失引起的企业生产、经营中断的可能,从而保证国民经济持续稳定发展。

(2) 有利于科学技术的推广应用。任何一项科学技术的产生和应用,都既可能带来巨大的物质财富,也可能遇到各种风险事故而造成经济损失。尤其是现代高科技的产生和应用,既能克服传统生产技术上的许多缺点和风险,也会产生一些新的风险。而损失一旦发生,其损失额度巨大,远非发明者所能承受。有了保险保障,则在科学技术的推广应用遭受风险事故时为其提供了经济保障,加快了新技术的开发利用。如现代卫星技术的应用,如果没有卫星保险,卫星制造商的卫星制造和发射商的卫星发射活动,都将受到很大的限制。

(3) 有利于社会的安定。保险人是专业的风险管理机构,在被保险人由于风险事故遭受财产损失和对他人承担赔偿责任时,履行经济补偿的职能。而就总体来说,灾害事故的发生是必然的,造成财产损失和人员伤亡也是一定的。只要在保险责任范围内,保险人通过履行经济补偿的职能,就能使被保险人在最短的时间内恢复生产和经营,从而解除了人们在经济上的各种后顾之忧,保障人们正常的经济生活,使社会得以稳定发展。

(4) 有利于对外贸易和国际交往,促进国际收支平衡。保险是对外贸易和国际经济交往中不可缺少的环节。在当今国际贸易和经济交往中,有无保险直接影响到一个国家的形象和信誉。保险不仅可促进对外经济贸易、增加资本输出或引进外资,使国际经济交往得到保障,而且可带来巨额的无形贸易净收入,成为国家积累外汇资金的重要来源。

(二) 财产保险的微观作用

财产保险在微观经济中的作用是指保险作为经济单位或个人风险管理的财务处理手段所产生的经济效应。从一般意义上说具体表现在以下几个方面:

(1) 有利于企业及时恢复经营、稳定收入。无论何种性质的企业,在经营中都可能遭受自然灾害和意外事故的损害,造成经济损失,重大的损失甚至会影响企业的正常生产和经营。保险作为分散风险的中介,每个经济单位都可通过向保险人交付保险费的方式转嫁风险,一旦遭受保险责任范围内的损失,便可及时得到保险人相应的经济补偿,从而及时购买受损的生产资料,保证企业经营连续不断地进行,同时也减少了利润损失等间接损失。

(2) 有利于企业加强经济核算。每家企业都面临风险事故造成损失的可能,一旦发生这些灾害事故,必然影响企业经济核算,甚至使经营活动中断。通过参加保险的方式,将企业难以预测的巨灾和巨额损失,化为固定的、少量的保险费支出,并列入营业费用,这样便可平均分摊成本、保证经营稳定、加强经济核算,从而准确地反映企业的经营成果。

(3) 有利于促进企业加强风险管理。保险公司作为经营风险的特殊企业,在经营中积累了丰富的风险管理经验,为其提供风险管理的咨询和技术服务创造了有利条件。保险公司促进企业加强风险管理主要体现在保险经营活动中,包括:通过合同方式订明双方当事人对防灾防损负有的责任,促使被保险人加强风险管理;指导企业防灾防损;通过费率差异,促进企业减少风险事故;从保险费收入中提取一定的防灾基金,促进全社会风险管理工作的开展。

（4）有利于安定人民生活。通过财产保险安定人民生活主要体现在两个方面：一方面，通过与人民生活密切相关的险种来稳定其生活，即通过家庭财产保险来保障人们的家庭财产安全，通过责任保险保障因民事损害造成的依法对受害者应负的赔偿责任；另一方面，通过一般财产保险和信用保险，保障生产经营的正常进行。保险人通过各种保险在被保险人遭受财产、信用责任风险时对其提供赔付保险金，来稳定经营、安定人民生活。

（5）有利于提高企业和个人信用。在市场经济条件下，每个企业或个人均有遭受责任风险和信用风险的可能，被保险人通过购买责任保险便可在发生对第三者依法应负的赔偿责任时在约定的责任限额内取得经济保障，通过购买保证保险则可为义务人的信用风险提供经济保障。因此，企业和个人因购买保险提高了偿债能力，也就提高了自身的信用。

第三节　财产保险商品的形态

一、财产保险的分类

财产保险的分类是按一定的标志对财产保险商品进行分组，其分类的目的在于：改善财产保险公司的经营；加强对财产保险业的监管；加深公众对财产保险商品的认识和了解。

随着社会经济和保险业的发展，财产保险的险种日益增多。为了满足各种不同的需要，应按照一定的标准对财产保险业务进行归类。一般说来，财产保险的分类有理论分类、实用分类和法定分类，即财产保险的分类主要满足于财产保险理论研究的需要、财产保险业务经营的需要和保险监管的需要。

（一）财产保险的理论分类

财产保险在理论上可以有多种分类，这里仅仅介绍以下几种主要的分类。

1. 强制保险和自愿保险

这是按实施方式的不同进行的分类。

自愿保险（Voluntary Insurance）是保险人和投保人在自愿原则基础上通过签订保险合同而建立保险关系的一种保险。如家庭财产保险、企业财产保险、机动车损失保险等。

强制保险（Compulsory Insurance）又称法定保险，是以国家的有关法律为依据而建立保险关系的一种保险。它是通过法律规定强制实行的，如机动车道路交通事故责任强制保险等。有些国家或地区则将雇主责任保险也作为强制保险。

在财产保险中，强制保险和自愿保险的区别主要有：第一，范围和约束力不同。强制保险具有强制性和全面性，凡在法令规定范围内的保险对象，不论被保险人是否愿意，都必须投保；自愿保险的投保人是否投保则完全由投保人自愿决定。第二，保险费和保险金额的规定标准不同。强制保险的保险费和保险金额一般由国家规定的统一标准确定，自愿保险的保险费和保险金额则由投保人自行选定。第三，在支付保险费和赔款的时间上,强制保险都有一定的限制;自愿保险仅仅在赔款方面有一定的限制。

对强制保险与自愿保险的选择,从经济学的层面而言,凡是市场能解决的,政府就不要干预,因为市场配置资源比政府配置资源要有效得多。但在市场失灵的情况下,政府就不得不干预,以矫正市场的偏差。这种干预在保险方面的体现可以分为国有化、政府政策扶持(含税收优惠、费用补贴等)、强制保险。从法律的层面而言,凡是市场能解决的,政府就不要干预,但市场失灵时,为了保护第三者(受害者)的利益,基于公平性的要求,政府就应干预,以矫正市场的偏差。这种干预在保险方面的体现同样可以分为国有化、政府政策扶持(含税收优惠、费用补贴等)、强制保险,但最常用的是实施强制保险[①]。

2. 定值保险和不定值保险

这是按保险价值的确定方式不同进行的分类。

定值保险(Valued Policy)是指保险合同的当事人事先约定保险标的的保险价值并在合同中给予载明作为保险金额,在保险事故发生时根据载明的保险价值进行赔偿的保险。该险种通常适用于价值变化较大或不易确定的特定物,如字画、古玩、海上货物运输、飞机机身保险、船舶保险等标的物。因此,采用定值保险主要是出于理赔方便或避免理赔争议的需要。

不定值保险(Unvalued Policy)是指在保险合同中只载明保险标的的保险金额而未载明保险价值,在保险事故发生时,根据损失发生时的保险价值与保险金额对比予以赔偿的保险。在不定值保险合同中,仅载明保险金额,并以此作为赔偿的最高限额,至于保险标的的保险价值则处于不确定的状态。财产保险多采用不定值保险。一般而言,财产损失是以赔偿实际损失为原则的,因此,不定值保险合同通常以保险标的的实际价值作为判定损失额的依据。

在不定值保险中,分为足额保险、不足额保险和超额保险。足额保险是保险金额等于保险价值的保险;不足额保险是保险金额小于保险价值的保险;超额保险是保险金额大于保险价值的保险。发生全损时,在不足额保险或足额保险的条件下,其赔偿的最高限额为保险金额;在超额保险的条件下,其赔偿的最高限额为保险价值。《中华人民共和国保险法》(以下简称《保险法》)规定:"保险金额不得超过保险价值。超过保险价值的,超过部分无效,保险人应当退还相应的保险费。"[②]

3. 财产损失保险、信用保证保险和责任保险

这是按保险保障的范围不同进行的分类。

财产损失保险(Property Loss Insurance)是以物质财产及有关利益为保险标的的保险。这是一种狭义的财产保险,可分为火灾保险、货物运输保险、运输工具保险、工程保险、农业保险等。火灾保险包括企业财产保险、家庭财产保险、营业中断保险;运输工具

[①] 对强制保险一般应该慎用,因为往往会以牺牲效率换取公平。一般而言,可通过法治的完善,让加害人觉得侵权成本远远超过侵权收益的若干倍,此时,加害人为了转移风险,便会自愿投保,这是在法治非常完善的条件下适用的。但在法治尚待进一步完善,尤其是在有法可依但执法不十分严格的条件下,为了保护受害者的利益,最直接有效的方式便是实施强制保险。

[②] 《中华人民共和国保险法》第五十五条第一款。

保险分为机动车保险①、飞机保险、船舶保险;工程保险则包括建筑工程保险、安装工程保险、机器损坏保险、船舶工程保险、科技工程保险等,各险种还可进一步细分。

信用保证保险是以义务人(被保证人)的信用为保险标的的一种保险,分为信用保险(Credit Insurance)和保证保险(Guarantee Insurance)。信用保险是保险人根据权利人的要求担保义务人(被保证人)信用的保险。它包括国内商业信用保险、出口信用保险、投资保险等。保证保险是义务人(被保证人)根据权利人的要求,要求保险人向权利人担保义务人自己信用的保险,包括诚实保证保险和确实保证保险。

责任保险(Liability Insurance)是以被保险人对第三者依法应负的赔偿责任为保险标的的保险。它包括第三者责任保险和单独的责任保险,后者可分为公众责任保险、雇主责任保险、产品责任保险、职业责任保险。

4. 物质财产保险、经济利益保险和责任保险

这是按保险标的的内容不同进行的分类。

物质财产保险是以各类物质财产为保险标的的保险,分为企业财产保险、家庭财产保险、运输工具保险、货物运输保险、工程保险、农业保险等。

经济利益保险是以各类物质财产损失所产生的间接损失,或者对他人依法应履行的经济责任为保险标的的保险。如出口信用保险、保证保险、信用保险等。

责任保险是以被保险人对第三者依法应负的赔偿责任为保险标的的保险。如产品责任保险、雇主责任保险、职业责任保险、公众责任保险、机动车第三者责任保险等。

5. 积极型财产保险和消极型财产保险

这是按保险标的的性质不同进行的分类。

积极型财产保险是以已经存在的物质财产及其有关利益为保险标的的保险。如车辆损失保险、营业中断保险、保证保险、信用保险等。

消极型财产保险是以被保险人对第三者依法应负的赔偿责任为保险标的的保险。如第三者责任保险、产品责任保险等。

6. 单一风险财产保险和综合风险财产保险

这是按所承保风险的多少不同而进行的分类。

单一风险财产保险是在保险合同中规定只对某一种风险造成的损失承担保险责任的保险。如地震保险只对地震灾害负赔偿责任。综合风险财产保险是指保险合同中规定对数种风险造成的损失承担保险责任的保险。如我国企业财产保险的保险责任就包括火灾、爆炸、冰雹、雷击、洪水等多种风险造成的损失。

7. 营利性财产保险和非营利性财产保险

这是按经营目的的不同而进行的分类。

营利性财产保险(Profit Property Insurance)即为商业财产保险,是以营利为目的的财产保险;非营利性财产保险(Non-profit Property Insurance)是不以营利为目的的财产保险。后者按经营主体的不同、是否带有强制性分为政策性保险、相互保险、合作保险、行业自保。

---

① 海外称为汽车保险。

（1）政策性保险（Policy Insurance）。政策性保险是政府为了实施某项经济政策而实施的一种非营利性的自愿保险。如出口信用保险、农业保险等，出口信用保险的目的是鼓励出口，农业保险的目的则在于扶持农业的发展。

（2）相互保险（Mutual Insurance）。相互保险是参加保险的成员之间相互提供保险的制度。其组织形式有相互保险公司（Mutual Insurance Company）和相互保险社（Mutual Insurance Association）。

（3）合作保险（Cooperative Insurance）。合作保险是指参加保险的人以资金入股的方式积聚保险基金，为入股成员提供经济保障的制度。其组织形式是保险合作社（Cooperative Insurance Association）。相互保险和合作保险均为非营利性保险，法律性质相同，均为非营利性的法人；保险人相同，投保人即为社员；决策机关相同，均为社员大会或社员代表大会；权利和义务的归属相同，均为社员。但区别在于：第一，经营资金的来源不同。相互保险的经营资金为基金，而保险合作社的经营资金为基金和股金。第二，适用的法律法规不同。合作保险主要适用保险法及保险合作社的各项规定，相互保险适用公司法及保险法的规定。第三，社员与保险组织关系的持续性不同。保险合作社的社员与保险合作社之间的关系是永久的，而相互保险的公司与社员之间的关系则随保险关系的终止而解除。第四，保险关系的取得不同。相互保险的保险关系与社员关系基于保险合同同时取得；而合作保险的保险关系和社员关系则不同，合作保险的保险关系基于保险合同而取得，社员关系是取得保险关系的必要条件，投保的必是社员，但社员未必投保，而社员关系的建立是基于协议。

（4）行业自保（Captive Insurance）。行业自保是自保的一种形式，自保是指经济单位预测在未来一定时期内将会发生某种灾害或意外事故造成损失时，自己预先提留一定的货币和实物，作为对可能发生的损失进行补偿的后备基金的风险管理方式。行业自保是只为母公司提供保险保障的一种保险形式，其组织形式分为风险管理部、自保公司两种类型。风险管理部是母公司的一个部门，是自保组织的初级形式；自保公司（Captive insurance Company）是自保组织的高级形式，是一种在组织上隶属母公司控制的子公司，专门针对母公司的个性化保险需求提供服务。①

8. 政策性财产保险和商业财产保险

这是根据经营目的的不同而进行的分类。

政策性财产保险（Policy Property Insurance）是政府为了实施某项经济政策而实施的一种非营利性自愿保险，通常简称为"政策性保险"。如出口信用保险、农业保险等。商业财产保险（Commercial Property Insurance）是投保人根据财产保险合同的约定，向保险人支付保险费，保险人对于合同约定的可能发生的事故因其发生所造成的财产损失承担赔偿保险金责任的保险。如机动车保险、家庭财产保险、产品责任保险、货物运输保险、工程保险等。

政策性保险和商业财产保险的共同点在于：二者均属于自愿保险；费率厘定的原理基本相同；都是通过签订保险合同建立保险关系。通过投保人与保险人签订保险合同而

---

① 王绪瑾、李予萱：《我国自保公司研究》，《中国金融》，2016年第24期，第54—55页。

建立保险关系:一方面,投保人根据保险合同负有向保险人支付保险费的义务;另一方面,保险人在保险事故发生时负有赔付保险金的义务。但二者的区别在于:一是目的不同,政策性保险的经营目的是贯彻政府的某项经济政策,不以营利为目的;而商业财产保险则以营利为目的。二是经营机构不同,政策性保险的经营机构是政府或政府委托的机构(如保险公司);而商业财产保险业务的经营机构是保险公司。

此外,还可按风险的内容分为火灾保险、地震保险、洪水保险等;按保险业务的内容分为企业财产保险、家庭财产保险、营业中断保险、货物运输保险、运输工具保险、工程保险、农业保险、责任保险、保证保险、信用保险等;按投保的主体不同分为团体财产保险和个人财产保险,如目前有些单位通过招标、投标的形式承保业务,属于团体财产保险的一种形式。

(二)财产保险的法定分类[①]

由于各国理论分类、实用分类和法定分类差异较大,分类标准不统一,因此导致保险分类不统一。

1. 日本的损害保险分类

根据日本《商法》第十章第一节对损害保险的规定,将损害保险单独列明的有火灾保险和运送保险。[②]

2. 韩国的损害保险分类

根据韩国《商法》第四编第二章对损害保险的规定,将损害保险单独列明的有火灾保险、运输保险、海上保险、责任保险、汽车保险。[③]

3. 德国的损害保险分类

根据德国《保险合同法》第二章对损害保险的规定及《汽车保有人强制责任保险》的规定,将损害保险单独列明的有火灾保险、冰雹保险、动物保险、运输保险、责任保险、法律保护保险及汽车保有人强制责任保险。[④]

4. 我国的财产保险分类

我国的《保险法》将商业保险分为财产保险和人身保险两大类。《保险法》第九十五条规定:财产保险业务,包括财产损失保险、责任保险、信用保险、保证保险等保险业务;国务院保险监督管理机构批准的与保险有关的其他业务。同一保险人不得同时兼营财产保险业务和人身保险业务;但是,经营财产保险业务的保险公司经保险监督管理机构核定,可以经营短期健康保险业务和意外伤害保险业务。保险公司的业务范围由保险监督管理机构依法核定。保险公司只能在被核定的业务范围内从事保险经营活动。保险公司不得兼营《保险法》及其他法律、行政法规规定以外的业务。

[①] 要说明的是:对于属于财产保险的海上保险,许多国家或地区将其列入海商法中;对于汽车第三者责任强制保险则由强制汽车责任保险法或管理条例另行规定;而对于汽车第三者责任商业保险则同样适用于一般保险法的规定。

[②] 参见:刘春堂译,《日本保险法规》,(中国台湾)财团保险事业发展研究中心编印,1994年版,第1—9页。

[③] 参见:吴日焕译,《韩国商法》,中国政法大学出版社,1997年版,第180页。

[④] 参见:江朝国译,《德国保险法规》,(中国台湾)财团保险事业发展研究中心编印,1993年版,第97—132页,第145页。

二、财产保险的业务体系

财产保险是一个庞大的业务体系,它由若干险别及其数以百计的具体险种构成。在有关著述中,财产保险体系在第一层次的业务结构通常被划分为四大部分,可由表 1.1 表示。

表 1.1　财产保险业务体系①

第一层次	第二层次	第三层次	第四层次(险种)
财产损失保险(以物质财产及其有关利益为保险标的,承保物质损失的风险)	火灾保险	企业财产保险	财产保险基本险等具体险种及其附加险
		家庭财产保险	普通家庭财产保险、还本家庭财产保险等
	运输保险	机动车保险	车身保险、第三者责任保险等
		船舶保险	普通船舶保险等
		飞机保险	机身保险、第三者责任保险、旅客责任保险等
		货物运输保险	海洋货物运输保险、国内货运保险等
	工程保险	建筑工程保险	建筑工程保险
		安装工程保险	安装工程保险
		机器损坏保险	机器损坏保险
		船舶工程保险	拆船保险、造船保险等
		科技工程保险	航天工程保险、核电保险、海洋石油开发保险等
	农业保险	种植业保险	农作物保险 林木保险
		养殖业保险	畜禽保险 水产养殖保险 特种养殖保险
责任保险(承保责任风险,随着法律制度的完善而发展)	公众责任险	场所责任保险	宾馆、展览馆、车库责任保险等
		承包人责任保险	建筑工程承包人责任保险等
		承运人责任保险	承运货物责任保险等
	产品责任险	产品责任保险	各种产品责任保险
	雇主责任险	雇主责任保险	雇主责任保险及各种附加险等
	职业责任险	职业责任保险	医生责任保险、设计师责任保险、监理师责任保险、会计师责任保险、律师责任保险等
信用保证保险(承保信用风险)	信用保险	商业信用保险	赊销、贷款保险等
		个人信用保险	个人信用保险
		出口信用保险	出口信用保险等
		投资保险	投资保险等
	保证保险	确实保证保险	产品质量保险等
		诚实保证保险	诚实保证保险

若按经营技术的要求不同,则可分为非寿险与寿险,但非寿险类业务除包括财产保

---

① 参见:郑功成、许飞琼主编,《财产保险》(第五版),中国金融出版社,2015 年版,第 6—7 页。

险外,还应包括意外伤害和健康保险业务。在表1.1所揭示的财产保险业务体系中,财产损失保险、责任保险、信用保证保险构成了现代财产保险业的三大支柱。由于农业保险虽然也可以采取商业保险方式来经营,但在许多国家事实上被全部或部分地纳入政策性保险范畴;而在信用保证保险业务中,出口信用保险亦属于政策性保险范畴,政策性保险业务在业务性质与经营方面均与商业财产保险业务经营存在很大的差异,从而在本书中被归入"信用保证保险"部分专门阐述。因此,商业性财产保险业务体系实际上可划分为不含农业保险的财产损失保险、责任保险和政策性信用保险以外的信用保证保险三部分。

三、财产保险商品的设计原则与方法

财产保险商品的不断演变,常称为财产保险形变。狭义的财产保险形变是对原有险种进行修改、增删等变化,以新的险种满足顾客需要,只是对原有险种的修改完善,变化较小;广义的财产保险形变是设计、构造出满足顾客需要的新险种,即更新换代,产生新险种。财产保险形变的原因主要在于:适应保险市场营销的要求,满足顾客需要,提高保险公司的竞争力。财产保险经历了从保障型产品逐渐到融保障和投资于一体产品的过程,但目前绝大部分国家和地区的财产保险产品主要是保障型产品,少数储蓄意识较强的国家或地区的财产保险产品则强调财产保险产品的保障与投资(或储蓄)一体化功能,这是由当地的习惯和资本市场情况决定的。财产保险的形变,对于新险种而言,其产品的设计,在合法性条件下,一般应当同时达到无争议、销量大并有一定盈利的目标。

1. 财产保险商品的设计原则

在进行财产保险商品的设计时,一般应遵循经济原则、技术原则和社会原则。所谓经济原则,就是要强调经济核算,在强调财产保险补偿功能的同时,使保险产品获得较大的经济效益;所谓技术原则,就是保险条款的缜密和保险费率的科学;所谓社会原则,就是保险产品的命名和内容务必合法,同时不得悖于公序良俗,要有利于社会发展。

2. 财产保险商品的命名方法

财产保险商品的命名方法分为直观命名和寓意命名。直观命名是直接表现财产保险商品的保险对象和保险保障的具体内容而进行的命名。可分为基本命名和复合命名。基本命名是根据某种财产保险商品的一个基本特征进行的命名,如火灾保险。复合命名是将两个以上的基本命名形式组合起来,更加清晰地表明某项财产保险商品重要特征的命名,如海上货物运输保险。寓意命名是通过美好的愿望、祝愿等人们乐于接受的文字表明保险商品基本内容的命名方法,如一路平安保险等。

第四节 财产保险的产生与发展

一、古代财产保险思想和形态

人类社会从一开始就遇到自然灾害和意外事故的侵扰,所以在古代社会里就萌生了抵御灾害事故的保险思想和原始形态的保险方法,这在中外历史上均有记载。回顾历

史,有助于我们掌握保险产生和发展的规律,加深对现代保险制度的认识。

(一)外国古代财产保险思想和原始财产保险形态

根据史料记载,原始的财产保险思想和形式在西方出现得较早,但并不是出现在现代财产保险业发达的大国,而是处在东西方贸易要道上的文明古国。如在公元前18世纪古巴比伦的《汉谟拉比法典》中就有类似运输保险和火灾保险的规定。该法典有这样一条规定:商人可以雇用一个销货员去外国港口销售货物,如果这个销货员航行归来,商人可收取一半的销货利润;如果销货员未归,或者回来时既无货也无利润,商人可以没收其财产,甚至可以把他的妻子和孩子作为债务奴隶,但如果货物是被强盗劫夺的,则可以免除销货员的债务。这是类似现代海上保险的一种业务。该法典中还有类似火灾保险的规定:巴比伦国王命令僧侣、官员和村长向居民征税以筹集火灾救济基金。

约在公元前1792年巴比伦第六代国王汉谟拉比在位期间,在巴比伦人的对外贸易运输队中就曾出现过马匹死亡的救济办法,即如果运输队中某个人的马匹死亡,由运输队全体给予补偿;公元前1000年间,以色列国王所罗门曾对从事海外贸易的本国商人征收税金,作为对在海难中受难人损失的补偿资金。这两种做法可被看作运输保险的原始形式。

(二)我国古代财产保险思想和救济后备制度

在我国,财产保险思想和救济后备制度有较悠久的历史。我国古代的救济后备一般采取实物的形式,即后备仓储制度。根据《周礼·大司徒》记载,从公元前11世纪的周朝开始,就已有后备仓储的制度,书中所称"……县都之委积,以待凶荒",即指集粮储谷,以备荒年救灾之用;西汉宣帝时创建的"常平仓"、隋文帝五年(585年)所推行的"义仓"、宋朝和明朝时民间的"社仓"制度,均属于相互保险形式。

专栏1.1

汉代"常平仓"

汉文帝时,晁错曾提出"重农贵粟"和"积粟"的建议,令人民入粟买爵,令独生子入粟赎罪,其目的都在于"贵粟"和"积粟"。朝廷在采纳了晁错的建议以后,就实行了令民入粟边塞或郡县储积的制度,这就是建设常平仓的滥觞。宣帝五凤四年(公元前54年)大农中丞耿寿昌上奏:"岁漕关东谷四百万斛,以给京师,用卒六万人。宜籴三辅、弘农、河东、上党、太原郡谷足供京师,可以省关东漕卒过半。"官府采纳了耿寿昌的建议,在上述地区购谷积储备用。后来耿寿昌又提出"令边郡皆筑仓,以谷贱时增其谷而籴,以利农;谷贵时减其谷而粜,名曰常平仓"的建议,"民便之"(《汉书·食货志》),得到人民的拥护。汉代建立"常平仓",对解决"谷贱伤农"和"谷贵伤民"问题,也起到了积极作用。虽然东汉明帝刘庄反对"常平仓"制度,认为"常平仓外有利民之名,而内实侵刻百姓;豪右因缘为奸,小民不能得其平"(《后汉书·刘庄传》),但这只不过是贪官污吏徇私舞弊所致,并非制度本身的缺陷。因此,常平仓制度虽然在东汉时期时兴时废,但还是保留了下来。如献帝兴平元年(194年)秋七月,"三辅大旱,自四月至于是月(七月)。……是岁谷一斛五十万,豆麦一斛二十万,人相食啖,白骨委积。帝使侍御使侯汶出太仓米豆,为饥人作糜粥"。可见,到东汉末年仍然保留着常平仓制度。西汉所建立的常平仓制度,为后世各封建王朝所袭用,足见这一制度生命力的强大。

资料来源:周中建,中国农业典籍收集、整理与保存(国家级项目,2001—2003年)。

尽管我国保险思想和救济后备制度产生得很早,但因中央集权的封建制度和重农抑商的传统观念,商品经济发展缓慢,缺乏经常性的海上贸易。所以,在我国古代社会并没有产生商业财产保险。

以上中外古代史上所实行过的各种救济后备,无论是西方采取的资金后备形式,还是我国采取的物资后备形式,都体现了互助共济的原始财产保险思想,蕴含着各种财产保险的雏形。

财产保险是社会经济发展到一定阶段的产物,其产生需要有一定的条件:自然灾害和意外事故的客观存在是财产保险产生的自然基础;剩余产品是财产保险产生的物质基础;商品经济是财产保险产生的经济基础。

二、国外财产保险的产生与发展

(一) 海上保险的起源和发展

海上保险是一种最古老的财产保险,近代财产保险也首先是从海上保险发展而来的。

1. 共同海损的分摊原则是海上保险的萌芽

公元前2000年,地中海一带就有了广泛的海上贸易活动。为使航海船舶免遭倾覆,最有效的解救办法就是抛弃船上的货物,以减轻船舶的载重量。为了使被抛弃的货物能从其他受益方获得补偿,当时的航海商提出了一条共同遵循的原则:"一人为众,众为一人。"该原则后来为公元前916年的《罗地安海商法》所采用,并正式规定为:"凡因减轻船舶载重投弃大海的货物,如为全体利益而损失的,须由全体来分摊。"这就是著名的"共同海损分摊"原则。这一分摊原则至今仍为各国海商法所采用。由于该原则最早体现了海上保险分摊损失、互助共济的要求,因而被视为海上保险的萌芽。

2. 船舶抵押借款是海上保险的初级形式

公元前800—前700年间,船舶抵押借款(Bottomry)已在地中海的一些城市特别是希腊的雅典广泛流行。船舶抵押借款方式最初起源于船舶航行在外急需用款时,船长以船舶和船上的货物向当地商人抵押借款。借款的办法是:如果船舶安全到达目的地,本利均偿还;如果船舶在中途沉没,债权即告消灭。由于当时航海的风险很大,且债主承担了船舶航行安全的风险,借款的利息高于一般借款利息很多。可以看出,如果船舶中途沉没,"债权即告消灭",意味着借款人所借的款项无须偿还,该借款实质上等于海上保险中预先支付的损失赔款;船舶抵押借款的利息高于一般借款的利息,其高出的部分实际上等于海上保险的保险费；在此项借款中的借款人、贷款人以及用作抵押的船舶，实质上与海上保险中的被保险人、保险人以及保险标的物相同。可见，船舶抵押借款是海上保险的初级形式。

3. 现代海上保险的发展

(1) 意大利是现代海上保险的发源地。在14世纪中期经济繁荣的意大利北部出现了类似现代形式的海上保险。意大利的伦巴第商人在1250年左右开始经营海上保险。起初海上保险是由口头缔约，后来出现了书面合同。现今世界上发现的最古老的保险单是一个名叫乔治·勒克维伦的热那亚商人在1347年10月23日出立的一张承保从热那亚到马乔卡的船舶保险单，这张保险单现在仍保存在热那亚国立博物馆中。当地人将该保险单称为"Polizza"，传入英国后称为"Policy"，一直沿用至今，传入我国后译为保险单。

(2) 英国海上保险的发展。在美洲新大陆发现之后，英国的对外贸易获得迅速发展，保险的中心逐渐转移到英国。1568年12月22日经伦敦市市长批准开设了第一家皇家交易所，为海上保险提供了交易场所。1554年英国商人从国王那里获得特许，组织贸易公司垄断经营海外业务，从此，对外贸易及海上保险开始由英国商人自己经营，海上保险的一些法令和制度也相继制定与建立。英国政府于1720年批准"皇家交易"及"伦敦"两家保险公司享有经营海上保险的独占权，其他公司或合伙组织均不得经营海上保险业务。1871年在英国成立的劳合社(Lloyd's)是由1683年爱德华·劳埃德(Edward Lloyd)所开设的咖啡馆演变发展而成的。1691年劳埃德咖啡馆(Lloyd's Coffee House)从伦敦塔街迁至伦巴第街，不久即成为船舶、货物和海上保险交易的中心。劳合社不仅在英国保险业发展的历史上占有重要地位，也是目前世界上最大的保险垄断组织之一。劳合社本身不是保险公司，不直接承保业务，而是一个类似于交易所的保险市场。20世纪初，劳合社仅有600多名成员，但到1988年年底其注册的成员已达32 433人，其中大部分是英国人；其后有逐步减少的趋势，到2000年年底劳合社成员为4 171人[1]，并组成了200多个承保辛迪加组织。其承保的范围包括水险、非水险、航空保险、汽车保险等，其中最有影响的是海上保险业务。据统计，在全世界远洋船舶的保险业务中有80％直接或间接地与劳合社有关。1884年英国伦敦经营海上保险业务的承保人成立了"伦敦保险人协会"的公会组织，这个组织在水险条款的标准化方面做了大量的工作。它所制定的保险条款(简称"协会条款")在国际保险市场获得广泛应用。1906年英国制定了《海上保险法》，这个保险法是参照各国商业习惯和判例而制定的。长期以来它对各市场经济国家的保险立法有着深远的影响，直到现在它仍然是世界上最具权威性的一部海上保险法典。

(二) 火灾保险的产生与发展

火灾保险始于德国。1591年德国汉堡市的造酒业者成立了火灾合作社，至1676年，由46个相互保险组织合并成立了汉堡火灾保险社，其后，合并为第一家公营保险公司——汉堡保险局。但这只是原始的火灾保险，现代的火灾保险制度则起源于英国。

1666年9月2日英国伦敦大火的发生，促成了次年英国第一家火灾保险商行的设

---

[1] Lloyd's, *Best's Rating of Lloyd's*, June 2000, p.29.

立。这场火灾持续了5天,使伦敦城约80%的房屋被毁,财产损失在1 000万英镑以上。次年,一位牙科医生尼古拉斯·巴蓬(Nicholas Barbon)独资开办了一家专门承保火灾保险的营业所——火灾保险社,开创了私营火灾保险的先例,并于1680年创立了火灾保险公司。保险费是根据房屋的租金和结构计算的,砖石建筑的费率定为2.5%,木屋的费率为5%。这种差别费率的方法被沿用至今,因而巴蓬被称为"现代火灾保险之父"。

现代保险业比较发达的国家都是工业化国家。世界上最早的股份制保险公司是1710年由英国的查尔斯·波文创办的"太阳保险公司",它将承保范围从不动产扩大到动产,是英国迄今仍存在的最古老的保险公司之一。美国的第一家保险公司是1752年由本杰明·富兰克林在费城创办的火灾保险社。

(三) 信用保证保险的产生与发展

信用保险产生于19世纪中叶的欧美国家,当时被称为商业信用保险,主要由一些私营保险公司承保,业务限于国内贸易。第一次世界大战后,信用保险业务得到了发展。1919年,英国首先成立了出口信用担保局,创立了一套完整的信用保险制度,后来各国纷纷仿效,开始了政府介入出口信用保险的时代。1934年,英国、法国、意大利和西班牙的信用保险机构发起成立了"国际信用与投资保险人协会",简称"伯尔尼协会"。该协会加强了各保险机构之间的信息交流与合作,标志着出口信用保险业务的发展进入了一个新阶段。之后,各国的信用保险业务又屡经动荡冲击,但都逐步稳定下来,并逐步趋于完善。

第二次世界大战后不久,美国于1948年4月根据《对外援助法》制定了《经济合作法案》,开始实施马歇尔计划,并开始实行投资风险保险制度。进入20世纪60年代,许多亚非拉国家独立之后,为了维护民族主权、发展本国经济,纷纷颁布法令,采取对外资企业实行国有化、限制外国资本汇出境外等措施,给发达国家的投资者带来了损失。发达国家为了保障本国对外投资者的经济利益,鼓励对外投资,就创办了投资保险。因此,作为一项独立的新型保险业务,投资保险是于20世纪60年代在欧美国家形成的。此后,投资保险成了海外投资者进行投资活动的前提条件。

保证保险是随着商业信用的发展而产生的由保险人承担各种信用风险的一项新兴保险业务。它产生于美国,随后西欧、日本等经济发达国家纷纷开办此项业务。最早产生的保证保险是忠诚保证保险,不过最初只是由一些个人、商行或银行办理,大约在18世纪末或19世纪初就出现了。稍后出现的是合同担保(Contract Guarantee),是由个人、贸易商或银行提供的,主要担保从事建筑和公共事业的订约人履行规定的义务,并在订约人破产或无力履行合同时,代为偿还债务。1901年,美国马里兰州的诚实存款公司(Fidelity and Deposit Company)在英国首次提供合同担保。

(四) 责任保险的产生与发展

1804年,法国的《拿破仑民法典》中开始出现民事损害赔偿责任的规定,从而奠定了责任保险产生的法律基础。责任保险是随着财产保险的发展而产生的一种新型业务。

伴随着工业革命、工业伤害的发生和民事法律制度的完善,责任保险也于19世纪中期在工业革命较早期的英国出现了。1855年,英国制定了世界上首部提单法——《1855年英国提单法》,承运人因此而面临相关的法律责任风险。同年,英国铁路乘客公司开办了铁路承运人责任保险。1870年,英国工程保险商开始承保机器锅炉险,而且承保因爆炸造成的第三者财产保险;1875年,英国沃顿保险公司签发了第一张载有公众责任的保险单,同年还出现了马车第三者责任保险,专门承保因使用马车而引起的赔偿责任。1880年,英国颁布《雇主责任法》,当年即有专门的雇主责任保险公司成立,承保雇主在经营过程中因过错致使雇员受到人身伤害或财产损失时应负的法律赔偿责任,并承保了电梯责任保险,前者为雇主责任保险;1890年,海上事故保险公司就啤酒含砷引起的第三者中毒,对特许售酒商提供保险,因此,这是较早的产品责任保险;1895年,英国保险公司推出了汽车第三者责任保险;1896年,英国北方意外保险公司对药剂师开错处方的过失提供职业损害补偿,开创了职业责任保险的先河;承包人责任保险始于1886年;升降梯责任保险始于1888年;制造业责任保险始于1892年;业主房东住户责任保险始于1894年;契约责任保险始于1900年;运动责任保险始于1915年;会计师责任保险始于1923年;个人责任保险始于1932年;农户及店主责任保险始于1948年。1965年,英国颁布《核装置法》,其中规定,安装者必须投保最低限额为500万英镑的核责任保险;1970年,英国开始承保因飞机声震等噪音污染而造成的损害赔偿责任,此后,环境责任保险在英国得到了普遍推行。

汽车责任保险始于19世纪末,几乎在汽车诞生的同时,1895年,英国的保险公司推出汽车第三者责任保险;美国在1898年全面推广了这项业务,并且使汽车第三者责任保险业务成为责任保险市场的主要业务。直到现在,汽车责任保险仍是世界上业务最大、最流行的责任保险。

进入20世纪30年代后,一些国家将汽车第三者责任保险规定为强制保险,使责任保险在许多国家逐步普及;50年代,各种民事法律制度的进一步完善,使责任保险的内容日益丰富,尤其是70年代以后,责任保险得到了高速、全面的发展,在美国则成为非寿险市场的主要业务。

法定保险的实施对责任保险的发展起到巨大的推动作用,19世纪末开始,绝大多数国家均采取强制手段并以法定方式承保汽车责任保险,这成为近代保险与现代保险分界的重要标志。1927年,美国马萨诸塞州率先实施《强制汽车责任保险法》,标志着法定强制保险的开端。1928年,新西兰实行机动车第三者责任强制保险;1930年,英国颁布《道路交通法》,强制实施第三者责任强制保险;1955年,日本政府颁布《自动车损害赔偿保障法》,作为实施强制保险的法律依据,形成了强制责任保险和自愿保险两大体系相结合的机动车保险制度。进入20世纪70年代后,环境保护浪潮席卷了整个西方发达工业国家,一系列环境保护法案纷纷出台,企业主迫切需要将这种大的责任风险转嫁出去,环境责任保险产生并发展起来。1985年,丹麦把环境损害责任保险作为公众责任保险的一部分;1991年,德国将环境损害责任保险定为强制保险。

随着商品经济的发展,各种民事活动急剧增加,法律制度不断健全,人们的索赔意识不断增强,各种民事赔偿事故层出不穷。进入20世纪70年代以后,责任保险的发展在工业化国家进入了黄金时期。在这个时期,各种运输工具的第三者责任保险得到了迅速发展,雇主责任保险成了普及化的责任保险险种,职业责任保险、产品责任保险、公众责任保险进一步完善,逐步形成了自愿保险与强制保险相依存,雇主责任保险、职业责任保险、产品责任保险、公众责任保险与第三者责任保险相结合的责任保险体系,成为继财产损失保险、人身保险、信用保证保险之后保险市场体系的又一大新型业务支柱。这一时期,美国的各种责任保险业务保费收入就占整个非寿险业务收入的45%—50%左右,欧洲一些国家的责任保险业务收入占整个非寿险业务收入的30%以上,日本等国的责任保险业务收入也占其非寿险业务收入的25%—30%。进入20世纪90年代以后,许多发展中国家也日益重视发展责任保险业务。进入21世纪以来,这些国家的责任保险占非寿险的比重大致维持这一状况,尤其在美国,2003年其业务占全球责任险业务的62.62%。一国的民事法律制度越健全,责任保险就越发达。

概而言之,进入20世纪以后,现代财产保险的三大门类——财产保险、责任保险和信用保证保险——全部形成,财产保险作为风险管理的重要手段在商品经济的发展过程中发挥了社会稳定器的作用。

三、中国财产保险的产生与发展

中国的保险思想发源较早,但商品经济长期不够发达,导致保险业务起步较晚,因而,作为中国保险业一部分的财产保险,其发展同中国整个保险业一样,大致也以1949年为界分为两个时期。

(一) 1949年以前的中国财产保险业

1949年以前的中国财产保险业大致分为:

1. 外商保险公司垄断时期

中国财产保险业起步较晚,在1840年之前,中国的对外贸易仅限广州一地。为了保障运输货物和船舶的安全,1805年英国商人在中国广州开设了第一家外商保险公司——谏当保安行(Canton Insurance Society),亦译为广州保险公司,也曾译为广州保险社。该保安行的股份,归该行广州经理人及驻加尔各答和孟买的通信员所有。这是外商在中国开设最早的保险公司,主要经营海上保险业务,1841年将其总公司迁往香港;1835年,英商保险公司在香港设立了"保安保险公司",并在广州设立了分支机构。其后英国的"太阳保险公司"和"巴勒保险公司"均在上海设立了分公司。1877年"怡和洋行"在上海设立保险部。继英国之后,美国、法国、德国、瑞士、日本等国的保险公司亦相继来华设立分公司或代理机构,经营保险业务,完全垄断了中国财产保险市场。

2. 民族财产保险业的产生与发展

1865年5月25日,上海华商义和公司保险行成立,这是中国第一家民族保险企业,打破了外国保险公司对中国保险市场完全垄断的局面,标志着中国民族财产保险业的起步。1875年12月,李鸿章授意轮船招商局集资20万两白银在上海创办中国第一家规模较大的船舶保险公司——保险招商局;1876年,在保险招商局开办一年业务的基础上,又筹集股本25万两,开设了仁和保险公司,但仍属于轮船招商局。1885年,保险招商局被改组为业务独立的仁和保险公司与济和保险公司两家保险公司,主要承办招商局所有的轮船以及货物运输保险业务;1887年,两家保险公司合并为仁济和保险公司,有股本规银100万两,其业务范围也开始从海上转向内地,承办各种水险及火灾保险业务。

其后,中国民族财产保险业得到了一定的发展。从1865年到1912年的40多年间成立的保险公司约有35家,其中财产保险公司27家;1912—1925年成立的保险公司有39家,其中经营财产保险的公司有20家。在此时期,民族资本保险公司的数量有了很大的增加。

同时,1935年10月至1943年,国民党政府相继成立了"中央信托局保险部"[①]"中国农业保险公司""太平洋保险公司""资源委员会保险事务所"。官僚资本的保险公司为了瓜分业务,调和利益冲突,由上面提到的前三家保险公司再加上"中国保险公司"四家联合组成"四联盐运保险管理委员会",办理盐运保险。

抗日战争胜利后,各官僚资本及民营保险公司将其总公司从重庆迁回上海,投资保险事业的趋势又显现出来,仅上海一地的保险公司就有232家,其中,华资保险公司168家,恢复经营的外资公司64家。当时外商的承保能力和华商相比,火险方面外商为10倍,水险方面外商为50—60倍。据统计,到1949年5月,上海约有中外保险公司400家左右,其中,华商保险公司只有126家。在这些保险公司中,一部分公司经营财产保险业务。

与此同时,再保险业务得到了一定的发展。[②] 1933年6月,在上海成立了唯一经营再保险业务的"华商联合保险股份有限公司",这也是第一家由华商组成的再保险公司。抗日战争期间,由于和外商的分保关系中断,又不愿与日本的保险公司合作,民族保险公司先后成立了久联、太平、大上海、中保、华商联合等分保集团。抗战胜利后,民族再保险业务主要由"中央信托局""中国再保险公司""华商联合保险公司"经营,但总的来说,再保险基本上由外商垄断,民族保险公司的再保险业务自留额很低,保费大量外流。

同时,涉及财产保险的法律也得到了一定的发展。1929年12月30日,国民党政府颁布了《保险法》,但由于多种原因,未能施行。1937年1月11日,国民党政府颁布了修订后的《保险法》《保险业法》《保险业法施行法》,但均未得到实施。

1949年10月1日前,中国保险业的基本特征是保险市场基本被外国保险公司垄断,保险业起伏较大,未形成完整的保险市场体系和保险监管体系,因此,作为保险市场重要组成部分的财产保险市场,也具有中国当时保险市场的一般特征。外国保险公司通过组织洋商保险同业公会,垄断了保险规章、条款以及费率等的制定,民族资本的保险公司虽然也组织了华商同业公会,但由于力量弱小,只能处于被支配地位。

(二)1949年后的中国财产保险业

1949年以来,同中国整个保险业一样,中国财产保险业的发展若进行细分,也经过了四起三落的坎坷历程:从中国人民保险公司成立到1952年的大发展,是一起;1953年停办农村保险、整顿城市业务,是一落;1954年恢复农村保险业务、重点发展分散业务,是二起;1958年停办国内业务,是二落;1964年保险机构升格、大力发展国外业务,是三起;1966年"文化大革命"中几乎停办国外保险业务,是三落(涉外保险人员一度减少到9人);1980年恢复国内财产保险业务,我国保险事业进入一个新时期,是四起。若从大的方面分,中国1949年以来的保险业发展大致经历了创立、萧条和发展三个阶段。

---

① 经营人身保险业务。

② 严格来说,再保险业务既有财产保险业务,也有人身保险业务。限于难以区分,这里一并论述。

1949年10月1日后,一方面,中国开始整顿和改造原有的保险市场,接管了官僚资本的保险公司,并批准一部分私营保险公司复业,当时登记复业的有104家,其中,华商保险公司43家,外商保险公司41家①,1949年6月20日,中国保险公司恢复营业,统一办理对外分保;另一方面,1949年10月20日,经中央人民政府批准成立了中国人民保险公司,这是中华人民共和国成立后设立的第一家全国性国有保险公司,经营财产保险、人身保险和再保险业务,至1952年年底已在全国设立了1 300多个分支机构。1952年,中国人民保险公司从由中国人民银行领导改为由财政部领导。至此,中国由国营保险公司垄断的独立保险市场初步形成。1958年年底,全国设有保险机构600多个,保险职工近5万人。保险对国家的经济建设起到了重大作用。

1958年,针对两种不同的经济体制,采用了两种不同的风险管理方式。对国内业务,由于随着中国计划经济制度的建立,国有企业由财政统收统支,盈利上缴财政,亏损由财政补贴,因此,当时觉得:既然财政已经为国有企业承担了风险,保险作为风险管理的一种方式也就没有必要了,即由财政承担风险管理的职能。1958年12月,在武汉召开的全国财政会议正式作出"立即停办国内保险业务的决定",从1959年5月起,除上海、哈尔滨等几个城市继续维持了一段时间外,其他城市全部停办国内保险业务,其体制也相应转为专营涉外保险业务的保险公司。而保留涉外业务,主要是考虑到该业务面对的是大量的市场经济国家,其风险管理的方式仍然主要是商业保险。国内保险业务停办后,国家从精简机构方面考虑,同时出于外汇管理的需要,将中国人民保险公司改为中国人民银行总行国外局的一个处,编制只有30多人,负责处理进出口保险业务,领导国内外分支机构的业务和人事,集中统一办理国际分保业务和对外活动。具体经办进出口货物运输保险、远洋船舶保险、国际航线飞机保险、再保险和海外保险。此后保险业又历经磨难,1961年精简机构,保险处被进一步压缩为12人。1969年1月,停办了交通部的远洋运输保险,接着又停办了再保险业务,只象征性地保留了出口货运保险业务,编制一度减少到9人。直至1979年才开始恢复国内保险业务。

自从1979年国务院批准恢复国内业务以来,财产保险市场发生了重大变化:财产保险公司格局日趋多元化;财产保险保费收入快速增长;险种不断增加,结构趋于合理;展业方式变化;开放程度提高;保险监管趋于完善。② 主要体现在以下几个方面:

1. 财产保险公司主体逐步多元化

1980年开始恢复国内财产保险业务,至1985年全国仅一家保险公司——中国人民保险公司,1986年新疆生产建设兵团农牧业生产保险公司成立③,1988年深圳平安保险公司成立,1992年深圳平安保险公司由区域性保险公司改为中国平安保险公司;1991年4月中国太平洋保险公司成立。④ 此后,1996年华泰财产保险公司成立⑤;随着1995年

---

① 包括财产保险公司和人身保险公司。
② 王绪瑾:《中国财产保险市场分析》,《保险研究》,2009年第1期。
③ 2002年9月20日经中国保监会批准,已更名为中华联合财产保险公司。
④ 1995年《保险法》实施前的中国人民保险公司、中国太平洋保险公司、中国平安保险公司在经营上均为混业经营,既经营财产保险业务,也经营人身保险业务。
⑤ 这是1949年以来成立的中国第一家专门经营财产保险业务的全国性股份制保险公司。

10月1日《保险法》的实施,保险公司从1996年开始分业经营,中国保险集团分为中国保险集团财产保险有限公司、人寿保险有限公司、再保险有限公司。1999年3月中国保险集团解散,原中国保险集团财产保险有限公司改为中国人民保险公司。至2001年年底,财产保险公司发展到19家,其中,中资财产保险公司9家,外资、中外合资财产保险公司10家;至2003年年底,财产保险公司发展到24家,其中,中资财产保险公司10家,外资、中外合资财产保险公司14家。2003年,中国人民保险公司、中国人寿保险公司、中国再保险公司分别进行了股份制改造。中国人民保险公司设立中国人民财产保险股份有限公司、中国人保资产管理公司,并于2005年成立了中国人民人寿保险股份有限公司和中国人民健康保险股份有限公司;中国人寿保险公司设立中国人寿保险股份有限公司、中国人寿资产管理公司,并于2007年成立了中国人寿财产保险股份有限公司;2003年中国再保险公司改为中国再保险(集团)公司,控股设立中国财产再保险股份有限公司、中国人寿再保险股份有限公司和中国大地财产保险股份有限公司。到2006年年底,财产保险公司发展到39家,其中,中资财产保险公司24家,外资、合资财产保险公司15家;2007年年底,财产保险公司发展到44家,其中,中资财产保险公司27家,外资、合资财产保险公司17家;2011年年底,保险公司发展到61家,其中,中资财产保险公司38家,外资、合资财产保险公司23家;2015年年底,保险公司发展到73家,其中,中资财产保险公司51家,外资、合资财产保险公司22家。其具体情况见表1.2。

表1.2 2000—2015年中国财产保险公司变化表

年份	2000	2001	2002	2003	2004	2005	2006	2007	2008	2009	2010	2011	2012	2013	2014	2015
公司数量	17	19	22	24	29	38	39	44	49	54	57	61	61	66	66	73

随着保险公司的增加,财产保险市场的格局也发生了一些变化,市场占有率由1985年的原中国人民保险公司独家垄断变为2006年的中国人民保险公司占45.12%,平安保险公司占10.64%,中国太平洋保险公司占11.47%,其余35家占32.74%;2007年中国人民保险公司、平安保险公司、中国太平洋保险公司所占比例依次为42.46%、11.25%、10.28%,其余39家为36.03%;2008年依次为41.56%、10.94%、11.37%,其余43家为36.13%;2009年依次为39.92%、12.86%、11.44%,其余43家为35.78%。在2001年统计的18家财产保险公司中,前三家公司的市场份额为95.88%;2002—2004年依次降低为94.12%、89.3%、79.9%;2006—2009年分别为67.24%、63.97%、66.13%、64.22%。前五家公司的市场份额,2011年、2015年则分别为74.42%、77.81%。

随着财产保险公司数量的增加,机动车保险市场的格局也发生了一些变化,1998年经营财产保险业务的保险公司的机动车保险市场占有率分别为中国人民保险公司79.18%、中国平安保险公司7.51%、中国太平洋保险公司11.38%,其余6家保险公司仅为1.96%①;2006年中国人民保险公司、中华联合、中国平安保险公司、中国太平洋保险公司机动车保险市场份额分别为45.03%、11.68%、10.64%、10.12%;2009年依次为

---

① 乔林、王绪瑾主编:《财产保险》,中国人民大学出版社,2002年版,第358页。

39.67%、11.81%、13.67%、11.81%,前四家公司的机动车保险市场份额由2006年的77.47%降为2009年的76.96%,2015年则进一步发生了变化,具体情况如表1.3所示。

表1.3 中国机动车保险市场份额表　　　　　　　　　　单位:%

公司	2001	2004	2005	2006	2007	2008	2009	2010	2011	2012	2013	2014	2015
人保	74.79	59.87	52.05	45.03	41.75	40.67	39.67	38.52	36.52	35.39	34.58	33.54	32.93
太保	12.45	11.00	10.02	10.12	11.10	11.56	11.81	13.19	13.53	13.57	13.52	13.27	12.09
平安	9.22	8.90	9.46	10.64	10.22	11.33	13.67	16.42	18.58	19.02	19.05	20.04	21.13
华泰	1.01	0.82	0.78	0.78	0.84	0.90	0.84	0.82	0.85	0.86	0.74	0.65	0.61
天安	0.69	5.2	9.48	4.95	4.39	3.41	2.88	2.35	1.96	1.78	1.81	1.73	1.73
大众	0.58	0.79	0.84	0.77	0.64	0.54	0.54	0.46	0.38	0.30	0.24	0.14	0.01
华安	0.55	1.75	1.99	1.82	0.42	0.25	1.16	1.21	1.25	1.29	1.24	1.21	1.19
永安	0.30	2.43	3.01	3.04	3.21	2.80	2.13	1.64	1.55	1.47	1.27	1.00	1.05
中华联合	0.41	6.59	10.14	11.68	9.94	8.40	11.81	3.60	3.59	3.49	3.32	3.23	3.47
中国大地	—	1.73	3.58	4.43	5.17	3.99	3.50	5.00	4.42	4.33	4.31	4.31	4.27
其他	0.00	0.88	2.17	6.72	12.32	16.15	11.99	16.78	17.36	18.51	19.91	20.88	21.52

资料来源:根据中国保险年鉴编辑委员会《中国保险年鉴》2002—2016年各年资料整理。

以上分析说明:中国多主体的财产保险市场格局已基本形成,虽然仍属于寡头垄断型市场,但正开始向垄断竞争型转换。[①] 而根据加入世界贸易组织的承诺,中国未来保险公司数量众多将是必然事实,同时为了促进竞争、改善服务,也要求有大量的公司存在;根据保险经营的特点、规模经济和提高民族保险业国际竞争力的要求,中国应当由少量的巨型保险公司占有大量市场份额,从而保证财产保险市场的稳定。因此,未来将形成一种垄断竞争型市场模式,即保险公司的数量较多,而少量的保险公司所占份额较大。该模式既利于促进保险竞争,也利于财产保险市场的稳定。

2. 财产保险保费收入长期快速增长

财产保险保费收入长期快速增长,其中,机动车保险保费收入增长得更快。中国自1980年恢复国内保险业务,财产保险保费收入从1980年的4.6亿元增加到2009年的2 875.8亿元。如果不考虑价格因素,年平均增长率约为24.9%[②],远远快于国内生产总值增长15.6%的速度[③]。财产保险保费收入长期快速增长的主要原因在于:1980年才恢复国内保险业务,起点较低;同时,中国经济体制的转型和经济增长较快,保险需求量较大;保险供给主体增加也较快。具体情况见表1.4。

[①] 王绪瑾:《论我国保险市场模式的选择》,《保险研究》,2007年第12期。
[②] 2 875.8/4.6=62 517.39%,查《平均增长速度查对表》而得,未考虑价格因素。
[③] 300 670/4 517.8=6 655.23%,查《平均增长速度查对表》而得,未考虑价格因素。

表 1.4 中国财产保险保费收入状况

年份	国内生产总值（亿元）	增长速度（%）	财产保险保费收入（亿元）	增长速度（%）
1980	4 517.80	7.8	4.60	—
1981	4 862.40	5.2	7.80	69.50
1982	5 294.70	9.1	10.28	31.80
1985	8 964.40	13.5	28.69	49.94
1990	18 547.90	3.8	106.76	36.78
1991	21 617.80	9.2	136.83	28.17
1995	58 478.10	10.5	390.70	15.97
2000	89 442.20	8.0	598.40	14.80
2001	97 314.80	7.5	685.40	14.60
2002	102 397.90	8.0	779.81	13.30
2003	116 528.50	9.0	869.40	11.70
2004	136 515.00	9.5	1 089.90	25.40
2005	182 321.00	9.9	1 229.90	12.90
2006	209 407.00	10.7	1 509.40	22.60
2007	246 619.00	11.4	1 997.70	32.40
2008	300 670.00	9.0	2 336.71	16.91
2009	340 507.00	9.1	2 875.80	23.10
2010	408 903.00	10.6	3 895.64	35.46
2011	484 123.50	9.5	4 617.82	18.54
2012	534 123.00	7.7	5 330.93	15.44
2013	588 018.80	7.7	6 212.26	16.53
2014	635 910.20	7.3	7 203.38	15.95
2015	676 707.80	6.9	7 994.97	10.99

资料来源：根据中国保险年鉴编委会《中国保险年鉴》、国家统计局《中国统计年鉴》2002—2016年各年资料整理。

而在财产保险保费收入中，机动车保险保费收入增长率更快，自1980年到2009年，机动车保险保费收入从728万元增加到2 155.61亿元，年增长43.23%[①]，增长了29 610.03倍。2009年机动车保险保费增长了26.61%，高于同期财产保险保费收入增长23.1%的水平。其主要原因在于：汽车消费量的增加，投保率的提高，交叉销售方式的采用，公司数量的增加，机动车保险保费"7折令"的限制，2006年下半年开始实施的机动车交通事故责任强制保险制度促进机动车保险承保面的扩大。由于机动车保险占财产保险保费收入的70%多，机动车保险保费收入对全部财产保险保费收入增长的贡献率

---

① 2 155.61/0.0728＝2 961 002.75%，查《平均增长速度查对表》而得，未考虑价格因素。

2006年为90.58%①,2007年为77.08%②,2008年为64.38%③,2009年为84.05%④,2015年为77.54%⑤。机动车保险的快速增长,为推动整个财产保险业务的发展创造了条件。⑥

随着中国经济体制改革的深化以及经济的持续高速增长,财产保险业务会相应增长,在未来的中国财产保险市场上,至少存在五大潜力:机动车保险、企业财产保险、家庭财产保险、责任保险、非寿险投资型险种。

在机动车保险方面,一方面,随着中国交通状况的改善和个人购车的增加,投保率提高,车辆损失保险的业务量将会进一步增加;另一方面,随着机动车交通事故责任强制保险的完善,机动车责任保险的业务也将增加。

在企业财产保险方面,随着企业制度股份制的改革以及产权制度的明晰,一方面,企业将降低对财政的依赖度,将商业保险作为企业转移风险的一种主要方式;另一方面,企业效益的提高,也将增加企业财产保险的需求。

在家庭财产保险方面,随着福利制度的改革和居民收入水平的进一步提高,个人购房将增加,从而家庭财产保险业务将会增加。

随着民事法律制度的完善,尤其是《中华人民共和国侵权责任法》(以下简称《侵权责任法》)及其相关民事法律法规的实施,责任保险尤其是公众责任保险、产品责任保险、雇主责任保险和医疗责任保险蕴藏着巨大的潜力。

非寿险投资型险种,取决于投资监管的完善、资本市场的发育和公司治理结构的完善,以及基础数据的完备,该产品在中国应该具有较好的市场前景。

当然,随着住房制度的改革,个人购房和个人购车数量的增加,保证保险业务的规模也会扩大,当然,这取决于经济的发展和法治状况;随着中国西部的大开发,建筑工程保险和安装工程保险也将得到较快发展。

3. 财产保险商品多样化,商品结构趋于合理

为满足经济社会的发展和对外开放的需要,中国陆续开办了许多新的险种,如建筑工程保险、安装工程保险、海洋石油开发保险、履约保险、投资保险、产品责任保险、卫星发射保险、核电站保险等,同时,在保障型险种基础上曾销售过融保障与投资于一体的险种⑦。

在全部保险业务中,财产保险业务占全部保费的比重逐步下降,而机动车保险占财产保险业务的比重逐步上升,并且趋于稳定。1980年恢复国内财产保险业务,1982年恢复人身保险业务,财产保险保费收入占国内保费收入的比重明显下降,当年为99.84%,后来下降到1990年的79.98%、1996年的59.27%、1997年的45.67%,直至2009年的

---

① 90.58%=(1 484.28-1 107.87)÷(1 997.7-1 509.4)×100%。
② 77.08%=(1 107.87-854.7)÷(1 509.4-1 229.9)×100%。
③ 64.38%=(1 702.52-1 484.28)÷(2 336.71-1 997.7)×100%。
④ 84.05%=(2 155.61-1 702.52)÷(2 875.8-2 336.71)×100%。
⑤ 孙祁祥、郑伟等著:《中国保险业发展报告2016》,北京大学出版社,2016年版,第36页。
⑥ 王浩帆:《中国机动车辆保险市场的现状与对策》,载《中国汽车市场年鉴》,中国商业出版社,2008年版。
⑦ 虽然对该险种有过争议,但应该说产品未必有错,根源在保险投资的盈利能力上,这一问题的解决要从投资环境、投资监管、投资人才三方面进行。

25.82%。预计今后将逐步趋于稳定,但其内部结构将有所变化。具体情况见表1.5。

表1.5　1980—2015年保费收入结构比较

年份	财产保险保费收入 (亿元)	人身保险保费收入 (亿元)	财产保险保费占全部保费 收入的比重(%)
1980	4.60	—	100.00
1981	7.80	—	100.00
1982	10.28	0.02	99.84
1985	28.69	4.41	86.68
1990	106.76	28.41	78.98
1995	390.70	204.20	65.67
2001	685.40	1 424.00	32.50
2005	1 229.90	3 697.40	25.00
2006	1 509.40	4 132.00	26.80
2007	1 997.74	5 038.02	28.40
2008	2 336.71	7 447.39	23.90
2009	2 875.80	8 261.50	25.82
2010	3 895.64	9 078.57	30.03
2011	4 617.82	9 721.43	32.20
2012	5 330.93	10 157.00	34.42
2013	6 212.26	11 009.98	36.07
2014	7 203.38	13 031.43	35.60
2015	7 994.97	16 287.55	32.92

资料来源:根据《中国保险年鉴》《中国保险市场发展报告》的相关数据整理而得。

在财产保险业务中,机动车保险业务占绝大部分。1987年机动车保险保费收入首次超过企业财产保险保费收入,成为财产保险的第一大险种,其后逐步增加;至2008年,机动车保险的比重仍然为72.86%,2015年则为77.54%,其次为企业财产保险,其比率为8.97%。具体情况见表1.6。

表1.6　2001—2015年财产保险公司险种结构　　　　　　　　　　单位:%

项目	2001	2002	2003	2006	2007	2008	2009	2010	2011	2012	2013	2014	2015
1. 企业财产保险	17.69	15.74	14.37	11.01	9.35	8.97	7.70	6.74	7.15	6.76	6.10	5.40	4.83
2. 家庭财产保险	2.74	3.04	2.23	0.71	0.85	0.54	0.50	0.48	0.51	0.53	0.61	0.46	0.52
3. 机动车及第三者责任险	61.33	60.60	62.13	73.40	74.30	72.86	74.96	74.60	75.95	75.16	75.99	76.57	77.54
4. 工程保险	0.91	0.98	1.42	1.56	1.58	1.68	1.72	1.76	1.60	1.17	1.27	1.13	1.04
5. 农业保险	0.48	0.61	0.53	0.54	2.67	4.74	4.66	3.37	3.77	4.51	4.94	4.52	4.69
6. 货物运输保险	5.90	5.36	4.70	3.52	3.16	3.04	2.13	1.96	2.12	1.91	1.66	1.27	1.10
7. 责任保险	4.02	4.73	4.01	3.56	3.33	3.50	3.21	2.88	3.21	3.45	3.49	3.52	3.78
8. 信用保险	0.43	0.95	0.96	1.81	1.74	1.57	2.44	2.50	2.50	3.01	2.50	2.79	2.41
9. 保证保险	0.61	1.18	0.23	0.53	0.21	0.27	0.27	0.57	1.22	1.75	1.94	2.77	2.60
10. 其他财产保险	5.89	6.79	9.42	1.9	2.79	2.83	2.41	5.26	1.98	1.73	1.52	1.47	1.50

资料来源:根据《中国保险年鉴》《中国保险市场发展报告》的相关数据整理而得。

随着中国经济体制的进一步改革和法律制度的完善,在财产保险方面,责任保险将有广阔的前景,保证保险所占的比重将会上升,机动车保险所占的比重将会有所下降,但其规模将会进一步扩大。同时,随着消费者需求的多样化、条款费率的市场化,集财产保险、责任保险和意外伤害保险于一体的保险产品将会逐步出现。

4. 保险展业方式多样化

展业渠道由最初的保险公司直接展业,转向保险代理人和保险经纪人展业。恢复国内保险业务以来,其展业渠道最初为保险公司直接展业。这种方式成本高、信息渠道窄,导致保险业务量有限。尤其在保险业务自1959年起全面停办了21年的中国,人们普遍缺乏保险常识,对保险既不知道,也不信任,因而靠保险公司直接展业所产生的业务量是非常有限的。[①] 最初,保险公司通过有关部门发展兼业代理人,其后自1996年开始实行专业代理人、兼业代理人和个人代理人相结合的保险代理制度。[②] 至2009年年底,保险中介公司为2570家,其中,保险经纪公司378家,保险代理公司1903家,保险公估公司289家。而兼业代理机构则达到149 000家,其中,车商类保险代理机构18 049家,占12.11%;在保险营销员中,从事财产保险的为329 124人,财产保险业务中通过保险中介招揽的占56.32%[③]。至2015年年底,全国共有各类保险专业中介机构2 503家,其中,保险中介集团6家,保险经纪公司445家,保险代理公司1 719家,保险公估公司333家,财产保险业务中通过保险中介招揽的占62.2%。同时,自2007年开始出现产寿险交叉销售,并且呈逐步上升趋势;近几年来,互联网保险有快速发展的态势。从长期来看,在财产保险市场上,财产保险展业将从以保险公司展业为主向以保险代理人和保险经纪人展业为主转变,尤其在大型保险项目中,保险经纪人展业将发挥较重要的作用;互联网保险在财产保险的一定领域将逐步发挥重要作用。

5. 保险市场开放程度提高

自改革开放以来,中国一方面允许外国保险公司进入中国保险市场;另一方面鼓励国内保险公司在国外经营保险业务。尤其自2001年加入世界贸易组织以来,以及2004年的全面开放,外资保险公司和市场份额均有明显增加。2001年的19家财产保险公司中外资为10家,2010年的55家财产保险公司中外资为20家,2015年的73家财产保险公司中外资达到22家。外资财产公司财产保险保费收入占财产保险市场份额的比重由2000年的0.2%上到2006年的1.21%、2008年的1.18%、2015年的1.56%。尤其是2004年保险市场全面对外开放以来,不仅在中国的外国财产保险公司进一步增加,而且经营业务的区域和险种进一步扩大,中国保险市场将逐步与国际保险市场接轨。

6. 财产保险综合成本率逐步趋于稳定

中国的财产保险赔付率一般稳定在50%多,但不同年份有所不同,如表1.7所示。

---

① 王绪瑾:《保险市场的现状与趋势》,《经济日报》,1998年10月5日。
② 个人代理人仅仅限于人身保险业务。
③ 根据《2009年保险中介发展报告》数据计算得出。

表 1.7　2006—2015 年中国财产保险综合成本率[1]　　　　　　　　　　单位:%

	2006	2007	2008	2009	2010	2011	2012	2013	2014	2015
赔付率	52.75	51.08	60.70	54.79	45.08	61.22	61.25	64.15	62.56	60.35
综合费用率	49.55	62.39	46.00	49.71	52.22	34.04	35.98	35.35	36.75	38.25
综合成本率	102.40	114.20	106.70	104.50	97.30	95.26	97.23	99.50	99.31	98.60

从表 1.7 中可知,中国财产保险综合成本率大致在 100% 附近波动,大于 100% 说明承保亏损,等于 100% 为承保保本,小于 100% 则说明承保盈利。由于保险条款的逐步市场化,从各构成要素来看,赔付率有逐步上升的趋势,费用率则有降低的趋势,但发展到一定阶段,将趋于稳定。从总趋势来看,将是承保亏损、投资盈利,通过投资盈利弥补承保亏损,最后综合盈利。

7. 保险法律法规、规章与监管制度趋于完善

在保险业迅速发展的同时,保险法律制度也逐步完善。在法律方面,1992 年 11 月 7 日,第七届全国人民代表大会常务委员会第二十八次会议通过了《中华人民共和国海商法》;1995 年 6 月,全国人民代表大会颁布了《中华人民共和国保险法》,并于 2002 年 10 月 28 日、2009 年 2 月 28 日分别经全国人大两次修订通过;第十届全国人民代表大会常务委员会第五次会议于 2003 年 10 月 28 日通过了《中华人民共和国道路交通安全法》,其后,2007 年 12 月 29 日,第十届全国人民代表大会常务委员会第三十一次会议进行了修正。在法规方面,1983 年,国务院颁布了《中华人民共和国财产保险合同条例》;1985 年,国务院颁布了《保险企业管理暂行条例》;2001 年,国务院颁布了《中华人民共和国外资保险公司管理条例》;2004 年,国务院颁布了《中华人民共和国道路交通安全法实施条例》;2006 年,国务院颁布并于同年 7 月 1 日施行了《机动车交通事故责任强制保险条例》;等等。与此同时,保险监管机关发布了《外资保险公司管理条例实施细则》《保险代理人管理规定》《保险经纪人管理规定》《保险公估人管理规定》《保险公司管理规定》《保险机构高级管理人员任职资格规定》《保险公司风险管理指引》《保险公司内部控制制度设计指导原则》《保险公司合规管理指引》等,从而初步形成了以保险法为核心的保险法律法规和规章体系。[2]

与之相适应,1998 年 11 月 18 日,中国成立了专门的保险监督管理机关——中国保险监督管理委员会,取代中国人民银行专门监管中国的商业保险,同时,2000 年 4 月以来,先后在上海、广州、北京、深圳等各省、市、自治区、计划单列市设立了中国保监会的派出机构,从而为加强保险监管提供了组织保证。

8. 财产保险的保险深度和保险密度明显提高

财产保险的保险深度和保险密度明显提高,但是保险深度、保险密度仍然较低,说明中国保险市场的潜力较大。其具体情况如表 1.8 所示。

---

[1] 本书所指赔付率均为简单赔付率,根据《中国保险年鉴》2001—2016 年各年资料计算而得。
[2] 王绪瑾主编:《保险学》(第六版),高等教育出版社,2017 年版,第 66 页。

表 1.8　1980—2015 年中国财产保险的保险深度和保险密度

	1980	1981	1985	1990	1995	2000	2005	2010	2015
保险深度(%)	0.10	0.16	0.32	0.58	0.67	0.68	0.68	0.98	1.18
保险密度(元/人)	0.48	0.78	2.71	9.34	32.26	47.89	94.4	290.50	581.60

资料来源：根据各年《国民经济与社会发展公报》计算。

由表 1.8 可知，财产保险的保险深度由 1980 年的 0.10% 上升到 2015 年的 1.18%；财产保险的保险密度由 1980 年的 0.48 元/人上升到 2015 年的 581.60 元/人，这说明中国财产保险的保险深度和保险密度提升得很快。但是，与国际比较，还有一定的差距，从另一个角度看，也说明财产保险市场的潜力较大。[①]

四、现代财产保险市场的发展趋势

(一) 非寿险承保的盈利问题

全球非寿险业面临的重要问题之一是非寿险业的盈利问题。在过去多年的时间里，非寿险业的赔付率比较高，其承保往往出现亏损，但因为投资渠道比较多，同时投资环境比较好，其投资收益率比较高，故通过投资的盈利来弥补承保的亏损，最后综合盈利。其具体情况如表 1.9 所示。

表 1.9　主要非寿险市场 1994—2004 年平均盈利状况　　　　　单位：%

	美国	加拿大	英国	德国	法国	日本
赔付率	78.7	73.3	73.0	71.3	80.8	61.2
费用率	26.4	29.8	31.2	27.5	23.3	38.1
保单持有人红利率	1.1	—	—	1.0	1.1	0.1
综合比率	106.2	103.1	104.2	99.9	105.2	99.4
标准化承保业绩	−6.9	−3.7	−4.7	−2.4	−6.1	0.4
净投资业绩	16.2	13.8	16.8	15.4	13.4	4.7
其他费用/收入	0.0	0.4	−0.5	−0.3	−0.3	−0.8
利润率(税前)	9.2	10.4	12.8	12.7	7.0	4.4

资料来源：*Sigma*，2006 年第 3 期，第 8 页。上述国家的资料期限为：法国为 1995—2004 年，日本为 1996—2004 年，其余均为 1994—2004 年。

从上述表格可知，除德国和日本外，在其他所有国家，赔款加费用都超过了保费收入，导致综合赔付率超过 100%，即承保亏损。传统上，德国会获得承保利润，部分是因为在会计上将一部分承保费用计入其他费用，但从 20 世纪 90 年代德国放松监管以来，情况恶化了，1999 年其也出现了承保亏损。日本出现承保利润，是因为该数字包括了到期还款保单带来的投资收入(该保单是一种主要带有储蓄性质的非寿险保单)。

---

① 由于这里计算的是财产保险的保险密度和保险深度，而 *Sigma* 杂志采用的是非寿险，所以不便于简单比较。如果根据 2016 年第 3 期 *Sigma* 杂志的资料，从非寿险的保险密度看，中国为 127.6 美元，远远低于全球 275.6 美元的水平；从非寿险的保险深度看，中国为 1.63%，也低于全球 2.77% 的水平。

在通常情况下,承保利润率和投资收益率成反比,较高的投资回报使保险公司可以承担承保损失,而不冒全面亏损的风险。这是因为利率直接影响着保险费率,利率愈高,则保险费率愈低;高的投资回报,鼓励保险公司采用现金流承保。[①] 通过低费率的承保获得资金,从而为保险投资提供了重要的资金来源。

问题是自20世纪90年代末期,尤其是2001年以来,一方面,股市的低迷,特别是2007年下半年以来的全球金融危机,导致投资盈利非常艰难;另一方面,自然灾害和人为灾害的频繁发生,导致承保亏损严重,如1992年的安德鲁飓风造成的总损失就达300亿美元,其中保险损失180亿美元,但许多人认为,此次的实际损失高达600亿—800亿美元。[②] 同时,保险业竞争的加剧,导致其与承保的营利性发生冲突。因此,非寿险业处于投资的艰难性与承保的亏损性的两难境地之中,是回归到承保盈利的老路上,还是继续承保亏损?

非寿险的营利性发展趋势可概括为:非寿险市场的营利性正在下降;在商业保险价格方面,市场正在坚挺;承保周期平均为6年;投资盈利越来越重要;预期利率仍会保持低水平;股市的前景尚不确定,并且更为变幻莫测;承保利润与投资利润正好成反比;承保盈利需要改善。[③]

(二)承保能力的要求提高

自2007年下半年以来,非寿险的竞争环境已经发生了巨大变化。市场疲软、巨损的积累和股市下滑降低了所有保险市场的资本基础,这使得资本过剩变为资本紧缩,在商业保险和再保险方面尤为如此。1999年,英国保险市场的偿付能力开始下降,而大多数市场的偿付能力自2000年起也开始下降。全球约300亿美元的新资本不能填补偿付能力所留下的缺口。2001年,美国非寿险的资本金减少了270亿美元,减幅达8.5%。2001年,全球非寿险业的资本约缩水900亿美元,这主要是股票投资的市值损失。所有这些损失合计约达1 800亿美元,按全球非寿险业的资本金在2000年达到7 000亿美元的峰值计算,降幅约25%。

投资环境的变化,导致保险市场上的利率水平降低。20世纪80年代以来不断下降的利率使得债券投资业务获得了资本收益,20世纪80年代初,长期政府债券的收益率约为13%;而2001年降到约为5%,日本则低于2%。由于显性和隐性通货膨胀指标从1%到3%不等,政府债券的收益率仍然较低,在4%到6%之间;股本收益率也较低,以美国为例,在综合赔付率为110.2%和投资收益率为7.2%的情况下,股本收益率为6.5%,但如果扣除已实现的资本收益,投资收益率只有5.2%,在综合赔付率110.2%的情况下,股本收益率为2.6%。同时,新风险的出现和巨灾巨损的发生,也削弱了保险业的承保能力,2001年"9·11"事件造成的保险损失高达400亿—500亿美元,相当于安德鲁飓风所

---

① 在高投资回报时期,保险公司通常采取积极的定价策略,称为现金流承保。
② David Na, "Risk Securitization 101", 2000 CAS Special Interest Seminar.
③ *Sigma*, 2001年第5期。

造成保险损失的两倍多。① 其中,北美保险公司承担了损失的40%,欧洲保险公司承担了50%,其余由百慕大的保险公司承担。全球再保险市场承担了损失的60%,其余40%由直接保险市场承担。全球再保险公司的综合赔付率上升到134%,美国则超过140%。由于资本紧缩,信用评级机构继续下调保险公司的信用等级,再加上多家公司退出市场的情况,进一步降低了承保能力。②

概而言之,承保能力降低的原因主要来自三个方面:市场的疲软,降低了投资者的信心,使保险公司筹资能力减弱,资本量增加相对减少;股市疲软,既使资本缩水,也使保险公司的投资收益率降低,使资本量增加受到限制;新风险的出现和巨灾巨损的发生,也削弱了保险业的承保能力。为解决市场疲软问题,需要对有些险种适当提高保险费率,以减少承保亏损;股市疲软与否受一个国家或地区宏观经济环境尤其是经济政策的影响。如以美国第二大次级抵押贷款机构——新世纪金融公司——因濒临破产被纽约证券交易所停牌为标志而引发的美国次贷危机,蔓延为全球性的金融危机,对全球股市产生了严重的影响,对包括美国国际集团(AIG)在内的一批保险公司造成了不利的影响。股市的坚挺,能有效提高保险公司的投资收益,是提高其承保能力的重要途径。

(三) 非寿险的投资性问题

储蓄型险种主要源于财产人寿保险(Property Life Insurance),但将其具体商品化则为日本财产保险业者首创。日本财产保险业者为满足该国国民偏好储蓄的习惯,于1963年推出了结合"保障功能"和"储蓄功能"的火灾相互保险。由于储蓄型财产保险迎合了消费者的需求,再加上保险业者的大力促销以及政府政策的配合,业绩迅速增长。据日本损害保险协会的统计,储蓄型财产保险的保费收入占全部财产保险保费收入的比率,最高曾于1986年达到42.6%。20世纪90年代中期以来,虽受泡沫经济的影响,但仍维持在30%左右的水平。由此足以证明,储蓄型财产保险在日本的财产保险市场具有重要地位,并且有进一步发展的趋势。

自2000年以来,有些中国的保险公司在经营中也出现了融保障和投资于一体的家庭财产保险,但由于投资回报的压力,其后被迫停办了。该险种在我国是否具有潜力,是具有争议性的问题。本书认为,基于中国消费者目前投资渠道有限、投资经验缺乏,保险公司开发带有投资理财性质的险种无可非议;同时,消费者对保险知识的了解较少、保险意识较弱,开发融保障和投资于一体的险种,在客观上既可代投保人投资,又可使国民保险的保障程度提高。当然,应当注意两点:一是不宜过多提倡投资的功能,尤其不能夸大投资的功能;二是要完善开发该险种的条件——保险投资的监管和环境。投资监管的规范与投资环境的完善要同步进行,规范保险投资监管的核心是放松投资方式,控制投资比例。方式应当多样化,如允许投资于有价证券、不动产、抵押贷款、银行存款等,同时应规定投资比例。前者是为了提高保险投资的盈利能力,多种投资方式为保险公司提供了

---

① 据保险服务局(ISO)估计,"9·11"事件造成的财产保险和营业中断保险损失达203亿美元;另外,责任保险、劳工补偿保险、航空保险和人寿保险的损失估计为165亿美元到390亿美元之间。经过通货膨胀调整,1992年安德鲁飓风、1994年北里奇地震所造成的损失分别为202亿美元和165亿美元。参见:《2001年自然灾害和人为灾祸》,*Sigma*,2002年第1期。

② *Sigma*,2002年第4期。

可供选择的灵活的投资工具,从而为保险公司提高投资回报率创造了条件。当然,也为理智的保险公司提供投资组合来控制风险提供了选择机会。后者则为控制投资风险提供了条件。投资比例分为方式比例和主体比例,方式比例规定了风险比较大的投资方式所占总投资的比例,这就有效控制了有关高风险的投资方式所带来的投资风险;主体比例有效控制了有关筹资主体所带来的投资风险,从而为控制投资风险提供了条件。主体比例也应按投资方式的风险情况区别对待,对于高风险的筹资主体、高风险的投资方式,其比例应低一些,如购买同一公司的股票不得超过投资的5%;购买同一公司的债券不得超过投资的5%;购买同一公司的不动产不得超过投资的3%;对每一公司的抵押贷款不得超过投资的3%;对于较安全的投资方式但存在一定风险的筹资主体,其比例则可高一些,如存款于每一银行不得超过投资的10%。保险投资必须强调盈利,因为这样能够提高保险公司的偿付能力。但由于某项投资报酬是该项投资所具风险的函数,因此如果对保险资金的运用不加以限制,势必趋向于风险较大的投资,以期获得较高的报酬,但这会危及保险企业财务的稳健。因为每一种投资方式的风险大小不同,一般而言,高盈利的投资方式伴随着高风险,低风险的投资方式则伴随着低盈利,显然,全部用于盈利高的投资方式,必将使保险公司面临全面的高风险,使被保险人有可能得不到应有的保险保障,也不利于保险公司的生存和发展①,因此,为了保证保险投资的盈利,同时控制高风险,应规定有关高风险投资方式所占的比例。同时,在市场经济条件下,任何工商或金融企业均有破产的可能性,无论采用风险大的还是风险小的投资方式,保险公司都会面临筹资主体给保险投资带来的风险,因而,为了控制每一筹资主体给保险公司带来的风险,必须规定投资于有关每一筹资主体的比例。②

（四）非传统风险转移③

非传统风险转移(Alternative Risk Transfer,ART)是在传统的保险风险转移方式的基础上进行创新的风险转移方式。非传统风险转移包括产品销售渠道、产品和风险载体。非传统风险转移渠道分为自保公司、再保险公司、资本市场和银行;其产品分为有限风险产品、多年期多险种产品、多触发原因产品、应急资本、保险风险证券化产品。该类产品的主要特点为:针对客户的具体情况制订方案;多年期多险种的保障;在时间上和投保人自身风险组合内分散风险,从而可以承担传统风险无法承担的风险;一般情况下由非保险公司或再保险公司承担风险。

非传统风险转移产品的主要目的在于风险融资。这类产品是将不同类别的保险结合在一起,为更广的保险范围奠定基础。该产品把保险、金融甚至一般经营风险组合在一起,采取多年期合同和累积的自留额形式;其他可归入非传统产品范畴的保险,如多触发原因产品;还包括事先商定条件提供的损失融资(应急资本)。非传统风险转移产品的最终载体是在资本市场上直接参与承担风险的投资者,这些投资者涉及的主要业务是有关保险的债券和衍生证券。

如果忽略不计公司自行的风险融资,非传统风险转移产品大约占全球商业保险的

---

① 王绪瑾:《海外保险投资方式比较研究》,《金融研究》,1998年第5期。
② 王绪瑾:《论中国大陆的保险监管》,《保险专刊》(中国台湾),第54期,1998年12月。
③ *Sigma*,1999年第2期。

8%。这是因为开发非传统风险转移产品具有其优点:第一,由于参与自身的理赔,消除信用风险,减少超额保险,因此,可以补充已有的传统方法,以提高风险转移的效益;第二,可以在风险组合内及时间上分散风险,从而扩展可保风险的范围;第三,可以通过资本市场提高承保能力。现就几类主要的非传统风险转移产品介绍如下:

1. 有限风险产品

有限风险产品(Finite Risk,FR)是在有限的时间内对单一风险进行保险。主要目的是在时间上分散单一投保人的风险。有限风险产品的特点为:保险公司承担有限的风险;与客户分享盈利;多年期的合同;投资收入的直接计入。有限风险产品的种类包括:未决赔款责任转移(LPTs),追溯超额赔款保险(RXLs),金融成数再保险(FQR),预期超额赔款保险(PXLs)。

2. 综合多险种、多年期产品

综合多险种、多年期产品(Integrated Multi-line/Multi-year Products,MMPs)是将各种风险结合在一种产品中在数年内进行分散。

综合多险种、多年期产品产生于 20 世纪 70 年代,其特点为:将不同类型的风险捆绑起来在数年内进行分散,便于大量风险的转移。综合多险种、多年期产品对投保人的好处为:增加效益,稳定风险成本,管理效率高,灵活性强。综合多险种、多年期产品的主要障碍在于:交易成本高,信用风险,有限的能力,风险管理的传统组织模式,会计原则和税收免征缺乏透明度。

3. 多触发原因产品

多触发原因产品(Multi-Trigger Products,MTPs)主要是限制最终成果的易变性。要求必须有两种以上的原因才能赔偿。

4. 应急资本

应急资本(Contingent Capital,CC)是在保险损失发生后进行融资。依照事先商议好的条件筹措资金或出售期权;筹措资金的先决条件是损失发生;提供资金的流动性,没有稳定业绩的作用。

5. 保险风险证券化

保险风险证券化是将巨灾风险组合证券化,使之以证券的形式直接与投资者挂钩。投资者也许认为投资巨灾风险是值得的,这样可进一步分散资产组合的风险,因为巨灾风险与金融市场风险几乎毫不相关。保险风险证券化的产品之一是巨灾债券,即保险公司向资本市场上的投资者承保巨灾风险的债券。在巨灾债券期限内,如果没有发生约定的巨灾风险事故,则投资者不仅可以收回本金,还可以获得较高的利息;如果发生约定的巨灾风险事故,则投资者不仅会损失部分或全部利息,而且还可能会损失部分或全部本金。巨灾债券的主要特点:收益取决于具体的保险事故,以所筹资本组建"特殊目的机构"[①]。保险风险证券化对投保人的好处:能够直接通过资本市场提高承保能力,不用冒信用风险;具有独立触发原因的效率优势,交易成本较低。

---

① 连接保险人与投资者的机构。

6. 保险衍生证券

保险衍生证券(Insurance Derivatives Security)是利用金融手段控制风险、利用出现自然灾害的期货和期权转移风险的一种证券。保险衍生证券的特点：保险有效性的程度取决于指数与投保人实际索赔情况之间的相关性。保险衍生证券对投保人的好处：标准化的实行提高了承保能力，降低了交易成本。不过巨灾期货和债权在交易所的交易还没有真正起步，天气衍生证券将有很大的发展潜力。

纵观国际保险市场的发展及其现状，保险衍生品要在中国市场得到发展，时机还远未成熟。保险衍生品在市场上的推广及运用需要多方面的客观条件和环境的配合，中国要想开发保险衍生品来提高风险转移效率，扩展可保风险的范围，并通过资本市场来提高中国保险公司的承保能力和偿付能力，必须解决以下若干相关问题：进一步促进中国资本市场健康发展；完善政策法规，提供必要的支持；完善相关行业的配套和支持，这涉及国民经济领域中的诸多行业，包括法律、审计、资信评估、资产信托管理以及中介等服务行业；完善和规范技术与人才的支撑体系，由于保险衍生品既不同于传统(再)保险，同时又有许多产品同资本市场紧密相连，这就决定了研究开发保险衍生品必须具备保险业、资本市场及其他金融业的相关专业知识和技术，只具备某一方面的专业知识是远远不够的。① 不过，非传统风险转移产品并非传统保险产品的替代品，而是对传统产品的补充。

小结

财产保险是以物质财产及其有关利益、责任和信用为保险标的的保险。财产保险与人身保险相比，保险标的、保险金额的确定依据、保险期限、基本职能、经营技术、纯费率厘定的依据、性质以及适用对象均有所不同。

财产保险的基本职能是经济补偿，其派生职能是融资和防灾防损。

财产保险的宏观作用为：有利于国民经济持续稳定地发展；有利于科学技术的推广应用；有利于社会的安定；有利于对外贸易和国际交往，促进国际收支平衡。其微观作用为：有利于企业及时恢复经营、稳定收入；有利于企业加强经济核算；有利于促进企业加强风险管理；有利于安定人民生活；有利于提高企业和个人信用。

财产保险在理论上可按实施方式、保险价值的确定方式、保险保障的范围、保险标的的内容、保险标的的性质、承保风险、经营目的的不同进行分类；在法定分类上，日本、韩国、德国等不同国家都有所不同，我国《保险法》将财产保险分为财产损失保险、责任保险、信用保险等保险业务；财产保险业务体系则是从具体业务层面的分类。

财产保险商品的不断演变，常称为保险形变；财产保险商品的设计一般应遵循经济原则、技术原则和社会原则；财产保险商品的设计方法为商品命名和条款设计。

财产保险的产生与发展经历了一个漫长的过程，首先是古代财产保险思想和形态的

---

① 参考孙家威，《浅析保险衍生商品》，载北京保险学会编，《中国保险业前沿问题研究》，中国金融出版社，2003年版。

出现;其次是国外财产保险的产生与发展,而海上保险是财产保险中最古老的险种,其后产生了火灾保险、责任保险和信用保证保险;中国财产保险的产生与发展则几经波折:外资的进入、民族保险公司的设立,以及1949年以来的发展。

现代财产保险市场的发展趋势主要表现为:非寿险承保的盈利问题,承保能力的要求提高,非寿险的投资性问题,非传统风险转移问题,等等。

 关键词

财产保险　产物保险　经济补偿　融资　防灾防损　强制保险　自愿保险　定值保险　不定值保险　财产损失保险　信用保证保险　责任保险　物质财产保险　经济利益保险　积极性财产保险　消极性财产保险　单一风险保险　综合风险保险　营利性财产保险　非营利性财产保险　政策性保险　相互保险　合作保险　商业财产保险　保险形变　直观命名　寓意命名　后备仓储制度　共同海损　船舶抵押借款　非寿险承保的非营利性　承保能力　非寿险的投资性　非传统风险转移

 思考题

1. 什么叫财产保险？其特征有哪些？
2. 我国《保险法》中将财产保险分为哪几类？
3. 简述财产保险的分类。
4. 简述定值保险与不定值保险的含义及区别。
5. 简述财产保险商品的设计。
6. 简述财产保险的发展过程。
7. 简述我国财产保险市场的现状。
8. 简述非寿险的发展趋势。
9. 简述非传统风险转移。

 进一步阅读的相关文献

1. 王绪瑾主编:《保险学》(第六版),高等教育出版社,2017年版。
2. 乔林、王绪瑾主编:《财产保险》(第二版),中国人民大学出版社,2008年版。
3. 郝演苏主编:《财产保险》,中国金融出版社,2005年版。
4. 郑功成、许飞琼主编:《财产保险》(第五版),中国金融出版社,2015年版。
5. 许飞琼主编:《财产保险》,高等教育出版社,2014年版。
6. 〔美〕所罗门·许布纳等著,陈欣等译:《财产与责任保险》,中国人民大学出版社,2002年版。

7. 中国保险学会、《中国保险史》编审委员会编:《中国保险史》,中国金融出版社,1998年版。

8. 王绪瑾主编:《保险专业知识与实务》(中级),中国人事出版社,2017年版。

9. 瑞士再保险网站:http://www.swissre.com/publications;*Sigma*,1999年第2期,2001年第4期,2002年第4期,2006年第3期,2009年第3期,2010年第2期,2016年第3期。

10. 王绪瑾:《中国财产保险市场分析》,《保险研究》,2009年第1期。

第二章

财产保险合同

通过本章的学习,掌握财产保险合同的含义、分类、特征、基本要素、基本原则以及财产保险合同的订立和终止,了解财产保险合同的解释原则和争议处理。本章的内容包括:

- 财产保险合同的特点与分类
- 财产保险合同的基本要素
- 财产保险合同的基本原则
- 财产保险合同的订立、变更、转让、无效和终止
- 财产保险合同的解释原则
- 财产保险合同的争议处理

第一节 财产保险合同的特点与分类

一、财产保险合同的概念与特点

(一) 财产保险合同的概念

合同是平等主体的自然人、法人、其他组织之间设立、变更、终止民事权利义务关系的协议。保险合同(Insurance Contract)是合同双方当事人围绕着设立、变更与终止保险法律关系而达成的协议。它是合同的一种形式,适用于合同法的一般规定。我国《保险法》第十条中将其定义为:"保险合同是投保人与保险人约定保险权利义务关系的协议。"由该定义可知,保险合同包括三层含义:一是合同性质,它属于协议;二是当事人,包括投保人和保险人;三是合同内容,即为保险权利义务关系。

财产保险合同(Property Insurance Contract)是以财产及其有关利益为保险标的的保险合同。财产保险合同所涉及的标的包括有形财产和无形财产,故而以有形的物质财产为合同标的的是有形财产保险合同,如企业财产保险合同等;以无形的财产为合同标的的是无形财产保险合同,如责任保险合同、信用保险合同等。

(二) 财产保险合同的特点

财产保险合同是保险合同的一种,而保险合同是合同的一种形式,一方面它应遵循一般合同的平等、自愿、公平、诚实信用、公共利益、协商性的原则;另一方面它又是一种特殊的民事合同。因此,财产合同具有保险合同的一般特征,与一般的民商事合同相比,财产保险合同的法律特征主要表现在以下几个方面:

(1) 射幸性。一般的民商事合同所涉及的权益或者损失都具有相应的等价性,但是在财产保险合同中,投保人支付保险费的行为是肯定的,而保险人对某被保险人是否赔付保险金则依保险事故是否发生而定,是不确定的。由于投保人以少额保险费获取大额保险金带有机会性,所以财产保险合同便具有射幸性。相对于射幸合同的是实定合同,实定合同是指,在成立时当事人的给付义务及给付的范围均已确定的合同;而射幸合同是指,当事人一方或双方的给付义务取决于合同成立后约定的偶然事件发生与否的合同。

(2) 附合与约定并存性。一般的民商事合同完全或者主要由各方进行协商以约定合同的内容。财产保险合同则不然,其内容的产生以附合为主,以约定为辅。所谓附合是指,合同的内容由一方详细提出,另一方或是选择之,或是拒绝之,一般不能改变。各国立法依然保护保险合同当事人的自愿协商权。我国《保险法》除在第十一条规定"订立保险合同,应当协商一致,遵循公平原则确定各方的权利和义务。除法律、行政法规规定必须保险的外,保险合同自愿订立"以外,还在第十八条中规定,在法律规定的保险合同的事项以外"投保人和保险人可以约定与保险有关的其他事项"。同时,对于那些可依据具体情况由当事人进行选择、商讨的条款,法律保护他们进行协商的权利。这种协商权在财产保险合同生效后依然可以行使,它可导致合同的变更。但是这种约定往往不过多涉及合同的主要条款,故而,财产保险合同的约定是辅助性的。

(3) 双务性。财产保险合同作为一种双方法律行为,一旦生效,便对双方当事人具有法律约束力。各方当事人均负有自己的义务,并且必须依协议履行自己的义务。与此同时,一方当事人的义务,对于相对方而言就是权利。例如,投保人有交付保险费的义务,与其相对应的是保险人有收取保险费的权利。

(4) 要式性。所谓要式是指,合同的订立要依法律规定的特定形式进行。订立合同的方式多种多样,但是根据我国《保险法》的规定,保险合同要以书面形式订立,其书面形式主要表现为保险单及其他保险凭证。财产保险合同以书面形式订立可以使各方当事人明确了解自己的权利和义务,作为解决纠纷的重要依据并易于保存。

(5) 有偿性。被保险人的财产要取得保险保障,必须支付相应的保险费。

(6) 诚信性。财产保险合同是以最大诚信为基础的,任何一方若违反最大诚信原则,则合同无效。

(7) 保障性。财产保险合同是对被保险人在遭受保险事故时提供经济保障的合同。

财产保险合同是保险合同的一种形式,因此,它具有保险合同的一般特征。同时,与人身保险合同相比,财产保险的性质导致财产保险合同是补偿合同,而并非给付合同;一般是短期合同,而非长期合同。

二、财产保险合同的分类

财产保险合同依不同的标准可以划分为很多类型,但是通常有下列几种主要的分类:

1. 定值保险合同和不定值保险合同

这一分类是根据财产保险合同订立时是否确定保险价值进行的分类。定值保险合同是指,保险合同当事人将保险标的的保险价值事先约定并在合同中给予载明作为保险金额的保险合同。其特点是:第一,无论保险标的的实际价值在发生保险事故时是怎样的,仅以保险合同约定的保险价值作为计算赔偿保险金的依据;第二,合同适用的对象通常为价值变化较大或不易确定价值的特定物,如字画、古玩或货物运输的标的物;第三,该合同突出的优点是减少理赔环节及纠纷的发生。

不定值保险合同是指,只载明保险标的的保险金额而未载明其保险价值,在发生保险事故时根据保险价值与保险金额的关系进行保险金赔偿的保险合同。在不定值保险合同中,仅载明保险金额,并以此作为赔偿的最高限额,至于保险标的的保险价值则处于不确定的状态。财产保险多采用不定值保险合同。一般而言,财产损失是以赔偿实际损失为原则的,因此,不定值保险合同通常以保险标的的实际价值作为判定损失额的依据,其特点是:第一,以保险事故发生时的当时、当地的市场价格为判断保险标的保险价值的根据。第二,当保险价值与保险金额一致时,产生足额保险;当保险价值与保险金额不一致时,则产生超额保险或不足额保险。

2. 特定风险合同和综合风险合同

这是按保险责任范围进行的分类。特定风险保险合同是指,承保一种或某几种风险责任的保险合同,该合同通常是以列举的方式进行的,如地震保险或战争保险。综合风险合同是指,保险人对"责任免除"以外的任何风险造成的损害负承保责任的合同。该合同订立的特点是以列举"责任免除"的形式约定保险合同的保险责任。在现实生活中,综合风险合同的使用越来越广泛。

3. 特定式保险合同、总括式保险合同、流动式保险合同和预约保险合同

这是根据财产保险合同保障标的进行的分类。特定式保险合同是指保险人只对事先商定的具体保险标的进行承保的保险合同。对保险人而言,该保险合同承保时相对烦琐,但保险标的发生损失时则较为有利。

总括式保险合同是指只规定保险人可以承保某种类别的保险标的,而对该类别保险标的不再分类的保险合同。该合同承保时较方便,但保险标的发生损失时的理赔工作较复杂。

流动式保险合同是一种适合财产变化比较频繁的保险的保险合同。该合同通常不规定保险金额,只规定保险人承担的最高责任限额,采用该合同的投保人通常是仓储性企业。

预约保险合同又称开口式保险合同(Open Policy),是保险人和投保人双方预先约定保险责任范围的长期性协议。在预约保险中,只事先载明保险合同的当事人、承保的险别、保险标的、保险费率、保险责任和责任免除、保险费结算办法、每张保单或一个地点的最高保险金额,而不规定财产的具体保险金额,由被保险人按期向保险人报告财产价值,在最高保险金额范围内,所保财产由保险人自动承保。按预约保险合同的约定,在货物发运时,由投保人向保险人对所有的货运发出起运通知书,保险人据此分别签发保险单或保险凭证,在预约保险范围内由保险人自动承保。因此,这种保险合同的作用主要是减少财产经常变动时须办理批改手续的麻烦。预约保险单在货物运输保险中运用得较为广泛。

第二节 财产保险合同的基本要素

财产保险合同的要素由保险合同的主体、客体和内容三方面构成。

一、财产保险合同的主体

(一)财产保险合同的当事人

1. 保险人

保险人(Insurer)亦称承保人,是与投保人订立保险合同,并根据保险合同收取保险费,在保险事故发生时承担赔偿或者给付保险金责任的人。保险人是保险合同的一方当事人,也是经营保险业务的人。大多数国家的法律规定只有法人才能成为保险人,自然人不得从事保险人的业务。我国《保险法》第十条将其定义为:"保险人是指与投保人订立保险合同,并按照合同约定承担赔偿或者给付保险金责任的保险公司。"对于保险公司,《中华人民共和国公司法》规定,公司的形式为有限责任公司、股份有限公司。对于其他保险组织,我国《保险法》第九十四条规定:"保险公司,除本法另有规定外,适用《中华人民共和国公司法》的规定。"第六条规定:"保险业务由依照本法设立的保险公司以及法律、行政法规规定的其他保险组织经营,其他单位和个人不得经营保险业务。"第一百八

十三条规定:"保险公司以外的其他依法设立的保险组织经营的商业保险业务,适用本法。"这说明,根据《中华人民共和国公司法》和《保险法》的规定,我国保险人的组织形式为:有限责任公司,股份有限公司,其他组织形式。自然,并非所有的法人都可以从事保险业务。根据我国《保险法》的规定,凡从事保险业务的法人必须具备一定的条件,同时要经过国务院保险监督管理机构的批准。目前我国的保险监督管理机构是中国保险监督管理委员会。

2. 投保人

投保人(Applicant)亦称要保人,是与保险人订立保险合同并按照保险合同负有支付保险费义务的人。投保人是保险合同的一方当事人。我国《保险法》对投保人作了明确的定义。自然人和法人都可以成为投保人,但无论何种主体作为投保人,都必须具备一定的条件:第一,投保人必须具有相应的权利能力和行为能力。订立合同的行为是一种法律行为,并非任何人均可为之。根据《中华人民共和国民法通则》的规定,缔约的自然人应当是具有民事行为能力的人。投保人具有民事行为能力,订立的合同方为有效,限制民事行为能力人和无民事行为能力人缔结的保险合同无效。但这不是绝对的,当该合同的缔结是经过监护人同意后所为,则该保险合同有效。其他一些国家的法律也含有类似的规定。法人的民事权利能力和民事行为能力以它的组织章程或者核准登记的范围为限。第二,投保人应当对保险标的具有保险利益。[①] 保险利益是指投保人或被保险人对保险标的具有的法律上承认的利益。保险利益是保险合同的根本要素。对保险利益的要求是世界各国法律均明确规定的一个准则:投保人或被保险人对保险标的无保险利益的,保险合同无效。应该指出的是,海上货物运输保险比较特殊,投保人在投保时可以不具有保险利益,但要求在保险事故发生时必须具有保险利益。

(二)财产保险合同的关系人[②]

被保险人(Insured)是其财产或者人身受保险合同保障,享有保险金请求权的人。被保险人可以是自然人,也可以是法人。当投保人为自己具有保险利益的保险标的订立保险合同时,投保人也就是被保险人,即订立合同时,他是投保人,合同订立后,他便是被保险人;当投保人为具有保险利益的他人的保险标的订立保险合同时,则投保人与被保险人不是同一人。在财产保险合同中,被保险人必须是对被保险财产具有保险利益的人,即他们是被保险财产的所有人或者经营管理人、使用权人或者抵押权人等。投保人也可

[①] 我国《保险法》对投保人的保险利益没有明确规定,只对被保险人进行了规定,第十二条第二款规定:"财产保险的被保险人在保险事故发生时,对保险标的应当具有保险利益。"并在第四十八条规定:"保险事故发生时,被保险人对保险标的不具有保险利益的,不得向保险人请求赔偿保险金。"本书认为:从财产保险的实务看,投保人投保时,一般就应当具有保险利益。因为如果在对有些保险标的的投保时不具有保险利益,核保将会比较困难。

[②] 应该指出,从理论和实务的角度看,财产保险合同的关系人应该包括被保险人和受益人,在我国实务中,财产保险也有受益人的规定,除了被保险人或投保人外,也可以指定他人(如债权人、具有业务关系的人)为受益人。受益人在资格上一般没有限制,自然人和法人均可以成为受益人。自然人包括有民事行为能力的人、无民事行为能力的人或限制民事行为能力的人,甚至胎儿,但是已经死亡的自然人和由于解散、破产等原因已不复存在的法人不得为受益人。受益人一般由投保人或者被保险人在保险合同中加以指定,并且投保人指定受益人时必须经被保险人同意。我国以贷款做抵押物的房屋,其房屋火灾保险就将贷款银行作为第一受益人的约定。由于被保险人有时与受益人并非同一人,因此,在财产保险中指定受益人非常必要,但同时也应防止被保险人借指定受益人为名逃避债务或非法转移财产,据此,应当在财产保险受益人中规定债权人优先的原则。

以是被保险人,但是这种身份的变更以合同的生效为临界点:在合同订立但未成立生效时,投保人仅具有投保人的身份;在合同生效后,只要他们是为自己的利益订立合同,则投保人的身份就转换为被保险人。

（三）财产保险合同的辅助人

财产保险合同的辅助人是协助保险合同当事人办理保险合同有关事项的人。由于保险业务具有较强的专业性和技术性,因此需要借助专门的技术人员来协助办理有关业务。这样既可拓展业务,也可保障其合法权益。保险合同的辅助人一般包括:

1. 保险代理人

保险代理人(Insurance Agent)是根据保险代理合同或授权书,向保险人收取保险代理手续费,并以保险人的名义代为办理保险业务的人。我国《保险法》第一百一十七条规定:"保险代理人是根据保险人的委托,向保险人收取佣金,并在保险人授权的范围内代为办理保险业务的机构或者个人。"我国保险代理人分为保险代理机构和个人保险代理人,而保险代理机构分为保险专业代理机构和保险兼业代理机构。保险代理人是保险人的代理人。我国《保险法》第一百二十七条规定:"保险代理人根据保险人的授权代为办理保险业务的行为,由保险人承担责任。保险代理人没有代理权、超越代理权或者代理权终止后以保险人名义订立合同,使投保人有理由相信其有代理权的,该代理行为有效。保险人可以依法追究越权的保险代理人的责任。"

保险代理属于委托代理的性质,除具备一般代理行为的普遍特征外,亦有其特点:第一,在一般代理关系中,代理人超越代理权的行为,只有经过被代理人追认,被代理人才承担民事责任;而在保险代理中,为了保障善意投保人的利益,保险人对保险代理人越权代理行为也承担民事责任,除非为恶意串通。第二,保险代理人在代理业务范围内所知道或应知道的事宜,均可推定为保险人所知,保险人不得以保险代理人未履行如实告知义务为由而拒绝承担民事责任。第三,由于保险代理是一种重要的民事法律行为,故保险代理合同必须采用书面形式。在财产保险合同中,保险代理人在保险合同中的辅助作用在于:代保险人展业、承保、理赔、追偿。保险代理人是保险人的代理人,保险代理人在代理权限范围内的行为后果,归属保险人;保险代理人与保险人通过签订保险代理合同构成代理关系。由于保险代理人在保险代理合同范围内进行的代理行为形成保险关系,因此其保险关系归属于保险人与投保人,代理人行为的过错造成投保人或被保险人的损失,即保险关系的过错由保险人承担,但是,保险代理人因代理行为的过错要承担代理关系的责任。

2. 保险经纪人

保险经纪人(Insurance Broker)是基于投保人的利益,为投保人与保险人订立保险合同提供中介服务,并依法收取佣金的人。保险经纪人是投保人的代理人,我国《保险法》第一百一十八条明确规定:"保险经纪人是基于投保人的利益,为投保人与保险人订立保险合同提供中介服务,并依法收取佣金的机构。"这说明,在我国保险经纪人限于机构。《保险经纪机构管理规定》进一步将其具体分为直接保险经纪和再保险经纪。保险经纪机构可以采取的组织形式为:合伙企业,有限责任公司,股份有限公司。

保险经纪人是投保人的代理人。其受投保人的委托代其办理投保手续、交纳保险费,或代被保险人或受益人提出索赔。我国《保险法》第一百二十八条规定:"保险经纪人因过错给投保人、被保险人造成损失的,依法承担赔偿责任。"根据《保险经纪机构管理规定》关于保险经纪人业务范围的规定,保险经纪人具有居间、代理、咨询的性质。因此,保险经纪人在财产保险合同中的作用在于:代投保人投保,或介绍保险人,或代投保人或被保险人咨询,或代被保险人索赔。因此,保险经纪人与投保人之间通过订立合同形成保险经纪关系,这种经纪关系通过代理关系、居间关系来体现。

在西方保险市场发达的国家,保险经纪人对财产保险市场的影响非常大,如在英国,保险经纪人控制了大部分市场,其海上保险业务的90%以上是由经纪人招揽的。就财产保险合同中的作用而言,通过保险经纪人展业,可以提高财产保险的承保质量。

3. 保险公估人

又称保险公证人(Insurance Surveyor),是站在第三者的立场依法为保险合同当事人办理保险标的的查勘、鉴定、估损及理赔款项清算业务,并给予证明的人。《保险公估机构管理规定》第二条规定:"本规定所称保险公估机构是指,接受委托,专门从事保险标的或者保险事故的评估、勘验、鉴定、估损理算等业务,并按约定收取佣金的机构。"这说明在我国保险公估人只能是机构,保险公估机构的组织形式为合伙企业、有限责任公司或股份有限公司。①

保险公估人在财产保险中的辅助作用在于:在保险合同订立时对投保风险进行查勘,在风险事故发生后判定损失的原因及程度,并出具公估报告。公估报告不具备强制性,却是保险争议处理的权威性依据。被保险人、保险人都有权委托保险公估人办理公估事宜,保险公估人的酬金一般由委托人支付。但在一些国家,保险合同当事人双方为证明和估价所支出的费用,除合同另有约定外,无论哪方委托,均依法应由保险人承担。保险公估人由于工作中的过错给委托人造成损失的,由保险公估人承担赔偿责任。

二、财产保险合同的客体

财产保险合同的客体是财产保险合同的保险利益,即投保人对保险标的所具有的法律上承认的利益。其中,财产保险标的是财产保险合同双方当事人的权利义务关系所指的对象,即作为保险对象的财产及其有关利益;保险利益是投保人或被保险人对保险标的具有的法律上承认的利益。投保人对保险标的应当具有保险利益,否则,所订立的保险合同无效。因为只有对保险标的具有保险利益的人才具有投保人的资格;若无保险利益,则投保人的资格不复存在,保险合同的当事人不存在,保险合同自然无效。作出这一规定的原因在于:保险不是赌博;有利于限制赔偿金额;有利于避免道德风险。各类财产保险的保险利益因承保的标的而异。

三、财产保险合同的内容

(一)保险条款

保险条款(Clause)是保险单列明的反映保险合同内容的文件,是保险人履行保险责

---

① 《保险公估机构管理规定》第八条的规定。

任的依据。保险条款主要包括：

(1) 基本条款。基本条款是标准保险单的背面印就的保险合同文本的基本内容，即保险合同的法定记载事项，也称保险合同的要素，主要明示保险人与被保险人的基本权利和义务，以及依据有关法规规定的保险行为成立所必需的各种事项和要求。

(2) 附加条款。它是对基本条款的补充性条款，是对基本责任范围内不予承保而经过约定在承保基本责任基础上予以扩展的条款。

(3) 法定条款。它是法律规定合同必须列出的条款，如保险法规和有关合同法规定必须列明的内容。我国《保险法》第二十五条规定："保险人自收到赔偿或者给付保险金的请求和有关证明、资料之日起六十日内，对其赔偿或者给付保险金的数额不能确定的，应当根据已有证明和资料可以确定的数额先予支付；保险人最终确定赔偿或者给付保险金的数额后，应当支付相应的差额。"这就属于保险人在设计保险条款时在保险单中必须注明的一项内容。

(4) 保证条款。它是保险人要求被保险人必须履行某项规定所规定的内容，如我国《保险法》第二十七条规定，不得谎称发生了保险事故、不得制造保险事故、不得编造证据；第五十一条规定，被保险人应依法维护保险标的的安全，这些都属于保险人要求被保险人必须遵守的保证。

(5) 协会条款。它是专指由英国伦敦保险人协会根据实际需要而拟定发布的有关船舶和货运保险条款的总称。该条款仅附于保险合同之上。由于协会条款是当今国际保险市场水险方面通用的特约条款，故而有些时候协会条款比保险单还要重要。

保险合同的内容即为保险合同条款的内容，主要由法律进行规定，这就是保险合同的基本条款；同时，亦允许当事人对合同内容进行约定，这就是保险合同的特约条款。

(二) 财产保险基本条款的主要内容

根据《保险法》第十八条的规定，保险合同的基本条款包括下列各项：

(1) 当事人和关系人的名称及住所。当事人的名称是某一主体区别于其他主体的符号。住所，是法律确认的自然人的中心生活场所及法人的主要办事机构所在地。明确名称和住所对于合同的履行如催告保险费、提出索赔、给付保险金均十分重要。因而，在保险合同中，要载明保险人、投保人、被保险人或受益人的名称和住所。

(2) 保险标的。财产保险的保险标的是指财产保险合同双方当事人的权利与义务所共同指向的对象，即作为保险对象的财产及其有关利益。在保险合同中，应当明确载明保险标的以便于判断保险的类型。保险标的也是确定保险金额的重要依据。

(3) 保险金额。财产保险的保险金额简称"保额"，是指保险人承担赔付保险金责任的最高限额。保险金额是计算保险费的依据，是双方享有权利、承担义务的重要依据。财产保险的保险金额根据保险价值确定。

(4) 保险费及其支付方式。保险费是保险金额与保险费率的乘积，保险费率是保险费与保险金额的比率，即被保险人取得保险保障而由投保人向保险人支付的价金。它是投保人向保险人支付的费用，作为保险人根据保险合同的内容承担赔付保险金责任的代价。保险费率通常用百分率或者千分率来表示。保险费及保险费率由保险人预先计算并载明于合同中。

(5) 保险价值。保险价值是被保险财产投保或者出险时的市场实际价值。它是投保人可以投保的最高限额,或保险人可以承保的最高限额,是保险标的的实际价值。保险价值是财产保险合同的重要内容。在不定值保险中,保险金额等于保险价值的保险,为足额保险;保险金额小于保险价值的保险,为不足额保险;保险金额大于保险价值的保险,为超额保险。保险价值是财产保险合同的基本条款之一,在不定值保险条件下,保险金额应当与保险价值相等。我国《保险法》第五十五条第三款规定:"保险金额不得超过保险价值。超过保险价值的,超过部分无效,保险人应当退还相应的保险费。"

(6) 保险责任和责任免除。保险责任是指保险人承担赔偿或给付保险金责任的风险项目。保险责任条款确定了保险人所承担的风险范围。保险责任依保险种类的不同而有所差异,通常由保险人确定保险责任的范围并作为合同的一部分内容载于合同中。如我国财产保险基本险主要包括:火灾、爆炸、雷电、空中运行物体的坠落。责任免除又称除外责任,是保险人不承担赔偿或给付保险金责任的风险项目,如因被保险人的故意行为所致保险标的的损失,一般属于责任免除。作为责任免除的风险通常是道德风险、损失巨大并且无法计算的风险项目。在保险合同中列明保险责任和责任免除的目的在于明确保险人的赔付范围。

(7) 保险期间和保险责任开始的时间。保险期间(Period of Insurance)是保险人和投保人约定的保险合同的有效时间界限,又称保险期限,即保险人承担保险责任的起讫期间。它既是计算保险费的依据,又是保险人和被保险人享有权利、承担义务的根据。保险人仅对保险期内发生的保险事故承担赔偿或者给付保险金的义务。由于保险事故的发生是非确定性的,故而明确保险期间是十分重要的。确定保险期间通常有两种方式:自然时间期间和行为时间期间。前者是根据保险标的保障的自然时间所确定的保险期间,常以年为计算单位,如企业财产保险等;后者是根据保险标的保障的运动时间所确定的保险期间,常以保险标的的运动过程为计算单位,如建筑工程保险、货物运输保险分别以工程时间和航程时间作为保险期间。保险期间必须在条款中予以明确。

(8) 保险金赔付方法。在财产保险合同中,还应载明保险金赔付的方式,包括赔偿的标准和方式。原则上,保险人以现金方式进行支付,不负责以实物进行补偿或者恢复原状,但是合同当事人有约定的除外,如重置、修复等方式。有些保险合同规定了免赔额(率),分为相对免赔和绝对免赔两种形式。此规定旨在避免赔付的纠纷。

(9) 违约责任和争议处理。违约责任是合同当事人未履行合同义务时所应承担的法律后果。有关违约责任的内容,当事人可以自行约定,也可以直接载明按照法律的有关规定处理。争议处理是发生保险合同争议时采用的处理方式,对于合同争议,当事人可以约定解决的方式,包括约定仲裁条款或诉讼。

(10) 订立合同的年、月、日。

此外,在合同的基本条款之外,投保人和保险人还可以约定与保险有关的其他事项,以使基本条款中具有伸缩性的条款所涉及的权利与义务更为明确。

第三节 财产保险合同的基本原则

财产保险合同是合同的一种,因此,一方面,应遵循合同的自愿、平等、公平、诚信等一般原则,投保人与保险人在此原则基础上达成合意,任何一方都不得把自己的意志强加给对方,任何单位和个人都不得非法干预;另一方面,由于保险经营的特殊性,还应遵循一些特殊原则。财产保险合同是保险合同的一种,因此,应当遵循保险合同的一般原则。这些原则主要有:保险利益原则、最大诚信原则、近因原则、损失补偿原则。损失补偿原则又可分为损失补偿的一般原则和派生原则。损失补偿的一般原则通常简称为损失补偿原则,派生原则则分为代位求偿原则和分摊原则。以下分别论述。

一、保险利益原则

(一)保险利益原则的含义与条件

保险利益是投保人或被保险人对保险标的具有的法律上承认的利益。保险利益的英语表述为"Insurable Interest",严格来说应译为可保利益,但我国《保险法》对保险利益有明确规定,故而沿用这一规定。我国《保险法》将保险利益定义为:保险利益是投保人或被保险人对保险标的具有的法律上承认的利益。保险利益产生于投保人或被保险人与保险标的物之间的经济联系,是为法律所承认的、可以投保的一种法定权利,是投保人或被保险人可以向保险人投保的利益,是保险人可提供保险保障的最大额度。它体现了投保人或被保险人对保险标的所具有的法律上承认的利害关系:投保人或被保险人因保险标的未发生风险事故而受益,因保险标的遭受风险事故而受损。保险利益的必要条件为:

(1)保险利益必须是合法的利益。合法的利益是指投保人或被保险人对保险标的所具有的利益,必须是法律上承认的利益。投保人或被保险人对保险标的所具有的利益必须是合法的、可以主张的利益,而不是违反法律规定、通过不正当手段获得的利益。非法的利益,不受法律保护,当然不能作为保险利益。如某小偷盗来一辆车后到保险公司投保,若某日发生了保险事故,则该小偷没有索赔权,因为该小偷对该车辆没有保险利益。

(2)保险利益必须是确定的利益。所谓确定的利益是指已经确定或可以确定的利益,包括现有利益、预期利益、责任利益和合同利益。因而,保险利益必须是客观存在的、可实现的利益,而不是仅仅凭主观臆测、推断可能获得的利益。

(3)保险利益必须是经济利益。所谓经济利益是指投保人或被保险人对保险标的的利益必须是可通过货币计量的利益。因为财产保险合同的目的是补偿损失,所以若其损失不能以货币计量,则无法计算损失的额度,也就无法理赔,保险补偿也就无从实现。

保险利益原则是指在订立和履行保险合同的过程中投保人或被保险人应当对保险标的具有保险利益;否则,该保险合同无效。而在财产保险合同中,保险利益原则的含义则在于,被保险人对保险标的应该具有保险利益;否则,合同无效。我国《保险法》第十二条第二款明确规定:"财产保险的被保险人在保险事故发生时,对保险标的应当具有保险利益。"第四十八条规定:"保险事故发生时,被保险人对保险标的不具有保险利益的,不得向保险人请求赔偿保险金。"保险利益是保险人经营保险,特别是其承保与理赔环节中必须严格审查的关键问题,因此,投保人或被保险人必须对保险标的具有保险利益。这是判断保险合同是否有效的一项基本原则。遵循保险利益原则的主要目的在于:限制损害补偿的程度,避免将保险变为赌博行为,防止诱发道德风险。

(二)保险利益原则在财产保险中的运用

1. 财产保险的保险利益形式

由于财产保险的标的是财产及有关利益,因此,财产保险的保险利益产生于财产的不同关系,基于民法债权物权的基本理论,这些不同的关系产生了不同的利益,包括:现有利益、预期利益、责任利益、合同利益。

(1)现有利益。现有利益是投保人或被保险人对财产已享有且继续可享有的利益。如汽车、房屋、船舶、飞机、货物或其他财产的利益等。由于财产权分为物权、债权和知识产权中的财产权,因此投保人如现时对财产具有合法的所有权、抵押权、质权、留置权、典权等关系且这种关系继续存在,则对财产具有保险利益。对于自己拥有所有权的汽车、房屋,被保险人依据所有权享有其所有的利益。但现有利益非以所有利益为限,抵押人对于抵押物、质权人对于质押物、债务人对于留置物等,也具有现有利益,从而具有保险利益。现有利益随物权的存在而产生。

(2)预期利益。预期利益是因财产的现有利益而存在确实可得的依法律或合同产生的未来一定时期的利益。包括利润利益、租金收入利益、运费收入利益等。如企业的预期利润、汽车的营运收入、货物的预期利润等;又如,货物运输的承运人对于运费具有保险利益,若运输途中发生风险事故致使货物受损,则承运人的收入也会减少;同理,房屋的出租人对于出租房屋的预期租金具有保险利益等。但是预期利益必须以现有利益为基础,是确定的在法律上认可的利益;反之,若仅仅为一种虚幻的期待,则不是保险利益。

(3)责任利益。责任利益是被保险人因其对第三者的民事损害行为依法应承担的赔偿责任,因而,因承担赔偿责任而支付赔偿金额和其他费用的人具有责任保险的保险利益。它是基于法律上的民事赔偿责任而产生的保险利益。如对第三者的责任、职业责任、产品责任、公众责任、雇主责任等。根据责任保险险种划分,下述人员有保险利益:各种固定场所的所有者、经营者或管理者、制造商、销售商、修理商,雇主,各类专业人员等。如汽车在行驶中因其过错撞伤他人,加害人依法对受害人应负的赔偿责任;医生行医时因其过错对病人依法应负的赔偿责任;承运人对货主的货物在运输途中的安全所负的责任;保险代理人、保险经纪人、保险公估人因其过失依法对当事人应负的赔偿责任,均为责任利益。

(4)合同利益。合同利益是基于有效合同而产生的保险利益。虽然有效合同并非以物权为对象,但以财产为其履行对象。如在国际贸易中,卖方对已经售出的货物持有保险利益,卖方将货物卖给买方,并已发运后,由于某种原因造成买方拒收货物;雇员对雇主的不忠实带来的损失;贷款人对借款人的债权或借款人对贷款人的债务等。这样,义务人由于种种原因不履行应尽义务,使权利人遭受损失,权利人对义务人的信用存在保险利益。

2. 财产保险利益的适用时限

财产保险要求在保险事故发生时具有保险利益,如果保险合同订立时具有保险利益,而当保险事故发生时不具有保险利益,则保险合同无效,这是出于防止道德风险的需要。应该指出的是,我国《保险法》第四十九条规定:"保险标的转让的,保险标的的受让人承继被保险人的权利和义务。保险标的转让的,被保险人或者受让人应当及时通知保险人,但货物运输保险合同和另有约定的合同除外。因保险标的转让导致危险程度显著增加的,保险人自收到前款规定的通知之日起三十日内,可以按照合同约定增加保险费或者解除合同。保险人解除合同的,应当将已收取的保险费,按照合同约定扣除自保险责任开始之日起至合同解除之日止应收的部分后,退还投保人。被保险人、受让人未履行本条第二款规定的通知义务的,因转让导致保险标的危险程度显著增加而发生的保险事故,保险人不承担赔偿保险金的责任。"

例如,某机动车辆的车主甲向某保险公司投保了一年的机动车保险第三者责任保险,在三个月后将该车辆出售给乙,如果没有到保险公司办理批单转让批改手续,则发生保险事故时,因车主甲对投保机动车辆已不存在保险利益,因此保险人无须向车主甲履行赔偿责任,如果保险人赔偿,则可能导致道德风险。但是对乙而言,其从车主甲那里承继了机动车保险第三者责任保险的权利和义务,如果投保车辆的危险程度没有显著增加,保险公司应当向乙履行赔偿责任;反之,则保险公司不承担赔偿保险金的责任。

我国《保险法》明确规定:"财产保险的被保险人在保险事故发生时,对保险标的应当具有保险利益。""保险事故发生时,被保险人对保险标的不具有保险利益的,不得向保险人请求赔偿保险金。"这对防止道德风险有一定的意义。

专栏 2.1

卢斯兰诉格罗费德案

有关海上保险利益的解释,不能不提到英国最古老的,然而又是最权威的海上保险案例的判决——卢斯兰诉格罗费德案(1806)。

在该案例中,皇家政府特派员投保了在公海上被英国海军捕获的一些敌军船舶。按法律规定,只有当这些船舶到达英国港时,英国才能对这些船舶具有实际的控制权。但到达英国港之前,很多船舶已在海上灭失了。特派员提出索赔,保险公司以特派员对船舶不具备保险利益为由而拒赔。双方诉到法院,法官对特派员的保险利益问题进行了激烈的争论。

最后上议院作出判决:鉴于损失发生时,特派员对船舶没有既存的财产权,因此他对船舶没有保险利益。

根据上议员埃尔登的经典论述:保险利益是"一种对财产的权利,或者一种可从财产的合同中得到的权利。这两种权利可能因一些影响当事人占有及使用的意外事故而丧失。保险利益表现为一定的利害关系,如果某事物在某一特定条件下会给某人带来利益或损失,此人便与这一事物具有利害关系。利害关系是指此人与保险标的具有的关联或联系,如果事故发生在办理保险手续之后,那么这种以共同利害为基础的关系就会给保险人一方带来损失或损害,与此同时,与处于危险之中的保险标的同样具

> 有利害关系的被保险人一方却可得到一定的利益或赔偿。承担保护某一事物的责任
> 就是与该事物休戚相关,物存获利,物灭遭损"。
>
> 资料来源:陈欣著,《保险法》,北京大学出版社,2000年版,第76页。

海上货物运输保险比较特殊,投保人在投保时可以不具有保险利益,但当保险事故发生时必须具有保险利益。这种规定是为了适应国际贸易的习惯做法。买方在投保时货物所有权往往尚未转移到自己手中,但因其货权的转移是必然的,因此可以投保海上货物运输保险。英国《1906年海上保险法》规定:"尽管被保险人在保险单签发时可不具有可保利益,但当发生损失时他必须对保险标的物具有可保利益。"这一规定起源于海上贸易的习惯,即货物在运输途中,其所有权是可以转移的,而当所有权发生转移时,水险保单是重要的文件之一。因此,尽管签发保单时,货物的买方可能还不具有保险利益,但自货物转让时起,允许其对之具有合法的保险利益。

二、最大诚信原则

(一)最大诚信原则的含义

诚信原则是民事法律关系的基本原则之一。在保险法律关系中对当事人的诚信程度要求比一般民事活动更严格,必须遵循最大诚信原则(Principle of the Utmost Good Faith)。这是由保险经营的以下特点所决定的:

第一,信息不对称。对保险人而言,风险的性质及大小直接决定着保险人是否承保及保险费率的高低,而投保人对保险标的的风险最为了解,保险人只能依据投保人告知的风险状况来决定是否承保和确定保险费率,尤其是所保保险标的,如船舶或货物,与保险合同订立地之间不一定一致,保险人无法对这些保险标的进行实地查勘,即使能实地查勘,也很难像投保人那样了解。保险人是否承保以及承保的条件,取决于投保人或被保险人对保险标的的告知。因此,为了保护保险人的合法权益,各国保险法律法规都要求投保人履行如实告知义务;对投保人而言,保险经营的技术程度较高,而保险条款及其费率一般是由保险人单方拟定的,其技术性较高,复杂程度远非一般人所能了解,投保人是否投保以及投保的条件,完全取决于保险人的告知,这就要求保险人如实向投保人说明主要条款和责任免除条款。

第二,保险经营的特殊性。保险具有射幸性,尤其是财产保险,投保人在投保时只需支付少量的保费,而一旦保险标的发生保险事故,被保险人就能获得数十倍、百倍、千倍甚至更多于保费支出的赔付。若投保人采取不诚实的手段来投保,以骗取保险金,则保险人将无法经营。

因此,保险当事人双方签订财产保险合同是建立在诚实信用基础上的,任何一方违反最大诚信原则均会伤害对方。据此,我国《保险法》第五条规定:"保险活动当事人行使权利、履行义务应当遵循诚实信用原则。"因而,最大诚信原则可表述为:保险合同当事人在订立合同时及合同有效期内应依法向对方提供影响对方是否缔约以及缔约条件的重要事实,同时绝对信守合同缔结的认定与承诺;否则,受害方可主张合同无效或解除,甚

至要求对方赔偿因此而受到的损失。最大诚信原则是签订和履行保险合同所必须遵守的一项基本原则。最大诚信原则的具体内容主要包括如实告知、保证、弃权与禁止反言。

(二) 内容

1. 告知

在财产保险合同中,告知(Disclosure)是财产保险合同当事人一方在合同缔结前和缔结时以及合同有效期内就重要事实向对方所作的口头或书面的陈述。最大诚信原则要求的告知是如实告知,投保人或被保险人和保险人都有如实告知的义务。投保人或被保险人在保险合同缔结前或签订合同时以及在合同有效期内应尽量将已知和应知的与保险标的有关的重要事实如实告知保险人;保险人在保险合同缔结前或缔结时也应将对投保人有利害关系的重要事实如实向投保人陈述。告知的内容主要有:

(1) 投保人或被保险人的告知。投保人或被保险人必须告知的事实是重要事实。投保人或被保险人必须告知的重要事实是足以影响谨慎的保险人决定是否承保以及保险费率的事实。其包括有关保险标的的实际状况、风险程度、投保人或被保险人具有何种保险利益、合同有效期内保险标的的用途及风险的增加、权属关系的转移等事实。属于重要的事实主要有:超出事物正常状态的事实;保险人所负责任较大的事实;有关投保人和被保险人的详细情况;保险合同有效期内危险增加的事实等。我国《保险法》第十六条规定:"订立保险合同,保险人就保险标的的或者被保险人的有关情况提出询问的,投保人应当如实告知。"投保人或被保险人对某些事实在未经询问时可以保持沉默,无须告知,保险人不得以此为由使合同无效或拒绝承担赔付责任。无须告知的事实一般包括:① 减轻危险的任何情况;② 保险人业务范围内知道或推定应该知道的情况(如海洛因是禁止贩卖和服用的毒品),国际、国内重大事件,珠宝比木材对小偷更具有吸引力等;③ 保险人表示无须知道的情况;④ 根据明示和默示保证条款,无须再次申报的事实;⑤ 非保证范围内的、本质又非重要的事实;⑥ 与保险单的责任免除有关的事实。《中华人民共和国海商法》(以下简称《海商法》)第二百二十二条规定:"保险人知道或者在通常业务中应当知道的情况,保险人没有询问的,被保险人无需告知。"英国的《海上保险法》也有类似的规定。

(2) 保险人告知。保险人必须告知的重要事实是足以影响善意的投保人或被保险人是否投保以及投保条件的事实。保险人告知的事实包括:条款和保险单的具体内容、保险费率及其他条件等。这些事实与投保人利害相关,是足以影响投保人作出投保决定的事实。我国《保险法》第十七条就保险人的告知行为作出了明确规定:"订立保险合同,采用保险人提供的格式条款的,保险人向投保人提供的投保单应当附格式条款,保险人应当向投保人说明合同的内容。对保险合同中免除保险人责任的条款[①],保险人在订立合同时应当在投保单、保险单或者其他保险凭证上作出足以引起投保人注意的提示,并对该条款的内容以书面或者口头形式向投保人作出明确说明;未作提示或者明确说明的,

---

[①] 对于"免除保险人责任的条款",《最高人民法院关于适用〈中华人民共和国保险法〉若干问题的解释(二)》第九条规定,保险人提供的格式合同文本中的责任免除条款、免赔额、免赔率、比例赔付或者给付等免除或者减轻保险人责任的条款,可以认定为保险法第十七条第二款规定的"免除保险人责任的条款"。保险人因投保人、被保险人违反法定或者约定义务,享有解除合同权利的条款,不属于保险法第十七条第二款规定的"免除保险人责任的条款"。

该条款不产生效力。"这一规定的含义有两个：一是对保险人提供的格式条款要求在保险单证上附条款；二是对责任免除要有重要提示或明确说明，否则，免责无效。

由于投保人或被保险人违反最大诚信原则的可能性往往大于保险人，因而，要求投保人或被保险人更严格地遵循最大诚信原则。各国保险法律都规定，投保人或被保险人如果违反了最大诚信原则，则保险人可以主张合同无效或解除合同或不负赔偿责任。

2. 保证

保证(Warranty)是投保人或被保险人在保险期间对某种事项的作为或不作为、存在或不存在的允诺。保证是一项从属于主要合同的承诺，违反保证使受害方遭受损失，受害方有权请求赔偿；保险合同的保证是保险合同成立的基本条件，它使受害方有权解除合同。

财产保险合同中的保证是投保人或被保险人就某一事项对保险人所作的担保。这是严格控制风险的一项原则。我国《保险法》第五十一条规定："被保险人应当遵守国家有关消防、安全、生产操作、劳动保护等方面的规定，维护保险标的的安全。""投保人、被保险人未按照约定履行其对保险标的的安全应尽责任的，保险人有权要求增加保险费或者解除合同。"保证是保险人接受承保或承担保险责任所需投保人或被保险人履行的某种义务，是合同的重要条款之一。如果被保险人保证在保险期间不载运危险货物，但是却载运了危险货物，这便违反了保证，增加了风险因素。因而，投保人违反保证条款便违反了保险合同，保险人有权解除合同，并在保险标的发生保险事故导致损失时拒赔。

保证通常按形式不同分为明示保证和默示保证。明示保证是以保证条款形式在财产保险合同中载明的保证，即以条款形式附加在保险单上的保证；默示保证是指虽然未载明于保险合同，但按照法律和惯例投保人应保证的事项。如海上保险的默示保证包括：船舶必须具备适航能力，不绕航，经营业务具有合法性。默示保证和明示保证具有同等的效力。

保证按性质不同分为确认保证和承诺保证。确认保证又称认定事项保证，是投保人在投保时对某事项的过去和现在正确所作的担保。承诺保证又称约定事项保证，是投保人在投保时对某事项的现在和将来合同有效期内正确所作的担保。保险人要求投保人保证的是承诺保证，即承诺保证具有效力，确认保证则不然。

3. 弃权与禁止反言

弃权是指保险合同当事人一方以明示或默示的形式表示放弃其在保险合同中可以主张的权利；禁止反言是指保险合同当事人的一方既然已放弃在保险合同中可以主张的某种权利，尔后便不得再向他方主张该种权利。从理论上说，保险合同双方都存在弃权与禁止反言的问题，但在保险实践中，弃权与禁止反言主要是约束保险人的。

保险人或保险代理人弃权主要基于两种原因：一是疏忽；二是扩大业务或保险代理人取得更多的代理手续费。保险代理人的弃权行为可视为保险人的弃权行为，保险人不得解除保险代理人因其弃权而已经承保的不符合保险条件的保单；日后发生保险责任范围内的损失，保险人不得以被保险人破坏保险单的规定为由而拒绝赔偿。例如，某车主将其一辆作为营业用的小轿车到保险公司投保了车辆损失保险和第三者责任保险，在投保单上载明了车辆的用途为营业用车，但保险人核保时疏忽，按非营业用车收取了保费，而按营业用车办理了承保手续,并签发了保单。日后发生了保险事故,则保险人不得因该投保人少支付了保险费而拒赔。我国《保险法》第十六条第六款规定:"保险人在合同订立时已经知道投保人未如实告知的情况的,保险人不得解除合同;发生保险事故的,保险人应当承担赔偿或者给付保险金的责任。"

(三) 最大诚信原则的违反与后果

1. 违反告知的后果

告知的违反有两个条件:这种事实是重要事实,未告知、误告、隐瞒或欺诈的事实存在。投保人或被保险人违反告知义务将影响保险合同的效力,保险人可采取的措施有:解除保险合同;不负赔偿责任;若已受到损害,除解除合同和不承担保险责任外,还可要求投保人或被保险人赔偿;出于多种原因继续维持合同效力或协商变更保险合同。根据我国《保险法》第十六条的规定,投保人违反如实告知义务的后果主要有以下三种情况:

第一,投保人故意或者因重大过失未履行前款规定的如实告知义务,足以影响保险人决定是否同意承保或者提高保险费率的,保险人有权解除合同。前款规定的合同解除权,自保险人知道有解除事由之日起,超过30日不行使而消灭。自合同成立之日起超过2年的,保险人不得解除合同;发生保险事故的,保险人应当承担赔偿或者给付保险金的责任。保险人在合同订立时已经知道投保人未如实告知的情况的,保险人不得解除合同;发生保险事故的,保险人应当承担赔偿或者给付保险金的责任。"投保人、被保险人或者受益人知道保险事故发生后,应当及时通知保险人。故意或者因重大过失未及时通知,致使保险事故的性质、原因、损失程度等难以确定的,保险人对无法确定的部分,不承担赔偿或者给付保险金的责任,但保险人通过其他途径已经及时知道或者应当及时知道保险事故发生的除外。"①

第二,投保人故意不履行如实告知义务的,保险人对于合同解除前发生的保险事故,不承担赔偿或者给付保险金的责任,并且不退还保险费。

第三,投保人因重大过失未履行如实告知义务,对保险事故的发生有严重影响的,保险人对于合同解除前发生的保险事故,不承担赔偿或者给付保险金的责任,但应当退还保险费。

2. 保证的违反与后果

由于保证是保险合同的一部分,故保险合同涉及的所有保证内容均为重要事实,无须另作判断,投保人必须严格遵守,因而,投保人或被保险人违反了保证,就意味着其未履行义务而违约,合同即告失效,而且保险人一般不需退还保险费,除非该破坏发生在保险人承保风险之前。被保险人违反了保证条款,保险人有权解除合同,并在以后保险标的发生损失时拒赔。因为保证的事项均假定为重要事项,所以保险人只要证明保证已被破坏即可;无论是否故意违反保证义务,对保险合同的影响都是同样的,无意的破坏,不构成投保人抗辩的理由;即使违反保证的事实更有利于保险人,保险人仍可以违反保证为由使合同无效或解除合同。故而,破坏确认保证,一般可退还保险费;而破坏承诺保

---

① 《保险法》第二十一条。

证,若在合同生效前,必须退还保险费,若在合同生效后,不必退还保险费。

三、近因原则

(一)近因原则的基本内容

近因是引起保险标的损失的直接、有效、起决定性作用的因素。反之,引起保险标的损失的间接的、不起决定性作用的因素,称为远因。在保险理赔中,近因原则的运用具有普遍的意义。近因原则(Principle of Proximate Cause)就是:在处理赔案时,赔偿与给付保险金的条件是造成保险标的损失的近因必须属于保险责任,若造成保险标的损失的近因属于保险责任范围内的事故,则保险人承担赔付责任;反之,若造成保险标的损失的近因属于责任免除,则保险人不负赔付责任。只有当保险事故的发生与损失的形成有直接因果关系时,才构成保险人赔付的条件。近因原则几乎为世界各国保险人在分析损失的原因和处理保险赔付责任时所采用。

莱兰航运公司诉诺维威奇联合火灾保险社案

第一次世界大战期间,莱兰航运公司的一艘船舶在英吉利海峡航行时被德国潜水艇发射的鱼雷击中,船壳被击出一个大洞。该船后来被拖轮拖到离出事地点25海里的法国勒阿弗尔港,系泊于内港码头待修。港口当局担心严重损坏的船舶会沉没堵塞航道,便下令将其拖往外港停泊。两天后,由于恶劣天气,船舶受狂风巨浪的冲击,海水从破洞口不断进入船舱内,最后沉没。

航运公司与保险人就船舶损失的近因各持己见:前者认为是风浪冲击,而后者判断是遭鱼雷袭击。

海事法院审理后判决保险人胜诉,其判决词如下:"造成该船损失的真正原因亦即近因,应该是被鱼雷击中,而不是船舶驶抵勒阿弗尔港遇上的恶劣天气。本案的近因不是大风大浪的冲击,而是鱼雷击中。鱼雷击中是敌方敌对行为的结果,这是保险人的除外责任,保险人拒赔是对的。"

从海事法院的判决词中可见,船舶遭遇鱼雷袭击应该被确定为造成该船损失的近因,因为该船自被鱼雷击中后始终未脱离危险状态,也就是说,被鱼雷击中这个原因一直起着支配作用。由于被保险人仅投保了一般的船壳机器保险,而未投保战争险,在此,战争属于责任免除,故而,保险人对不属于船舶险保险责任的战争行为不必负责。

资料来源:应世昌编著,《新编海上保险》(第二版),同济大学出版社,2010年版,第118—119页。

近因原则的基本含义包括下列要点:若造成保险标的受损的近因属于保险责任范围,则保险人应负赔付责任;若造成保险标的受损的近因属于责任免除,则保险人不负赔付责任;若造成保险标的受损的近因兼有保险责任和责任免除,则分不同情况处理。

(二)近因原则的确定

损失与近因存在直接的因果关系,因而,要确定近因,首先要确定损失的因果关系。确定因果关系的基本方法有从原因推断结果和从结果推断原因两种。从近因认定和保险责任认定看,可分为下述情况:

1. 损失由单一原因所致

若保险标的损失由单一原因所致,则该原因即为近因。若该原因属于保险责任事故,则保险人应负赔偿责任;若该原因属于责任免除项目,则保险人不负赔偿责任。如某人因被盗导致家庭财产损失,若该被保险人只投保了家庭财产保险基本险,则保险人不负赔偿责任;若被保险人在家庭财产保险基本险基础上加保了附加偷窃险,则保险人负赔偿责任。

2. 损失由多种原因所致

如果保险标的遭受损失系由两个或两个以上的原因所致,则应区别分析。

(1)多种原因同时发生导致损失。多种原因同时发生而无先后之分,且均为保险标的损失的近因,则应区别对待。若同时发生导致损失的多种原因均属于保险责任,则保险人应负全部损失赔偿责任;若同时发生导致损失的多种原因均属于责任免除,则保险人不负任何损失赔偿责任;若同时发生导致损失的多种原因不全属于保险责任,则应严格区分,对能区分保险责任和责任免除的,保险人只负保险责任范围所致损失的赔偿责任,对不能区分保险责任和责任免除的,则不负赔偿责任。如船舶发生碰撞,海水涌入船舱,油罐破裂,装载货物既遭水渍又受油污,若被保险人只投保了水渍险,则保险人只负水渍损失的赔偿责任;若被保险人在水渍险基础上加保了混杂玷污险或投保了一切险,则保险人负赔偿责任。

(2)多种原因连续发生导致损失。如果多种原因连续发生导致损失,前因与后因之间具有因果关系,且各原因之间的因果关系没有中断,则最先发生并造成一连串风险事故的原因就是近因。保险人的责任可根据下列情况来确定:

第一,若连续发生导致损失的多种原因均属保险责任,则保险人应负全部损失的赔偿责任。如船舶在运输途中因遭雷击而引起火灾,火灾引起爆炸,由于三者均属于保险责任,则保险人对一切损失负全部赔偿责任。

第二,若连续发生导致损失的多种原因均属于责任免除范围,则保险人不负赔偿责任。

第三,若连续发生导致损失的多种原因不全属于保险责任,最先发生的原因属于保险责任,而后因属于责任免除,则近因属保险责任,保险人负赔偿责任。

> **专栏 2.3**
>
> ### 烟草和牛皮配载案
>
> 　　皮革和烟草两样货物被承运人合理地配载于船舶的同一货舱,由于船舶在航行途中遭遇恶劣天气,海水进入货舱,浸湿了置放在货舱一侧的皮革,湿损的皮革腐烂,发出浓重气味,将置放在货舱另一侧的烟草熏坏。
>
> 　　烟草是被腐烂的皮革散发出的气味熏坏的,而皮革发生腐烂是由进入货舱的海水浸湿所致,因此烟草损失的近因是海难,海难属于保险责任,显然,虽然烟草货主投保的是水渍险,并未加保串味险,但保险人应负赔偿责任。
>
> 资料来源:张拴林主编,《海上保险》,东北财经大学出版社,1999年版,第62页。

　　第四,最先发生的原因属于责任免除,其后发生的原因属于保险责任,则近因是责任免除,保险人不负赔偿责任。如船舶先遭敌炮火击坏,影响了航行能力,以致撞礁沉没。显然,船舶沉没的近因是战争,而若被保险人未加保战争险,则保险人不负赔偿责任。

　　(3) 多种原因间断发生导致损失。致损原因有多个,它们是间断发生的,在一连串连续发生的原因中,有一种新的独立的原因介入,使原有的因果关系链断裂,并导致损失,则新介入的独立原因是近因。若近因属于保险责任范围的事故,则保险人应负赔偿责任;反之,则保险人不负赔偿责任。如若狂风吹动了一堵墙,使房屋不再坚固,紧接着下起暴雨,房屋倒塌,则其近因是狂风。若狂风属于保险责任,则保险人负赔偿责任;反之,则不负赔偿责任。若狂风吹动了一堵墙,使房屋不再坚固,过了三个月下了一场暴雨,房屋倒塌,则其新介入的独立原因是房屋不再坚固。若不再坚固不属于保险责任,则保险人不负赔偿责任。

> **专栏 2.4**
>
> ### 汉密尔顿诉潘多夫案
>
> 　　装运着货主一批货物的船舶在海上航行途中,由于船上的老鼠把船舶的一条管道咬破,海水从管道的破洞处渗进来,浸湿了管道下货舱内的货物,造成损失。
>
> 　　货主向保险人索赔,被保险人拒绝。拒绝的理由是:货物损失的近因是鼠害,而不是海水进舱。船上的老鼠对货物造成的损害属于承运人未管好货物的责任,货主应向承运人索赔。

英国初审法院同意保险人的观点,并作出相应的判决。然而,上议院否定了初审法院的判决,认为海水进舱才是造成货损的近因,而海水进舱是保险人承保的风险,因此保险人应当赔偿货主的损失。

上议院的分析是:老鼠在航行于海上的船舶中咬坏管道,才会出现海水进货舱湿损货物的后果。如果在岸上的码头仓库里,老鼠咬破管道后,只有空气从管道漏洞中进入仓库的可能,货物不会因此遭受损失。由此推断海水进舱损坏货物是海上固有的一种风险,是近因。

资料来源:杨良宜著,《海上货物保险》,法律出版社,2010年版,第97页。

坚持近因原则的目的在于:分清与风险事故有关各方的责任,明确保险人承保的风险与保险标的损失结果之间存在的因果关系。虽然确定近因有其原则上的规定,即以最起作用和最有效果的致损原因作为近因,但是在实践中,由于致损原因的发生与损失结果之间的因果关系错综复杂,判定近因和运用近因原则远不是轻而易举的事。除了掌握近因和近因原则的理论以外,根据实际案情,仔细观察,认真辨别,实事求是地分析,以及遵循国际惯例,尤其是援用重要的判例,是正确推断近因与损失之间的因果关系和最终判定近因的基本要求。

 专栏 2.5

塞缪尔诉杜马案

船东有意指使船员把一艘投了保险的船舶凿沉,企图谋取船舶全损的赔偿。被保险人的这种恶意行为属于船舶保险的责任除外,保险人理所当然地拒赔。但是由于船舶沉没,该船的抵押权人无法从抵押人即船东那里索回已贷出的款项,也无法处理作为抵押物的船舶来保护自己的利益。于是,不甘心无辜遭受损失的船舶抵押权人向保险人提出索赔,要求得到相当于船舶价值的赔款。

他在诉说自己索赔的理由时沿用了上面所举的老鼠咬坏管道造成货物损失的那个判例:如果船东指使他人在岸上仓库里挖洞,是绝不会发生海水进入仓库损害里面置放的货物的情况的,但是在船东的唆使和授意下,船员在船上凿洞就可能使海水从破洞涌入而导致船舶沉没。因此,他认为船舶沉没的近因应是海水进舱,而不是凿船,海水进舱是保险人承保的风险,赔偿船舶损失是保险人的责任。

英国法院否定这种推理,指出:在此案中无视船东抱着罪恶的动机指使船员将船舶凿沉的行为是荒谬的,凿船行为正是船舶沉没的近因,保险人对船舶损失不予负责。

资料来源:译自 Dumas, *Perli of the Sea*, LQR40, 1924, p.426。

四、损失补偿原则

(一) 损失补偿的一般原则

1. 损失补偿原则的含义与目的

损失补偿原则(Principle of Indemnity)是当保险事故发生时,被保险人从保险人那里所得到的赔偿应正好填补被保险人因保险事故所造成的保险金额范围内的损失。这是财产保险理赔的基本原则。在保险事故发生后,被保险人有权要求保险人按合同给予补偿,保险人则有义务向被保险人对其损失进行补偿。通过补偿,使被保险人的保险标的在经济上恢复到受损前的状态,不允许被保险人因损失而获得额外的利益。

遵循损失补偿原则的目的在于:真正发挥保险的经济补偿职能,避免将保险演变成赌博行为,防止诱发道德风险。补偿原则的实现方式通常有现金赔付、修理、更换和重置。

2. 损失补偿原则的限制

保险人在运用损失补偿原则时,在补偿金额上应分情况掌握几个限度。

(1) 损失补偿以实际损失为限。若在超额保险条件下,由于保险金额超过保险价值,因此当保险标的发生保险事故时,被保险人遭受的实际损失最大为保险价值,不可能等于或超过保险金额。因而,按照补偿原则,被保险人的保险标的在经济上恢复到损失前的状态,保险人只能以发生损失时的市场价格来确定赔偿金额,不得超过损失金额,以防被保险人获得额外利益。

(2) 损失补偿以保险金额为限。保险金额是保险人承担赔偿或给付保险金责任的最高限额,投保人因保险标的受损所获得的经济补偿,也就只能以保险金额为限。在保险标的发生全部损失时,若投保的是不定值保险,则保险金额等于或小于保险价值;若投保的是定值保险,则补偿金额应以保险金额为限,以便弥补被保险人的损失。

(3) 损失补偿以保险利益为限。保险利益是投保人对保险标的所具有的法律上承认的利益。被保险人对所遭受损失的财产具有保险利益是被保险人索赔的基础,其所获得的赔款也不得超过其对被损财产所具有的保险利益。

(4) 损失补偿以保险价值为限。在超额保险的情况下,若发生全部损失,则按照损失补偿原则,以保险价值为限。我国《保险法》规定:保险金额不得超过保险价值;超过保险价值的,超过的部分无效。

3. 损失补偿的方式

(1) 比例赔偿方式。具体分为以下两个情况:

第一,在不定值保险条件下,若保险金额大于或等于保险价值,即足额或超额保险,其赔偿金额等于损失金额;若保险金额小于保险价值,即不足额保险,其赔偿金额为:

$$赔偿金额 = 损失金额 \times 保险保障程度 \times 100\%$$

其中,
$$保险保障程度 = 保险金额 \div 保险价值$$

例如,某企业投保企业财产保险,保险金额为3 200万元,保险事故发生时,保险价值为4 000万元,若发生全部损失,没有残值,则保险人赔偿3 200万元;若发生部分损失,损失金额为1 000万元,则按比例计算的赔偿金额=1 000×3 200/4 000=800(万元)。

第二，在定值保险条件下，由于保险金额等于保险价值，因而，若发生全部损失，损失金额等于保险价值，则赔偿金额等于保险金额；若发生部分损失，损失金额小于保险价值，则赔偿金额采用比例赔偿方式：

$$赔偿金额 = 保险金额 \times 损失程度$$

其中，　　　　　损失程度 = 损失价值 ÷ 保险标的完好价值

或　　　　　　　　　　　= 1 - (残值 ÷ 保险标的完好价值) × 100%

例如，若对某货物投保了定值保险，其保险金额为400万元，保险价值为400万元，保险事故发生时，若发生全部损失，则保险人赔偿400万元；若发生部分损失，损失程度为75%，则按比例计算的赔偿金额 = 400 × 75% = 300（万元）。损失300万元，赔偿300万元，符合补偿原则。

(2) 第一危险赔偿方式。第一危险是保险金额限度内的损失，超过保险金额的损失为第二危险。第一危险赔偿方式是指保险事故发生时保险人仅按保险金额限度内的实际损失金额予以赔偿，而对保险金额之外的损失不予赔偿的方式。该赔偿方式比较简便，但不够准确。主要适用于家庭财产保险。

(3) 限额赔偿方式。具体分为以下两种情况：

第一，固定责任赔偿方式。这是指保险人在订立保险合同时规定保险保障的标准限额，保险人只对实际价值低于标准保障限额之差予以赔偿的方式。这种方式适用于农作物保险。其计算公式为：

$$赔偿金额 = 限额责任 - 实际收获量$$

第二，免赔限度赔偿方式。按免赔方式分为相对免赔方式和绝对免赔方式。

相对免赔方式是保险标的的损失程度超过规定的免赔限度时，保险人按全部损失予以赔偿的方式，即：

$$赔偿金额 = 保险金额 \times 损失率（损失率大于免赔率）$$

该方式可减少保险人因大量小额赔偿而产生的工作量，同时可增强被保险人的责任感。

绝对免赔方式是保险标的的损失程度超过规定免赔限度时，保险人只对超过限度的那部分损失予以赔偿的方式，即：

$$赔偿金额 = 保险金额 \times (损失率 - 免赔率)$$

其中，损失率大于免赔率。

该方式可增强被保险人的责任感，减少保险事故的发生。

(二) 代位求偿原则

1. 代位求偿

(1) 代位求偿原则的含义。代位求偿（Principle of Subrogation）是因第三者对保险标的的损害而造成保险事故的，保险人自向被保险人赔偿保险金之日起，在赔偿金额范围内取代被保险人的地位行使被保险人向第三者请求赔偿的权利，即保险人在代第三者向被保险人支付赔款后，取代被保险人向第三者索赔的权利。保险人取得该项权利后即可站在被保险人的位置上向第三者进行追偿。代位求偿是损失补偿原则的派生原则。代位权起源于罗马法，虽然它适用于许多商业交易，但实际上人们一直认为其对保险是

最重要的。保险代位权产生的形式有：由侵权产生的权利、合同赋予的权利、政府法令赋予的权利、保险标的物产生的权利。在保险实务中，代位求偿通常存在物上代位和权利代位两种形式。但从严格意义上说，物上代位不能称为真正意义上的代位，实际上物上代位就是委付。因为在保险代位法律关系中存在三方当事人：债权人、债务人、保险人。债权人是被保险人，即受害人，是有权要求加害人赔偿的人；债务人是造成责任事故的人，即加害人；保险人一方面替代加害人向被保险人赔偿，另一方面在向被保险人赔偿后取得替代被保险人的位置向加害人索赔的权利。代位求偿权的实质是保险人站在被保险人的位置上向造成保险事故的第三者索赔的权利。而物上代位是保险人对被保险人作出赔偿后，如果赔偿金额达到受损标的的金额，则标的残值的所有权即应归于保险人。在物上代位条件下，只有两方当事人，没有第三者，显然与代位权的构成要件大相径庭。故而，物上代位不宜作为代位求偿研究，只有权利代位才是真正意义上的代位求偿。由于保险标的保险事故是由第三者责任造成的，因此被保险人享有双倍索赔权：向第三者索赔，这是绝对的、无条件的；向保险人索赔，这是相对的、有条件的，其条件是不得免除第三者的赔偿义务并将该赔偿请求权转移给保险人。因而，坚持该原则的目的在于：维护补偿原则，防止被保险人因保险事故得到双重赔偿（即既从保险人那里得到赔偿，又从第三者那里得到赔偿）；有利于被保险人迅速得到保险赔偿；有利于维护保险人自身的合法利益；使有关责任方承担事故赔偿责任。

(2) 代位求偿的条件。保险代位求偿权是各国保险法律共同承认的一种债权转移制度。保险人行使代位求偿权的条件为：

第一，保险标的所遭受的风险必须属于保险责任范围。若保险标的所发生的风险事故虽由第三者的责任所致，但不属于保险责任范围，则保险人不负赔偿责任，也不存在代位求偿。

第二，保险事故的发生由第三者承担责任。因为保险事故的发生由第三者承担责任，所以被保险人才有可能向保险人转移其赔偿请求权，保险人才有代位求偿的可能；反之，保险事故的发生虽然是由第三者的行为造成的，但第三者的行为在法律上不需要承担民事赔偿责任，则代位求偿无法成立。

第三，被保险人要求第三者赔偿。这既是保险人赔偿的条件，也是代位的条件。如果因第三者责任造成保险事故而被保险人不要求第三者赔偿，则保险人向被保险人赔偿会导致第三者的故意行为，出现道德风险；同时被保险人不要求第三者赔偿，本身也无所谓代位，因为被保险人已放弃债权，第三者也因此而不存在债务。既然被保险人的债权不复存在，代位也就失去基础了。并且，在保险事故发生后，保险人未赔偿保险金之前，被保险人放弃对第三者请求赔偿的权利的，保险人不承担赔偿保险金的责任。保险人向被保险人赔偿保险金后，被保险人未经保险人同意放弃对第三者请求赔偿的权利的，该行为无效。

第四，保险人必须事先向被保险人履行赔偿责任，即代位求偿权在保险人向被保险人赔偿保险金之后自动产生。这是保险人取得代位求偿权的时间条件。因为代位求偿是建立在履行赔偿义务的基础之上的，保险人必须依照保险合同和被保险人的请求，对保险损失作出保险赔偿，保险人尚未履行义务，则无权取得代位求偿权。同时，在保险人尚未赔偿之前,被保险人实际上拥有或保留向第三者求偿的权利。据此,我国《保险法》对此有明确规定。

第五,保险人只能在赔偿金额限度内行使代位求偿权。若保险人向第三者实际取得的赔偿金额大于赔偿给被保险人的金额,则保险人必须将超过部分的金额退给被保险人。这是代位求偿的权限。例如,在足额保险条件下,保险人按实际损失向被保险人赔偿后,取代被保险人向第三者索赔,若追偿额小于或等于赔偿金额,则全部追偿额归保险人;若追偿额大于赔偿金额,则大于的部分归被保险人,这正是为了贯彻保险人不得获取额外利益、遵循补偿被保险人损失原则的需要。在不足额条件下,则应具体分析。例如,若某船舶保险金额为 270 万元,由于第三者的原因发生保险事故造成损失,损失金额为 240 万元,该船舶损失的实际价值为 300 万元,保险人在向被保险人支付赔款 216(= 240×270/300)万元后便取得了向第三者追偿的权利,则保险人的追偿权应该为 216 万元。即使保险人的实际追偿额超过了 216 万元,保险人仍然只拥有 216 万元的利益,不能得到超出保险金之外的任何利益。这正是为了遵循补偿原则的需要。

(3) 代位求偿在财产保险中的适用范围。代位求偿权只适用于财产保险,而不适用于人身保险。因为财产保险的保险价值是可以确定的,财产保险合同是补偿合同。按照损失补偿原则,财产保险的保险标的发生保险事故时,被保险人只能得到补偿,而不能获得双重赔偿。而人身保险的保险金额是保险当事人双方约定的,其保险价值无法衡量,只存在保险金的给付,而财产保险的保险价值是可以确定的。这一适用范围在我国《保险法》第四十六条中有明确的规定:"被保险人因第三者的行为而发生死亡、伤残或者疾病等保险事故的,保险人向被保险人或者受益人给付保险金后,不享有向第三者追偿的权利,但被保险人或者受益人仍有权向第三者请求赔偿。"另外,我国《保险法》第六十二条规定:"除被保险人的家庭成员或者其组成人员故意造成本法第六十条第一款规定的保险事故以外,保险人不得对被保险人的家庭成员或者其组成人员行使代位请求赔偿的权利。"①

2. 委付

(1) 委付的概念与条件。委付是被保险人在发生保险事故造成保险标的推定全损时,将保险标的物的一切权利连同义务转移给保险人而请求保险人赔偿全部保险金额的法律行为。委付必须具备一定条件才能成立,其条件是:

第一,委付必须以保险标的的推定全损为条件。因为委付包含着全额赔偿和转移保险标的的一切权利义务两重内容,所以要求必须在保险标的推定全损时才能适用。

第二,委付必须就保险标的的全部提出要求。被保险人要求委付必须是针对推定全损的保险标的的全部,如推定全损的一艘船舶、一批货物,而不得仅就保险标的的一部分申请委付,对另一部分不适用委付。但若同一保险单上载有若干种保险标的,则其中之一产生委付原因时,得就该种保险标的适用委付。

第三,委付必须经保险人承诺方有效,即委付是否成立和履行,还取决于保险人的意

---

① 《保险法》第六十条第一款规定:"因第三者对保险标的的损害而造成保险事故的,保险人自向被保险人赔偿保险金之日起,在赔偿金额范围内代位行使被保险人对第三者请求赔偿的权利。"

志。保险人可以接受委付,也可以不接受委付。若保险人接受委付,则委付成立;反之,则委付不成立。委付一经保险人接受,不得撤回。

第四,被保险人必须在法定时间内向保险人提出书面的委付申请。这一条件要求,被保险人为进行委付,必须提出申请,即向保险人发出委付书。按照国际上海上保险的惯例,委付书可以是书面的也可以是口头的,应向保险人或其授权的保险经纪人提出。而在我国海上保险实践中,则必须是用书面形式,直接向保险人提出,并且是在法定时间内。有的国家法律规定为3个月,如日本、英国。我国《保险法》和《海商法》均未作明确规定。如果被保险人不在法定时间内提出委付申请,则保险人对于推定全损的保险标的只能按部分损失赔偿。

第五,被保险人必须将保险标的的一切权利转移给保险人,并且不得附加条件。在保险标的的推定全损的情况下,被保险人要获取全额赔偿的对价条件,就是要将保险标的的一切权利归保险人,并且被保险人不得附加任何条件。如被保险人对船舶失踪申请委付,但要求船舶有着落时返归其所有,则为法律所禁止。

(2) 委付的效力。委付一经依法成立,便对保险人和被保险人产生了法律约束力:一方面,被保险人在委付成立时,有权要求保险人按照保险合同约定的保险金额向其全额赔偿;另一方面,被保险人必须在委付原因产生之日将保险标的的一切权利和义务转移归保险人。我国《海商法》第二百五十条规定:"保险人接受委付的,被保险人对委付财产的全部权利和义务转移给保险人。"英国《海上保险法》也有类似规定。

3. 委付与代位求偿的区别

第一,性质不同。代位求偿权只是一种纯粹的追偿权,取得这种权利的保险人无须承担其他义务;而保险人接受委付时,既取得了保险标的的所有权,也要承担该标的产生的义务。

第二,保险人得到的权利不同。在代位求偿中,保险人最多只能取得保险赔偿金额范围内的权利;而在委付中,保险人则可享有该项标的的一切权利,保险人可以接受大于其赔偿金额的利益。因为被保险人提出委付时,已放弃了对保险标的的所有权,保险人取得了对保险标的的处分权,并可取得因处置而获得的额外利益。例如,若某项保险金额为110万元的进口货物发生保险事故,该货物损失时的实际价值为120万元,损失金额为80万元。由于该货物的部分损失所形成的处理费用大于120万元,因此被保险人提出委付申请,保险人经审查接受了被保险人的委付申请,按照推定全损处理此案,并向被保险人支付了110万元的保险赔款,从而取得了对该货物的所有权。保险人利用其国外分支机构的关系,支付10万元的费用处理好了该货物,并以150万元的价格将其转卖给某公司。保险人在该项业务中获利30万元。被保险人认为保险人获得的这30万元收益为不当得利,便向法院提起诉讼,要求得到保险人30万元收益的一部分。经法院判决,被保险人败诉。因为被保险人通过委付已经丧失了该货物的全部权利。

第三,保险事故的原因不同。在代位求偿的条件下,保险事故是由第三者引起的,即存在三方当事人:债权人、债务人和保险人;而委付条件下,保险事故未必由第三者引起,常常存在于两方当事人,即投保人与保险人之间。

(三) 重复保险分摊原则

1. 重复保险分摊原则的含义与目的

重复保险分摊原则(Principle of Contribution of Double Insurance)是指投保人向多个保险人重复保险时,投保人的索赔只能在保险人之间分摊,赔偿金额不得超过损失金额。对重复保险,在保险事故发生时采用分摊原则。这一原则也是补偿原则的派生原则。

遵循这一原则的目的在于:维护补偿原则,防止投保人利用重复保险获得超额赔款;维护社会公平原则。

分摊原则是在重复保险条件下适用的原则。重复保险是投保人对同一保险标的、同一保险利益、同一保险事故同时向两个或两个以上保险人订立保险合同,且其保险金额之和大于保险价值的保险。

2. 重复保险分摊的方式

重复保险分摊的方式一般有:比例责任制,限额责任制,顺序责任制。

(1) 比例责任制。比例责任制是各保险人按照各自的保险金额占所有保险人的保险金额总额的比例与损失金额相乘来计算赔款的方法。其公式为:

$$某保险人分摊的赔偿责任 = \frac{某保险人承保的保险金额}{所有保险人承保的保险金额总额} \times 损失金额$$

例如,某批货物的保险价值为 120 万元,某投保人对该批货物分别向甲、乙两家保险公司投保了货物运输保险,保险金额分别为 80 万元、120 万元,保险事故发生时,若发生全部损失,损失金额为 120 万元,则甲、乙两家保险公司的赔偿金额分别为:

甲保险公司的赔偿金额 = 120×80÷(80+120) = 48(万元)

乙保险公司的赔偿金额 = 120×120÷(80+120) = 72(万元)

二者赔偿之和为 120 万元,正好等于损失金额 120 万元,符合补偿原则。

若发生部分损失,损失金额为 50 万元,则甲、乙两家保险公司的赔偿金额分别为:

甲保险公司的赔偿金额 = 50×80÷(80+120) = 20(万元)

乙保险公司的赔偿金额 = 50×120÷(80+120) = 30(万元)

二者赔偿之和为 50 万元,正好等于损失金额 50 万元,符合补偿原则。

(2) 独立责任制。又称限额责任制,是以各保险人在无他保情况下单独应付的赔偿金额作为基数加总得出各家应分摊的比例,然后据此比例计算赔款的方法,即按各保险人单独赔付时应承担的最高责任比例来分摊损失赔偿责任的方法。独立责任又称限额责任,是在无他保的情况下,保险人按其承保金额所负的损失赔偿责任。其公式为:

$$某保险人分摊的赔偿责任 = \frac{某保险人独立责任限额}{所有保险人独立责任总额} \times 损失金额$$

例如,某批货物的保险价值为 120 万元,某投保人对该批货物分别向甲、乙两家保险公司投保了货物运输保险,其保险金额分别为 80 万元、120 万元,保险事故发生时,若发生全部损失,损失金额为 120 万元,则甲、乙两家保险公司的独立责任分别为 80 万元、120 万元。赔偿金额分别为:

甲保险公司的赔偿金额 = 120×80÷(80+120) = 48(万元)

乙保险公司的赔偿金额 = 120×120÷(80+120) = 72(万元)

二者赔偿之和为120万元,正好等于损失金额120万元,符合补偿原则。

若发生部分损失,损失金额为60万元,则甲、乙两家保险公司的独立责任分别为40万元、60万元,赔偿金额分别为:

甲保险公司的赔偿金额＝60×40÷(40＋60)＝24(万元)

乙保险公司的赔偿金额＝60×60÷(40＋60)＝36(万元)

二者赔偿之和为60万元,正好等于损失金额60万元,符合补偿原则。

(3) 顺序责任制。顺序责任制是根据各保险人出立保单的顺序来确定赔偿责任,即先由第一个出立保单的保险人在其保险金额限度内赔偿,再由第二个保险人对超过第一个保险人保险金额的损失部分在其保险金额限度内赔偿,以此类推,直至对被保险人的损失全部进行赔偿的方法。这是依承保的先后顺序进行分摊的方法。如上例中,若发生全部损失,则先由甲保险公司赔偿80万元,余下的40(＝120－80)万元再由乙保险公司赔偿;若发生部分损失,损失为60万元,则先由甲保险公司赔偿60万元,剩余0(＝60－60)万元,则乙保险公司不负赔偿责任。显然,这种方法对有的保险人显失公平,因而许多国家的保险法不采用这一方法。

上述分摊方法中,由于保险金额是计算保险费的依据,而第一种方法是按各保险人的保险金额占保险金额总额的比例来分摊损失的,实际上是按每个保险公司收取保费的比例来承担相应的赔偿义务,因而,该方法能较好地体现权利与义务对等的原则,为许多国家保险理赔时所采用。而第三种方法,由于出立保险单的顺序并不意味着保险公司享受权利大小的顺序,而承担赔偿责任则按出立保险单的顺序,显然导致权利和义务不一致,从而显失公平。基于此,我国《保险法》第五十六条肯定了比例责任方式的法律效力:"除合同另有约定外,各保险人按照其保险金额与保险金额总和的比例承担赔偿责任。"在保险实务中,保险人为避免分摊的麻烦,往往在保险单上附加条款声明:如果该保险单承保的保险标的在风险事故发生时有其他保险,则保险人的赔偿金额仅以其承保金额与保险金额总和的比例为限。这样使被保险人分别要向数个保险人索赔。

第四节 财产保险合同的订立、变更、转让、无效和终止

一、财产保险合同的订立

(一) 财产保险合同的形式

财产保险合同一般采用书面形式,并载明当事人双方约定的合同内容。主要合同形式如下:

(1) 投保单。投保单(Application Form)又称要保单,是投保人向保险人申请订立保险合同的一种书面文件。它是投保人进行保险要约的书面形式,由投保人如实地填写。在投保单中列明订立保险合同所必需的项目,供保险人据以考虑是否接受承保。投保单是保险人赖以承保的依据,若投保人填写不实,将影响保险合同的效力,当保险事故发生时,投保人或被保险人的要求有可能得不到保障。其内容一般包括投保人和被保险人的地址、保险标的、坐落地点、投保险别、保险金额、保险期间、保险费率等,但因险种不同

而异。

（2）保险单。保险单（Insurance Policy）是保险人和投保人之间订立正式保险合同的一种书面文件。一般由保险人签发给投保人。保险单将保险合同的全部内容详尽列明，包括双方当事人的权利和义务以及保险人应承担的风险责任。保险单的主要结构包括：保险项目、保险责任、责任免除及附注条件等。保险单的正面采用表格方式，其填写内容包括：保险人、投保人和被保险人，保险标的的详细说明。保险单的背面是保险条款，具体包括：保险人及被保险人的权利和义务、保险责任、责任免除、保险期限、保费与退费、索赔与理赔、争议处理等。保险单是保险双方当事人确定权利和义务以及在保险事故发生遭受经济损失后被保险人索赔、保险人理赔的主要依据。

（3）保险凭证。保险凭证（Insurance Certificate）亦称小保单，是保险人签发给投保人的证明保险合同已经订立的一种书面文件。其所列项目与保险单完全相同，并声明以某种保险单所载明的条款为准，但是不载明保险条款，实质上是一种简化的保险单，它与保险单具有同等的法律效力。如果保险凭证尚未列明其内容，则应以同类保险单载明的详细内容为准；如果保险单与保险凭证的内容有抵触或保险凭证另有特约条款，则应以保险凭证为准。保险凭证在一定的业务范围内使用，其使用的场合主要有：① 在团体保险中采用，以资证明其已投保；② 在汽车保险业务中，多辆汽车由一张保单承保，但每辆汽车需要有单独的保险凭证随车同行，以便于运输途中保险事故的处理和有关部门的查询之用；③ 在货物运输保险预约保单下，每一笔货物需签发单独的保险凭证。该凭证是根据预约保单出立的，被保险人向保险人签发货物起运通知书，保险人据此签发保险凭证。

（4）暂保单。暂保单（Binding Slip）是保险单或保险凭证未出立之前保险人或保险代理人向投保人签发的临时凭证，亦称临时保险单。其作用是证明保险人已同意投保。暂保单的内容比较简单，仅载明与保险人已商定的重要项目，如保险标的、保险责任范围、保险金额及保险费率、承保险种、被保险人的姓名、缔约双方当事人的权利和义务及保险单以外的特别保险条件等。暂保单具有证明保险人已同意投保的效力。出立暂保单一般有以下情况：① 保险代理人，在争取到保险业务但未向保险人办妥保险单手续前，可先出立暂保单，以作为保障的证明；② 保险公司的分支机构，在接受投保人的要约后但尚需获得上级保险公司或保险总公司批准前，可先出立暂保单，以作为保障的证明；③ 保险人和投保人在洽谈或续订保险合同时，订约双方当事人已就主要条款达成协议，但尚有一些条件需进一步商讨，在未完全谈妥前可先出立暂保单，以作为保障的证明；④ 保险单是出口贸易结汇的必备文件之一，在尚未出立保险单和保险凭证之前，可先出立暂保单，证明出口货物已经办理保险，作为出口结汇的凭证之一。暂保单具有与保险单或保险凭证同等的法律效力，但其有效期限通常以 30 天为限，保险单一经出立，暂保单便自动失效。保险单出立前，保险人亦可终止暂保单，但须于一定时间前通知被保险人。

（5）批单。批单（Endorsement）又称背书，是保险人应投保人或被保险人的要求出立的修订或更改保险单内容的证明文件。它是变更保险单内容的批改书。批单通常在两种情况下适用：一是对已印制好的标准保险单所作的部分修正，这种修正并不改变保险单的基本保险条件，但会缩小或扩大保险责任范围；二是在保险合同订立后的有效期对某些保险项目进行更改和调整。保险合同订立后在有效期内双方当事人都有权通过协议更改和修正保险合同的内容,若投保人需要更改保险合同的内容,需向保险人提出申请,经保险人同意后出立批单。批单可在原保险单或保险凭证上批注,也可另外出立一张变更合同内容的附贴便条。凡经批改过的内容,以批单为准;多次批改,应以最后批改为准。批单一经签发,就自动成为保险单的一个重要组成部分。

(二) 财产保险合同订立的程序

财产保险合同的订立是通过投保人与保险人双方的法律行为而发生的,双方当事人的意思表示一致是该合同得以产生的基础。《中华人民共和国合同法》(以下简称《合同法》)第十三条规定:"当事人订立合同,采取要约、承诺方式。"财产保险合同与一般合同一样,双方当事人订立合同必须经过两个阶段:要约与承诺。

(1) 要约。要约是希望和他人订立合同的意思表示。该意思表示应当符合两项规定:内容具体规定;表明经受约人承诺,要约人即受该意思表示约束。在财产保险合同中,一般以投保人提交填写好的投保单为要约,即投保人向保险人提交要求订立保险合同的书面意思表示。对于投保单,应当注意两个问题:第一,投保单是由保险人拟定并事先印制好的格式化文书。在投保单中载明了订立保险合同所必备的条款,该投保单不仅是保险合同的组成部分,也是签发保险单的基础和前提。第二,保险人将空白的投保单发放给投保人的行为,其法律性质是要约邀请,即邀请投保人向保险人发出要约。当然,保险人也可以是要约人,如保险人接到投保人提交的已填好的投保单后,又向投保人提出某些附加条件,此时,保险人所作出的意思表示并非是完全接受投保人订立合同的意思表示,而是向投保人发出了新的意思表示,这在法律上被视为新的要约,在该情形下,保险人是新的要约人,投保人则为受要约人,若投保人同意接受保险人提出的附加条件,则表明投保人接受保险人的新要约,至此,投保人便成为受要约人。

(2) 承诺。承诺是受要约人同意要约的意思表示。通常,保险人在接到投保人的投保单后,经核对、查勘及信用调查,确认一切符合承保条件时,签章承保,即为承诺,保险合同即告成立。承诺的方式可以按法律规定向投保人签发保险单或保险凭证或暂保单,也可以是保险人直接在投保人递交的投保单上签章表示同意。但是,不应认为承诺人一定是保险人,因为如前所述,要约过程是一个反复的过程,投保人与保险人对标准合同条款以外的内容得进行协商,当保险人对于投保人提出的合同内容或者补充条款提出异议时,保险人的意思表示就不再是承诺,而是发出了新的要约,而投保人对保险人的意思表示存在异议并作出新的意思表示时,该意思表示则是再一次的要约,合同订立的过程就是这样一个反复协商的过程,直至一方当事人不再表示异议时,该方当事人即是受要约人。当双方当事人就合同的条款达成协议后,保险合同成立。其后,保险人应当及时向投保人签发保险单或者其他保险单证,并在保险单或者其他凭证中载明当事人双方约定的合同内容。

财产保险合同的双方当事人经过要约与承诺,意见达成一致,保险合同即告成立。但是,合同成立并不意味着合同当然生效,除非法律另有规定或合同另有约定,财产保险合同的生效为保险权利义务的开始,即保险责任通常在投保人履行了交付保险费的义务后才开始。我国《保险法》第十三条规定:"投保人提出保险要求,经保险人同意承保,保险合同成立。保险人应当及时向投保人签发保险单或者其他保险凭证。……依法成立的保险合同,自成立时生效。投保人和保险人可以对合同的效力约定附条件或者附期限。"这说明保险合同的生效时间一般为合同成立,也可以特别约定。当然,由于保险期间的不同,保险责任的开始时间也不同。例如,我国对定期保险,除非合同另有约定,保险责任的开始时间一般在投保人履行了交付保险费的义务后的零时才开始;对航程保险,保险责任的开始时间一般自起运港起运开始。

二、财产保险合同的变更

（一）财产保险合同变更的定义与特点

财产保险合同的变更是指在合同的有效期内,基于一定的法律事实而改变合同内容的法律行为,即订立的合同在履行过程中,由于某些情况的变化而对其内容进行的补充或修改。财产保险合同于订立后,如内容有变动,投保人通常可以向保险人申请批改。凡是合同内容的变更或修改,均必须经保险人审批同意,并出立批单或进行批注。其特点是:① 必须由投保人与保险人协商而定;② 变更合同的内容表现为修改合同的条款;③ 变更合同的结果是产生新的权利和义务关系。

财产保险合同的变更通常包括合同主体的变更和合同内容的变更。但严格来讲,由于财产保险合同主体的变更大都是由保险标的的权利发生转移而引起的,因此,合同主体的变更实际上是合同的转让。真正意义上的财产保险合同的变更应当是财产保险合同内容的变更。基于此,在此只介绍财产保险合同内容的变更。

（二）财产保险合同内容的变更

财产保险合同内容的变更表现为,财产保险在主体不变的情况下保险合同中保险标的种类的变化,数量的增减,以及存放地点、保险险别、风险程度、保险责任、保险期限、保险费、保险金额等内容的变更。合同内容的变更都与保险人承担的风险密切相连。合同的任何一方都有变更合同内容的权利,同时也负有与对方共同协商的义务。因此,投保人只有提出变更申请,并经保险人审批同意、签发批单或对原保险单进行批注后才产生法律效力。我国《保险法》第二十条规定:"投保人和保险人可以协商变更合同内容。变更保险合同的,应当由保险人在保险单或者其他保险凭证上批注或者附贴批单,或者由投保人和保险人订立变更的书面协议。"

（三）变更程序

依照我国法律规定,财产保险合同的内容变更须经过下列主要程序:投保人向保险人及时告知财产保险合同内容变更的情况;保险人进行审核,若需增加保险费,则投保人应按规定补交,若需减少保险费,则投保人可向保险人提出要求,无论保险费是增加、减少还是不变,均要求当事人取得一致意见;保险人签发批单或附加条款。上述程序使财产保险合同内容的变更完成,变更后的财产保险合同是确立保险当事人双方权利和义务关系的依据。

三、财产保险合同的转让

财产保险合同的转让是指投保人或被保险人将财产保险合同中的权利和义务转让给他人的法律行为。其实质是合同主体的变更。财产保险合同的转让通常是由保险标的所有权的转移或出售所引起的。但是,应当注意的是,财产保险标的所有权的转移并不当然地导致合同的转让,因为标的所有权的转移与合同的转让是两种法律行为。在法律性质上,所有权的转移是物权行为;而合同的转让是债权债务关系的转让。保险标的所有权的转移仅取决于卖者和买者的意志,而财产保险合同的转让则要取决于投保人或被保险人与合同受让人及保险人的意志。因而财产保险合同不能随着保险标的所有权的转移而自然发生转让。若保险标的的所有权发生转移,而财产保险合同未作转让,则要区分情况:若风险未增加,则不影响其合同的效力;若风险增加,则影响合同的效力,发生保险事故时保险人不承担赔偿责任,因为事实上,被保险人单方面修改了合同。反之,若通过一定的转让手续,则产生转让的效力。根据我国《保险法》和《海商法》的规定,财产保险合同的转让需要考虑以下几个问题:

1. 转让与保险人的同意

财产保险合同的转让与保险人的同意密切相连,但是存在两种状况:一是必须有保险人的同意,二是可以没有保险人的同意。保险标的转让的,被保险人或者受让人应当及时通知保险人,但货物运输保险合同和另有约定的合同除外,特别是海上货物运输保险合同。任何财产保险合同的转让均须经保险人的同意才能转让,因为货物运输保险合同和另有约定的合同以外的财产保险合同转让,由于保险标的在保险期间始终在被保险人的控制与管理之下,被保险人的变化会引起风险的变化,从而引起保险人责任的变化。因此,为了维护保险人的利益,规定一般财产保险合同的转让必须事先征得保险人的书面同意,财产保险合同方可继续维持合同的效力;否则,财产保险合同自保险标的所有权转让、风险增加之时起失效。我国《保险法》第四十九条规定:"保险标的的转让的,保险标的的受让人承继被保险人的权利和义务。保险标的的转让的,被保险人或者受让人应当及时通知保险人,但货物运输保险合同和另有约定的合同除外。""被保险人、受让人未履行本条第二款规定的通知义务的,因转让导致保险标的危险程度显著增加而发生的保险事故,保险人不承担赔偿保险金的责任。"

海上货物运输保险合同则不然,其保险合同的转让不需要保险人的同意,只要求被保险人在保险合同上背书即可发生转让。我国及许多国家允许在有背书的前提下保险单随同货物所有权的转移而转让,而不需要征得保险方的同意。究其原因:一是海上货物保险中的货物在整个运输过程中始终在承运人的控制与保管之下,被保险人的变化并不会引起风险的变化,货物不会因自由转让而增加风险,从而不会引起保险人责任的变化。二是保险合同是与海上货物运输紧密相连的,在海上运输中经常会出于贸易经营的需要,通过转让提单进行买卖,被保险人也会因货物的所有权发生转移而失去保险利益,使保险合同失去效力;新的提单持有人也会因未经保险人同意办理保险合同变更手续而失去保险保障,为了维持保险合同的效力,就必须经保险人同意并批单。显然,有的货物所有权甚至需经过几次转手易主,如果每次保险合同的转让均需得到保险人的同意,势必会妨碍货物的流转,不利于贸易往来。因而,根据国际贸易的惯例,海上保险人允许海上货物运输保险合同采用空白背书的方式进行转让,而不需要征得保险人的同意,这样便可与提单背书转让同步进行,即货物运输保险合同随着货物的转让,只要被保险人背书后就可与货物所有权提单同时转让给受让人,而不需要征得保险人的同意。

2. 转让的方式

财产保险合同的转让,可以采取由被保险人在保险合同上背书或其他方式进行。按习惯做法,采用空白背书方式转让的保险合同,可以自由转让;采用记名背书方式转让的保险合同,则只有被背书人才能成为保险合同权利的受让人。

3. 转让的后果

在财产保险合同转让时,无论损失是否已发生,只要被保险人对保险标的仍具有保险利益,则合同均可有效转让。我国《保险法》规定:保险标的转让的,保险标的的受让人承继被保险人的权利和义务。对保险标的转让的,被保险人或者受让人应当及时通知保险人。对保险标的的转让分两种情况:一是及时通知,二是未通知。对及时通知的,保险标的的转让导致危险程度显著增加的,保险人自收到前款规定的通知之日起 30 日内,可以按照合同约定增加保险费或者解除合同。而对保险标的的转让未及时通知的后果也分两种情况:一是风险没有明显增加,二是风险明显增加。对于前者,并不影响合同的效力;而对于后者,因转让导致保险标的危险程度显著增加而发生的保险事故,保险人不承担赔偿保险金的责任。

财产保险合同的受让人只能享有原被保险人在保险合同下所享有的权利和义务。因为财产保险合同的转让只涉及投保人或被保险人的变更,并未变更保险合同的内容,没有变更原有的保险权利和义务关系。

四、财产保险合同的无效

(一) 无效的含义与原因

1. 无效的含义

财产保险合同的无效是指当事人所缔结的财产保险合同因不符合法律规定的生效条件而不产生法律约束力,即指合同因不符合法律规定的生效条件而产生的无法律约束力的后果。无效财产保险合同的特点是:违法性,即违反法律和法规的规定;自始无效性,即因其违法而自行为开始起便没有任何的法律效力;当然无效性,即无须考虑当事人是否主张合同无效,法院或仲裁机构可主动审查、确认合同无效。

2. 无效的原因

无效的原因主要包括:合同主体不合格、当事人意思表示真实性有瑕疵、客体不合法、内容不合法、形式不合法等。具体分析如下:

(1) 合同主体不合格。主体不合格是指保险人、投保人、被保险人、受益人或保险代理人等资格不符合法律的规定。例如,投保人是无民事行为能力的或依法不能独立实施缔约行为的限制民事行为能力的自然人;保险人不具备法定条件,不是依法设立的;保险代理人没有保险代理资格或没有保险代理权。如果财产保险合同是由上述主体缔结的,则合同无效。

(2) 当事人意思表示真实性有瑕疵。缔约过程中,如果当事人中的任何一方以欺诈、胁迫或乘人之危的方式致使相对方作出违背自己意愿的意思表示,均构成缔约中的意思表示不真实。在这里,欺诈是指行为人不履行如实告知的义务,故意隐瞒真实情况或者故意告知虚假情况,诱使对方作出错误意思表示的行为。以欺诈行为订立财产保险合同的行为形形色色,如投保人在订立财产保险合同时,明知不存在风险却谎称有风险、明知风险已经发生而谎称没有发生,等等。胁迫是指一方当事人以对对方或与对方有关的人的人身、财产、名誉、荣誉造成损害为要挟,迫使对方同自己订立财产保险合同的行为。要挟行为是确实可能实现的行为,而且足以使对方违背自己的意志与其订立财产保险合同。

(3) 客体不合法。如果投保人或被保险人对保险标的没有保险利益,则其订立的财产保险合同无效。

(4) 内容不合法。如果投保人投保的风险是非法的,如违反国家利益和社会公共利益、直接违反法律规定的缔约行为等,均会导致合同无效。

(5) 形式不合法。任何保险合同的订立形式均应当符合法律规定,即应当以书面形式而非口头形式订立;否则,会导致合同无效。

(二) 无效财产保险合同的法律后果

财产保险合同的无效由人民法院或仲裁机构根据相关法律进行确认。财产保险合同无效的法律后果是导致合同根本不存在法律约束力。财产保险合同的无效有两种情形:一是全部无效,二是部分无效。合同被确认全部无效的,其约定的全部权利和义务自行为开始起均无约束力;合同被确认部分无效的,根据我国有关的法律规定,部分无效的,如不影响其他部分的效力,其他部分依然有效。但是,如果财产保险合同被确认为部分无效,无效部分与有效部分相牵连,亦即无效部分对有效部分的效力有影响,或者根据公平原则和诚实信用原则以及保险规则或惯例,继续保持有效部分的效力有失公平或者无实际意义,则应当认定合同全部无效。对无效的保险合同,采取的措施有:返还财产,赔偿损失,收归国库。

五、财产保险合同的终止

财产保险合同的终止是财产保险合同成立后因法定的或约定的事由发生,法律效力完全消灭的法律事实。其效果是财产保险合同的法律效力不复存在。导致财产保险合同终止的原因多种多样,但是主要有以下几个:

(一) 自然终止

自然终止是指已生效的财产保险合同因发生法定或约定事由导致合同的法律效力当然地发生不复存在的情况。这些情况通常包括:① 合同期限届满。根据法律的规定,合同的当事人可以就合同的有效期进行约定,在合同有效期内,即使约定的保险事故未发生,但由于合同有效期限届满,合同当事人的权利和义务关系随之不复存在。如定期保险的时间届满、航程保险的航程届满等均属于这种情况。② 合同生效后承保的风险消失。③ 保险标的因非保险事故的发生而完全灭失。

（二）因履约导致终止

因财产保险合同得到履行而终止是指在财产保险合同的有效期内，约定的保险事故已发生，保险人按照合同承担了赔偿全部保险金的责任，财产保险合同即告结束。但是船舶保险有特别规定：若在保险合同有效期内船舶发生全部损失，一次保险事故的损失达到保险金额，则保险人按保险金额赔偿后，保险合同即告终止；若在保险合同有效期内发生数次部分损失，由于每次损失的赔偿款均未超过保险金额，即使保险赔款累计总额已达到或超过保险金额，保险人仍需负责到保险合同期限届满才告合同终止。这是因为，为了保持继续航行的能力，船舶在发生事故后必须进行修理，所以在修理费用少于保险金额的情况下，保险人赔付后，保险合同中原保险金额继续有效，直至保险合同期限届满。

（三）因解除导致终止

1. 解除的含义与条件

财产保险合同的解除是在财产保险合同期限尚未届满前，合同一方当事人依照法律或约定行使解除权，提前终止合同效力的法律行为。解除财产保险合同的法律后果集中表现在：它使合同的法律效力消失，恢复到未订立合同以前的原有状态。因此，财产保险合同的解除具有溯及既往的效力，保险人一般要退还全部或部分保险费，并不承担相应的保险责任。在该种合同终止的情形下，解除权是基础。解除权是法律赋予保险合同的当事人在合同成立之后，基于法定或约定事由解除合同的权利。解除权可由保险人行使，也可由投保人行使（又称退保）。解除权仅依合同一方当事人的意思表示即可行使，但是，当事人行使解除权，应当符合法律规定的条件。这些条件是：必须在可以解除的范围内行使解除权；必须存在解除的事由；必须以法律规定的方式解除；必须在时效期内行使解除权。

2. 解除的形式

财产保险合同的解除，一般分为法定解除和意定解除两种形式。

（1）法定解除。法定解除是指当法律规定的事项出现时，财产保险合同当事人一方可依法对合同行使解除权。法定解除的事项通常在法律中被直接规定出来。但是，不同的主体有不尽相同的法定解除事项。

对投保人而言，在保险责任开始前，可以对财产保险合同行使解除权；保险合同订立后，因保险人破产且无偿付能力，投保人可以解除合同；保险责任开始后，法律对投保人的解除权作出了两种不同的规定：一是合同约定可以在保险责任开始后解除合同的，投保人可要求解除合同，同时对自保险责任开始之日起至合同解除之日止的保险费不得要求返还，只能对剩余部分要求予以退还；二是在合同没有约定的情况下，投保人不得要求解除合同。

对保险人而言，法律的要求则相对严格，即保险人必须在发生法律规定的解除事项时方有权解除合同，在我国，这些法定解除事项主要有：

第一，投保人、被保险人或者受益人违背诚实信用原则。① 凡投保人有故意隐瞒事实，不履行如实告知义务的，或者存在因重大过失未履行如实告知义务而足以影响保险人决定是否同意承保或者提高保险费率的行为；② 被保险人或者受益人在未发生保险事故的情况下,谎称发生了保险事故并向保险人提出赔偿或者给付保险金请求的,保险人有权解除合同;③投保人、被保险人或者受益人有故意制造保险事故的行为的,保险人可解除保险合同。

第二,在财产保险合同中,投保人、被保险人未按照约定履行其对保险标的的安全应尽的责任的,保险人有权解除合同。

第三,在财产保险合同有效期内,保险标的的危险增加。在财产保险合同有效期内,投保人或被保险人有义务将保险标的的危险程度增加的情况通知保险人,保险人可根据具体情况要求增加保险费,或者在考虑其承保能力的情况下解除合同。

(2) 意定解除。意定解除又称协议注销终止,是指财产保险合同双方当事人依合同约定,在合同有效期内发生约定情况时可随时注销财产保险合同。意定解除要求财产保险合同双方当事人应当在合同中约定解除的条件,一旦约定的条件成立,一方或双方当事人便有权行使解除权,使合同的效力归于消灭。

第五节　财产保险合同的解释原则

合同解释是指当对合同条款的意思产生歧义时,合同当事人、法院或者仲裁机构按照一定的方法和规则对其作出的确定性判断。对合同的解释,其首要的任务是寻找法律依据,通常会有三种结果:有明确而又直接的法律依据;没有直接的法律依据;法律有规定但其内涵与外延相当模糊。我国《合同法》第一百二十五条规定:"当事人对合同条款的理解有争议的,应当按照合同所使用的词句、合同的有关条款、合同的目的、交易习惯以及诚实信用原则,确定该条款的真实意思。合同文本采用两种以上文字订立并约定具有同等效力的,对各文本使用的词句推定具有相同含义。各文本使用的词句不一致的,应当根据合同的目的予以解释。"保险合同应遵循合同解释的一般原则,同时有其特性。而财产保险合同是保险合同的一种形式,也同样要遵循保险合同解释的原则。具体来讲,财产保险合同解释的原则有:

1. 文义解释原则

文义解释原则是按保险条款文字的通常含义解释财产保险合同,即财产保险合同中的用词应按通用文字含义并结合上下文来解释。财产保险合同中的专业术语应按该行业通用的文字含义解释,同一合同中出现的同一词其含义应该一致。当合同的某些内容产生争议而条款文字表达又很明确时,首先应按照条款文义进行解释,切不能主观臆断、牵强附会。如中国人民保险公司(家庭财产保险条款)中承保风险之一"火灾",是指在时间或空间上失去控制的燃烧所造成的灾害。构成火灾责任必须同时具备以下三个条件:有燃烧现象,即有热、有光、有火焰;偶然、意外发生的燃烧;燃烧失去控制并有蔓延扩大的趋势。而有的被保险人把平时用熨斗时因失误造成的衣物焦煳变质损失也列为"火灾"责任要求赔偿。显然,按文字解释原则,就可以作出明确的判断。

2. 意图解释原则

即以当时订立财产保险合同的真实意图来解释合同。意图解释只适用于文义不清、用词混乱和含糊的情况。如果文字准确、意义毫不含糊,就应照字面意思解释。在实际工作中,应尽量避免使用意图解释,以防止意图解释过程中可能出现的主观性和片面性。

3. 解释应有利于非起草人原则

由于多数财产保险合同的条款是由保险人事先拟定的,保险人在拟定保险条款时,对其自身利益应当是进行了充分的考虑,投保人只能同意或不同意接受保险条款,而不能对条款进行修改。所以,对财产保险合同产生争议时,人民法院或者仲裁机关应当作出有利于非起草人(投保人、被保险人和受益人)的解释,以示公平。只有当财产保险合同条款由保险人起草且模棱两可、语义含混不清或一词多义,而当事人的意图又无法判明时,才能采用该解释原则。所以,我国《保险法》第三十条规定:"采用保险人提供的格式条款订立的保险合同,保险人与投保人、被保险人或者受益人对合同条款有争议的,应当按照通常理解予以解释。对合同条款有两种以上解释的,人民法院或者仲裁机构应当作出有利于被保险人和受益人的解释。"这说明该解释原则的两个基本条件为:保险人出立格式条款,合同条款有两种以上的解释。

4. 尊重保险惯例的原则

保险业务有其特殊性,是一种专业性极强的业务。在长期的业务经营活动中,保险业产生了许多专业用语和行业习惯用语,这些用语的含义常常有别于一般的生活用语,并为世界各国保险经营者所接受和承认,成为国际保险市场上的通行用语。为此,在解释保险合同时,对某些条款所用词句,不仅要考虑该词句的一般含义,而且要考虑其在保险合同中的特殊含义。例如,在保险合同中,"暴雨"一词不是泛指"下得很大的雨",而是指达到一定量标准的雨,即雨量每小时在16毫米以上,或24小时降水量大于50毫米。

第六节 财产保险合同的争议处理

财产保险合同订立以后,双方当事人在履行合同过程中,围绕理赔、追偿、缴费以及责任归属等问题容易产生争议。因此,采用适当方式公平合理地处理,直接影响到双方的权益。我国《合同法》第一百二十八条规定:"当事人可以通过和解或者调解解决合同争议。当事人不愿和解、调解或者和解、调解不成的,可以根据仲裁协议向仲裁机构申请仲裁。涉外合同的当事人可以根据仲裁协议向中国仲裁机构或者其他仲裁机构申请仲裁。当事人没有订立仲裁协议或者仲裁协议无效的,可以向人民法院起诉。当事人应当履行发生法律效力的判决、仲裁裁决、调解书;拒不履行的,对方可以请求人民法院执行。"据此,对财产保险业务中发生的争议,可采取和解、调解、仲裁和诉讼四种方式来处理。

1. 和解

和解(Compromise)是在争议发生后由当事人双方在平等、互相谅解的基础上通过对争议事项的协商,互相作出一定的让步,取得共识,形成双方都可以接受的协议,以消除纠纷,保证合同履行的方法。这种方法是解决争议最可行、最基本的一种方法。其好处是:可以省去仲裁或诉讼的费用,而且气氛一般比较友好,灵活性也较大,有利于合同继续履行。

2. 调解

调解（Mediation）是在第三人主持下根据自愿、合法原则，在双方当事人明辨是非、分清责任的基础上，促使双方互谅互让，达成和解协议，以便合同得到履行的方法。

根据调解时第三人的身份不同，财产保险合同的调解可分为行政调解、仲裁调解和法院调解。行政调解是由各级保险管理机关主持的调解，从法律效果来看，行政调解不具有法律强制执行的效力；仲裁调解和法院调解一经形成调解协议，即具有法律强制执行的效力，当事人不得再就同一事件提交仲裁或提起诉讼。任何一方当事人不履行仲裁调解协议或法院调解协议，对方当事人都可申请法院强制执行。我国在处理合同纠纷时，坚持先行调解原则，在调解不成时，仲裁机关可作出裁决或由人民法院作出判决。

3. 仲裁

仲裁（Arbitration）是争议双方在争议发生之前或在争议发生之后达成协议，自愿将争议交给第三者作出裁决，双方有义务执行的一种解决争议的方法。到2008年年底，我国已有仲裁委员会202家，1995年成立的北京仲裁委员会就是其中的一家。仲裁的特点是：

（1）仲裁机构是指当事人自主选择用来解决他们之间可能发生或业已发生的纠纷的民间性团体。该仲裁机构依《中华人民共和国仲裁法》设定，且在省、自治区、直辖市司法行政部门进行了登记。

（2）仲裁员是以裁判的身份对双方争议的事项作出裁决的。仲裁员多为有丰富经验的专家，能保证决断的质量。

（3）仲裁必须以当事人事先约定或事后达成的仲裁协议或仲裁条款为前提，并且仲裁裁决一裁终局。在有仲裁协议或者仲裁条款的情况下，法院将拒绝受理当事人的诉讼请求。

（4）仲裁裁决与法院判决具有同等效力。当事人不得向法院再行起诉，除非裁决违反法定程序或者在合法性上有瑕疵。

（5）仲裁有利于提高结案的效率。由于仲裁一般为一裁终局，因此，其结案的效率比诉讼结案的效率高。

（6）仲裁有利于当事人双方在平和的气氛中解决争端。由于在仲裁庭上，当事人或其代理人在介绍案情以及在回答问题时一般不受时间限制，按照知无不尽的方式在平和的气氛中讨论案情及解决办法，并且处于平等的地位，最后由仲裁机构的仲裁员作出调解或裁决，因此，仲裁更有利于当事人在平和的气氛中解决争端。

4. 诉讼

诉讼（Litigation）是合同当事人的任何一方按照民事法律诉讼程序向法院对另一方当事人提出权益主张，并要求法院予以解决和保护的请求。诉讼有民事诉讼、行政诉讼和刑事诉讼之分，财产保险合同争议的诉讼属于民事诉讼。财产保险合同的诉讼是财产保险合同当事人的任何一方按照民事法律诉讼程序向法院对另一方提出权益主张，并要求法院予以解决和保护的请求。

我国现行的诉讼制度，实行二审终审制度。民事诉讼一般分为起诉、审判和执行三个阶段。一经终审判决,立即发生法律效力,当事人必须执行;否则,法院有权强制执行。合同当事人一方如果提起诉讼,应当向保险合同的履行地或被告住所地人民法院送交起诉书,并应提供有关凭证;当法院受理后,应诉一方在规定期限内,提出答辩,提交法院。在公开审理中,法院可先进行调解,调解不成时,再进行判决,制作判决书。根据《中华人民共和国民事诉讼法》的规定,当事人一方在收到判决书15日内可向上一级人民法院提出上诉,由上一级人民法院作出二审审理,二审人民法院所作的判决为终审判决。对法院的终审判决,当事人必须执行。一方当事人不履行的,对方当事人可申请人民法院予以强制执行。若当事人一方对二审判决不服,则可以申诉。

海力士火灾保险理赔案

一、事故经过

2013年9月4日,SK海力士半导体(中国)有限公司江苏无锡新区出口加工区K7区域的工厂(下称"海力士")发生火灾,造成重大损失。

事故的具体经过如下:

当天下午15时28分左右,海力士M01生产大楼的F04车间二层发生火灾,火势经二层与三层之间的网格状地板向三层蔓延,后又经过玻璃钢材质的垂直排风管道,形成"烟囱"效应,迅速窜过三楼、四楼,直达四楼屋顶洗涤塔,玻璃钢材质的管道、洗涤塔被引燃后产生了大量的黑色浓烟。

火灾事故发生后,海力士立即启动紧急预案并紧急疏散所有现场工作人员,同时海力士工作人员于15时38分向无锡市公安消防支队报案。接到报案后,无锡市公安消防支队200多名消防官兵赶至现场进行火灾扑救工作,截至当天18时,明火全部扑灭。

经消防部门证实,本次火灾事故过火面积约为2 500平方米,大楼二层、三层部分设备和管道、洗涤塔等烧损,但所幸并未造成人员伤亡。

事故原因经查为:被保险人承建商在对新炉加装一氧化二氮加热管道时,错把氢气连上,导致厂房二层爆炸并起火,浓烟致使三层的制造车间无尘室设备遭受损失。

事故发生后,两家专业的灾后施救公司——倍尔复工程技术服务(上海)有限公司和江苏筑磊电子科技有限公司——到达火灾事故现场,自2013年9月10日起开始协助被保险人对整个受损的C2A区域的设备(该区域设备的总价值约为28亿美元)进行清理、施救和维护,整个施救工作于2013年10月10日前完成。随后,海力士开始逐步恢复生产。

由于本次火灾事故中受损的设备精密度较高、专业性较强，海力士于2013年9月4日火灾事故发生后立即从其韩国本部调集了200多名工程师及技术人员组成工程师团队赶赴事故现场协助开展设备维修以及生产恢复工作。直到2014年1月，海力士产能基本恢复后，韩国海力士临时支援的工程师团队逐步回国，到2014年2月所有支援的工程师全部回国。

二、承保情况（直保、再保）

海力士2013年投保的财产保险（英国协会条款），包含财产保险一切险及营业中断保险责任。其中，财产险保险项目总保额为物质损失72.71亿美元，利润损失8.3亿美元，总保额为81.01亿美元，保单赔偿限额为23亿美元。保单明细如表2.1所示。

表2.1 海力士2013年投保的财产保险情况

保单号	80117201311010000000002		
险种	财产保险一切险和营业中断险		
险别	财产保险条款（英国协会条款）及经首席承保人同意的附加条款		
被保险人	SK海力士半导体（中国）有限公司和SK海力士半导体（无锡）有限公司及其下属子公司（无论是否全资拥有）和/或其合资公司和/或其抵押债权人等相关利益方		
保险人	现代财产保险（中国）有限公司		
营业性质	半导体晶圆制造		
保险期间	从2013年8月1日0时起至2014年7月31日24时止 时间和日期以保险标的所在地当地时间和日期为准		
保险标的地址	江苏省无锡市出口加工区K7地块以及在中华人民共和国境内其他所有被保险人的仓储和生产加工地址		
地域范围	中华人民共和国		
司法管辖	中华人民共和国司法管辖		
保险标的	（一）属于被保险人所有或与他人共有而由被保险人负责的财产； （二）由被保险人经营管理或替他人保管的财产； （三）其他具有法律上承认的与被保险人有经济利害关系的财产。 包括小型改建工程、电子数据处理设备、专业费用、清理残骸费用、额外费用、加快修复费用、租金、特许权使用费、租赁权益、内陆运输、营业中断以及保单载明的其他财产		
	保额（美元）	SK海力士半导体（中国）有限公司	SK海力士半导体（无锡）有限公司	总计
财产损失	建筑物	257 832 286		257 832 286
	构筑物	115 485 824		115 485 824
	机器设备	6 635 647 489	12 260 163	6 647 907 652
	车辆	91 143		91 143
	工具	10 132 237		10 132 237

（续表）

保额 （美元）		SK 海力士半导体 （中国）有限公司	SK 海力士半导体 （无锡）有限公司	总计
财产损失	家具及办公设备	27 868 270	4 105	27 872 375
	测量设备	5 985 396		5 985 396
	在建工程	22 816 423		22 816 423
	存货	183 000 000		183 000 000
	小计	7 258 859 068	12 264 268	7 271 123 336
营业中断	工资	88 000 000	680 000	88 680 000
	折旧成本	728 000 000	960 000	728 960 000
	利息费用	12 770 000		12 770 000
	小计	828 770 000	1 640 000	830 410 000
合计		8 087 629 068	13 904 268	8 101 533 336
责任限额		2 300 000 000 美元 财产损失和营业中断的每次事故赔偿限额与累积赔偿限额 第二部分：营业中断赔偿，期限：12 个月		
免赔		第一部分：财产损失 • 每次事故 1 000 000 美元 • 宿舍楼和公寓楼每次事故 2 000 美元 在每次事故中，以上免赔以高者为准 第二部分：营业中断免赔期 每次事故发生后连续 10 个工作日，在本款规定的 10 天免赔期内，被保险人应当充分利用前期存货从而减少未来可能发生的利润损失 营业中断免赔额＝每日平均损失额×免赔期天数 　　　　　　　＝（总损失额/保险期内营业中断天数）×免赔期天数 公共设备扩展：本保单项下营业中断险只承保公共设施供应中断超过一天的部分造成的损失		
单独责任		伦敦特别条款（London Special Wording,LSW）1001（再保险）再保人责任独立条款：本保单再保人之间的责任相互独立，只负责再保合同中各自列明的部分		
保费支付		上述预付保费分两次支付： 第一次支付，总保费的 50% 应在 2013 年 8 月 15 日之前完成支付； 第二次支付，总保费的其余 50% 应在 2013 年 10 月 15 日之前完成支付； 保险期满后，由首席承保人根据"调整保额及分期付款条款"负责进行保额以及满期保费的调整		

自 2007 年起，现代保险一直是海力士财产保险一切险（包含营业中断险）保险项目的主要承保人，2013 年现代保险的共保份额为 50%，另 4 家中国境内的共保人合计

共保份额为50%,详细共保信息如表2.2所示。

表2.2 海力士财产保险的共保情况

共保人	共保份额
现代财产保险(中国)有限公司	50%
中国人民财产保险股份有限公司无锡分公司	35%
中国大地财产保险股份有限公司无锡分公司	5%
中国太平洋财产保险股份有限公司无锡分公司	5%
LIG保险(中国)有限公司	5%

海力士保险项目总保险金额高达81亿美元,保单赔偿限额为23亿美元,根据《保险法》的相关要求,该业务再保险分出安排为:临时分保分出45.4%的份额,合约分出3.6%的份额,现代保险自留1%的份额,合计50%的份额。

该项目现代保险份额项下共有48家再保险接受人参与了分保,其中境外的再保险接受人为31家,境内(包含香港)的再保险接受人为17家,涉及境内外再保险经纪人共11家。

海力士项目再保安排情况如表2.3所示。

表2.3 海力士项目再保安排情况

再保险形式	再保险接受人	接受份额
现代保险自留		1%
比例临时分保分出	大韩再保险公司	30.4%
	三井住友海上火灾保险(中国)有限公司	
	中华联合财产保险股份有限公司	
	日本财产保险(中国)有限公司	
	韩国韩华财产保险有限公司	
	日本兴亚财产保险(中国)有限公司	
比例合约分出	大韩再保险公司	3.6%
	首尔保证保险公司	
	伯克利再保险公司	
	中国人民财产保险股份有限公司	
	德高保险有限公司	
	欧亚大陆的保险公司	
	南非的Santam Limited保险公司	
	永安财产保险股份有限公司	
	日本财产保险公司	
	非洲再保险公司	
	新加坡的Milli Re(Turkey)-F.A.I.R. Reinsurance Pool	
	新加坡的Milli Reasurans T.A.S.	

(续表)

再保险形式	再保险接受人	接受份额
非比例临时分保分出	新印度保险公司	15%
	劳合社承保辛迪加2232号Allied World,中国香港	
	澳大利亚昆士兰保险公司欧洲公司	
	美亚财产保险(中国)有限公司	
	法国再保险亚洲有限公司	
	安联保险集团	
	中国财产再保险股份有限公司	
	印度国际保险公司	
	日本财产保险(中国)有限公司	
	阳光财产保险股份有限公司	
	太平再保险股份有限公司北京分公司	
	HDI-Gerling Industries Vericherung—AG保险公司,中国香港	
	汉诺威再保险股份有限公司上海分公司	
	中意财产保险有限公司	
	苏黎世财产保险(中国)有限公司	
	欧亚大陆的保险公司	
	东部火灾海上保险公司	
	俄罗斯再保险公司	
	卡塔尔再保险公司	
	第一资本保险有限公司,新加坡	
合计		50%

三、理赔处理

(一) 客户索赔

由于本次火灾事故造成的损失规模较大,被保险人特别外聘了达信保险经纪公司(Marsh & McLennan Companies,以下简称"Marsh")负责本次事故的保险索赔事宜。同时,鉴于出险工厂的产能达到世界动态随机存取存储器市场12.5%左右的份额,本次事故对其造成的营业中断损失巨大,被保险人同时聘请了Marsh旗下新加坡公司的司法会计鉴定和理赔服务团队(Forensic Accounting and Claims Services, FACS)负责本次事故利润损失的索赔工作,共同组成索赔顾问小组在事发后驻场开展工作。

因事发后被保险人集中精力恢复工厂生产,又加之事故损失巨大导致数据汇总工作困难,所以被保险人在2013年9月20日口头报损之后,一直到2013年年底才正式提出书面索赔。此后又几经调整,最终此次事故被保险人的索赔金额为10.64亿美元。详细情况如表2.4所示。

表 2.4 索赔的具体情况

项目	口头索赔金额（美元）2013.9.20	第一次（美元）2013.12.06	第二次（美元，仅营业中断损失）2013.12.06	第三次（美元）2014.5.16	第四次（美元）2014.9.15	增加索赔（美元）2014.12.1
建筑物				324 333.00	326 254.00	
构筑物	100 000 000.00	39 238 374.00	39 238 374.00	83 447 620.00	57 184 170.00	1 956 637.00
机器设备	855 000 000.00	663 583 589.00	663 583 589.00	692 189 574.00	698 567 084.00	2 060 243.00
生产设备		326 516.00	326 516.00	13 241.00	235 872.00	
家具及设施		195 561.00	195 561.00	5 188.00	250 303.00	
测量仪器		28 284.00	28 284.00	966 629.00	983 954.00	
存货	30 000 000.00	29 905 429.00	29 905 429.00	33 489 611.00	33 489 611.00	
清理残骸	50 000 000.00	41 846 863.00	41 846 863.00	34 423 727.00	31 489 611.00	350 463.00
额外费用		5 000 000.00	5 000 000.00		218 980.00	
专家费用		1 000 000.00	1 000 000.00	1 000 000.00	611 446.00	
财产损失合计	1 035 000 000.00	781 124 616.00	78 124 616.00	845 859 922.00	823 365 056.00	4 367 343.00
营业中断损失（已扣除免赔）	400 000 000.00	222 189 248.00	251 910 066.00	236 779 689.00	236 779 689.00	1 308 641.00
物质损失+营业中断损失	1 434 000 000.00	1 002 313 864.00	1 032 034 682.00	1 081 639 611.00	1 059 135 745.00	5 675 984.00
					1 064 811 729.00	

（二）理赔难点及应对方案

1. 参与方众多，各方沟通渠道负责

由于此赔案涉案金额大、决策时间短、效率要求高，依据普通赔案的处理模式，即逐级、并行多进程地沟通并决定案件处理决策费时费力，已不能满足客户和保险公司的基本要求。

所以，为了加快案件处理决策，并保证赔案处理过程的公开性，考虑到再保人要求等因素，共保体在现场查勘 3 次，并经过推荐、协商之后，由 5 家共保人和 10 家再保人共同组建了海力士火灾事故理赔委员会，为理赔决策提供专业意见和建议。

理赔委员会具体组成如表 2.5 所示。

表 2.5 理赔委员会成员一览表

共/再保险人	保险人名称
5 位共保人	现代保险、人民保险、太平洋保险、大地财险、乐爱金(LIG)
10 位再保人	中国再保、瑞士再保、慕尼黑再保、韩国再保、汉诺威再保、安盛保险、美亚保险、亚洲资本再保险集团(ACR)、太阳联合、日本财产

理赔委员会自组建完成之后通过多次现场会议、电话会议、网络会议,对赔案原因调查、案件估损情况、预付赔款确定、追偿律师的聘请、营业中断损失的理算人、残值处理的专业公司、赔款汇率的选择、预付赔款金额及摊回等进行了大量讨论和卓有成效的指导,也为理赔工作的顺利开展提供了强有力的支持。

理赔委员会的设立保证了案件在理赔过程中的公开性与透明性,为共保人及时从国内外再保人那里摊回赔款打下了良好的基础。

2. 查勘任务范围大、时间紧

本次事故中的被保险人SK海力士半导体(中国)有限公司是韩国SK海力士半导体公司的全资子公司。海力士中国工厂的主要产品为12英寸集成电路晶圆。截至出险前,其产量占到了海力士集团总产量的一半,即海力士中国生产的动态随机存取存储器产品占到世界动态随机存取存储器市场总额近12.5%的份额,是国内产能最大的半导体生产企业。

事故发生后,被保险人立即从其韩国本部调集了200多名工程师及技术人员赶赴事故现场协助开展设备维修以及生产恢复工作,力图尽快恢复工厂生产。

同时从保险理赔的角度出发,客户对于事故现场受损设备的紧急抢修以及尽快恢复工厂生产,可以起到控制损失扩大和减少利润损失的效果,这与保险公司的利益角度一致。

因此,如何尽快完成事故现场的查勘并且尽快与前期的施救恢复衔接,成为保险公司的当务之急。

鉴于本案为我国保险业有史以来最大金额的赔付案件,案情较为复杂,专业性较高,经共保人与被保险人商议决定聘请具有专业实力和国际背景的根宁翰保险公估公司作为本案的指定公估人参与案件的理赔工作。

根宁翰公估公司于2013年9月5日接到委托后,其公估团队于2013年9月6日入驻事故现场进行查勘并协助被保险人开展灾后施救工作。随后于2013年9月8日出具了第一份调查报告,即《保险公估即时报告》,因为前期火灾事故现场较为复杂,涉案财产较多,该报告并未对整体估损情况给出具体意见,但对火灾事故经过、造成的损失程度及范围等作出了比较详尽的描述。

随后,2013年9月12日,根宁翰在进一步调查取证的基础上,出具了第二份调查报告,即《2013年9月4日无锡海力士火灾案件情况简报》,该报告主要介绍了包括建筑物、机器设备、存货等的损失状态和范围,以及对营业中断损失情况的预计,虽然未对总的估损金额情况进行详细说明,但已经为后续的灾后恢复工作的开展铺平了道路。

3. 二次损失防范与生产恢复工作衔接压力大

因本次火灾事故后,被保险人工厂洁净车间恒温、恒湿环境被严重破坏,火灾引发了大量含有盐酸颗粒的烟尘,对于车间内高精密生产设备造成严重的污染和腐蚀,为避免更严重的二次污染损失,共保体结合以往火灾事故处理经验,事故后立即向被保险人推荐了具有丰富火灾灾后清洁经验的两家设备清洁公司:倍尔复工程技术服务

(上海)有限公司(英文名"Belfor Recovery Service (Shanghai) Co., Ltd",以下简称"倍尔复")和江苏筑磊电子科技有限公司(英文名"SOL Electronic Technology Co., Ltd",以下简称"筑磊电子"),配合被保险人工程师进行灾后设备清洁,防止设备污染腐蚀扩大,为之后被保险人的设备维修开展和生产恢复打下了坚实的基础。

专业施救公司长达75天(其中倍尔复45天,筑磊电子30天),累计952小时的施救工作,有效地防止了设备污染的蔓延、扩大,并对及时恢复生产打下了坚实的基础。2013年10月10日,被保险人已经恢复生产;截至2014年3月底,被保险人生产已完全恢复,产量及产品合格率恢复到开始时的正常标准。

4. 理赔定损难度大

由于本案涉及高科技半导体行业,涉案金额巨大,且涉及众多国内外直保、再保公司,在赔案处理过程中,一方面,保险双方基于对各自专业领域知识的认知,对定损过程中的某些项目存在不同意见和主张,另一方面,国内外再保人在定损过程中出现标准、认知不一致的情况。重点和难点主要集中在对机器设备的受损情况的判定以及营业损失的估计上,如表2.6所示。

表2.6 争议问题一览表

序号	争议问题点
1	关于追偿事宜
2	关于小型工程条款的理解
3	是否逐个(Item by Item)分项核定保险金额
4	194全损机台的产能提升(Betterment)
5	194全损机台中赠送设备的理算方式
6	对于结案文件要求
7	营业中断损失中是否需考虑海力士韩国总公司在事故中的获利部分
8	建筑物单价定损原则(韩国标准与国内定额的差异)
9	存货项目中在线产品500万美元限额的理算

此前由共保体和再保公司一同建立的理赔委员会,在本案的处理过程中,对于赔案中各方争议的解决起到了一个良好的推动作用。其作为一个平台,使得各参与方有了一个直接交流的机会。在交流协商的过程中,不仅统一了各保险公司的意见和态度,而且综合了各方资源,引入了行业内的专业公司和专家能手,为争议的解决提供了方案。这对于以后类似重大损失赔案的处理,具有极强的借鉴意义。

(三) 损失理算及赔付

2015年1月,公估人在第五版公估报告中,对于此次事故的损失金额给出了最终的理算结果。经理算,此次事故的损失金额为8.9亿美元。

初步定损后,被保险人及其代理对此存有异议。后经多次会议协商,被保险人考虑到如果争议得不到解决,则可能在中国境内发生诉讼。这个可能发生的诉讼,会给被保险人自身和保险公司都带来强烈的不确定因素。综合考虑诉讼的时间和风险,各方最终通过谈判整合了各自不同的意见,最终的结案理算金额为8.6亿美元。赔付明细详见表2.7。

表2.7　海力士事故最终赔付明细一览表

项目		保险金额(美元)	免赔金额(美元)	赔偿金额(美元)
财产损失	建筑物	257 832 288.00	1 000 000.00	860 000 000.00
	结构	115 485 924.00		
	机器设备	6 635 627 489.00		
	车辆	91 143.00		
	生产设备	10 132 237.00		
	家具及设施	27 686 270.00		
	测量仪器	5 985 396.00		
	在建工程	22 816 423.00		
	存货	183 000 000.00		
	小计	7 258 657 170.00		
营业中断	工资	88 000 000.00	10 天	
	折旧	728 000 000.00		
	利息	12 770 000.00		
总计		828 770 000.00		860 000 000.00
预付赔偿金				300 000 000.00
剩余赔偿金额				560 000 000.00
保险限额		2 300 000 000.00	财产损失及营业中断每次事故及累计限额	

(四) 追偿

为应对追偿方面的法律事宜,保险公司分别聘请了中国内地、中国香港、韩国的三家律师事务所分别负责国内或海外的追偿事宜,具体情况如表2.8所示。

表2.8　海力士火灾案中保险公司聘请的律师事务所

序号	律师事务所名称	地区	负责内容
1	韩国广场律师事务所(Lee & Ko)	韩国	韩国母公司追偿及法律支持
2	中国香港/新加坡	中国香港/新加坡	境外追偿及法律支持
3	安杰律师事务所	中国内地	中国境内追偿及法律支持

根据公估最终报告的内容,火灾发生的原因是"氢气管被错误地连接到了本应连接氮气管的生产线上"。

2013年9月29日，无锡市公安消防支队出具了本次火灾事故的《火灾事故认定书》(锡公消认字〔2014〕0014号)，该认定书对火灾事故的基本情况进行了详细描述，同时对火灾事故原因进行了认定，但并未就火灾事故责任进行分析，也并未明确施工方责任。部分内容摘抄如下：

火灾事故基本情况：2013年9月4日15时38分，无锡市公安消防指挥中心接到报警称，位于新区出口加工区K7地块的SK海力士半导体（中国）有限公司M01生产大楼的F04车间二层发生火灾，火势经二层与三层之间的网格状地板向三层蔓延，经排风管道向四楼的洗涤塔蔓延，过火面积约为2 500平方米，火灾烧毁了二层的部分设备和管道、三层的部分设备和管道以及四层的洗涤塔等。

经调查，对起火原因认定如下：该起火灾最先起火部位是F04二楼T/F8Bay区域，起火点为TV23号气柜，起火原因为：TV23号气柜最上层控制箱内吹入的保持正压的氮气错接为氢气，氢气喷出在为控制箱内形成爆炸性混合物，遇静电火花产生爆炸，引起火灾。

后经律师和专家查阅所有相关的合同文件，锁定本次施工的承包商——成道建设（中国）有限公司（英文名为"Sungdo Engineering & Construction(China) Co., Ltd"，注册资金785万美元)和被保险人的气体供应商——美德胜气体技术(无锡)有限公司(英文名为"Matheson Wuxi Co., Ltd"，注册资金6.5万美元)在施工中存在不当行为。

所以，此案追偿前景明朗。

2015年10月，经征得理赔委员会成员同意，共保体在中国境内委托安杰律师事务所，拟以侵权之诉，将上述两家企业诉至江苏省高院，诉讼金额为3.1亿元人民币。

截至2016年7月，相关工作仍在准备之中。

但是因为上述两家公司在中国境内的资产十分有限，所以2016年4月共保体首席现代建议委托另一家韩国律师事务所——韩国金•张法律事务所对成道建设(中国)有限公司在韩国的母公司进行诉讼。

截至2016年7月，理赔委员会正在对该诉讼的可行性进行讨论和研究。

四、再保安排

(一) 分保安排情况

1. 五家共保公司的分保情况

5家共保公司的总赔款金额为873 186 000美元，通过比例合同、非比例合同、比例临分和非比例临分方式向境内14家财产保险公司及6家再保险公司——中再产险、瑞再北分、慕再北分、汉诺威再上分、太平再北分以及法再北分分出损失金额约4.95亿美元，向境外近百家再保险接受人分出损失金额约3.58亿美元，净自留损失金额约0.21亿美元，占总损失金额的2.36%。

2. 参与分入业务的境内财产保险公司和再保险公司分保情况

境内其他14家财产保险公司从上述5家共保公司直接分入损失金额3.76亿美元，另外还接受了从境外转分保的损失金额约0.7亿美元，毛损失金额共4.46亿美元。上述14家财产保险公司又分别通过合同或临分安排分出了部分损失,其中向境内再保险公司分出损失金额约1.39亿美元,向境外再保险接受人分出损失金额约2.13亿美元。最终净自留损失金额约为0.94亿美元,占总损失金额的10.74%。

3.境内再保险公司情况

6家境内再保险公司从境内财产保险公司共分入损失金额约1.97亿美元,同时还从境外分入损失金额约694万美元。这6家境内再保险公司通过各种分保方式,向境内再保险公司分出损失金额约316万美元,向境外转分出损失金额约1.11亿美元,净自留损失金额约为0.83亿美元,占总估损金额的9.51%。

4.境外再保险接受人情况

境外再保险接受人共承担毛损失金额约6.82亿美元,向境内公司转分出损失金额0.77亿美元后,境外再保险人承担的损失金额约为6.05亿美元,占总损失金额的69.25%。

(二)再保险充分发挥风险分散功能

从上述分保安排可以看到,在海力士中国火灾赔案8.73亿美元的损失金额中,5家共保公司的净自留损失仅占总估损金额的2.36%,其余97.64%的损失由境内外一百多家再保险接受人承担。直保公司承担的风险责任进行了充分的分散,在重大损失发生后,由接受人共同分担赔款,极大地降低了巨额损失对直保公司经营稳定性的冲击。并且,接受人及时预付部分现金赔款,也大大减轻了直保公司的现金流压力。再保险作为保险行业的稳定器,有效分散风险的作用得到充分体现。

与此同时,由于参与的再保险接受人数量众多,损失在众多接受人之间进行分摊,降低了损失对单一接受人的影响。在总损失中,约2.69亿美元的损失由境内25家保险公司和再保险公司承担,占总损失金额的30.75%,境外近百家再保险接受人承担了总损失的69.25%。境外再保险接受人的分布遍及全球,涵盖了所有主要再保险市场,充分体现了再保险连接国内国际市场,在全球范围内分散风险的功能。

由此可见,再保险是应对巨灾风险的有效机制,尤其是针对半导体这样的高风险行业,通过再保险机制,联合保险和再保险市场、国内和国际市场共同抵御风险,增强了保险业应对巨灾风险的能力。

(三)再保险充分发挥技术支持的功能

海力士保险理赔案涉及众多共保公司和再保接受人,造成理赔案处理决策过程复杂而漫长,难以满足被保险人施救和恢复生产的需求。在此情况下成立的理赔委员会对推动理赔案的进展起到了积极的作用。作为理赔委员会的成员,9家再保险人利用其技术及信息优势,在查勘、定损、残值处理、理赔等环节提供了专业意见及指导,对赔案的处理起到了非常重要的作用。

五、专家点评

海力士保险理赔案,作为目前亚洲第一大单笔保险赔案,其在社会、业内的影响力巨大,有很多启示和值得借鉴的地方。

第一,保险的社会效益明显,保险的经济补偿功能显著,保险的社会发展的稳定器、经济增长的助推器作用得到了充分发挥。这在本案中体现在及时有效地做好了保险理赔服务。本次火灾事故,给被保险人的生产经营造成了巨大的损失,由于半导体行业的生产特点,大量高价值的高科技设备在本次事故中严重损坏,保险人秉着"守信用、担风险、重服务、合规范"的行业价值理念,在事故发生后,第一时间成立理赔工作小组,立即组织大量人力、物力开展保险理赔工作,为被保险人施救、设备抢修、生产恢复提供了技术、资金支持,最大限度地降低了企业损失,赔偿保险金8.6亿美元,及时帮助企业恢复生产,有效地降低了企业的经营压力,将火灾事故给企业及当地正常的生产经营活动带来的影响控制在较小的范围内,体现了保险行业社会经济稳定器、经济增长助推器的作用。因此,该案例是保险经济补偿作用的典型范例。

第二,保险公司的风险管理意识很强,经营风险的水平显著提升,再保险分散风险的功能得到了充分的体现。保险公司是经营风险的企业,是风险管理机构,一方面接受投保,从而将被保险人的风险转入;另一方面进行分保,将风险分散给其他保险人,以稳定经营。海力士理赔案9亿美元的估损金额中,5家共保公司的净自留损失仅占总估损金额的2.36%,其余97.64%的损失由境内外再保险接受人承担。再保险与直接保险作为保险市场的重要组成部分,直接保险公司把自身承担的风险责任部分或全部摊给再保险公司,从而达到了分散风险、保证赔付能力、稳定经营的目的。保险市场的平稳运行,离不开直接保险和再保险的彼此支持。再保险作为应对巨额损失的有效机制,尤其针对半导体这样的高风险行业,再保险分散风险的功能使原保险公司能承保比它自身能力大得多的风险。通过建立相关再保险机制,整个半导体保险业务联合抵抗风险、分散风险,从而较好地满足大数法则的要求,使得半导体行业保险原保险人之间的联系和合作得到进一步的加强,不仅形成了联合的巨额保险基金,增强了整个保险业应付半导体行业巨额损失的能力,而且形成了全社会风险分散的网络,使风险在更大的范围之内得以分散。同时,在海力士项目承保及理赔过程中,大量再保人参与,无论在风险评估、管理、控制和转移,还是定价、理赔方面,都与直接保险公司有不同的操作模式。发展我国半导体行业再保险还有利于加强与国际保险业的联系,通过与国际再保险人的合作,借鉴其宝贵经验,获得在直接保险以及再保方面的技术支持,共享信息资源,进一步在全球范围内分散我国半导体行业风险。因此,该案例也是再保险的典型范例。

第三,在保险理赔争议处理方式中,注意各方渠道沟通,通过协商,达到双方利益的最大化。经理算,此次事故的损失金额为8.9亿美元,双方一开始对理赔金额有一定的分歧,但综合考虑诉讼的时间和风险,双方通过谈判协商达成了一致意见,最终的结案理算金额为8.6亿美元,达到双方利益的最大化。这也是保险争议解决方式的一个典型范例。

资料来源:中国保险监督管理委员会编,《重大灾害事故保险理赔案例选编(2016)》,2017年,第339—354页。

小结

保险合同是合同双方当事人围绕着设立、变更与终止保险法律关系而达成的协议。财产保险合同是以财产及其有关利益为保险标的的保险合同。财产保险合同与一般的民商事合同相比,其特征主要为:射倖性、附合与约定并存性、双务性、要式性、有偿性、诚信性、保障性。财产保险合同与一般保险合同相比,其为补偿合同。

财产保险合同依不同的标准可划分为很多类型,根据财产保险合同订立时是否确定保险价值进行分类可分为定值保险合同和不定值保险合同;根据保险责任范围可分为特定风险合同和综合风险合同;根据财产保险合同保障标的不同可分为特定式保险合同、总括式保险合同、流动式保险合同和预约保险合同。

财产保险合同的要素由保险合同的主体、客体和内容三方面构成。财产保险合同的主体由财产保险合同的当事人、关系人和辅助人构成。财产保险合同的当事人是保险人和投保人;财产保险合同的关系人是被保险人;财产保险合同的辅助人是保险代理人、保险经纪人和保险公估人。财产保险合同的客体是财产保险合同的保险利益。

财产保险合同的基本原则包括保险利益原则、最大诚信原则、近因原则、损失补偿原则。

保险利益是投保人或被保险人对保险标的具有的法律上承认的利益。其必要条件为:合法的利益、确定的利益和经济利益。保险利益原则是指在订立和履行保险合同的过程中投保人或被保险人应当对保险标的具有保险利益;否则,该保险合同无效。而在财产保险合同中,保险利益原则的含义则在于,被保险人对保险标的应该具有保险利益;否则,合同无效。

诚信原则是民事法律关系的基本原则之一。财产保险合同中则要求遵循最大诚信原则。最大诚信原则的具体内容主要包括如实告知、保证、弃权与禁止反言。违反告知和违反保证的后果不同。

近因是引起保险标的损失的直接、有效、起决定性作用的因素。近因原则是理赔的一项重要原则,确定近因的方法视不同情况而定。

损失补偿原则是当保险事故发生时,被保险人从保险人那里所得到的赔偿应正好弥补被保险人因保险事故所造成的保险金额范围内的损失。这是财产保险理赔的基本原则。损失补偿的方式包括:比例赔偿方式、第一危险赔偿方式、限额赔偿方式。代位求偿和分摊原则属于损失补偿原则的派生原则。

代位求偿是损失补偿原则的派生原则。委付是物上代位的一种方式,有其条件。委付与代位求偿的区别在于:性质、权利范围和保险事故原因均不同。

重复保险分摊原则是损失补偿原则的又一派生原则。重复保险分摊的方式一般有:比例责任制,限额责任制,顺序责任制。

财产保险合同订立的程序一般包括要约、承诺两个阶段,意见达成一致保险合同即成立。财产保险合同的主要合同形式包括投保单、保险单、保险凭证、暂保单、批单。

财产保险合同的变更是指财产保险合同内容的变更;财产保险合同的转让则是合同

主体的变更,即被保险人的变更。

财产保险合同的无效是指当事人所缔结的财产保险合同因不符合法律规定的生效条件而不产生法律约束力。无效的原因主要包括:合同主体不合格,当事人意思表示真实性有瑕疵,客体不合法,内容不合法,形式不合法,等等。

财产保险合同的终止是财产保险合同成立后因法定的或约定的事由发生,法律效力完全消灭的法律事实。导致财产保险合同终止的主要原因为:自然终止,因履约导致终止,因解除导致终止。财产保险合同的解除一般分为法定解除和意定解除。

财产保险合同发生争议时,其解释原则一般为:文义解释,意图解释,解释应有利于非起草人,尊重保险惯例。其争议处理可采取和解、调解、仲裁和诉讼四种方式。

关键词

财产保险合同 定值保险合同 不定值保险合同 特定风险合同 综合风险合同 特定式保险合同 总括式保险合同 流动式保险合同 预约保险合同 保险人 投保人 被保险人 保险代理人 保险经纪人 保险公估人 财产保险合同的客体 保险标的 保险金额 保险责任 责任免除 保险价值 保险利益 保险利益原则 最大诚信原则 如实告知 保证 弃权 禁止反言 近因原则 损失补偿原则 比例赔偿方式 第一危险赔偿方式 限额赔偿方式 代位求偿 委付 重复保险分摊原则 比例责任制 限额责任制 顺序责任制 要约 承诺 投保单 保险单 保险凭证 暂保单 批单 财产保险合同的变更 财产保险合同的转让 财产保险合同的无效 财产保险合同的终止 财产保险合同的争议处理

思考题

1. 什么叫财产保险合同?其特征有哪些?
2. 定值保险合同与不定值保险合同的主要区别有哪些?
3. 简述最大诚信原则的基本原理及在财产保险中的运用。
4. 简述保险利益原则在财产保险中的运用。
5. 简述损失补偿原则及其运用。
6. 简述代位求偿原则的运用。
7. 简述委付原则及其运用。
8. 简述近因原则及其在财产保险中的运用。
9. 相对诉讼而言,仲裁有哪些优点?
10. 名词解释:保险单、暂保单、保险凭证、批单、解除
11. 案例分析:李某于 2016 年 4 月 1 日,将其自有的一辆非营业用小轿车向当地 A 保险公司投保了机动车损失保险、商业第三者责任保险、机动车交通事故责任强制保险,期限一年。2016 年 8 月,该车出售给刘某作为营业用车,李某未到保险公司办理过户批

改手续。后刘某在使用该车时与另一汽车相撞,经交通监理部门裁定,由刘某赔偿对方修理费5 000元。刘某以该车已参加保险为由向A保险公司索赔。问:保险公司是否应该赔偿?为什么?试分析之。

进一步阅读的相关文献

1. 吴定富主编:《〈中华人民共和国保险法〉释义》,中国财政经济出版社,2009年版。
2. 李玉泉主编:《保险法》,法律出版社,2003年版。
3. 郑伟、贾若著:《保险法》,中国发展出版社,2009年版。
4. 朱铭来编著:《保险法学》,高等教育出版社,2014年版。
5. 中国保险监督管理委员会编:《重大灾害事故保险理赔案例选编(2016)》,中国金融出版社,2017年版。
6. 李玉泉主编:《保险法学案例教程》,知识产权出版社,2005年版。
7. 许飞琼编著:《财产保险案例分析》,中国金融出版社,2004年版。
8. 黎宗剑主编:《保险案例汇编》,中国时代出版社,2007年版。
9. 乔林、王绪瑾主编:《财产保险》(第二版),中国人民大学出版社,2008年版。
10. 王绪瑾主编:《保险学》(第六版),高等教育出版社,2017年版。
11. 郑功成、许飞琼主编:《财产保险》(第五版),中国金融出版社,2015年版。
12. 许飞琼主编:《财产保险》,高等教育出版社,2014年版。
13. 〔美〕所罗门·许布纳等著,陈欣等译:《财产与责任保险》,中国人民大学出版社,2002年版。
14. 《中华人民共和国保险法》。

21世纪经济与管理规划教材

保险学系列

第三章

财产保险的数理基础

通过本章的学习,掌握财产保险费率厘定和财产保险责任准备金的提存原理,以及财产保险财务稳定性的基本理论。本章的内容包括:

- 财产保险费率
- 财产保险责任准备金的提存
- 财产保险的财务稳定性

第一节 财产保险费率

一、财产保险费率的构成与厘定原则

（一）财产保险费的含义与构成

1. 财产保险费的含义

财产保险费(Property Premium)是财产保险的保险金额与保险费率的乘积。保险人承保一笔保险业务，用保险金额乘以保险费率就得出该笔业务应收取的保险费，即：

$$财产保险费 = 保险金额 \times 保险费率$$

2. 财产保险费的构成

财产保险费由纯保费和附加保费构成，纯保费是保险人用于赔付给被保险人的保险金，它是财产保险费的最低界限；附加保费是由保险人所支配的费用，由营业费用、营业税和营业利润构成。影响财产保险费的因素有：保险金额、保险费率和保险期限，三者均同保险费成正比例关系。

（二）财产保险费率的含义与构成

1. 财产保险费率的含义

财产保险费率(Property Premium Rate)是财产保险费与保险金额的比率。财产保险费率又称财产保险价格，是被保险人为取得保险保障而由投保人向保险人所支付的价金。它是计算保险费的标准，通常以每百元或每千元保险金额的保险费来表示。

2. 财产保险费率的构成

财产保险费率一般由纯费率和附加费率两部分组成。习惯上，将纯费率和附加费率相加所得到的保险费率称为毛费率。

纯费率是纯保费与保险金额的比率。纯费率也称净费率，它用于保险事故发生后进行保险金的赔付。其计算的依据因险种的不同而有别；财产保险纯费率的计算依据是损失概率，即根据保额损失率或保险财产的平均损失率计算出来，保额损失率是一定时期内赔偿金额与保险金额的比率。

附加费率是附加保费与保险金额的比率。它是以保险人的营业费用为基础计算的，用于保险人的业务费用支出、手续费支出以及提供部分保险利润等，通常以占纯费率的一定比例表示。附加费率由营业费用率、营业税率和利润率构成。

（三）厘定财产保险费率的基本原则

保险人在厘定财产保险费率时要贯彻权利与义务对等的原则，具体而言，其基本原则为：

第一，充分性原则。指所收取的保险费足以支付保险金的赔付及合理的营业费用、税收和公司的预期利润，充分性原则的核心是保证保险人有足够的偿付能力。

第二，公平性原则。指一方面，保费收入必须与预期的支付相对称；另一方面，被保险人所负担的保费应与其所获得的保险权利相一致，保费的多少应与保险的种类、保险期限、保险金额等相对称，风险性质相同的保险标的应承担相同的保险费率；风险性质不同的保险标的,则应承担有差别的保险费率。

第三,合理性原则。指保险费率应尽可能合理,不可因保险费率过高而使保险人获得超额利润。

第四,稳定灵活原则。指保险费率应当在一定时期内保持稳定,以保证保险公司的信誉;同时,也要随着风险的变化、保险责任的变化和市场需求等因素的变化而调整,具有一定的灵活性。

第五,促进防损原则。指保险费率的制定应有利于促进被保险人加强防灾防损:对防灾工作做得好的被保险人,降低其费率;对无损或损失少的被保险人,实行优惠费率;而对防灾防损工作不达标的被保险人,实行高费率或续保加费。

二、财产保险费率厘定的一般方法

财产保险费率的计算方法大致有以下三类:

(一) 分类法

分类法(Class Rating)是在按风险的性质分类基础上分别计算费率的方法。依据该方法确定的保险费率,常常被载于保险手册中,因此又称该方法为手册法。该方法假设风险损失是一系列相同的风险因素作用的结果。因此,通常按一定的标志对风险进行分类,将不同的保险标的,根据风险性质分别归入风险性质一致的相应群体计算基本费率。对于同一类别的保险标的的投保人,适用相同的费率。该方法广泛用于财产保险。如我国的企业财产保险,按标的使用性质分为若干类别,每一类又分为若干等级,等级不同,费率水平各异,并且,在使用分类费率时,可以根据投保人所采取的防灾防损措施酌情加费或者减费。分类法的优点在于:便于运用,适用费率能够迅速查到。

(二) 观察法

观察法又称个别法或判断法(Judgment Rating),是按具体的每一标的分别单独计算确定费率的方法。在该方法下,核保人员根据经验,提出一个费率供双方协商。某些险种没有以往可信的损失统计资料而不能使用分类法时,就只能根据个人的主观判断确定费率。观察法多用于海上保险和一些内陆运输保险,因为各种船舶、港口和危险水域的情况错综复杂,情况各异。

(三) 增减法

增减法(Merit Rating)又称修正法(Modification Rating),是在分类法的基础上,结合个别标的的风险状况予以计算和确定费率的方法。增减法确定费率时,一方面凭借分类法确定基本费率,另一方面依据实际经验再予以细分,并结合不同的情况提高或者降低费率,对分类费率予以补充和修正。增减法因其使用结合了风险程度的差异,因此具有促进防灾防损的作用,费率更能够反映个别标的的风险情况,从而坚持了公平负担保险费的原则。增减法的依据在于个别标的的风险损失数据与其他标的的风险损失数据明显不同。以增减法计算和确定保险费的方法有三种:

1. 表定法

该方法以每一风险单位为计算依据,在对每一风险单位确定一个基本费率的基础上,根据个别标的的风险状况增减修正。由于具体的经营和操作将影响到标的的风险状况,因此该方法通常用于承保厂房、商业办公大楼和公寓等财产保险。在确定费率时通常要考虑建筑物的结构、占用性质、消防设施、周围环境状况、保养情况等。表定法的优点在于能够切实反映标的的风险状况,促进防灾防损,但常常易因管理费用较高且同业之间费率的恶性竞争而失效。

2. 经验法

该方法是根据被保险人以往的损失经验,对分类法所确定的保险费率予以修正的方法。该方法的显著特点是:被保险人以往的损失经验被用来确定下一保险期间的保险费率,一般用过去3年的平均损失经验数据来确定下一保险期的保险费率,因此,该方法又称为预期经验法。若以 A 代表平均损失(3年),E 代表适用的预期损失,C 代表依据经验确定的可靠系数,M 代表修正系数,则:

$$M=(A-E)\times C/E$$

例1 某企业公众责任险,在过去3年的预期损失为10万元,实际损失为8万元,可靠系数(凭借经验判断的可信程度)为60%,则其修正系数为:

$$M=(80\,000-100\,000)\times 60\%/100\,000=-12\%$$

如果依据分类法该企业应交保险费7 000元,则调整后的应交保险费为:

$$应交保险费=(100\%-12\%)\times 7\,000=6\,160(元)$$

经验法的优点在于:确定保险费率时已考虑了影响风险的各个因素,而不像表定法那样只局限于有形因素,因此相对合理和科学。该方法通常适用于大企业和普通责任保险等。

3. 追溯法

该方法是依据保险期间的损失经验数据来确定当期保险费的方法,即保险费率按照当期终了时的情况并依据实际经验再加以调整修正。一般规定保险期间的最高和最低保险费,如果损失小,则取最低保险费;如果损失大,则取最高保险费。实际保险费一般都在最低和最高之间。追溯法的运用较经验法复杂,仅适用于少数大企业,具有促进防损的作用。

三、财产保险费率的厘定

财产保险费率的厘定是以损失概率为依据的,通过计算保额损失率加均方差计算纯费率;纯费率与附加保费率之和即为毛费率。其厘定的基本步骤为:

(一) 确定纯费率

纯费率是纯保费占保险金额的比率。用于补偿被保险人因保险事故造成保险标的损失的金额。其计算公式为:

$$纯费率=保额损失率+(-)均方差$$

1. 计算保额损失率

保额损失率是赔偿金额占保险金额的比率。其计算公式为:

$$保额损失率=赔偿金额/保险金额\times 1\,000‰$$

但在许多情况下,若知各年的保额损失率,则可计算平均保额损失率。

例2 假设某保险公司过去10年保额损失率(‰)统计资料如表3.1所示。

表 3.1　某保险公司 2007—2016 年保额损失率表　　　　　　　　　单位:‰

年度	2007	2008	2009	2010	2011	2012	2013	2014	2015	2016
保额损失率(x_i)	6.1	5.7	5.4	6.4	5.8	6.3	6.0	6.2	5.9	6.2

若以 $\bar{x}$ 表示平均保额损失率，$x_i(i=1,2,\cdots,n)$ 表示不同时期的保额损失率，n 表示期限，则用公式可表示为：

$$\bar{x} = \frac{\sum_{i=1}^{n} x_i}{n}$$

$$= \frac{6.1‰ + 5.7‰ + 5.4‰ + 6.4‰ + 5.8‰ + 6.3‰ + 6.0‰ + 6.2‰ + 5.9‰ + 6.2‰}{10}$$

$$= 6.0‰$$

2. 计算均方差

均方差是各保额损失率与平均损失率离差平方和平均数的平方根。它反映了各保额损失率与平均保额损失率相差的程度。它说明平均保额损失率的代表性，均方差愈小，则其代表性愈强；反之，则代表性愈弱。若以 σ 表示均方差，则其计算公式为：

$$\sigma = \sqrt{\frac{\sum_{i=1}^{n}(x_i - \bar{x})^2}{n}}①$$

平均保额损失率附加均方差的多少，取决于损失率的稳定程度。对于损失率较稳定的，其概率$[P(A)]$不要求太高，相应的概率度(t)为 1 即可；反之，则要求概率较高，以便对高风险的险种有较大的把握，从而稳定经营，相应的概率度为 2 或 3。现列举如下：

若 $t=1$，$P(A)=68.27\%$，附加 1 个均方差，一般适用于损失率比较稳定的险种，如火灾保险；若 $t=2$，$P(A)=95.45\%$，附加 2 个均方差，一般适用于损失率不够稳定的险种，如机动车保险、飞机保险等；若 $t=3$，$P(A)=99.73\%$，附加 3 个均方差，一般适用于损失率很不稳定的高风险险种，如卫星发射。

例如，根据上述资料计算的均方差可如表 3.2 所示。

表 3.2　均方差计算表　　　　　　　　　　　　　　　　单位:‰

年度	保额损失率 x_i	离差($x_i - \bar{x}$)	离差的平方($x_i - \bar{x}$)^2
2007	6.1	+0.1	0.01
2008	5.7	-0.3	0.09
2009	5.4	-0.6	0.36
2010	6.4	+0.4	0.16
2011	5.8	-0.2	0.04
2012	6.3	+0.3	0.09
2013	6.0	0.0	0.00
2014	6.2	+0.2	0.04

---

① 严格来说，对总体均方差计算的分母为总体单位数(N)；而对样本均方差计算的分母为样本单位数减 1，即 $n-1$。但是，一则多数情况下样本单位数均在 30 个以上；二则为了简便，在计算样本均方差时其分母直接采用样本单位数(n)，并以样本均方差替代总体均方差。

(续表)

年度	保额损失率 x_i	离差 $(x_i-\bar{x})$	离差的平方 $(x_i-\bar{x})^2$
2015	5.9	-0.1	0.01
2016	6.2	+0.2	0.04
Σ	6.0	—	0.84

则：

$$\sigma = \sqrt{\frac{0.84}{10}}(‰) = 0.29‰$$

3. 计算稳定系数

$$V_\sigma = \frac{\sigma}{\bar{x}}$$

稳定系数是均方差与平均保额损失率之比，它衡量的是期望值与实际结果的密切程度，即平均保额损失率对各实际保额损失率（随机变量各观察值）的代表程度。稳定系数愈低，则保险经营稳定性愈高；反之，则保险经营稳定性愈低。一般为10%—20%较为合适。

根据上述资料计算，计算结果为：

$$V_\sigma = 0.29‰ \div 6‰ = 4.833\%$$

该结果为4.833%，远小于10%，说明保险经营稳定性很高。

4. 确定纯费率

财产保险的纯费率是财产保险的纯保费占保险金额的比率，是作为保险金用于补偿被保险人因保险事故造成保险标的的损失金额。其计算公式为：

纯费率＝保额损失率±均方差

或
＝保额损失率×[1±稳定系数]

所以，若以68.27%的概率估计，$t=1$，则纯费率为：$(\bar{x}-\sigma; \bar{x}+\sigma)$；

若以95.45%的概率估计，$t=2$，则纯费率为：$(\bar{x}-2\sigma; \bar{x}+2\sigma)$；

若以99.73%的概率估计，$t=3$，则纯费率为：$(\bar{x}-3\sigma; \bar{x}+3\sigma)$。

对稳定系数低的险种，附加的均方差的个数就可少一些；反之，对高风险的险种，其保额损失率所附加的均方差的个数就应该多一些。在一般情况下，保险公司为了经营的稳定性，对附加的均方差一般采用加而不采用减的形式。故上例中，稳定系数小于10%，说明稳定性很高，是低风险的险种。所以：

纯费率＝6‰ + 0.29‰ = 6.29‰

(二) 确定附加费率

附加费率是附加保费与保险金额的比率。附加费率由营业费用率、营业税率和利润率构成。其计算公式为：

附加费率＝附加保费/保险金额×1 000‰

附加费率由营业费率、营业税率、营业利润率构成。其中：

营业费率＝营业费/保费收入

营业税率＝营业税/保费收入

营业利润率＝营业利润/保费收入

通常,附加费率可根据纯保费与附加保费的比例来确定,即:

$$附加费率 = 纯费率 \times 附加保费与纯保费的比例$$

其中, $$附加保费与纯保费的比例 = 附加保费 / 纯保费 \times 100\%$$

(三) 确定毛费率

由于财产保险的毛费率由纯费率和附加费率构成,所以毛费率的计算公式为:

$$毛费率 = 纯费率 + 附加费率$$

或 $$= (保额损失率 + 均方差) + 附加费率$$

或 $$= 保额损失率 \times (1 + 稳定系数) + 附加费率$$

若根据上例,附加保费与纯保费的比例为 20%,则:

$$附加费率 = 6.29‰ \times 20\% = 1.258‰$$

从而 $$毛费率 = 6.29‰ + 1.258‰ = 7.548‰$$

第二节 财产保险责任准备金的提存

一、财产保险责任准备金的含义与类型

财产保险的责任准备金(Reserves)是保险公司按法律规定为在财产保险合同有效期内履行赔付保险金义务而将保险费予以提存的各种金额。保险公司所收取的纯保费,并不是保险公司的利润,其中绝大部分都会因保险事故的发生而作为保险金赔付给被保险人。因此,为履行保险合同约定的承诺,保险公司必须提存各种财产保险责任准备金,以保证在合同约定的保险事件发生后,向被保险人或受益人支付保险金。由于保险公司所提存的准备金与保险责任相关,因此称为责任准备金。我国《保险法》第九十八条、第一百条规定,保险公司应当提存各种责任准备金。财产保险的责任准备金,通常分为未到期责任准备金、未决赔款准备金和总准备金。但我国《保险法》将其分为未到期责任准备金、未决赔款准备金和保险保障基金。

二、未到期责任准备金

(一) 未到期责任准备金的概念

未到期责任准备金(Unearned Premium Reserve)是会计年度决算时对未满期保单的保险费所提存的准备金。由于会计年度与保险年度的不一致性,按照权责发生制的原则,对于未到期的保单,必须提存未到期责任准备金,以作为保险公司履行保险责任的准备。由于财产保险一般一年一保,因此,其未到期责任准备金实际上是当年承保业务的保险单中在下一年度有效保单的保险费。

(二) 未到期责任准备金的确定方法

未到期责任准备金在会计年度决算时一次计算提存,其提取方法从理论上说有:年平均估算法、季平均估算法、月平均估算法和日平均估算法。

1. 年平均估算法

又称 50%估算法、1/2 法。假定每年所有的保单是在 365 天中逐日均匀开出的,即

每天开出的保单数量及保险金额大体相等,每天收取的保险费数额也差不多,这样一年的保单在当年还有50%的有效部分未到期,则应提存有效保单保费的50%作为准备金。其计算公式为:

$$未到期责任准备金=当年自留保险费总额\times 50\%$$

上式中, $$自留保险费=全年保费收入+分入保费-分出保费$$

若以A表示某年度的自留保险费,P表示某年度的未到期责任准备金,则:

$$P=A\times 50\%$$

该方法计算简便,但不是很准确,尤其在自留保险费在全年分布很不均匀的条件下,会失去其使用的价值。若自留保险费主要在上半年,则提存的未到期责任准备金会偏高;反之,则会偏低。

2. 季平均估算法

又称8分法。该方法假定每一季度中承保的所有保单是逐日开出的,且每天开出的保单数量、每份保单的保额及保险费大体均匀。因此,每一季度末已到期责任为1/8,未到期责任为7/8,然后每过一季,已到期责任加上2/8,未到期责任减去2/8,因此,若以A_n表示某季度的自留保险费;P_n表示某季度的未到期责任准备金;n表示某季度,$n=1,2,3,4;(2n-1)/8$表示未到期责任准备金时间系数;P表示全年未到期责任准备金,则:

$$P_n=A_n\times(2n-1)/8$$
$$P=P_1+P_2+P_3+P_4$$

即:未到期责任准备金 = 第一季度自留保险费$\times 1/8$ + 第二季度自留保险费$\times 3/8$ + 第三季度自留保险费$\times 5/8$ + 第四季度自留保险费$\times 7/8$

3. 月平均估算法

又称24分法。假定一个月内所有承保的保险单是30天内逐日开出的,且保单数量、保额、保费大体均匀,则对一年期保单来说,出立保单的当月已到期责任为1/24,23/24的保费则是未到期责任,以后每过一个月已到期责任增加2/24,未到期责任准备金减少2/24,所以,到年末,1月份开出的保单其未到期责任准备金为保费的1/24,2月份的为3/24,其余类推,到12月份的保单则提取到23/24。

若以A_n表示某月的自留保险费;P_n表示某月度的未到期责任准备金;n表示某月度,$n=1,2,3,4,\cdots,12;(2n-1)/24$表示未到期责任准备金时间系数;$P$表示全年未到期责任准备金,则:

$$P_n=A_n\times(2n-1)/24$$
$$P=P_1+P_2+P_3+\cdots+P_{12}$$

即:未到期责任准备金 = 第1个月自留保险费$\times 1/24$ + 第2个月自留保险费$\times 3/24$ + $\cdots$ + 第12个月自留保险费$\times 23/24$

这种方法比年平均估算法和季平均估算法都精确,适用于每月内开出保单份数与保额大致相同而各月之间差异较大的业务。

4. 日平均估算法

它是根据有效保险单的天数和未到期天数来计算提存未到期责任准备金的方法。

若以 A_n 表示某日的自留保险费;P_n 表示某日的未到期责任准备金;n 表示某日,$n=1,2,3,4,\cdots,365$;$(2n-1)/730$ 表示未到期责任准备金时间系数;P 表示全年未到期责任准备金,则其计算公式为:

$$P_n = A_n \times (2n-1)/730$$

则:
$$P = P_1 + P_2 + P_3 + \cdots + P_{365}$$

显然,该方法较月平均估算法更精确,但计算工作量非常大。故常采用简化的近似计算公式:

未到期责任准备金＝有效保单保费×未到期天数/保险期天数①

三、未决赔款准备金

(一) 未决赔款准备金的概念

未决赔款准备金(The Outstanding Loss Reserves)也称赔款准备金,是在会计年度决算以前发生保险事故但尚未决定是否赔付或应付而未付的赔款,从当年的保险费收入中提存的准备金。它是保险人在会计年度决算时,为该会计年度已发生保险事故应付而未付赔款所提存的一种资金准备。

从当期保险费收入中提存的未决赔款准备金有两种类型:已报未决赔款准备金,未报未决赔款准备金。前者为保险事故已经发生,被保险人已经提出的保险赔偿或者给付金额,但保险公司尚未决定赔付与否或赔付金额为多少;后者为已经发生保险事故但尚未提出的保险赔付金额。提存未决赔款准备金是为了支付已发生保险事故但尚未理赔所作的资金准备。

(二) 对于未决赔案应提存的未决赔款准备金

未决赔案是指被保险人已提出索赔,但保险人与索赔人就索赔案件是否属于保险责任范围、保险赔款应为多少等事项尚未达成协议的案件。未决赔款准备金的估计方法有:

(1) 逐案估计法。由理赔人员逐一估计每起索赔案件的赔款额,然后记入理赔档案,到一定时间汇总这些估计的数字,并进行修正,据此提存准备金。这种方法比较简单但工作量大,适用于索赔金额确定,或索赔数额相差悬殊而难以估算平均赔付额的财产保险业务,如火灾保险、信用保险之类。

(2) 平均值估计法。先根据保险公司的以往损失数据计算出平均值,然后再根据对将来赔付金额变动趋势的预测加以修正,把这一平均值乘以已报告赔案数目就得出未决赔款额。这一方法适用于索赔案多而索赔金额并不大的业务,如汽车保险。

(3) 赔付率法。选择一定时期的赔付率来估计某类业务的最终赔付数额,从估计的最终赔付额中扣除已支付的赔款和理赔费用,即为未决赔款额。这种方法简便易行,但若假定的赔付率与实际赔付率有较大出入,则计算的结果并不是很准确。

未报未决赔款责任准备金是为已经发生保险事故但尚未提出保险赔偿或赔付金额尚未决定的赔案而计提的,对此类保险事故的赔款金额估计比较复杂,一般以过去的经验数据为基础,然后根据各种因素的变化进行修正,如出险单位索赔次数、金额、理赔费

---

① 郝演苏主编:《财产保险》,西南财经大学出版社,1996年版,第25页。

用的增减、索赔程序的变更等。这种索赔估计需要非常熟悉和精通业务的管理人员准确判断。由于赔款准备金包括赔款额和理赔费用两部分,因此应对这两部分分别提留。在美国,理赔费用准备金约占全部准备金的5%—20%。

四、保险保障基金

保险保障基金是指为防止赔付危机而从保费中提留的,用于救助保单持有人、保单受让公司或者处置保险业风险的非政府性行业风险救助基金。[①] 动用保险保障基金的范围为:在保险公司被撤销或者被宣告破产时,向投保人、被保险人或者受益人提供救济;在保险公司被撤销或者被宣告破产时,向依法接受其人寿保险合同的保险公司提供救济;国务院规定的其他情形。[②] 我国《保险保障基金管理办法》第十四条规定:"保险公司应当按照下列规定,对经营的财产保险业务或者人身保险业务缴纳保险保障基金,缴纳保险保障基金的保险业务纳入保险保障基金救助范围:(一)非投资型财产保险按照保费收入的0.8%缴纳,投资型财产保险,有保证收益的,按照业务收入的0.08%缴纳,无保证收益的,按照业务收入的0.05%缴纳;(二)有保证收益的人寿保险按照业务收入的0.15%缴纳,无保证收益的人寿保险按照业务收入的0.05%缴纳;(三)短期健康保险按照保费收入的0.8%缴纳,长期健康保险按照保费收入的0.15%缴纳;(四)非投资型意外伤害保险按照保费收入的0.8%缴纳,投资型意外伤害保险,有保证收益的,按照业务收入的0.08%缴纳,无保证收益的,按照业务收入的0.05%缴纳。"第十五条规定:"保险公司应当及时、足额将保险保障基金缴纳到保险保障基金公司的专门账户,有下列情形之一的,可以暂停缴纳:财产保险公司的保险保障基金余额达到公司总资产6%的;人身保险公司的保险保障基金余额达到公司总资产1%的。保险公司的保险保障基金余额减少或者总资产增加,其保险保障基金余额占总资产比例不能满足前款要求的,应当自动恢复缴纳保险保障基金。"

第三节 财产保险的财务稳定性

一、财务稳定性的概念与衡量指标

(一)财务稳定性的概念

保险业作为经营风险的特殊行业,其经营方式是保险人通过收取投保人所缴纳的保险费,建立保险基金,专门用于补偿因自然灾害和意外事故所造成的经济损失或在人身保险事故(包括因死亡、疾病、伤残、年老、失业等)发生时给付保险金的一种经济补偿制度。在一项保险业务中,保险费的收取是保险责任的起始时点,保险金的给付是保险责任的履行时点。保险费由纯保费和附加保费构成,纯保费是保险人赔付给被保险人的保

[①]《保险保障基金管理办法》第三条规定:"保险保障基金,是按照《中华人民共和国保险法》和本办法规定缴纳形成,在本办法第十六条规定的情形下,用于救助保单持有人、保单受让公司或者处置保险业风险的非政府性行业风险救助基金。"

[②] 参考《保险法》第一百条的规定。

险金,在财产保险中其计算依据是保险标的的损失概率,即是根据保额损失率或保险财产的平均损失率计算出来的,是财产保险费的最低界限。

对于保险企业来说,在收支平衡原则下合理计算保险费的基础上,必须对其自身的实际赔偿能力进行测定,以使自身的赔偿能力与其承担的风险相适应,保证保险事故发生时被保险人能及时获得保险赔偿或给付,以保障保单持有人的合法权益。评价和测定保险企业的赔偿能力,主要借助于保险业务的财务稳定性的测定。由于财务稳定性在保险公司财务管理中的重要性以及其涉及公众利益,世界上绝大多数国家均在自己的保险立法中将财务稳定性列作重要内容予以规范,各保险公司更是制定了具体详细的制度。

在财产保险中,保险业务的财务稳定性是指对财产保险公司自身或其承保的某项财产保险业务而言,保险人对被保险人所承担的补偿义务的保障程度。其具体含义有两层:一是保险公司的保险赔偿基金与实际发生的赔款支出之间的对等关系,其中,保险赔偿基金是指纯保费及其投资收益的总数,是根据未来的保额损失率预计出来的需要付出的赔款总数,通常以年为单位计算时间;二是保险公司所累积的总准备金与突发特大风险所造成的损失所需赔款之间的对等关系。

财务稳定性要求实际发生的赔款总额不能超过保险赔偿基金,而是必须与之相匹配,这种匹配体现为时间与数量上的匹配。一是时间上的匹配,要根据不同时间点上的保险赔偿责任情况配置相当的保险赔偿基金;二是在单位计算时期内,保险赔偿基金的总量要与实际发生的赔偿总量相匹配,其中包括对巨灾损失的赔偿基金的合理配置。

(二) 财务稳定性指标

根据财务稳定性的定义可以看出,保险公司或某项保险业务实际发生的赔款总额超过保险赔偿基金的可能性越大,则该保险公司或某项保险业务的财务稳定性就越差;超过的可能性越小,则该保险公司或某项保险业务的财务稳定性就越好。为了更直观地了解财务稳定性,在此引入稳定性系数,通常用 K 表示,其计算式如下:

$$稳定性系数\ K = \frac{保险赔偿基金均方差\ \sigma}{保险赔偿基金\ P} \times 100\%$$

K 越小,表明该业务稳定性越好。其中,保险赔偿基金均方差 σ 表示实际付出的赔款与保险赔偿基金的偏差程度,其计算公式如下:

$$K = \frac{\sqrt{\sum_{i=1}^{n} Q_i^2}}{\sum_{i=1}^{n} \bar{P}_i} = \frac{\sqrt{\sum_{i=1}^{n} (P_i - \bar{P}_i)^2}}{\sum_{i=1}^{n} \bar{P}_i}$$

其中,P_i 表示第 i 项保险业务的实际赔款金额,$\bar{P}_i$ 表示该保险业务的预计赔款金额,Q_i 表示该项保险业务保险赔偿基金的均方差。

某项保险业务赔偿基金均方差 σ 的大小也能在一定程度上反映该项保险业务的财务稳定性,但是其并不能准确和全面地反映该项保险业务的财务稳定性,主要原因是保险赔偿基金的均方差是一个绝对数,它与保险金额的大小有关,而保险公司的赔付能力则随着保险赔偿基金的大小而有所不同。

例3 假定有甲、乙两家保险公司,甲保险公司案均赔款数 $\bar{P}_甲 = 6\,000$ 元,均方差

$\sigma_甲 = 540$ 元；乙保险公司案均赔款数 $\bar{P}_乙 = 15\,000$ 元，均方差 $\sigma_乙 = 900$ 元，由于 $\sigma_甲 < \sigma_乙$，因此，表面上看，甲公司的案均赔款数比乙公司的更具代表性。但是，由于 $\bar{P}_甲$ 与 $\bar{P}_乙$ 并不相同，因此，还必须计算两公司的保险业务财务稳定性系数后才能进行比较。

$$K_甲 = \frac{\sigma_甲}{\bar{P}_甲} = \frac{540}{6\,000} = 0.09$$

$$K_乙 = \frac{\sigma_乙}{\bar{P}_乙} = \frac{900}{15\,000} = 0.06$$

计算结果表明，乙公司的财务稳定性系数要远小于甲公司的财务稳定性系数，即乙公司的财务稳定性要好于甲公司。由此可以看出，财务稳定性系数比保险赔偿基金均方差能更好地反映保险业务的财务稳定性。

二、财务稳定性的测定与影响因素

由于财务稳定性系数能够全面、准确地评价保险业务的财务稳定性，因此，为了保证保险事故发生时被保险人能及时获得保险赔偿或给付，保障保单持有人的合法权益，运用科学的数理方法对保险业务的财务稳定性进行测定就显得尤为重要。根据保险业务保险金额的差异，下面将从等保额业务和不等保额业务两个方面，对保险业务的财务稳定性进行科学合理的测定。

（一）等保额业务的财务稳定性测定

假设某项财产保险业务的保险金额均为 a，纯费率为 q，由于纯费率是根据保险损失率来确定的，因此该保险业务的平均损失率也为 q，该项业务承保的危险单位数量为 n（业务量）。根据概率论和保险学的相关知识可知：

$$\sigma = a\sqrt{nq(1-q)}$$
$$P = naq$$

因此，在等保额业务的情况下，财务稳定性系数可表示为：

$$K = \frac{\sigma}{P} = \frac{a\sqrt{nq(1-q)}}{naq} = \sqrt{\frac{1}{n}\left(\frac{1}{q} - 1\right)}$$

根据上式，我们也可以通过所期望的稳定性系数 K 来推算出应当具有的最低承保危险单位数量，表示为：

$$n = \frac{1-q}{K^2 q}$$

在等保额业务的情况下，已知承保的危险单位数量为 n_1 时，其稳定性系数为 K_1。稳定性系数为 K_2 时，最低承保危险单位数量也可以表示为：

$$n_2 = n_1 \times \left(\frac{K_1}{K_2}\right)^2$$

例 4 假设保险公司某项业务所承保的危险单位数量为 $10\,000$ 个，每个危险单位的保额相同，纯费率为 2‰，则其财务稳定性系数为：

$$K = \sqrt{\frac{1}{10\,000}\left(\frac{1}{0.002} - 1\right)} = 0.2234$$

例 5 假设保险公司某项业务的每个危险单位的保额相同，纯费率为 2‰，其财务稳定性系数为 0.1，则其最低承保危险单位数量为：

方法一：$n = \dfrac{1-q}{K^2 q} = \dfrac{1-0.002}{0.1^2 \times 0.002} = 49\,900$（笔）

方法二：$n_2 = n_1 \times \left(\dfrac{K_1}{K_2}\right)^2 = 10\,000 \times \left(\dfrac{0.2234}{0.1}\right)^2 = 49\,900$（笔）

（二）不等保额业务的财务稳定性测定

在保险实务中，保险公司的保险业务有很多种，保险金额通常是不相同的，各危险单位保险金额的参差程度会极大地影响保险公司业务的财务稳定性。因此，前面讨论的等保额业务的财务稳定性测定方法就有很大的局限性。为了保证保险公司具有足够的赔偿能力，保障保单持有人的合法权益，下面就不等保额业务的财务稳定性测定进行讨论。

在一组数组中，其均方差的大小与数组的参差程度成正比。因此，根据财务稳定性系数的计算公式可知，在不等保额业务中，K 的值与承保的各危险单位的保险金额的参差程度成正比。参差程度越高，K 值就越大，该项业务的财务稳定性就越差；反之，参差程度越小，K 值就越小，该项业务的财务稳定性就越好。

要测定不等保额业务的财务稳定性，可以按照保险金额将所有的业务分成 n 类，每一类均为等保额业务。假设第 i 类业务的赔偿基金均方差为 σ_i，稳定性系数为 K_i，纯费率为 q_i，承保的危险单位数量为 n_i，保险金额为 a_i，则有：

$$K_i = \dfrac{\sigma_i}{P_i} = \dfrac{a_i \sqrt{n_i q(1-q_i)}}{n_i a_i q_i}$$

假设全部业务的赔偿基金均方差为 $\sigma_总$，保险赔偿基金为 $P_总$，稳定性系数为 $K_总$，n 类等保额业务是相互独立的，则有：

$$\sigma_总 = \sqrt{\sigma_1^2 + \sigma_2^2 + \cdots + \sigma_n^2} = \sqrt{\sum_{i=1}^{n}\sigma_i^2}$$

$$P_总 = P_1 + P_2 + \cdots + P_n = a_1 n_1 q_1 + a_2 n_2 q_2 + \cdots + a_n n_n q_n$$

$$= \sum_{i=1}^{n} a_i n_i q_i = \sum_{i=1}^{n} P_i$$

$$K_总 = \dfrac{\sigma_总}{P_总} = \dfrac{\sqrt{\sum_{i=1}^{n}\sigma_i^2}}{\sum_{i=1}^{n} P_i}$$

根据 $P_总$ 的计算公式可知，$P_总$ 的值为全部保险业务的纯保费收入。

例 6 假设 A、B 两家保险公司的业务量、保险金额、纯费率和纯保费收入均相同，如表 3.3 所示。

表 3.3 A、B 两家保险公司的基本数据

保险公司	类别	单位风险保额 a（万元）	业务量 n（件）	纯费率 q（‰）	纯保费收入 P（万元）	均方差 σ（万元）
A	1	100	1 700	2	340	184
	2	80	2 500	2	400	179
	3	50	5 800	2	580	170
	合计	—	10 000	2	1 320	308

(续表)

保险公司	类别	单位风险保额 a（万元）	业务量 n（件）	纯费率 q（‰）	纯保费收入 P（万元）	均方差 σ（万元）
B	1	1 000	150	2	300	547
	2	500	450	2	450	474
	3	50	150	2	15	27
	4	30	9 250	2	555	129
	合计	—	10 000	2	1 320	736

则 A、B 两家保险公司的财务稳定性系数分别为：

A 公司

$$K_1 = \frac{\sigma_1}{P_1} = 0.54$$

$$K_2 = \frac{\sigma_2}{P_2} = 0.45$$

$$K_3 = \frac{\sigma_3}{P_3} = 0.29$$

$$K_A = \frac{\sigma_A}{P_A} = \frac{\sqrt{\sum_{i=1}^{n}\sigma_i^2}}{\sum_{i=1}^{n}P_i} = \frac{308}{1\,320} = 0.23$$

B 公司

$$K_1 = \frac{\sigma_1}{P_1} = 1.82$$

$$K_2 = \frac{\sigma_2}{P_2} = 1.05$$

$$K_3 = \frac{\sigma_3}{P_3} = 1.80$$

$$K_4 = \frac{\sigma_4}{P_4} = 0.23$$

$$K_B = \frac{\sigma_B}{P_B} = \frac{\sqrt{\sum_{i=1}^{n}\sigma_i^2}}{\sum_{i=1}^{n}P_i} = \frac{736}{1\,320} = 0.56$$

虽然 A、B 两家保险公司的业务量、保险金额、纯费率和纯保费收入均相同，但是从计算结果可以看出，A 公司的财务稳定性好于 B 公司，其原因为 B 公司承保的业务的保额的离散程度较大，承保了风险保额较高的业务。从表 3.3 中可以看出，如果我们将 B 公司的第一类业务剔除掉，B 公司的稳定性系数就降为 0.48；如果我们将 B 公司的第一类和第二类业务都剔除掉，B 公司的稳定性系数则降为 0.23。其原因就是第一类和第二类保险业务承保了风险保额较高的业务。

(三) 自留额控制

在上面的例题中,由于 B 公司承保了风险保额较高的业务,致使其财务稳定性很差,解决 B 公司这一问题的一个财务解决方法就是将承保业务中保额较高的部分业务分保出去,以避免因遭遇巨额赔款而出现赔偿能力不足的问题。

那么 B 公司该如何制订自己的再保方案?自留多少?又该分出去多少?在再保险安排中,原保险人能否确定合理的自留额非常重要。自留额定得过低,影响自身的收益;自留额定得过高,又不能达到稳定财务的目的。在保险实务中,通常用下述公式来测算最大自留额:

$$最大自留额 = 2K^2 \times P$$

以例 4 为例,如果 B 公司希望其保险业务的财务稳定性达到 A 公司的水平,即 0.23,则根据最大自留额的计算公式,有:

$$最大自留额 = 2K^2 \times P = 2 \times 0.23^2 \times 1\,320 = 140(万元)$$

B 公司要实现保险业务的财务稳定性达到 0.23 的目标,其每笔业务最大的自留额只能为 140 万元,因此必须对第一类和第二类保险业务安排再保险,将溢出部分分保出去。相反,对于 A 公司而言,它所承保的全部业务的保险金额都在最大自留额范围内,因此就没有必要进行再保安排。

在运用稳定系数 K 值确定是否进行再保险时,应注意以下两点:

(1) 须将各类型的业务,按照风险单位数目的大小、保额的高低依次排列起来,逐一考察单项系列业务稳定系数及逐一合并后的业务稳定系数,找出最佳业务自留规模的相应 K 值。

(2) 当公司的经营方针确定了某 K 值时,即应求出相应 K 值的第一风险单位的最高保额,然后依次进行比较,确定应分出的业务类型。做到能自留的业务,不因再保险而徒然损失保费;不能承担的业务,一定要分出去。

(四) 财务稳定性的影响因素

分析等额保险业务和不等额保险业务的财务稳定性计算公式以及保险公司经营流程,可以得出影响保险业务财务稳定性的因素主要有以下几点:

(1) 承保的业务量。承保的业务量越多,承保面越广,危险越分散,保险业务的财务稳定性越好,反之越差。

(2) 在承保的危险单位其他条件相同的情况下,纯费率越低(即损失概率越低)的业务,财务稳定性越差,反之越好。

(3) 承保危险单位越集中,保险业务的财务稳定性越差,反之越好。

(4) 承保危险单位的保险金额越悬殊,保险业务的财务稳定性越差,反之越好。

(5) 投资状况。保险业务的财务稳定性由赔偿基金的均方差和赔偿基金共同决定,赔偿基金的投资状况越好,赔偿基金就越多,保险业务的财务稳定性就越好,反之越差。

小结

　　财产保险费是财产保险的保险金额与保险费率的乘积。财产保险费由纯保费和附加保费构成。财产保险费率是财产保险费与保险金额的比率,是被保险人为取得保险保障而由投保人向保险人所支付的价金。它由纯费率和附加费率两部分组成。

　　保险人在厘定财产保险费率时要贯彻权利与义务对等的原则,具体为:充分性原则,公平性原则,合理性原则,稳定灵活原则,促进防损原则。财产保险费率的计算方法大致有:分类法、观察法和增减法。

　　财产保险费率的厘定是以损失概率为依据的,通过计算保额损失率加均方差计算纯费率;纯费率与附加保费率之和即为毛费率。

　　财产保险的责任准备金是保险公司按法律规定为在财产保险合同有效期内履行赔付保险金义务而将保险费予以提存的各种金额。财产保险的责任准备金,根据我国《保险法》分为:未到期责任准备金、未决赔款准备金和保险保障基金。

　　未到期责任准备金是会计年度决算时对未满期保单的保险费所提存的准备金。未到期责任准备金的提取方法从理论上说有:年平均估算法、季平均估算法、月平均估算法和日平均估算法。

　　未决赔款准备金是在会计年度决算以前发生保险事故但尚未决定是否赔付或应付而未付赔款,从当年的保险费收入中提存的准备金。未决赔款准备金的估计方法有:逐案估计法、平均值估计法和赔付率法。

　　保险保障基金是指为防止赔付危机而从保费中提留的,用于救助保单持有人、保单受让公司或者处置保险业风险的非政府性行业风险救助基金。

　　在财产保险中,保险业务的财务稳定性是指对财产保险公司自身或其承保的某项财产保险业务而言,保险人对被保险人所承担的补偿义务的保障程度。衡量财产保险财务稳定性的指标为稳定系数。

　　对财务稳定性的测定分为等保额业务的财务稳定性测定和不等保额业务的财务稳定性测定。为了控制稳定系数,需要控制自留额。影响财产保险财务稳定性的因素主要有:承保的业务量、纯费率、承保危险单位的集中状况、承保危险单位的保险金额的悬殊状况以及保险投资状况。

关键词

　　财产保险费　毛费率　纯保费　附加保费　财产保险费率　纯费率　附加费率　充分性原则　公平性原则　合理性原则　稳定灵活原则　促进防损原则　分类法　观察法　增减法　表定法　经验法　追溯法　保额损失率　财产保险的责任准备金　未到期责任准备金　未决赔款准备金　保险保障基金　财务稳定性　财务稳定性系数　等保额业务的财务稳定性测定　不等保额业务的财务稳定性测定　保险业务自留额控制

思考题

1. 如何厘定财产保险的费率?
2. 如何提存各类财产保险的准备金?
3. 试评述我国《保险法》对财产保险未到期责任准备金的规定。
4. 什么叫财务稳定性?反映财产保险财务稳定性的指标有哪些?
5. 影响财务稳定性的因素主要有哪些?
6. 如何利用财务稳定性指标分析财产保险公司的财务稳定状况?
7. 如何计算最大自留额和危险单位?
8. 名词比较:未到期责任准备金和未决赔款准备金,未到期责任准备金、未决赔款准备金和总准备金,总准备金和保险保障基金
9. 设 A、B 两家保险公司的业务量、保险金额、纯费率和纯保费收入均相同,其资料如下:

保险公司	类别	单位风险保额 a（万元）	业务量 n（件）	纯费率 Q（‰）	纯保费 p（万元）	均方差 σ（万元）
A	1	1 000	200	2	400	631.8
	2	50	4 800	2	480	154.8
	合计	—	5 000	2	880	650.5
B	1	91.7	2 400	2	440	200.7
	2	84.7	2 600	2	440	193.0
	合计	—	5 000	2	880	278.4

试结合以上资料:

(1) 计算各业务的财务稳定性系数;

(2) 比较分析两家保险公司的财务稳定性,并找出财务稳定性较差的公司财务稳定性差的原因;

(3) 提出财务解决办法。

进一步阅读的相关文献

1. 郝演苏主编:《财产保险》,中国金融出版社,2005 年版。
2. 林增余编:《财产保险》,中国金融出版社,1987 年版。
3. 王绪瑾主编:《保险学》(第六版),高等教育出版社,2017 年版。
4. 张博著:《精算学》,北京大学出版社,2005 年版。
5. 乔林、王绪瑾主编:《财产保险》(第二版),中国人民大学出版社,2008 年版。
6. 中国保险年鉴编辑部编:《中国保险年鉴》(2001—2016 年)。
7. 廖述源著:《财产保险经营》,(中国台湾)财团法人保险事业发展中心,2006 年版。

第四章

火灾保险

通过本章的学习,掌握火灾保险的基本理论及企业财产保险、营业中断保险、家庭财产保险的基本理论与实务,了解我国及国外各类火灾保险的条款,理解火灾保险中的重要概念。本章的内容包括:

- 火灾保险导论
- 企业财产保险
- 营业中断保险
- 家庭财产保险

第一节 火灾保险导论

一、火灾保险的定义

火灾保险(Fire Insurance)是保险人与投保人经合同约定,投保人向保险人交付保险费,保险人对于所承保的房屋建筑物及其他装修设备,或屋内存放的财物等标的,在保险期间因火灾、雷击或所承保的其他风险事故发生所致的财产损毁或灭失,在保险金额限度内予以补偿或予以恢复原状的一种财产保险。[①] 火灾保险又称普通财产保险,如我国目前的企业财产保险、家庭财产保险和房屋保险等。

二、火灾保险的责任范围

火灾保险的保险责任因国度不同而有所区别。火灾保险的保险责任应该为火灾,其后进一步扩展。我国火灾保险沿用了20世纪50年代的做法,采用综合保单的形式,包括16种风险,但自1996年起将地震风险除外。以下介绍企业财产保险、家庭财产保险以及营业中断保险。

1. 火灾的定义与条件

火灾是在时间上或空间上失去控制的燃烧所造成的灾害。凡由于异常性的燃烧造成财产损毁的灾害均为火灾。火灾的条件因不同国度而有所不同:

(1)我国。在我国,构成火灾的条件为:① 有燃烧现象,即有光、有热、有火焰;② 由于偶然和意外事件发生的燃烧;③ 燃烧失去控制并有蔓延扩大的趋势。

(2)英国。在英国,构成火灾的条件为:① 点燃并有燃烧现象;② 属于意外事故;③ 烧了不应该烧的东西。英国属于判例法的国家,第三个条件起因于英国1941年贵重物品被烧案的判例。

专栏 4.1

英国贵重物品被烧案

在1941年的一个诉讼案中,被保险人外出,为了防止贵重物品被盗,便在火炉里藏了一堆贵重物品。后来在生火时忘记了这件事,致使所藏的贵重物品被烧毁。被保险人于是提出索赔。保险人以该物品被烧毁属故意点燃之火所致而拒赔,被保险人不服,便诉之于法院。最后法院判决认为:贵重物品与火接触属意外事故,而保险承保的是意外损失,故保险人应予赔偿。

此后,凡意外的火焚都属火灾范围。

资料来源:林增余编,《财产保险》,中国金融出版社,1987年版,第91页。

[①] 陈振金著:《火灾保险学》(修订版),(中国台湾)作者自行出版,2002年版,第1页。

(3) 美国。在美国，构成火灾的条件为：① 有热，有光，发出火焰；② 须为由恶意之火 (Hostile Fire) 造成的；③ 须不属于保单除外责任的范围。美国在普通法中把火分为友善（善意）之火(Friendly Fire)和恶（敌意）之火，前者是为了一定目的在一定范围内故意点燃的有用之火；后者是越出一定范围在不该燃烧的地方燃烧的火。火灾保险所保的是敌意之火。如财物意外地落入火炉烧毁时，为善意之火所致，不属承保的火灾范围；而烟头落入地毯将地毯烧了一个洞时，燃点香烟的善意之火即转为敌意之火，应属火灾范围。

2. 火灾保险的责任范围

我国火灾保险的保险责任包括：① 火灾、爆炸、雷电；② 其他灾害事故：分为列明承保的各种自然灾害和列明承保的各种意外事故，这依不同险种而定，基本险的保险责任为火灾、爆炸、雷电和空中运行物坠落，综合险则另加 12 种风险；③ 合理的、必要的措施而造成保险财产的损失和因采取施救、保护、整理措施而支付的合理费用。

火灾保险的保险责任范围一般分为基本责任、特约责任和责任免除。但不同国家的划分不同，我国火灾保险分为火灾保险基本险和火灾保险综合险（将于企业财产保险部分介绍）。一般标准火灾保险单的保险责任分为：① 标准火灾保险单项下直接承保的责任：火灾、爆炸、雷击；② 标准火灾保险单项下扩展承保的责任：飓风、台风、龙卷风、风暴、暴雨、洪水、冰雹、地崩、山崩、雪崩、火山爆发、地面下陷下沉、水箱或水管爆裂、盗窃。责任免除分为基本免除和特定免除，前者是根据保险市场的承保技术状况，保险人在开办任何险种的保险业务中都不予承保的风险责任；后者是保险人根据企业财产保险业务的特点，出于避免承保动态风险和企业财产保险业务管理的需要而特别申明不予负责的风险责任。如我国财产保险基本险条款和财产保险综合险条款对于下列基本的责任免除原因所导致的保险标的损失不予赔偿：战争、敌对行为、军事行动、武装冲突、罢工、暴动；被保险人及其代表的故意或纵容行为；核反应、核子辐射和放射性污染。①

三、火灾保险的费率与保险期间

火灾保险费率由以下因素决定：① 用途(Occupancy)：建筑物的使用目的，又称占用性质。② 构造(Construction)：房屋的建筑结构，主要指建筑物的材料及建筑物大小和形式。③ 防护(Protection)：包括消防设备和人员的培训。④ 位置(Location)：建筑物的地点和周围环境，建筑物周边环境被燃烧的可能性大，则引起火灾的可能性就大。另外，时间也是影响火灾费率的因素，如我国北方的冬季就比夏季遭受火灾的可能性大。

我国火灾保险的保险期间均为保险合同生效之日的 0 时起至保险期满日的 24 时止。

---

① 应该指出，我国目前的企业财产保险分为两套：一套为财产保险基本险和财产保险综合险，另一套为财产保险和财产保险一切险。在过去，前者主要为国内企事业单位所用，后者为对涉外企业承保所用，但现在已经没有该界限了。相对而言，财产保险的保险责任比财产保险基本险的宽泛一些；而财产保险一切险的保险责任则比财产保险综合险的宽泛一些。

四、外国火灾保险介绍

（一）英国火灾保险

1. 英国标准火灾保险险单承保的范围

（1）保险责任。包括：火灾，雷击，爆炸。但爆炸责任仅限于：① 家用锅炉的爆炸；② 家用照明或取暖用的煤气在屋内发生爆炸，但该屋必须不属于煤气工厂的一部分；③ 爆炸的损失，爆炸引起的火灾及震动损失在内。

（2）责任免除。包括：① 自身酝酿发热或在加热过程中发生的损失，即物质本身的变化及自然发热；② 地震；③ 地下火；④ 骚扰；⑤ 民众暴动：因该行为不一定构成谋反，故通常不列为战争风险范围，而列入罢工风险范围，罢工、骚乱、民众暴动共构成一类；⑥ 战争、入侵、敌对行为；⑦ 内乱、谋反、革命、叛乱以及军事霸占或篡权，凡与国内发生的内战或内乱等有关联的火灾，亦不在承保范围之内；⑧ 爆炸：有限制的爆炸以外的其他爆炸，包括纯粹震动型的和急速燃烧型的，亦称黑色爆炸和红色爆炸，虽然爆炸亦为急速燃烧，但不同于标准火灾保险单中所指的爆炸与火灾。

2. 火灾保险的承保与理赔

英国火灾保险市场的主要形式有：

（1）特别分摊（Special Condition of Average）。又称75%分摊，即保险金额低于实际价值的75%时适用比例赔偿方式计算；高于75%时，则不适用于比例分摊，而按实际损失赔偿，但以保险金额为限。例如，若某投保人投保了火灾保险，其保险金额为282万英镑，在保险期间发生保险事故，损失金额为100万英镑，保险事故发生时的保险标的的实际价值为300万英镑，则因保险保障程度为94%[①]，大于75%，故保险人应当在保险金额内按实际损失赔偿，赔偿金额为100万英镑；若其他条件不变，保险金额为210万英镑，则因保险保障程度为70%[②]，小于75%，保险人应当按保险保障程度赔偿，赔偿金额为70万英镑[③]。

（2）统保保单（Blanket Coverage）。亦称"总括保单"，是以一个总的保险金额承保同一地点的不同财产或几个地点的同一或多种财产的保险单。拥有许多房屋的投保人可将全部财产的总的保险金额分项投保，如分为全部房屋、全部财产、全部货物三项，若以全部房屋投保，其房屋为多处，只要一个总保险金额投保，则全部房屋中的任何房屋受损均能得到赔偿。统保保单的特点是：第一，以一个总的保险金额承保几个地点的财产；第二，拥有许多房屋的大企业可以将全部财产的总保额分项承保，如将全部财产分为全部房屋、全部财物（货物除外）、全部货物三项。这种方式有利于被保险人，所以，承保时往往采取统保加费或分摊条款，以制约投保人的低额投保，或用统保加费保障保险人的利益。

（3）两种条件分摊（Two Conditions of Average）条款。在承保的保单中，有的保单是指明仓库、指明货物的保单；有的保单则是统保保单，一张保单保的货物分别储存于几

[①] 94%＝282/300×100%。

[②] 70%＝210/300×100%。

[③] 70＝100×210/300，或 70＝100×70%。

个仓库中,遇到保险事故,其损失由承保指明仓库、指明货物的保单按比例分摊条件先赔,剩余部分由统保保单分摊。

(4) 申报保险(Declaration Insurance)。英国为保险货物专设了申报保单,保额为一年中货物可能达到的最高价值,先按75%收取保险费,以后由被保险人每隔一定时间对保险人发出申报单。申报货物的价值,可能是某一固定日的价值,也可能是最高价值,视保单内容而定,保险人一收到申报单即按申报价值承保,并按实际价值赔偿,被保险人根据申报单按期向保险人结算保费,多退少补。该方式对季节性生产或调拨物资频繁的单位非常适用,因为这些单位淡季与旺季库存物资的差距很大,所以若按一年中货物可能达到的最高价值作为保险金额,将多付保险费;若按淡季价值作为保险金额,一旦旺季出险,则因保险金额不足而得不到足额赔偿,因而采用该种方式。

(二) 美国火灾保险

1. 纽约标准火灾保险单承保的范围

(1) 保险责任为:火灾,雷击,受上述风险威胁时向屋外搬移财产的损失。

(2) 除外责任为:① 战争,含敌人攻击、敌人入侵、本国海陆空军的对抗行动、叛乱、谋反、革命、内战、篡权等,凡由于战争引起的火灾,保险人均不负责;② 内政当局的命令,按内政当局的命令焚毁的财物不在承保范围之内,但内政当局为防止火灾蔓延所采取的破坏行动则在承保范围之内,而所防止的火灾,必须不是由除外、不保风险所引起的;③ 被保险人疏于采取合理抢救行动所致的损失;④ 偷窃,标的物在火灾发生时被偷窃,保险人可以不赔;⑤ 爆炸与骚扰,纽约保单不承保爆炸与骚扰,但因爆炸与骚扰所引起的火灾,仍须赔偿火灾损失,若所保火灾引起爆炸或骚扰,则爆炸或骚扰的损失又可视同火灾予以赔偿。

纽约标准火灾保险单并未将自身酝酿或发热、地震及地下火除外不保,故保险人对由于上述风险所致的火灾仍须负责赔偿,并且该保单虽未将标的物在加热过程中因过热所致的损失除外不保,但由于该损失系善意之火所致,故保险人对此损失可不予赔偿。

2. 美国火灾保险的承保与理赔

(1) 共同保险(Coinsurance)。除私人住宅外,美国的火灾保险条款通常采用共同保险条款。在美国火灾赔案中,其损失金额在保险标的价值10%以下的占绝大多数,投保人往往不愿以高额投保。保险人针对这一情况,于保单上添加共同保险条款,要求投保人按标的价值的若干成以上投保。最常见的共同保险条款是"80%共同保险条款"。根据这一条款,在损失发生后估时,若保险金额大于或等于保险标的价值的80%,则任何金额的实际损失在保额及保险利益范围内均能如数得到赔偿;反之,若保险金额小于标的保险价值的80%,则被保险人就须分摊一部分损失,即:赔偿金额=实际损失×保险金额÷80%的标的价值。

(2) 统保保单。美国统保保单的特点与英国相同,但采用比例分配条款,在发生损失时,对每处财产的保险金额依每处财产占全部财产价值的比例来确定。

第二节 企业财产保险

一、企业财产保险的承保范围

（一）可保财产

可保财产是投保人可以直接向保险人投保的财产。可保财产一般有三种分类：第一种是按所有权的关系分类，它以被保险人对于保险标的应具备的保险利益为条件分为三种：属于被保险人所有或与其他人共有而由被保险人负责的财产；由被保险人经营管理或替他人保管的财产；具有其他法律上承认的与被保险人有经济利害关系的财产。这是目前我国企业财产保险条款的分类。第二种是用会计科目反映，分为固定资产、流动资产、专项资产、投资资产、账外资产五大类。第三种是按企业财产项目类别反映，分为房屋、建筑物及附属装修设备，机器及附属设备，作为商品或资产存放在固定地点的交通运输工具，工具、仪器及生产工具，通信设备和器材，管理用具及低值易耗品，原材料、半成品、在制品、产成品或库存商品、特种储备商品，建造中的房屋、建筑物和建筑材料，账外或已摊销的财产等九类。

（二）特保财产

特保财产是保险双方当事人必须特别约定后才能在保险单中载明承保的财产，主要分为两类：一类是不增加费率，也不需加贴保险特约条款的特保财产，包括：① 金银、珠宝、钻石、玉器、首饰、古币、古玩、古书、古画、邮票、艺术品、稀有金属和其他珍贵财物，该类财产的价值不易确定，或市场价格变化较大；② 堤堰、水闸、铁路、涵洞、桥梁、码头等，该类财产发生保险事故的可能性较小。另一类是需增加费率或需加贴保险特约条款的特保财产，该类财产的风险比一般财产的风险大，如矿井、矿坑内的设备和物资，将这些特约保险财产予以承保主要是为了满足部分行业的特殊需要。

（三）不保财产

（1）不保财产的内容。凡是以下特别列明的财产，无论是否可以成为可保标的，都不能在企业财产保险业务项下予以承保：① 土地、矿藏、矿井、矿坑、森林、水产资源以及未经收割或收割后尚未入库的农作物；② 货币、票证、有价证券、文件、账册、图表、技术资料、电脑资料、枪支弹药以及无法鉴定价值的财产；③ 违章建筑、危险建筑、非法占用的财产；④ 在运输过程中的物资；⑤ 领取执照并正常运行的机动车；⑥ 牲畜、禽类和其他饲养动物；⑦ 保险人根据保险业务风险管理的需要声明不予承保的财产。

（2）不保的原因。保险人对此类财产不予承保的原因主要有：该类财产不易遭受损失，或风险较大以致难以估计，或已经由其他财产保险承保，具体为：① 有些财产不属于普通的生产资料和商品，如土地、矿藏、矿井、矿坑、森林、水产资源、枪支弹药，此类财产即便遭受损失也不是企业的损失，企业对该类财产不存在保险利益；② 缺乏价值依据，无法确定价值，如文件、账册、图表、电脑资料、技术资料以及无法鉴定价值的财产；③ 不是实际的物资，并且无法确定价值，如货币、票证、有价证券；④ 不符合政府有关法律法规要求的财产，如违章建筑、非法占用的财产、政府限制使用或拥有的财产以及政府命令拆除、焚毁或破坏的财产等,这些财产承保后可能会对社会产生副作用,或与政府的有关法律法令相抵触;⑤ 必然会发生风险的财产,如危险建筑、汛期处于警戒水位线以下的河堤附近的建筑物或财产等;⑥ 由其他险种承保的财产,如未经收割或收割后尚未入库的农作物应该投保生长期农作物保险或者收获期农作物保险,处于运输过程中的物资应该投保货物运输保险,领取执照并正常运行的机动车应该投保机动车保险,牲畜、禽类和其他饲养动物应该投保农业保险中的养殖业保险等;⑦ 由于种种原因,暂时不能承保的财产。

二、保险责任范围

(一) 保险责任

1. 列明的保险责任项目

我国企业财产保险过去分为两类:一类是适用于外资企业的,一类是适用于内资企业的,不过目前已基本不分了,故本书在这里进行统一论述。

前者分为财产保险和财产保险一切险。财产保险的保险责任为保险单明细表中列明的保险财产因以下列明的风险造成的直接物质损坏或灭失(以下简称"损失"),保险人同意按照保险单的规定负责赔偿:火灾;爆炸但不包括锅炉爆炸;雷电;飓风、台风、龙卷风;风暴、暴雨、洪水,但不包括正常水位变化、海水倒灌及水库、运河、堤坝在正常水位线以下的排水和渗漏,亦不包括由于风暴、暴雨或洪水造成存放在露天或使用芦席、篷布、茅草、油毛毡、塑料膜或尼龙等做罩棚或覆盖的保险财产的损失;冰雹;地崩、山崩、雪崩;火山爆发;地面下陷下沉但不包括由于打桩、地下作业及挖掘作业引起的地面下陷下沉;飞机坠毁、飞机部件或飞机物体坠落;水箱、水管爆裂,但不包括由于锈蚀引起水箱、水管爆裂。

财产保险一切险的保险责任包括:在保险期限内,保险单明细表中列明的被保险财产因自然灾害或意外事故造成的直接物质损坏或灭失,保险人按照保险单的规定负责赔偿。其中,自然灾害是指雷电、飓风、台风、龙卷风、风暴、暴雨、洪水、水灾、冻灾、冰雹、地崩、山崩、雪崩、火山爆发、地面下陷下沉及其他人力不可抗拒的破坏力强大的自然现象;意外事故是指不可预料的以及被保险人无法控制并造成物质损失的突发性事件,包括火灾和爆炸。

后者分别采用财产保险基本险和财产保险综合险。我国2001年已经加入世界贸易组织,目前条款基本通用,有些公司采用财产保险基本险、财产保险综合险、财产保险一切险条款;有些保险公司则四种条款均采用。以下主要介绍财产保险基本险条款和财产保险综合险条款。

财产保险基本险条款承保的基本责任有四项:火灾、雷击、爆炸、飞行物体及其他空中运行物体坠落。其中:

(1) 火灾责任是在时间和空间上失去控制的燃烧对保险标的所造成的损失。

(2) 爆炸责任是由于物质在物理原因和化学原因的作用下,物质结构的温度和压力急剧升高所形成的能量释放现象对于保险标的所造成的破坏。爆炸是物质在瞬间分解或燃烧时放出大量的热和气体,并以强大的压力向四周扩散,以致发生破坏的现象。爆炸分为物理性爆炸和化学性爆炸:① 物理性爆炸,是由于液体变为气体或气体膨胀所形成的压力急剧增加并超出容器的压力极限而产生的爆炸现象,如锅炉、空气压缩机、压缩气体钢瓶、液化气罐的爆炸等;② 化学性爆炸,是因物体在瞬间分解或燃烧时释放压力很大的热和气体的高速释放而产生的爆炸现象,如火药、粉尘、可燃气体、各种化学物品的爆炸等。

(3) 雷击责任是由于雷电现象对于保险标的所造成的破坏。雷电为积雨层所产生的放电现象。雷击的破坏分为两种情况:① 直接雷击,是由于雷电在放电过程中直接击中财产所造成的破坏,属于直接雷击责任;② 感应雷击,是由于雷电在放电过程中所形成的静电感应或电磁感应使地面导体产生高电位电弧引起的火灾损失或对于使用过程中的电器设备造成的破坏,属于感应雷击责任。由于雷电是自然界产生的破坏现象,它所引起的风险基本属于纯粹风险的范畴,因此保险人通常承保雷电责任对于财产所造成的损失。

(4) 空中运行物体坠落,在我国企业财产保险条款中称为"飞行物体及其他空中运行物体坠落",是凡在空中飞行或运行过程中的飞机、飞机部件或飞行物体突然发生的坠落现象对于陆地上的保险标的造成的损失,如飞机坠毁对保险标的所造成的损失。

财产保险综合险条款采取一揽子保险责任的承保方式,通过在保险单中予以列明的方式承保16项意外事故和自然灾害。它除了承保财产保险基本险条款的4项基本责任外,还包括12项风险:洪水、暴雨、台风、暴风、龙卷风、雪灾、雹灾、冰凌、泥石流、崖崩、突发性滑坡、地面突然塌陷。其中:

(1) 暴雨责任是每小时降雨量超过16毫米,或者连续12小时总降雨量超过30毫米,或者连续24小时总降雨量超过50毫米的雨水对保险标的所造成的损失。

(2) 洪水责任是由于江河泛滥、山洪暴发、潮水上岸及横泄对保险标的造成的泡损、淹没、冲散、冲毁的损失。对于规律性的涨潮、自动喷淋设施漏水、常年平均地下水位线下的渗水、水管漏水所造成的保险标的的损失不属于洪水责任。同样,对于堆放在露天、简易篷布下的保险标的所遭受的洪水损失,除非保险合同双方当事人另有约定,否则不属于洪水责任的范围。

(3) 台风责任是夏秋之际由于热带气旋的作用发生在北太平洋西部地区直径约200—1 000公里的空气旋涡所形成的风力等级超过8级的风暴对保险标的所造成的损失。

(4) 暴风责任是风速在28.3米/秒以上、风力等级为11级的大风对保险标的所造成的损失。正常的情况下,一般地区很难遇到11级的大风。所以,我国企业财产保险业务中,保险人承担的暴风责任扩大至8级风,即风速达到17.2米/秒时,对保险标的所造成的破坏就属于暴风责任的范围。

(5) 龙卷风责任是平均最大风速为79—103米/秒、极端最大风速超过100米/秒的范围小、时间短的猛烈旋风对保险标的造成的损失。

(6) 雪灾责任是由于每平方米的积雪超过建筑结构荷载规范规定的标准所出现的压塌建筑物及其建筑物内财产造成的保险标的的损失。

(7) 雹灾责任是由于冰雹降落对保险标的所造成的损失。

(8) 冰凌责任是由于春季江河解冻过程中冰块飘浮遇阻、堆积堵塞河道,造成水位上升，致使冰凌、河水外溢造成保险标的的损失。冰凌责任还可以扩展到由于严寒，雨雪在物体上冷冻悬垂，形成垂挂的冰凌，在下垂的拉力下造成的保险标的的损失。需注意的是，各种物资或管道由于严寒结冰所出现的冻裂均不属于冰凌责任。

（9）泥石流责任是山地的泥沙、石块随着暴雨或冰雪融化所形成的洪流对保险标的的冲击造成的损失。

（10）崖崩责任是石崖、土崖受到自然风化、雨蚀、崩裂下落，或者山上岩石滚落，或者大雨使山上砂土透湿而崩塌所造成的保险标的的损失。

（11）突发性滑坡责任是由于山体存在自然斜度，致使处于不稳定状态的岩石或土层在重力作用下突然出现的整体向下滑落所造成的保险标的的损失。

（12）地面突然塌陷责任是指地壳由于自然变异或者地层收缩而形成的突然塌陷现象对保险标的所造成的损失。这项责任还扩展到由于海潮、河流、大雨侵蚀或因地下孔穴、矿穴所出现的地面突然塌陷对保险标的所造成的损失。但是，对于地基基础不牢固或未按照建筑施工要求所导致的建筑物地基下沉、裂缝、倒塌等损失和由于打桩、地下作业及挖掘作业引起的地面下陷下沉对保险标的造成的破坏均不属于该项责任。

2. 保险人对于被保险人的特别损失承担的责任

在我国的财产保险基本险条款和财产保险综合险条款中，保险人对于被保险人因为上述4项基本责任和16种风险导致的下列特别损失也承担赔偿责任：① 被保险人拥有财产所有权的自有的供电、供水、供气设备因保险事故遭受损坏，引起停电、停水、停气以致造成保险标的的直接损失；② 在发生保险事故时，为抢救保险标的，或防止灾害蔓延，采取合理的、必要的措施而造成保险标的的损失；③ 保险事故发生后，被保险人为防止或减少保险标的的损失所支付的必要的、合理的费用。

（二）责任免除

（1）基本责任免除。基本的责任免除项目是根据保险市场的承保技术状况，保险人在开办任何险种的保险业务中都不予承保的风险责任。我国财产保险基本险条款和财产保险综合险条款对于下列基本的责任免除原因所导致的保险标的的损失不予赔偿：① 战争、敌对行为、军事行动、武装冲突、罢工、暴动；② 被保险人及其代表的故意或纵容行为所致；③ 核反应、核辐射和放射性污染。将该类责任作为责任免除是因为损失很大、很难控制，或者由道德风险造成。

（2）特定责任免除。特定责任免除是保险人依据企业财产保险业务的特点，根据企业财产保险业务管理的需要而特别申明不予负责的风险责任。我国财产保险基本险条款和财产保险综合险条款特定的责任免除项目包括如下内容：① 保险标的遭受保险事故引起的各种间接损失；② 保险标的的本身的缺陷、保管不善导致的损毁，保险标的的变质、霉烂、受潮、受虫咬、自然磨损、自然损耗、自燃、烘烤所造成的损失；③ 堆放在露天或罩棚下的保险标的以及罩棚由于暴风、暴雨造成的损失；④ 由于行政行为或执法行为所致的损失；⑤ 地震造成的一切损失；⑥ 其他不属于保险责任范围内的损失和费用。

我国财产保险基本险条款的特定责任免除项目还包括：洪水、暴雨、台风、暴风、龙卷风、雪灾、雹灾、冰凌、泥石流、崖崩、滑坡、水暖管爆裂、抢劫、盗窃。

（三）附加责任

在我国保险市场上，对于财产保险基本险条款的投保人，可以通过单独加费的方式

投保附加险以扩展保险责任。目前,我国财产保险基本险条款和财产保险综合险条款共同受理的附加险有:

(1) 盗窃。这项责任是由于外来、有明显盗窃痕迹的偷窃行为对存放于保险单列明处所范围内的保险标的造成的损失或破坏。由于盗窃行为是由人为的故意因素所致,风险因素较复杂,故除了特别约定并且在保险单或批单上载明的财产外,通常不包括财产保险单项下特约承保的保险财产。

(2) 露堆财产损失。这项责任承保被保险人按照仓储及有关部门的规定存放,并采取了相应的防护安全措施的存放于露天的保险标的因遭受暴风、暴雨所致的损失。

(3) 锅炉压力容器损失。这项责任承保符合《锅炉、压力容器安全监察暂行条例》规定,并经劳动部门检验合格发给证明的锅炉或压力容器由于物理性和化学性爆炸、本岗位工人或技术人员疏忽行为、锅炉及压力容器配套设备的机件或部件发生故障所导致的锅炉及压力容器的损失。

(4) 管道破裂损失。这项责任承保由于上下水管道、暖气管道发生意外破裂,致使保险单列明的保险标的遭受水淹、浸湿所引起的损失。

另外,对地震损失,可以附加地震保险。

三、企业财产保险的保险费率

(一) 基本责任保险费率

基本责任保险费率目前为行业费率,财产保险基本险和综合险把企业财产保险的年保险费率分为3大类13个号次。

(1) 工业类(1—6号次)。工业险费率分为6级,号次为1—6。主要根据工业企业使用的原材料、主要产品(占用性质)把工业险费率划分为6个级别,1级工业危险程度最低,费率最低,如钢铁、机器制造、耐火材料等工业企业。6级工业危险程度最高,费率最高,如以特别危险品及其他爆炸品为主要原材料进行生产的企业、染料工业企业。由于工业险费率的厘定还兼顾到企业工艺流程和设备现代化程度,故在实际制定费率时也应予以区别对待。

(2) 仓储类(7—10号次)。仓储险费率分为4级,号次为7—10。主要根据仓储商品和物资的性质及危险程度把仓储险费率划分为4个级别:一般物资、危险品、特别危险品、金属材料和粮食专储。

(3) 普通类(11—13号次)。普通险费率分为3级,号次为11—13。主要适用于工业险费率和仓储险费率中不包括的各类企事业单位,这3个号次分别为:社会团体、机关、事业单位,综合商业、饮食服务业、商贸、写字楼展览馆、体育场所、交通运输业、牧场农场、林场、科研院所、住宅、邮政、电信、供电高压线路、输电设备、石油化工商店、石油液化气供应站、日用杂品商店、废旧物资收购站、修理行、文化娱乐场所、加油站。其中,社会团体、机关、事业单位费率最低,石油化工商店、文化娱乐场所、加油站等单位费率最高。

财产保险年费率表分为基本险和综合险两种,综合险的年费率高于基本险,费率按保险金额每千元计算。此外,综合险年费率又分为两种:一种适用于华东、中南、西南地区,一种适用于东北、华北、西北地区,除13号次外,前者的费率均高于后者。另有财产保险短期基本险、综合险费率表,对保险期限不足一年的分别按年费率的一定百分比计收保险费。

（二）附加保险费率

附加保险费率包括：① 附加露堆、罩棚暴风、暴雨责任。按仓储险费率加收 20％。② 附加城乡商业、供销系统盗窃责任。按全部流动资产投保该附加责任,应加收 0.2‰—0.5‰;按科目投保的应加收 0.5‰—1‰。③ 附加工业企业全部流动资产盗窃责任,应根据被保险人的防盗安全条件在工业险费率基础上分别加收,1—3 级加收 0.2‰—0.5‰;4—6 级加收 0.1‰—0.3‰。①

（三）短期费率

企业财产保险的保险期间通常为一年,其费率是年费率。若保险期间不足一年,则应在年费率基础上按短期费率计算应交的保费。短期费率有两种计算方法:一是按月计收,投保期的第 1—8 月,其每月月费率均为年费率的 10％,第 9—12 月,每月月费率均为年费率的 5％,不足一个月的按一个月计算。其情况如表 4.1 所示。

表 4.1　短期费率表　　　　　　　　　　　　　　　单位:％

月份	1	2	3	4	5	6	7	8	9	10	11	12
费率	10	20	30	40	50	60	70	80	85	90	95	100

二是按日计收,即按实际投保天数计算保费。它以应交保费乘以退保天数占全年的比例计算退保保费,然后以实交年保费扣除退保保费,即得应交保费。保险期间应交保费为:

$$应交保费 = 全年应交保费 \times (1 - 退保天数/全年天数)$$

或

$$= 全年应交保费 \times (实际投保天数/全年天数)$$

四、企业财产保险的保险金额与赔款计算

（一）固定资产的保险金额与赔款计算

1. 保险金额的确定

我国保险公司在承保国内企业财产中的固定资产时,通常采用三种方式确定固定资产的保险金额。

(1) 按照固定资产的账面原值确定保险金额。这是将企业会计账目中登记的建造或购置固定资产原始价值或更新重置的完全价值,即账面原值作为保险金额的一种方式。在固定资产登记入账时间较短、固定资产的市场价值变化不大的情况下,该方式基本上可以比较准确地反映固定资产的实际价值。但对固定资产登记入账时间较长,或固定资产的财务摊销已经接近规定的折旧年限,或固定资产的市场价值变化较大的情况下,这种方式则很难真实地反映固定资产的实际价值。

(2) 按照固定资产的账面原值加成确定保险金额。这是将企业会计账目中登记的固定资产账面原值作为确定保险金额的基础,在此基础上增加一定的百分比使之基本接近

---

① 郝演苏主编:《财产保险》,西南财经大学出版社,1996 年版,第 113 页。

固定资产的重置或重建价值,并据此作为保险人承保的保险金额的一种方式。采用这种方式必须由投保人和保险人事先协商,主要用于固定资产的市场价值变化较大的企业财产保险业务,以此抵御通货膨胀可能对固定资产的实际价值造成的贬值影响。当账面原值与实际价值差额过大时采用这种方式。其中的加成分为统一加成和分类加成。一般公式为:

$$保险金额=账面原值\times(1+加成比例)$$

(3) 按照固定资产重置重建价值确定保险金额。这是将需要承保的固定资产在重新购置或重建情况下所需支付的全部费用,即重置重建价值作为保险金额的一种方式。由于该方式回避了固定资产目前的实际价值,因此保险金额往往大于保险财产的实际价值。这种方式保障程度高,但费用也增加了。

2. 赔款计算

(1) 固定资产发生全部损失情况下的赔款计算:无论采用何种方式确定保险金额,都必须通过比较保险金额和保险价值来确定赔偿的实际金额。

当保险金额大于或等于重建重置价值时,其赔偿金额以不超过重建重置价值为限。其计算公式为:

$$赔偿金额=重建重置价值-应扣残值$$

当保险金额小于重建重置价值时,其赔偿金额以不超过保险金额为限。其计算公式为:

$$赔偿金额=保险金额-应扣残值$$

(2) 固定资产发生部分损失情况下的赔款计算分为以下两种方式:

第一,按照固定资产的账面原值确定保险金额的承保方式下的赔款计算。按照账面原值投保的财产发生保险责任范围内的损失后,必须将保险单列明的保险金额与受损财产损失当时的保险价值进行比较。

如果受损财产的保险金额低于重置重建价值,则应根据保险金额与损失程度或修复费用与重置重建价值的比例计算赔偿金额,其计算公式为:

$$赔偿金额=保险金额\times受损财产损失程度$$

如果按账面原值确定的保险金额等于或大于重置重建价值,则按实际损失计算赔款金额,即:

$$赔偿金额=损失金额-应扣残值$$

第二,按照固定资产原值加成或按照重置重建价值确定保险金额的承保方式下的赔款计算。按照固定资产原值加成或按照重置重建价值确定保险金额的承保方式下,其赔偿金额以不超过重置价值为限。

(二) 流动资产的保险金额与赔款计算

1. 保险金额的确定

我国保险公司在承保国内企业财产中的流动资产时,主要采取两种方式确定保险金额。

(1) 按照流动资产最近12个月的平均余额确定保险金额。所谓最近12个月的账面平均余额是从承保当月向后倒推12个月的企业每个月的流动资产会计账面登记的余额按照加权平均计算的方法得出的月平均余额,并且以此作为企业流动资产投保时计算保险费的依据,即:流动资产保险费=规定的保险费率×流动资产最近12个月的平均余额,而流动资产的实际保险金额则是流动资产发生损失当时的账面余额。所以,在这种承保方式下,平均余额为计算保险费的依据,保险金额为计算赔款的依据,流动资产损失当时的账面余额恒等于保险金额。该方式一般适用于流动资产变化较大且资产拥有量大的企业单位。

(2) 按照流动资产最近账面余额确定保险金额。最近账面余额是指承保当月上一个月的企业流动资产会计账面登记的余额,并且以此作为承保企业流动资产的保险金额。①

2. 赔款的计算

(1) 按照流动资产最近12个月的平均余额确定保险金额方式下的赔款计算。在流动资产发生全部损失时,由于保险金额就是流动资产发生损失当时的账面余额,这样就可以按照流动资产出险当时的账面余额(即实际损失)确定保险人的赔偿金额;流动资产发生部分损失时,在保险金额限度内,按照实际损失计算赔偿金额。

(2) 按照流动资产最近账面余额确定保险金额方式下的赔款计算。在流动资产发生全部损失时,按实际损失计算赔偿金额。在流动资产发生部分损失时,如果保险金额大于或等于流动资产损失当时的账面余额,则按实际损失给予赔偿;如果保险金额小于流动资产损失当时的账面余额,则应根据保险金额与流动资产出险当时的账面余额(实际损失)的比例计算赔偿金额。

(三) 已经摊销或不列入账面的财产的保险金额与赔款计算

1. 保险金额的确定

已经摊销或不列入账面的财产是根据企业财务管理的需要,按财产折旧的有关规定已经将财产的账面原值摊销完毕的财产;或者是某些特殊情况下由被保险人占用、使用或保管而未列入企业会计科目的财产。对于这些不能按照财务会计科目计算价值的财产的保险金额的确定,则采取由投保人和保险人共同协商的方式,以财产的实际价值作为保险金额。

2. 赔款计算

(1) 全部损失情况下的赔款计算。由于保险财产的保险金额为财产的实际价值,则保险财产发生全部损失时,按照保险金额赔偿;如果保险财产的保险金额高于保险财产损失时的实际价值,其赔偿金额以不超过保险财产损失时的实际价值为限。

(2) 部分损失情况下的赔款计算。由于保险财产的保险金额为财产的市价所反映的实际价值,因此这种保险形式为足额保险。在此情况下,保险财产发生部分损失后,保险人可按实际损失计算赔偿金额,但以不超过保险金额为限。

(四) 保险财产损失发生后的施救、保护、整理费用支出的计算

保险财产发生保险责任范围内的损失时,保险人可以承担被保险人为了减少保险财产的损失而支付的施救、保护、整理费用。该费用的赔付必须与保险财产的损失赔偿金额分别计算,即施救、保护、整理费用不应该包括在保险财产的损失赔偿金额之内,而应

---

① 除上述方式外,我国也有些保险人按照保险人与保险人双方的约定确定保险金额。

单独计算。其赔付的最高限额为保险单列明的保险财产的有效保险金额。

由于财产保险的承保方式不同,因此保险人计算应该承担的被保险人支付的施救、保护、整理费用的方法也有所区别。

(1) 在足额保险或超额保险情况下,保险人在保险财产的保险金额限度内根据被保险人实际支付的施救、保护、整理费用计算应该承担的赔偿金额,即:

$$赔款=实际支付的合理施救、保护、整理费用$$

(2) 在不足额保险情况下,保险人根据保险金额与重置重建价值或出险当时的账面余额的比例计算应该承担的被保险人支付的施救、保护、整理费用,即:

$$赔款=实际支付的合理施救、保护、整理费用\times 保险金额/财产实际价值$$

(五) 保险财产损失发生后的残值的处理

保险财产遭受损失以后的残余部分,应当充分利用,协议作价折归被保险人,并且在保险人计算赔款时予以扣除,必要时,也可由保险人处理。如果残值归被保险人,则保险人必须在计算赔款时予以扣除;如果由保险人回收处理,则保险人就不应该在计算赔款时扣减残值。

五、被保险人在企业财产保险过程中应尽的义务

财产保险合同是保险双方当事人同意履行规定的权利和义务的产物,被保险人在履行合同的过程中,不能单方面要求保险人履行经济补偿的义务,还要遵守保险合同规定的被保险人应该履行的义务。如果被保险人不履行规定的义务,保险人有权拒绝赔偿,或者书面通知被保险人中止保险合同。企业财产保险的被保险人应该履行如下义务:

(一) 交付保险费的义务

我国《保险法》第十四条规定:"保险合同成立后,投保人按照约定交付保险费,保险人按照约定的时间开始承担保险责任。"因此,投保人必须按照保险合同所约定的期限和方法交付保险费。

(二) 安全防灾的义务

被保险人应当遵守国家有关部门制定的保护财产安全的各项规定,对安全检查过程中发现的各种灾害事故隐患,在接到防灾主管部门或保险人提出的整改通告书后,必须认真付诸实施。我国《保险法》第五十一条第一款规定:"被保险人应当遵守国家有关消防、安全、生产操作、劳动保护等方面的规定,维护保险标的的安全。"第三款规定:"投保人、被保险人未按照约定履行其对保险标的的安全应尽责任的,保险人有权要求增加保险费或者解除合同。"

(三) 变更保险条件时的申请批改义务

在保险合同有效期内,如果被保险人的名称、保险财产占用性质、保险财产所在地地址、保险财产标的危险程度增加等事项有变更,被保险人应及时书面向保险人申请办理批改手续。①

---

① 如果被保险人的名称变更,则被保险人或者受让人应当及时通知保险人。

（四）保险事故发生时的施救、通知义务

保险财产发生保险事故时，被保险人应当采取必要的施救措施，使损失减少到最低限度，并立即通知保险人查勘现场。

第三节 营业中断保险

一、营业中断保险的含义

营业中断保险又称利润损失保险，或间接损失保险，是对物质财产遭受火灾责任范围内的损毁后，被保险人在一段时间内因停产、停业或经营受影响而损失的预期利润及必要的费用支出提供补偿的保险。该险种在不同国家的名称不同，在英国，最初被称为时间损失保险(Time Loss Insurance)，后来被称为利润损失保险(Loss of Profit Insurance)或间接损失保险，从 20 世纪 70 年代后被称为营业中断保险(Business Interruption Insurance)；而在美国，则被称为营业中断保险(Business Interruption Insurance)或毛收入保险(Gross Earning Insurance)。我国称之为利润损失保险或营业中断保险，它是企业财产保险或机器损坏保险的附加险，被保险人具备有效的企业财产保险或机器损坏保险保单是营业中断保险的必要条件。

二、营业中断保险的赔偿期

赔偿期(Indemnity Period)是企业在保险有效期内遭受保险责任范围内的损失后，从企业利润损失开始形成到企业恢复正常的生产经营所需要的具体时间，即企业财产受损后为恢复生产或营业达到原有水平所需的一段时期，通常按照一个固定的时间长度来确定，或者以月为单位，或者以年为单位。保险人只赔偿被保险人在赔偿期内遭受的损失。

营业中断的赔偿期与直接损失的保险期限是两个不同的概念。由于营业中断保险属于财产保险的附加险，因此间接损失的赔偿期的起点必须在标准火灾保险单或企业财产保险单列明的保险期限之内，终点可以超出标准火灾保险单或企业财产保险单列明的保险期限。因此，在承保营业中断保险时，必须根据标准火灾保险单或企业财产保险单列明的保险标的发生最大限度的损失时，恢复或重置到损失发生前的状态所需要的最长时间，由保险人和投保人确定合理的赔偿期限。

三、营业中断保险的保险金额

与基础保单不同，营业中断保险的保险金额通常由毛利润、工人工资、审计师费用或利息损失构成。

生产费用在直接损失发生后将暂时不再支出，在营业中断保险中没有保险利益，是计算营业中断保险的保险金额时必须扣除的部分，而固定费用则是在直接损失发生后为了企业的存在所必须支出的维持费用，在营业中断保险中具有保险利益，是计算营业中断保险的保险金额时必须考虑的部分。

为了准确计算赔偿期的营业中断保险的保险金额，还必须先计算企业上一个会计年

度的毛利润,用上年度的毛利润作为基础计算赔偿期可能形成的预期年毛利润。毛利润是净利润与固定费用(维持费用)之和,或营业额与生产费用之差。如果预计企业的经营状况将在上一年度的基础上进一步改善,同时考虑到通货膨胀的因素,企业的毛利润水平所体现的实际货币量将比上一年度增加,所以,按照上一个会计年度的损益表计算出来的预期年毛利润就可以作为保险公司承保营业中断保险时确定保险金额的依据。当然,预期年毛利润只是营业中断保险的保险标的最高可能实现的保险价值,投保人可以在预期年毛利润内确定营业中断保险的保险金额。如果间接损失的保险金额超过预期毛利润,超过的部分为超额保险,保险公司不承担这部分超出预期毛利润的保险金额的损失。

在实际工作中,营业中断保险的保险金额与赔偿期存在密切联系。一般来说,赔偿期在 12 个月或 12 个月以内时,保险金额可以根据按照上一个会计年度的损益表计算出来的预期年毛利润直接进行计算。如果赔偿期超过 12 个月,保险金额就必须在按照上一个会计年度的损益表计算出来的预期年毛利润的基础上增加一定的保险金额。

在确定营业中断保险的保险金额时,还可以将工资部分从固定费用中扣除,单独承保,单独计算保险金额。

四、营业中断保险的保险费与保险费率

由于营业中断保险是附属于财产保险单的附加或特约责任,因此营业中断保险的保险费率通常以承保的基础保单的基本费率为基础,再根据赔偿期的长短乘以规定的百分比。而且财产保险单附加或特约的保险责任越多,针对财产的直接损失所确定的总保险费率也就越高,利润损失的保险费率水平也就越高。因此,在确定营业中断保险的保险金额后,根据赔偿期的不同,将保险金额乘以财产保险单的总保险费率,便可得营业中断保险的保险费。

五、营业中断保险的赔偿处理

(一)赔偿金额的计算

由于营业中断保险的保险标的实际上是企业毛利润的损失,因此,其理赔计算主要围绕着毛利润损失的计算,即因营业收入减少而减少的毛利润、因营业费用增加而减少的毛利润、因压缩固定开支而减少的毛利润损失。

1. 营业额或销售额减少所形成的毛利润损失

企业发生财产的直接损失后,营业额或销售额会出现下降的局面,其最坏的结果是营业额或销售额为零。如果企业在损失发生后,还能够有一定的营业额或销售额,则这种在赔偿期实现的营业额或销售额与按照上一个会计年度的营业额或销售额计算出来的预期营业额或销售额之间的差额所形成的毛利润损失则是需要保险人根据保险合同予以赔偿的。其计算公式如下:

营业额减少所形成的毛利润损失=(预期营业额-赔偿期实现的营业额)×
(上年度毛利润/上年度营业额)×100%

上述公式中,预期营业额为赔偿期应该实现的标准营业额加上生产发展或通货膨胀

因素后所形成,即:

$$预期营业额 = 赔偿期应该实现的标准营业额 \times (1 + X\%)$$

这里的 $X\%$ 就是由于生产发展或通货膨胀因素所增加的营业额比率,而公式中的(上年度毛利润/上年度营业额)$\times 100\%$ 则为预期毛利润率。需要注意的是,这个毛利润率并非反映上一个会计年度的毛利润水平,而是根据预期毛利润确定的预测赔偿期毛利润水平的一个指标。

2. 营业费用增加所形成的毛利润损失

企业发生财产的直接损失后,被保险人出于恢复生产或解决临时性营业或销售的需要,可能需要发生因临时租用营业用房或其他与减少企业间接损失有关的费用开支,由于这部分费用是企业为了减少营业中断所造成的损失而形成的支出,保险人可以将其视为被保险人毛利润的损失,承担损失赔偿的责任。但这项费用以不超过其在赔偿期挽回的营业额所形成的利润为限。这是利润损失保险中的经济限度。其公式为:

$$经济限度 \leqslant 因增加营业费用开支而产生的营业额 \times 反映上年度毛利润水平的毛利润率$$

3. 压缩固定费用开支所形成的毛利润损失减少

在实际工作中,企业发生损失后,作为固定费用的水电费的支出由于生产的暂时中断往往出现减少的情况。因此,在计算营业中断保险的赔款时,可以扣减由于生产的中断实际减少的水电费用的支出部分。例如,按照损益表中所列明的水电费支出在发生损失后实际开支 50% 计算,企业的实际毛利润损失将减少 $10\,000 \times 50\% = 5\,000$(元)。

4. 营业中断保险的赔偿金额计算公式

根据上面的分析,在实际处理营业中断保险的赔偿金额计算过程中,必须考虑三个最基本的因素,即营业额减少所造成的毛利润损失、营业费用增加所造成的毛利润损失和固定费用实际开支少于确定保险金额时的数额而出现的毛利润实际损失减少的情况。同时,与企业财产保险的理赔处理方式相同,如果营业中断保险的保险金额大于或等于预计的赔偿期毛利润,保险公司可按实际损失的毛利润计算;如果营业中断保险的保险金额小于预计的赔偿期毛利润,则可采取比例赔偿方式。因此,其计算公式如下:

$$营业中断保险赔偿金额 = (营业额减少所造成的毛利润损失 +$$
$$营业费用增加所造成的毛利润损失 -$$
$$压缩固定费用支出所减少的毛利润损失) \times$$
$$保险金额/预计的赔偿期毛利润①$$

(二) 营业中断保险的免赔额

营业中断保险的免赔额计算方式有:按货币量计算和按时间计算。前者是保险业务中最普遍采用的规定损失金额的方式,后者是规定间接损失形成后的一定天数为免赔时间。在营业中断保险中,无论采用何种免赔额的计算方式,均可选择绝对免赔额和相对免赔额的处理方式。

---

① 郝演苏主编:《财产保险学》,中国财政经济出版社,1998年版,第110页。

六、营业中断保险的特别附加条款

营业中断保险还可根据被保险人的要求在增加保险费支付的基础上扩展以下责任范围：

(1) 通道堵塞条款。该条款主要承保被保险财产的进口通道因附近其他建筑物受毁而堵塞，使原料或顾客无法正常进入而造成被保险人停产所形成的利润损失。

(2) 谋杀条款。该条款主要承保餐饮业或宾馆的营业场所因发生谋杀、自杀、猝死等事故后，使顾客因恐惧心理而不愿光顾或住宿造成被保险人停业所形成的利润损失。

(3) 遗失债权证明文件条款。又称遗失欠款账册损失条款。该条款主要承保被保险人因营业中断保险责任范围内的风险造成债权证明文件（如账册、资料）的灭失而无法正常地从债务人那里追回欠债所形成的损失。

(4) 公共事业扩展条款。该条款主要承保水、电、气供应单位因被保险人财产遭受保险责任范围内的损失后为了安全而暂时中止水、电、气供应，使被保险人停产而造成的利润损失。

(5) 恢复保险金额条款。在保险期间发生间接损失、造成部分损失，在获得保险公司赔偿后，保险金额会因赔款而被冲减，被保险人可支付适当的保险费，补足保险金额。

(6) 调整保险费条款。在保险合同有效期内，由于企业生产经营或市场变化等原因，导致毛利润少于保险金额，被保险人可根据审计师的证明，要求保险公司按比例退还保险费的差额，并冲减营业中断保险的保险金额。

(7) 包括全部营业额条款。该条款是指，在赔偿期限以内，如果为获得营业收入，被保险人或其代表在营业处所之外的地点销售货物或提供服务所得到的或应得到的收入金额，在计算赔偿期限的营业额时应当包括在内。

(8) 未保险的维持费用条款。该条款是指，如果被保险人未投保维持费用或仅投保几项维持费用，则在损失赔偿中，增加的营业费用中可赔付的金额应按毛利润与毛利润加上未保险的维持费用的比例计算。

第四节　家庭财产保险

家庭财产保险一般分为基本险和附加险，基本险承保家庭财产火灾保险责任范围，附加险一般为附加盗窃险。按支付保费方式的不同，将支付保费的家庭财产保险称为普通家庭财产保险，而将以保险储金方式支付保费的家庭财产保险称为家庭财产两全保险或定期还本家庭财产保险或家庭财产长效保险。另外，将以团体名义投保的家庭财产保险称为团体家庭财产保险。

一、普通家庭财产保险

(一) 保险财产的承保范围

(1) 可保财产。这是投保人可以直接向保险人投保的财产。凡是属于城乡居民拥有并存放于固定地点的下列家庭财产均可以向保险公司投保：① 衣着用品、床上用品；

②家具、用具、室内装修物;③家用电器、文化、娱乐用品;④农村家庭的农具、工具、已收获入库的农产品、副业产品;⑤由投保人代管或者与他人共有而由投保人负责的上述财产。这里强调了投保人对于投保标的应具有的保险利益,原则上规定了保险人可以承保的财产范围,不符合上述原则的财产,保险人不应予以承保。

(2) 特保财产。投保人必须向保险人特约才能投保的财产有如下特征:① 财产的实际价值很难确定,必须由专业鉴定人员或公估部门才能确定价值,如金银、珠宝、玉器、首饰、古玩、古书、字画等;② 不属于普通的家庭财产,为专业人员在家庭从事业余研究和发明创造所使用的专业仪器和设备,如无线电测试仪器、专业光学设备等。因不同的保险人对于保险财产的界定有不同规定,上述必须特别约定才能投保的财产也可列入保险人不予承保的财产范围。

(3) 不保财产。家庭财产保险中的保险人不予承保的财产有如下特征:① 损失发生后无法确定具体价值的财产,如货币、票证、有价证券、邮票、文件、账册、图表、技术资料等;② 日常生活所必需的日用消费品,如食品、粮食、烟酒、药品、化妆品等;③ 法律规定不容许个人收藏、保管或拥有的财产,如枪支、弹药、爆炸物品、毒品等;④ 处于危险状态下的财产;⑤ 保险人从风险管理的需要出发,声明不予承保的财产。

(二) 保险责任的范围

(1) 基本责任。这是保险人直接承保的保险责任。我国家庭财产保险直接承保的基本保险责任:① 火灾;② 爆炸;③ 雷击;④ 空中运行物体的坠落;⑤ 在发生上述灾害事故时,因防止灾害蔓延或施救所采取的必要措施造成保险财产的损失和所支付的合理费用。

(2) 保险人扩展承保的保险责任。包括:雪灾、暴风、龙卷风、暴雨、洪水、地面突然塌陷、崖崩、雹灾、冰凌、泥石流。

(3) 附加责任。附加盗窃险,即有明显撬窃痕迹的盗窃行为对于存放在保险单列明地点的除了特约承保的财产之外的保险财产造成的破坏和损失。这是由于盗窃风险的特殊性,保险人根据业务管理的需要,将其作为特约承保的风险。

(4) 责任免除。保险人对于家庭财产保险单项下所承保的财产由于下列原因造成的损失不承担赔偿责任:① 战争、军事行动或暴力行为;② 核子辐射和污染;③ 电机、电器、电器设备因使用过度、超电压、碰线、弧花、漏电、自身发热等原因造成的本身损毁;④ 被保险人及其家庭成员、服务人员、寄居人员的故意行为,或勾结纵容他人盗窃或被外来人员顺手偷摸,或窗外钩物所致的损失;⑤ 地震所造成的一切损失;⑥ 其他不属于家庭财产保险单列明的保险责任范围内的损失和费用。

(三) 保险费率、保险金额与赔款计算

1. 家庭财产保险的保险费率

家庭财产保险的保险费率应该按投保财产坐落地点的实际危险程度制定,可以分为城市、乡镇和农村三类危险等级,每个等级又可以根据财产的实际坐落地点的位置和周围环境划分若干档次,以体现制定保险费率所应遵循的合理负担的原则。我国目前开办的家庭财产保险业务实行的是区域范围内的统一费率,在具体的保险人业务区域内,实行无差别费率,费率的标准为2‰—5‰。

2. 家庭财产保险的保险金额与赔款计算

家庭财产保险的保险金额由投保人根据家庭财产保险标的的实际价值自行确定。我国家庭财产保险的最低保险金额为人民币 1 000 元,保险金额的计算标准为千元单位。家庭财产保险业务的保险金额的确定有下列两种方式:

(1) 单一总保险金额制:保险单只列明保险财产的总保险金额。采取单一总保险金额制时,保险人只要求投保人根据投保财产的实际价值确定投保的保险金额,不确定不同类别的财产的保险金额。

(2) 分项总保险金额制:保险单列明的总保险金额为各项保险金额之和。家庭财产保险业务采取分项总保险金额制时,有两种操作方法:一种是投保人按照保险人提供的投保单所列明的投保财产的类别分项列明保险金额或者列明投保财产的名称及其保险金额,然后将各个类别的保险金额之和作为总保险金额;另一种是根据家庭财产的不同种类标明各种类别的家庭财产所适用的保险费率,然后按照这个保险费率分别计算不同类别的家庭财产的保险金额,最后计算保险单的总保额。

我国的保险公司对于家庭财产保险业务采取第一危险赔偿方式,凡是属于保险责任范围内的损失均可以在保险金额限度内获得赔偿。实际业务的处理过程是:保险人确定保险财产的损失属于保险责任范围后,根据保险财产的实际损失和保险财产损失当时的市场价值,并且按照其使用年限折旧计算赔款,最高赔偿金额以保险单规定的保险金额为限。保险财产损失后的残余部分折价后从赔款中扣除,归被保险人所有。

由于确定保险金额的方式不同,保险人在处理其赔款时采取的方式也不同:在单一总保险金额制方式下,其赔款计算主要是使实际赔款控制在保险金额限度内;在分项总保险金额制方式下,其赔款计算应该使实际赔款控制在分项保险金额和总保险金额限度内。

二、家庭财产保险的其他形式

为了使家庭财产保险业务更加广泛地开展,我国的保险公司还推出了家庭财产两全保险、家庭财产定期还本保险、家庭财产长效还本保险和团体家庭财产保险。这些险种中前三种除在支付保费方面以支付保险储金所产生的利息作为保险费,并且按约定返回储金或本息而与普通家庭财产保险不同外,其余事项均相同;团体家庭财产保险则是团体投保开展的业务。以家庭财产两全保险和家庭财产长效还本保险为例简单阐述如下:

1. 家庭财产两全保险

该保险业务结合储蓄的部分功能,将每千元单位保险金额的保险费设计为储金的方式,在规定的保险期限内,无论是否发生保险事故,保险期限结束时,投保人都可以领取以保险费形式交付给保险人的储金。即使在保险期限内发生了保险事故,保险人已经支付了相当于保险金额的赔款,投保人仍然可得到所交付的保险费形式的储金。但领取这笔储金的时间必须是已经生效的保险单规定的保险期限结束的时间,因为保险人经营该种保险业务所获得的实际保费是储金运用所产生的利息收入。

2. 家庭财产长效还本保险

该保险业务是在家庭财产两全保险基础上的改进型。其具体做法是:投保时收取储金,合同终止或退保时退还,以 1 年(或 3 年)为一期,到期被保险人不申请退保,保险单自动续转。该保险业务形式对家庭财产两全保险单所规定的保险期限进行了调整,只列明保险责任的开始时间,不规定保险责任的结束时间,其保险期限的结束只有一个条件:保险单生效满一年。投保人只要在保险单生效一年后的任何时间宣布终止保险合同,保险人即退还其以保险费形式交付的储金。如果投保人不要求保险人退还这笔储金,则保险合同长期有效。即使发生了保险事故,保险人向被保险人支付了全部保险金额的赔款,只要投保人不要求保险人退还储金,这笔储金将自动为投保人开立一份新的保险单。这种长效保险的形式降低了保险业务成本,为保险人提供了一种可以进行长期投资的资金来源,也避免了投保人每年续保的麻烦。但是,由于我国开办这种业务采取的是一揽子保险责任的承保方式,保险责任过宽,随着一揽子责任向单一责任的过渡,这种业务的储金所派生的保险费可能低于正常的家庭财产保险业务的毛费率标准,如果保险人运用资金的效益不佳,则可能会造成这项业务的亏损。

家庭财产长效还本保险还有以下几个优点:第一,简化了手续。保险单采用到期自动续转,减少了被保险人每年续保和保险人收取保险费的工作量;第二,名称通俗易懂,展业宣传效果较好;第三,保险公司内部减少了手续费支出,同时因每年不再续保出单,也节省了单证及人力费用;第四,积累了较大量的储金可以运用;第五,易于巩固业务。

另外,为了扩展业务,还可开展还本付息保险,分为定期还本付息保险和长效还本付息保险,它是上述业务的进一步扩展,区别点在于:除了返还储金外,还返还部分利息。

三、家庭财产保险的附加险

为满足投保人的各种需要,家庭财产保险开办了多种附加险,最普通的是附加盗窃保险。其保险责任是:凡存放于保单所载明的保险地址室内的保险财产,因遭受外来的、有明显痕迹的盗窃行为所致损失;对存放于保险地址室内、院内、楼道内的自行车遭到全车失窃或部分被盗损失,保险人均负赔偿责任。责任免除为:被保险人及其家庭成员、服务人员、寄居人员盗窃或纵容他人盗窃或被外来人员顺手偷摸,或窗外钩物所致的损失,保险人均不负赔偿责任。对附加险的保险费率另外附加。

另外,在我国,还特约承保过附加自行车盗窃险、附加信鸽盗窃险、自行车及第三者责任保险、附加船民水上责任特约保险、家用电器专项保险。

小结

火灾保险,又称普通财产保险。火灾是在时间上或空间上失去控制的燃烧所造成的灾害。火灾的条件因不同国度而有所不同。

火灾保险的责任范围因不同国家而存在差异。决定火灾保险费率的因素主要包括用途、构造、防护、时间。

英国和美国的火灾保险责任范围。英国火灾保险市场的主要形式有:特别分摊,统保保单,两种条件分摊,申报保险。美国火灾保险市场的主要形式有:共同保险和统保保单。

企业财产保险的承保范围分为：可保财产，特保财产，不保财产。企业财产保险的保险责任和责任免除因财产保险、财产保险一切险、财产保险基本险、财产保险综合险而不同。

企业财产保险的基本责任保险费率目前为行业费率，财产保险基本险和综合险把年保险费率分为工业类、仓储类和普通类3大类13个号次。企业财产保险的保险期限通常为一年，其费率是年费率。

企业财产保险的保险金额与赔款计算分不同情形：对固定资产、流动资产、已经摊销或不列入账面的财产的保险金额，施救、保护、整理费用支出，以及残值的处理，分别确定。被保险人在企业财产保险过程中具有其应尽的义务。

营业中断保险是对物质财产遭受火灾责任范围内的损毁后被保险人在一段时间内因停产、停业或经营受影响而损失的预期利润及必要的费用支出提供补偿的保险。该险种是企业财产保险或机器损坏保险的附加险。

营业中断保险的赔偿期与保险期限是两个不同的概念。

营业中断保险的保险金额通常由毛利润、工人工资、审计师费用或利息损失构成。营业中断保险的保险费与赔偿期和保险金额密切相关。

营业中断保险的理赔计算主要围绕着毛利润的损失来进行，即因营业收入减少而减少的毛利润、因营业费用增加而减少的毛利润、因压缩固定开支而减少的毛利润损失。同时，要扣除免赔额。

营业中断保险的特别附加条款包括：通道堵塞条款，谋杀条款，遗失债权证明文件条款，公共事业扩展条款，调整保险费条款，包括全部营业额条款，未保险的维持费用条款。

家庭财产保险一般分为基本险和附加险。对基本险，按支付保费的不同分为普通家庭财产保险、家庭财产两全保险、家庭财产定期还本保险和家庭财产长效还本保险。

普通家庭财产保险的承保范围分为可保财产、特保财产、不保财产。其保险责任范围分为基本责任、扩展责任、附加责任和责任免除。家庭财产保险的保险费率按投保财产坐落地点的实际危险程度制定，其保险金额的确定方式有单一总保险金额制和分项总保险金额制。其理赔方式一般采取第一危险赔偿方式。

家庭财产保险的其他形式分为家庭财产两全保险、家庭财产定期还本保险和家庭财产长效还本保险。

家庭财产保险的附加险最普通的是附加盗窃保险。

 关键词

火灾保险　火灾的条件　英国火灾保险　美国火灾保险　纽约标准火险单　企业财产保险　可保财产　特保财产　不保财产　财产保险一切险　财产保险基本险　财产保险综合险　营业中断保险　家庭财产保险　普通家庭财产保险　定期还本家庭财产保险　团体家庭财产保险　家庭财产两全保险　家庭财产长效保险　附加盗窃保险

思考题

1. 如何理解中国、美国、英国保险人对火灾的界定？
2. 火灾保险的保险责任、责任免除、特约责任包括哪些？
3. 如何理解影响保险费率的因素？
4. 试述美国纽约标准火灾保险单的保险责任范围以及承保与理赔的主要形式。
5. 试述英国标准火灾保险单的保险责任范围以及承保与理赔的主要形式。
6. 如何区分企业财产保险中的可保财产、不保财产、特约保险财产？
7. 如何确定企业财产保险的保险金额？各适用于什么情况？
8. 企业财产保险费率如何划分？主要受哪些因素的影响？
9. 简述企业财产保险的保险责任和责任免除。
10. 简述企业财产保险中理赔的基本程序。
11. 简述企业财产保险中的赔款计算。
12. 简述普通家庭财产保险和家庭财产保险两全保险的区别。
13. 什么叫营业中断保险？其保险金额和赔偿金额如何确定？
14. 简述营业中断保险的特约附加险的基本含义。
15. 名词解释：保险赔偿期、火灾、火灾保险、英国的特别分摊和统保保单、美国的共同保险和统保保单。
16. 计算：某职工现有家庭财产价值20万元，向甲保险公司投保普通家庭财产保险（附加盗窃险），保险金额为1000元；该职工所在单位又为每个职工向乙保险公司投保了团体家庭财产两全保险（附加盗窃险）两份，每份保险金额为4000元。现该职工家庭出险，一台电视机和一辆自行车被盗。若电视机按10%折旧，原购价为2200元，出险时市场价为2500元；自行车按30%折旧，原购价为700元，出险时市价为600元。试计算赔款。
17. 案例分析：某企业2016年5月12日投保了企业财产保险，其保险金额为988万元，该月20日发生特大火灾，因火势过大，抢救无效。其应交保险费50000元，至该月26日仅交了30000元，其余所欠交的保险费虽经保险人员多次催交，却一直未交，而双方没有任何特别约定，直至受灾当天向保险公司报案，要求索赔时，才主动要求补交所欠的保险费，保险公司拒收。经火警部门鉴定，其损失为888万元，施救费用为2万元，残值为12万元。出险时保险标的的实际价值为1000万元。试分析：保险公司应如何赔偿？

进一步阅读的相关文献

1. 郝演苏主编：《财产保险》，中国经济科学出版社，2009年版。
2. 郑功成、许飞琼主编：《财产保险》（第五版），中国金融出版社，2015年版。
3. 林增余编：《财产保险》，中国金融出版社，1987年版。

4. 许谨良、王明初、陆熊编著:《财产保险原理与实务》,上海财经大学出版社,1998年版。

5. 乔林、王绪瑾主编:《财产保险》(第二版),中国人民大学出版社,2008年版。

6. 陈振金著:《火灾保险学》(修订版),(中国台湾)作者自行出版,2002年版。

7. 〔美〕所罗门·许布纳等著,陈欣等译:《财产与责任保险》,中国人民大学出版社,2002年版。

8. http://www.swissre.com

21世纪经济与管理规划教材

保险学系列

第五章

运输工具保险

通过本章的学习,掌握运输工具保险的概念与特征,以及机动车保险、飞机保险、船舶保险的理论和实务。本章的内容包括:

- 机动车保险
- 船舶保险
- 飞机保险

第一节 机动车保险

一、运输工具保险的概念与特征

(一)运输工具保险的概念

运输工具保险(Vehicle Insurance)是以各种运输工具本身(如汽车、飞机、船舶、火车等)和运输工具所引起的对第三者依法应负的赔偿责任为保险标的的保险。主要承保各类运输工具遭受自然灾害和意外事故而造成的损失,以及对第三者造成的财产直接损失和人身伤害依法应负的赔偿责任。一般按运输工具的种类不同将运输工具保险分为机动车保险、飞机保险、船舶保险、其他运输工具保险(包括铁路车辆保险、排筏保险)。

运输工具保险在财产保险中占有非常重要的地位,尤其是汽车保险(在我国,称为机动车保险),成为许多国家非寿险的第一大险种。我国也不例外。

(二)运输工具保险的特征

由于运输工具保险承保的保险标的运输工具是处于经常移动状态之中的,故而,运输工具保险主要具有如下特点:

第一,由于运输工具具有流动性,因而承保的风险具有多样性;

第二,由于驾驶人员的素质、运输工具以及运输工具所面临的地区和环境不同,因而,面临的风险也不同,导致保险事故的发生具有复杂性;

第三,由于运输工具保险承保的范围除有形的物质损失外,还包括无形的责任风险和相关的费用损失,因而,其保险标的的范围具有广泛性。

二、机动车保险的对象、险种和特点

自 1980 年恢复国内机动车保险,直至 2002 年我国采用的基本是统一的机动车保险条款,其中最具代表性的是中国保监会 2000 年 2 月 4 日颁布并于同年 7 月 1 日开始实施的保监发〔2000〕16 号文件《机动车保险条款》(以下简称"2000 版条款")。从 2003 年 1 月 1 日起,我国机动车保险结束了全国统一保险条款的格局,正式开始了市场化改革。为了进一步规范机动车保险市场,中国保险行业协会逐步推出了协会条款,2006 年,保险行业协会推出了包括车辆损失保险和商业第三者责任保险两个险种的 A、B、C 三套商业机动车保险条款,由各财产保险公司自主选择一套于 2006 年 7 月 1 日实施(以下简称"2006 版条款")。2007 年,则在 2006 版条款基础上进行了不少修改,并获得中国保监会的批准,其后全面实施(以下简称"2007 版条款")。2007 版条款进一步扩大了覆盖范围,涵盖了机动车损失保险、机动车第三者责任保险、车上人员责任险、全车盗抢险四个基本险,以及不计免赔率特约险、玻璃单独破碎险、车身划痕损失险和可选免赔额特约险等附加险,并简化和规范了费率调节系数,实现了与机动车交通事故责任强制保险的进一步衔接。2007 版条款下,机动车保险行业产品仍然为 A、B、C 三套,保障范围、费率结构、费率水平和费率调节系数虽然略有差异,但基本一致,且更为完善。其后,2015 年 2 月初,中国保险行业协会发布了《中国保险行业协会机动车保险示范条款(征求意见稿)》,分为

《中国保险行业协会机动车综合商业保险示范条款》《中国保险行业协会机动车单程提车保险示范条款》《中国保险行业协会摩托车、拖拉机综合商业保险示范条款》《中国保险行业协会特种车综合商业保险示范条款》，最终形成了《中国保险行业协会机动车保险示范条款》。为通用起见，本节从基本理论出发，以2014版《中国保险行业协会机动车综合商业保险示范条款》(以下简称2014《示范条款》)为基础，论述机动车保险的基本原理，至于另外三项示范条款，在此不予论述。

2006年7月1日，我国实施《机动车交通事故责任强制保险条例》，并于2012年作了部分修改，修改的内容在于：外资财产保险公司经中国保监会批准，也可经营机动车交通事故责任强制保险。因此，本书所指机动车交通事故责任强制保险，将按2012年修改后的《机动车交通事故责任强制保险条例》、中国保监会2006年6月15日公布和2008年修订补充的《机动车交通事故责任强制保险条款》论述。

(一) 机动车保险的对象

机动车保险是以机动车本身及机动车的第三者责任为保险标的的一种运输工具保险。国外称为汽车保险。机动车保险的保险对象为经公安交通管理部门检验合格、具有其核发的有效行驶证和号牌的机动车。从理论上来说，机动车保险所承保的机动车是指汽车、电车、电瓶车、摩托车、拖拉机、各种专用机械车、特种车。被保险机动车必须有交通管理部门核发的行驶证和号牌，并经检验合格；否则，保险单无效。

根据2014《示范条款》，被保险机动车是指在中华人民共和国境内（不含港、澳、台地区）行驶，以动力装置驱动或者牵引，上道路行驶的供人员乘用或者用于运送物品以及进行专项作业的轮式车辆（含挂车）、履带式车辆和其他运载工具，但不包括摩托车、拖拉机、特种车。

(二) 机动车保险的条款与险种

1. 中国保险行业协会条款的规定

根据2014《示范条款》，保险条款分为主险、附加险。主险又称基本险，包括机动车损失保险、机动车第三者责任保险、机动车车上人员责任保险、机动车全车盗抢保险共四个独立的险种，投保人可以选择投保全部险种，也可以选择投保其中部分险种。对保险责任范围内，且不属于免除保险人责任范围的损失或费用，保险人依照保险合同的约定，按照承保险种分别承担保险责任。

附加险不能独立投保。附加险条款与主险条款相抵触之处，以附加险条款为准，附加险条款未尽之处，以主险条款为准。附加险条款的法律效力优于主险条款。除附加险条款另有约定外，主险中的责任免除、免赔规则、双方义务同样适用于附加险。机动车附加险包括：玻璃单独破碎险、自燃损失险、新增加设备损失险、车身划痕损失险、发动机涉水损失险、修理期间费用补偿险、车上货物责任险、精神损害抚慰金责任险、不计免赔率险、机动车损失保险无法找到第三方特约险、指定修理厂险。

2. 机动车保险险种的分类

中国保险行业协会制定了2014《示范条款》，在此从一般理论角度，并结合机动车交通事故责任强制保险的内容概括如下：

(1) 基本险

基本险又称主险,机动车保险的基本险一般分为机动车损失保险、机动车第三者责任险、车上人员责任险、全车盗抢险。从理论上看,机动车第三者责任保险分为机动车第三者责任强制保险和机动车商业第三者责任保险,前者是我国 2006 年 7 月 1 日实施的机动车交通事故责任强制保险;按照我国目前的习惯,仍然将后者称为机动车第三者责任保险。故此,本节后文所指的机动车第三者责任保险就是机动车商业第三者责任保险,简称"商业三责险"。由于机动车交通事故责任强制保险有其特殊性,故后面单独论述。

机动车损失保险是指保险车辆遭受保险责任范围内的自然灾害或意外事故,造成保险车本身损失,保险人依照保险合同的约定给予赔偿的保险。[①]

机动车第三者责任险是指保险期限内,被保险人或其允许的合法驾驶人在使用被保险机动车过程中发生意外事故,致使第三者遭受人身伤亡或财产直接损毁,依法应当由被保险人承担的损害赔偿责任,保险人依照保险合同的约定,对于超过机动车交通事故责任强制保险各分项赔偿限额以上的部分负责赔偿的保险。其中,第三者是指因被保险机动车发生意外事故遭受人身伤亡或者财产损失的人,但不包括被保险机动车本车车上人员、被保险人。

车上人员责任险是指保险期限内,以被保险人或其允许的驾驶人在使用被保险机动车过程中发生意外事故,致使车上人员遭受人身伤亡,且不属于免除保险人责任的范围,依法应当对车上人员承担的损害赔偿责任为保险标的,保险人依照车上人员责任险合同约定负责赔偿的保险。在机动车保险合同中的车上人员是指发生意外事故的瞬间,在被保险机动车车体内或车体上的人员,包括正在上下车的人员。

全车盗抢险是指保险期限内,被保险机动车全车由于被盗窃或抢夺造成损失和费用,且不属于免除保险人责任的范围,保险人依照全车盗抢险保险合同的约定负责赔偿的保险。

机动车交通事故责任强制保险是指由保险公司对被保险机动车发生道路交通事故造成本车人员、被保险人以外的受害人的人身伤亡、财产损失,在责任限额内予以赔偿的强制性责任保险(参见《机动车交通事故责任强制保险条例》第三条)。其中,机动车交通事故强制保险合同中的被保险人是指投保人及其允许的合法驾驶人;投保人是指与保险人订立交强险合同,并按照合同负有支付保险费义务的机动车的所有人、管理人;机动车交通事故强制保险合同中的受害人是指因被保险机动车发生交通事故遭受人身伤亡或者财产损失的人,但不包括被保险机动车本车车上人员、被保险人。对该险种,世界上的绝大部分国家采用强制保险的方式,这是为了保护无辜的受害者的利益。

(2) 附加险

从理论上看,机动车保险附加险的险种有:玻璃单独破碎险、车辆停驶损失险、自燃损失险、新增加设备损失险、无过失责任险、车载货物掉落责任险、不计免赔特约险、代步

[①] 实际上,这个约定为对足额或不足额保险而言,在扣除机动车交通事故责任强制保险对机动车损失赔偿限额的部分负责赔偿。

车保险。其中,玻璃单独破碎险、车辆停驶损失险、自燃损失险、新增加设备损失险为机动车损失保险的附加险,车上责任险、无过失责任险、车载货物掉落责任险、代步车保险为第三者责任险的附加险,不计免赔特约险同时为机动车损失保险、第三者责任保险的附加险。未投保基本险的,不得投保上述相应的附加险。

前文已经列明了中国保险行业协会制定的2014《示范条款》中机动车附加险的相关规定,不过该条款是供各保险公司选择的示范条款,因此,从理论上来说,各保险公司也可在此基础上开设一些附加险。

一般而言,只有投保了基本险,才能投保附加险;未投保基本险的,则不得投保上述相应的附加险。附加险要与相应的基本险相对应;物质财产损失方面的附加险附加于机动车损失保险;责任险方面的附加险附加于机动车责任保险。具体为:投保了机动车损失保险的机动车,可投保玻璃单独破碎险、新增加设备损失险、车身划痕损失险、发动机涉水损失险、修理期间费用补偿险、机动车损失保险无法找到第三方特约险、指定修理厂险;投保了机动车第三者责任保险的机动车,可投保车上货物责任险、精神损害抚慰金责任险;投保了任一基本险及其他设置了免赔率的附加险后,均可投保本不计免赔率险。

(三) 机动车保险的特点

第一,机动车保险属于不定值保险。由于机动车的价格在不断变化之中,并且随着车龄的增加不断折旧,因此,对机动车损失保险,一般采用不定值保险的方式;对第三者责任险,则采用在赔偿责任限额内赔偿的方式。

第二,机动车保险的赔偿主要采用修复方式。由于大部分机动车的损失都属于部分损失,故而一般采用修复方式,保险也就根据修复的金额进行赔偿。

第三,机动车保险赔偿中采用绝对免赔方式。为了减少保险事故,增强被保险人的风险防范意识,一般根据被保险人在交通事故中的责任轻重,规定一定的绝对免赔率,对负全责或单方肇事的,免赔率最高;对负次要责任的,免赔率最低;对无责的,则无免赔。

第四,机动车保险采用无赔款优待方式。为了减少保险事故,在机动车保险实务中,常对续保机动车在上年未发生保险事故的机动车,采用无赔款优待方式,以激励未发生保险事故的被保险人,从而从整体上减少机动车保险事故。

第五,机动车保险中对第三者应承担的责任部分一般采用强制责任保险的方式。为了保护无辜的受害者的基本权益,机动车保险中对第三者应承担的责任部分,一般采用强制责任保险的方式。①

三、机动车损失保险

(一) 机动车损失保险的保险责任

机动车损失保险的保险责任包括自然灾害或意外事故造成保险机动车的损失、施救

---

① 应该指出,第三者责任保险分为基本保障和特定保障,基本保障是在当时社会平均水平下对受害者的权益提供的保障;特定保障则是在对第三者应负赔偿责任中扣除基本保障以外的余额,该部分同属于机动车依法应负的赔偿责任,若投保,则属于商业第三者责任险的赔偿限额,投保与否及责任限额的多寡,完全由投保人选定,投保越多,自留的就越少。对于前者,在我国目前称为机动车交通事故责任强制保险,海外称为强制汽车责任保险;对于后者,则称为机动车第三者责任保险。

和保护费用。其中,碰撞责任在意外事故中占绝大部分,因此,以下将碰撞责任在保险责任中单列。机动车损失保险的保险责任包括:

1. 下列意外事故或自然灾害造成被保险机动车的损失

保险期限内,被保险人或其允许的驾驶人在使用被保险机动车过程中,由于下列原因造成被保险机动车的直接损失,且不属于免除保险人责任的范围,保险人依照机动车损失保险保险合同的约定负责赔偿[①]:

(1) 碰撞责任。碰撞是指被保险机动车或其符合装载规定的货物与外界固态物体之间发生的、产生撞击痕迹的意外撞击。包括两种情况:一是保险车辆与外界物体的意外撞击造成的本车损失,二是保险车辆运输符合装载规定的货物与外界物体意外撞击导致的本车损失,即保险车辆按《中华人民共和国道路交通管理条例》关于车辆装载的规定载运货物(车辆装载货物与装载规定不符,须报请公安交通管理部门批准,按指定时间、路线、时速行驶),则车与货物即视为一体,所装货物与外界物体的意外撞击造成的本车损失。

(2) 非碰撞责任。非碰撞责任包括:倾覆、坠落、火灾、爆炸,外界物体坠落、倒塌,雷击、暴风、暴雨、洪水、龙卷风、冰雹、台风、热带风暴,地陷、崖崩、滑坡、泥石流、雪崩、冰陷、暴雪、冰凌、沙尘暴,受到被保险机动车所载货物、车上人员意外撞击,载运被保险机动车的渡船遭受自然灾害(只限于驾驶人随船的情形)。其中,倾覆是指被保险机动车由于自然灾害或意外事故,造成本被保险机动车翻倒,车体触地,失去正常状态和行驶能力,不经施救不能恢复行驶;坠落是指被保险机动车在行驶中发生意外事故,整车腾空后下落,造成本车损失的情况。非整车腾空,仅由于颠簸造成被保险机动车损失的,不属于坠落;外界物体倒塌是指被保险机动车自身以外的物体倒下或陷下;火灾是指被保险机动车本身以外的火源引起的、在时间或空间上失去控制的燃烧(即有热、有光、有火焰的剧烈的氧化反应)所造成的灾害。

2. 合理的施救、保护费用

合理的施救、保护费用是指发生保险事故时,被保险人或其允许的驾驶人为防止或者减少被保险机动车的损失所支付的必要的、合理的施救费用,由保险人承担;施救费用数额在被保险机动车损失赔偿金额以外另行计算,最高不超过保险金额的数额。该费用必须合理,即保护施救行为支出的费用是直接的和必要的,并符合国家有关政策规定。其中,施救措施是指发生保险事故时,为减少和避免保险车辆的损失所施行的抢救行为;保护措施是指保险事故发生以后,为防止保险车辆损失扩大和加重的行为。合理费用是指保护、施救行为支出的费用是直接的、必要的,并符合国家有关政策规定。

(二) 机动车损失保险的责任免除

1. 在上述保险责任范围内,下列情况下不论任何原因造成被保险机动车的任何损失和费用,保险人均不负责赔偿:

(1) 事故发生后,被保险人或其允许的驾驶人故意破坏、伪造现场、毁灭证据;

(2) 驾驶人有下列情形之一者:① 事故发生后,在未依法采取措施的情况下驾驶被

[①] 这有两层含义:第一,列明属于保险责任的直接损失负责赔偿;第二,列明属于责任免除的,不予赔偿。

保险机动车或者遗弃被保险机动车离开事故现场；② 饮酒、吸食或注射毒品、服用国家管制的精神药品或者麻醉药品；③ 无驾驶证，驾驶证被依法扣留、暂扣、吊销、注销期间；④ 驾驶与驾驶证载明的准驾车型不相符合的机动车；⑤ 实习期内驾驶公共汽车、营运客车或者执行任务的警车、载有危险物品的机动车或牵引挂车的机动车；⑥ 驾驶出租机动车或营业性机动车无交通运输管理部门核发的许可证书或其他必备证书；⑦ 学习驾驶时无合法教练员随车指导；⑧ 非被保险人允许的驾驶人。

（3）被保险机动车有下列情形之一者：① 发生保险事故时被保险机动车行驶证、号牌被注销的，或未按规定检验或检验不合格；② 被扣押、收缴、没收、政府征用期间；③ 在竞赛、测试期间，在营业性场所维修、保养、改装期间；④ 被保险人或其允许的驾驶人故意或重大过失，导致被保险机动车被利用从事犯罪行为。

2. 下列原因导致的被保险机动车的损失和费用，保险人不负责赔偿：

（1）地震及其次生灾害；

（2）战争、军事冲突、恐怖活动、暴乱、污染（含放射性污染）、核反应、核辐射；

（3）人工直接供油、高温烘烤、自燃、不明原因火灾；

（4）违反安全装载规定；

（5）被保险机动车被转让、改装、加装或改变使用性质等，被保险人、受让人未及时通知保险人，且因转让、改装、加装或改变使用性质等导致被保险机动车危险程度显著增加；

（6）被保险人或其允许的驾驶人的故意行为。

3. 下列损失和费用，保险人不负责赔偿：

（1）因市场价格变动造成的贬值、修理后因价值降低引起的减值损失；

（2）自然磨损、朽蚀、腐蚀、故障、本身质量缺陷；

（3）遭受保险责任范围内的损失后，未经必要修理并检验合格继续使用，致使损失扩大的部分；

（4）投保人、被保险人或其允许的驾驶人知道保险事故发生后，故意或者因重大过失未及时通知，致使保险事故的性质、原因、损失程度等难以确定的，保险人对无法确定的部分，不承担赔偿责任，但保险人通过其他途径已经及时知道或者应当及时知道保险事故发生的除外；

（5）因被保险人违反《机动车损失保险条款》第十六条的约定，导致无法确定的损失；

（6）被保险机动车全车被盗窃、被抢劫、被抢夺、下落不明，以及在此期间受到的损坏，或被盗窃、被抢劫、被抢夺未遂受到的损坏，或车上零部件、附属设备丢失；

（7）车轮单独损坏，玻璃单独破碎，无明显碰撞痕迹的车身划痕，以及新增设备的损失；

（8）发动机进水后导致的发动机损坏。

（三）保险期限

除另有约定外，保险期限为一年，以保险单载明的起讫时间为准。

（四）免赔率与免赔额

保险人在依据机动车损失保险合同约定计算赔款的基础上，按照下列方式免赔：

(1) 被保险机动车一方负次要事故责任的,实行5%的事故责任免赔率;负同等事故责任的,实行10%的事故责任免赔率;负主要事故责任的,实行15%的事故责任免赔率;负全部事故责任或单方肇事事故的,实行20%的事故责任免赔率。

(2) 被保险机动车的损失应当由第三方负责赔偿,无法找到第三方的,实行30%的绝对免赔率。

(3) 违反安全装载规定但不是事故发生的直接原因的,增加10%的绝对免赔率。

(4) 对于投保人与保险人在投保时协商确定绝对免赔额的,在实行免赔率的基础上增加每次事故的绝对免赔额。

(五) 机动车损失保险的保险金额

从理论上说,机动车损失保险的保险金额,可以按投保时新车购置价或实际价值确定;也可以由被保险人与保险人协商确定,但保险金额不得超过保险价值,超过部分无效。投保人和保险人可根据实际情况,选择新车购置价、实际价值、协商价值三种方式之一确定保险金额。

我国2014《示范条款》对保险金额按投保时被保险机动车的实际价值确定。投保时被保险机动车的实际价值由投保人与保险人根据投保时的新车购置价减去折旧金额后的价格协商确定或其他市场公允价值协商确定。折旧金额可根据机动车损失保险合同列明的参考折旧系数表确定。

(六) 赔偿处理

1. 索赔通知

发生保险事故时,被保险人或其允许的驾驶人应当及时采取合理的、必要的施救和保护措施,防止或者减少损失,并在保险事故发生后48小时内通知保险人。被保险人或其允许的驾驶人根据有关法律法规规定选择自行协商方式处理交通事故的,应当立即通知保险人。

2. 协助查勘

被保险人或其允许的驾驶人根据有关法律法规规定选择自行协商方式处理交通事故的,应当协助保险人勘验事故各方车辆、核实事故责任,并依照《道路交通事故处理程序规定》签订记录交通事故情况的协议书。

3. 提供索赔资料

被保险人索赔时,应当向保险人提供与确认保险事故的性质、原因、损失程度等有关的证明和资料。被保险人应当提供保险单、损失清单、有关费用单据、被保险机动车行驶证和发生事故时驾驶人的驾驶证。属于道路交通事故的,被保险人应当提供公安机关交通管理部门或法院等机构出具的事故证明、有关的法律文书(判决书、调解书、裁定书、裁决书等)及其他证明。被保险人或其允许的驾驶人根据有关法律法规规定选择自行协商方式处理交通事故的,被保险人应当提供依照《道路交通事故处理程序规定》签订记录交通事故情况的协议书。

4. 核定损失

因保险事故损坏的被保险机动车,应当尽量修复。修理前被保险人应当会同保险人检验,协商确定修理项目、方式和费用。对未协商确定的,保险人可以重新核定。

5. 残值处理

被保险机动车遭受损失后的残余部分由保险人、被保险人协商处理。如折归被保险人的,由双方协商确定其价值并在赔款中扣除。

6. 理赔计算

机动车损失保险赔款按以下方法计算:

(1) 全部损失。

赔款=(保险金额-被保险人已从第三方获得的赔偿金额)×(1-事故责任免赔率)×(1-绝对免赔率之和)-绝对免赔额

(2) 部分损失。被保险机动车发生部分损失,保险人按实际修复费用在保险金额内计算赔偿:

赔款=(实际修复费用-被保险人已从第三方获得的赔偿金额)×(1-事故责任免赔率)×(1-绝对免赔率之和)-绝对免赔额

(3) 施救费。施救的财产中,含有机动车损失保险合同未保险的财产,应按机动车损失保险合同保险财产的实际价值占总施救财产的实际价值比例分摊施救费用。

7. 合同终止

被保险机动车发生机动车损失保险事故,导致全部损失,或一次赔款金额与免赔金额之和(不含施救费)达到保险金额,保险人按机动车损失保险合同约定支付赔款后,机动车损失保险责任终止,保险人不退还机动车损失保险及其附加险的保险费。

保险人受理报案、现场查勘、核定损失、参与诉讼、进行抗辩、要求被保险人提供证明和资料、向被保险人提供专业建议等行为,均不构成保险人对赔偿责任的承诺。

8. 机动车损失保险的其他特殊规定

(1) 碰撞互不追偿协议。如果签订该协议的不同保险人所承保的机动车发生相互碰撞,遭受损害,保险人对各自承保的机动车损失偿付赔款,不再进行法定的追偿。

(2) 第三者赔款平分的协议。参加协议的保险人在各自承保的机动车碰撞后,对第三者的赔款各自承担一半。该协议有效的情况为:第一,仅限于财产损失或人身伤害,而且双方保单均承保该类责任;第二,必须是参加协议的各方承保的机动车互撞。

(3) 代位求偿。因第三方对被保险机动车的损害而造成保险事故,被保险人向第三方索赔的,保险人应积极协助;被保险人也可以直接向保险人索赔,保险人在保险金额内先行赔付被保险人,并在赔偿金额内代位行使被保险人对第三方请求赔偿的权利。被保险人已经从第三方取得损害赔偿的,保险人进行赔偿时,相应扣减被保险人从第三方已取得的赔偿金额。保险人未赔偿之前,被保险人放弃对第三方请求赔偿的权利的,保险人不承担赔偿责任。被保险人故意或者因重大过失致使保险人不能行使代位请求赔偿的权利的,保险人可以扣减或者要求返还相应的赔款。保险人向被保险人先行赔付的,保险人向第三方行使代位请求赔偿的权利时,被保险人应当向保险人提供必要的文件和所知道的有关情况。

四、机动车第三者责任保险

(一) 机动车第三者责任保险的保险责任

保险期限内,被保险人或其允许的驾驶人在使用被保险机动车过程中发生意外事故,致使第三者遭受人身伤亡或财产直接损毁,依法应当对第三者承担的损害赔偿责任,且不属于免除保险人责任的范围,保险人依照机动车损失保险合同的约定,对于超过机动车交通事故责任强制保险各分项赔偿限额的部分负责赔偿。

保险人依据被保险机动车一方在事故中所负的事故责任比例,承担相应的赔偿责任。被保险人或被保险机动车一方根据有关法律法规规定选择自行协商或由公安机关交通管理部门处理事故未确定事故责任比例的,按照下列规定确定事故责任比例:被保险机动车一方负主要事故责任的,事故责任比例为70%;被保险机动车一方负同等事故责任的,事故责任比例为50%;被保险机动车一方负次要事故责任的,事故责任比例为30%。涉及司法或仲裁程序的,以法院或仲裁机构最终生效的法律文书为准。

(二)机动车第三者责任保险的责任免除

1. 在上述保险责任范围内,下列情况下,不论任何原因造成的人身伤亡、财产损失和费用,保险人均不负责赔偿:

(1)事故发生后,被保险人或其允许的驾驶人故意破坏、伪造现场、毁灭证据。

(2)驾驶人有下列情形之一者:① 事故发生后,在未依法采取措施的情况下驾驶被保险机动车或者遗弃被保险机动车离开事故现场;② 饮酒、吸食或注射毒品、服用国家管制的精神药品或者麻醉药品;③ 无驾驶证,驾驶证被依法扣留、暂扣、吊销、注销期间;④ 驾驶与驾驶证载明的准驾车型不相符合的机动车;⑤ 实习期内驾驶公共汽车、营运客车或者执行任务的警车、载有危险物品的机动车或牵引挂车的机动车;⑥ 驾驶出租机动车或营业性机动车无交通运输管理部门核发的许可证书或其他必备证书;⑦ 学习驾驶时无合法教练员随车指导;⑧ 非被保险人允许的驾驶人。

(3)被保险机动车有下列情形之一者:① 发生保险事故时被保险机动车行驶证、号牌被注销的,或未按规定检验或检验不合格;② 被扣押、收缴、没收、政府征用期间;③ 在竞赛、测试期间,在营业性场所维修、保养、改装期间;④ 全车被盗窃、被抢劫、被抢夺、下落不明期间。

2. 下列原因导致的人身伤亡、财产损失和费用,保险人不负责赔偿:

(1)地震及其次生灾害、战争、军事冲突、恐怖活动、暴乱、污染(含放射性污染)、核反应、核辐射。

(2)被保险机动车在行驶过程中翻斗突然升起,或没有放下翻斗,或自卸系统(含机件)失灵。

(3)第三者、被保险人或其允许的驾驶人的故意行为、犯罪行为,第三者与被保险人或其他致害人恶意串通的行为。

(4)被保险机动车被转让、改装、加装或改变使用性质等,被保险人、受让人未及时通知保险人,且因转让、改装、加装或改变使用性质等导致被保险机动车危险程度显著增加。

3. 下列人身伤亡、财产损失和费用,保险人不负责赔偿:

(1)被保险机动车发生意外事故,致使任何单位或个人停业、停驶、停电、停水、停气、停产、通信或网络中断、电压变化、数据丢失造成的损失以及其他各种间接损失。

(2)第三者财产因市场价格变动造成的贬值,修理后因价值降低引起的减值损失。

（3）被保险人及其家庭成员、被保险人允许的驾驶人及其家庭成员所有、承租、使用、管理、运输或代管的财产的损失，以及本车上的财产的损失。

（4）被保险人、被保险人允许的驾驶人、本车车上人员的人身伤亡。

（5）停车费、保管费、扣车费、罚款、罚金或惩罚性赔款。

（6）超出《道路交通事故受伤人员临床诊疗指南》和国家基本医疗保险同类医疗费用标准的费用部分。

（7）律师费，未经保险人事先书面同意的诉讼费、仲裁费。

（8）投保人、被保险人或其允许的驾驶人知道保险事故发生后，故意或者因重大过失未及时通知，致使保险事故的性质、原因、损失程度等难以确定的，保险人对无法确定的部分，不承担赔偿责任，但保险人通过其他途径已经及时知道或者应当及时知道保险事故发生的除外。

（9）因被保险人违反《机动车第三者责任保险条款》第三十四条的约定（即因保险事故损坏的第三者财产，应当尽量修复。修理前被保险人应当会同保险人检验，协商确定修理项目、方式和费用。对未协商确定的，保险人可以重新核定），导致无法确定的损失。

（10）精神损害抚慰金。

（11）应当由机动车交通事故责任强制保险赔偿的损失和费用。

保险事故发生时，被保险机动车未投保机动车交通事故责任强制保险或机动车交通事故责任强制保险合同已经失效的，对于机动车交通事故责任强制保险责任限额以内的损失和费用，保险人不负责赔偿。

（三）机动车第三者责任保险的保险期限

除另有约定外，保险期限为一年，以保险单载明的起讫时间为准。对于机动车第三者责任保险，通常采用连续责任制，即保险期限届满而终止。

（四）机动车第三者责任保险的免赔率与责任限额

1. 免赔率

保险人在依据机动车第三者责任保险合同约定计算赔款的基础上，在保险单载明的责任限额内，按照下列方式免赔：

（1）被保险机动车一方负次要事故责任的，实行5%的事故责任免赔率；负同等事故责任的，实行10%的事故责任免赔率；负主要事故责任的，实行15%的事故责任免赔率；负全部事故责任的，实行20%的事故责任免赔率。

（2）违反安全装载规定的，实行10%的绝对免赔率。

2. 责任限额

机动车第三者责任保险每次事故的责任限额，由投保人和保险人在签订本保险合同时协商确定。主车和挂车连接使用时视为一体，发生保险事故时，由主车保险人和挂车保险人按照保险单上载明的机动车第三者责任保险责任限额的比例，在各自的责任限额内承担赔偿责任，但赔偿金额总和以主车的责任限额为限。

投保人和保险人在投保时可以根据不同车辆的类型自行协商选择确定机动车第三者责任保险每次事故的最高赔偿限额。机动车第三者责任保险的理赔采用连续责任制。连续责任制是在保险期间无论发生多少次保险事故，只要在责任限额内均予以赔偿的制度。

(五)机动车第三者责任保险的赔偿处理

1. 及时通知

发生保险事故时,被保险人或其允许的驾驶人应当及时采取合理的、必要的施救和保护措施,防止或者减少损失,并在保险事故发生后48小时内通知保险人。被保险人或其允许的驾驶人根据有关法律法规规定选择自行协商方式处理交通事故的,应当立即通知保险人。

2. 协助勘验

被保险人或其允许的驾驶人根据有关法律法规规定选择自行协商方式处理交通事故的,应当协助保险人勘验事故各方车辆、核实事故责任,并依照《道路交通事故处理程序规定》签订记录交通事故情况的协议书。

3. 提供索赔资料

被保险人索赔时,应当向保险人提供与确认保险事故的性质、原因、损失程度等有关的证明和资料。被保险人应当提供保险单、损失清单、有关费用单据、被保险机动车行驶证和发生事故时驾驶人的驾驶证。属于道路交通事故的,被保险人应当提供公安机关交通管理部门或法院等机构出具的事故证明、有关的法律文书(判决书、调解书、裁定书、裁决书等)及其他证明。被保险人或其允许的驾驶人根据有关法律法规规定选择自行协商方式处理交通事故的,被保险人应当提供依照《道路交通事故处理程序规定》签订记录交通事故情况的协议书。

4. 对第三者的赔偿

保险人对被保险人给第三者造成的损害,可以直接向该第三者赔偿。被保险人给第三者造成损害,被保险人对第三者应负的赔偿责任确定的,根据被保险人的请求,保险人应当直接向该第三者赔偿。被保险人怠于请求的,第三者有权就其应获赔偿部分直接向保险人请求赔偿。被保险人给第三者造成损害,被保险人未向该第三者赔偿的,保险人不得向被保险人赔偿。

因保险事故损坏的第三者财产,应当尽量修复。修复前被保险人应当会同保险人检验,协商确定修理项目、方式和费用。对未协商确定的,保险人可以重新核定。

5. 赔款计算

(1)当(依合同约定核定的第三者损失金额-机动车交通事故责任强制保险的分项赔偿限额)×事故责任比例等于或高于每次事故赔偿限额时:

$$赔款 = 每次事故赔偿限额 \times (1-事故责任免赔率) \times (1-绝对免赔率之和)$$

(2)当(依合同约定核定的第三者损失金额-机动车交通事故责任强制保险的分项赔偿限额)×事故责任比例低于每次事故赔偿限额时:

$$赔款 = \left(\begin{array}{c}依合同约定核定的\\第三者损失金额\end{array} - \begin{array}{c}机动车交通事故责任强制\\保险的分项赔偿限额\end{array}\right) \times$$
$$事故责任比例 \times (1-事故责任免赔率) \times (1-绝对免赔率之和)$$

6. 赔偿标准

保险人按照《道路交通事故受伤人员临床诊疗指南》和国家基本医疗保险的同类医疗费用标准核定医疗费用的赔偿金额。

未经保险人书面同意，被保险人自行承诺或支付的赔偿金额，保险人有权重新核定。不属于保险人赔偿范围或超出保险人应赔偿金额的，保险人不承担赔偿责任。

保险人受理报案、现场查勘、核定损失、参与诉讼、进行抗辩、要求被保险人提供证明和资料、向被保险人提供专业建议等行为，均不构成保险人对赔偿责任的承诺。

专栏 5.1

无机动车交通事故责任强制保险情形下的机动车保险案

若分属于两个不同公司的甲车和乙车在行驶中发生相撞，甲车车辆损失 5 000 元，车上货物损失 10 000 元，乙车车辆损失 4 000 元，车上货物损失 5 000 元。交通管理部门裁定甲车负主要责任，承担经济损失 70%，为 16 800 元；乙车负次要责任，承担经济损失 30%，为 7 200 元。在不考虑机动车交通事故责任强制保险的情况下，其赔款计算为：

甲车应承担的经济损失 =（甲车车损 + 乙车车损 + 甲车车上货损 + 乙车车上货损）×
甲车应负的经济损失比例
=（5 000 + 4 000 + 10 000 + 5 000）× 70% = 16 800（元）

乙车应承担的经济损失 =（甲车车损 + 乙车车损 + 甲车车上货损 + 乙车车上货损）×
乙车应负的经济损失比例
=（5 000 + 4 000 + 10 000 + 5 000）× 30% = 7 200（元）

这两辆车都投保了机动车损失保险（按新车购置价确定保险金额）和第三者责任保险，由于第三者责任保险不负责本车车上货物的损失，因此，保险人的赔款计算与交通管理部门的赔款计算不一样，其赔款计算如下：

甲车自负车损 = 甲车车损 × 甲车应负的经济损失比例 = 5 000 × 70% = 3 500（元）

甲车应赔乙车 =（乙车车损 + 乙车车上货损）× 甲车应负的经济损失比例
=（4 000 + 5 000）× 70% = 6 300（元）

保险人负责甲车车损和第三者责任赔款为：
（甲车自负车损 + 甲车应赔乙车）×（1 − 免赔率）=（3 500 + 6 300）×（1 − 15%）
= 8 330（元）

乙车自负车损 = 乙车车损 × 乙车应负的经济损失比例 = 4 000 × 30% = 1 200（元）

乙车应赔甲车 =（甲车车损 + 甲车车上货损）× 乙车应负的经济损失比例
=（5 000 + 10 000）× 30% = 4 500（元）

> 保险人负责乙车车损和第三者责任赔款为:
> (乙车自负车损+乙车应赔甲车)×(1-免赔率)
> =(1 200+4 500)×(1-5%)=5 145(元)
> 这样,此案甲车应承担经济损失16 800元,得到保险人赔款8 330元;乙车应承担经济损失7 200元,得到保险人赔款5 145元。这里的差额部分即保险合同规定不赔的部分。
> 上述举例是以足额保险为条件的;若为不足额保险,则采用比例赔偿方式。

机动车保险采用一次性赔偿结案的原则,保险人对第三者责任保险保险事故赔偿结案后,对被保险人追加受害人的任何赔偿费用不再负责。第三者责任保险的保险责任为连续责任:保险机动车发生第三者责任保险事故,保险人赔偿后,每次事故无论赔款是否达到保险赔偿限额,在保险期限内,第三者责任保险的保险责任仍然有效,直至保险期满。

保险机动车、第三者的财产遭受损失后的残余部分,可协商作价折归被保险人,并在赔款中扣除。

五、机动车车上人员责任保险

(一)机动车车上人员责任保险的保险责任

保险期限内,被保险人或其允许的驾驶人在使用被保险机动车过程中发生意外事故,致使车上人员遭受人身伤亡,且不属于免除保险人责任的范围,依法应当对车上人员承担的损害赔偿责任,保险人依照机动车车上人员责任保险合同的约定负责赔偿。

保险人依据被保险机动车一方在事故中所负的事故责任比例,承担相应的赔偿责任。被保险人或被保险机动车一方根据有关法律法规规定选择自行协商或由公安机关交通管理部门处理事故未确定事故责任比例的,按照下列规定确定事故责任比例:被保险机动车一方负主要事故责任的,事故责任比例为70%;被保险机动车一方负同等事故责任的,事故责任比例为50%;被保险机动车一方负次要事故责任的,事故责任比例为30%。涉及司法或仲裁程序的,则以法院或仲裁机构最终生效的法律文书为准。

(二)机动车车上人员责任保险的责任免除

1. 在上述保险责任范围内,下列情况下,不论任何原因造成的人身伤亡,保险人均不负责赔偿:

(1)事故发生后,被保险人或其允许的驾驶人故意破坏、伪造现场、毁灭证据。

(2)驾驶人有下列情形之一者:① 事故发生后,在未依法采取措施的情况下驾驶被保险机动车或者遗弃被保险机动车离开事故现场;② 饮酒、吸食或注射毒品、服用国家管制的精神药品或者麻醉药品;③ 无驾驶证,驾驶证被依法扣留、暂扣、吊销、注销期间;④ 驾驶与驾驶证载明的准驾车型不相符合的机动车;⑤ 实习期内驾驶公共汽车、营运客车或者执行任务的警车、载有危险物品的机动车或牵引挂车的机动车;⑥ 驾驶出租机动车或营业性机动车无交通运输管理部门核发的许可证书或其他必备证书;⑦ 学习驾驶时无合法教练员随车指导；⑧ 非被保险人允许的驾驶人。

（3）被保险机动车有下列情形之一者：① 发生保险事故时被保险机动车行驶证、号牌被注销的，或未按规定检验或检验不合格的；② 被扣押、收缴、没收、政府征用期间；③ 在竞赛、测试期间，在营业性场所维修、保养、改装期间；④ 全车被盗窃、被抢劫、被抢夺、下落不明期间。

2. 下列原因导致的人身伤亡，保险人不负责赔偿：

（1）地震及其次生灾害、战争、军事冲突、恐怖活动、暴乱、污染（含放射性污染）、核反应、核辐射；

（2）被保险机动车被转让、改装、加装或改变使用性质等，被保险人、受让人未及时通知保险人，且因转让、改装、加装或改变使用性质等导致被保险机动车危险程度显著增加；

（3）被保险人或驾驶人的故意行为。

3. 下列人身伤亡、损失和费用，保险人不负责赔偿：

（1）被保险人及驾驶人以外的其他车上人员的故意行为造成的自身伤亡；

（2）车上人员因疾病、分娩、自残、斗殴、自杀、犯罪行为造成的自身伤亡；

（3）违法、违章搭乘人员的人身伤亡；

（4）罚款、罚金或惩罚性赔款；

（5）超出《道路交通事故受伤人员临床诊疗指南》和国家基本医疗保险同类医疗费用标准的费用部分；

（6）律师费，未经保险人事先书面同意的诉讼费、仲裁费；

（7）投保人、被保险人或其允许的驾驶人知道保险事故发生后，故意或者因重大过失未及时通知，致使保险事故的性质、原因、损失程度等难以确定的，保险人对无法确定的部分，不承担赔偿责任，但保险人通过其他途径已经及时知道或者应当及时知道保险事故发生的除外；

（8）精神损害抚慰金；

（9）应当由机动车交通事故责任强制保险赔付的损失和费用。

（三）机动车车上人员责任保险的保险期限

除另有约定外，保险期限为一年，以保险单载明的起讫时间为准。

（四）机动车车上人员责任保险的责任限额与免赔率

1. 责任限额

驾驶人每次事故责任限额和乘客每次事故每人责任限额由投保人及保险人在投保时协商确定。投保乘客座位数按照被保险机动车的核定载客数（驾驶人座位除外）确定。

2. 免赔率

保险人在依据本保险合同约定计算赔款的基础上，在保险单载明的责任限额内，按照下列方式免赔：

被保险机动车一方负次要事故责任的，实行5%的事故责任免赔率；负同等事故责任的，实行10%的事故责任免赔率；负主要事故责任的，实行15%的事故责任免赔率；负全部事故责任或单方肇事事故的，实行20%的事故责任免赔率。

(五)机动车车上人员责任保险的赔偿处理

1. 及时通知

发生保险事故时,被保险人或其允许的驾驶人应当及时采取合理的、必要的施救和保护措施,防止或者减少损失,并在保险事故发生后48小时内通知保险人。被保险人或其允许的驾驶人根据有关法律法规规定选择自行协商方式处理交通事故的,应当立即通知保险人。

2. 协助勘验

被保险人或其允许的驾驶人根据有关法律法规规定选择自行协商方式处理交通事故的,应当协助保险人勘验事故各方车辆、核实事故责任,并依照《道路交通事故处理程序规定》签订记录交通事故情况的协议书。

3. 提供索赔资料

被保险人索赔时,应当向保险人提供与确认保险事故的性质、原因、损失程度等有关的证明和资料。被保险人应当提供保险单、损失清单、有关费用单据、被保险机动车行驶证和发生事故时驾驶人的驾驶证。

属于道路交通事故的,被保险人应当提供公安机关交通管理部门或法院等机构出具的事故证明、有关的法律文书(判决书、调解书、裁定书、裁决书等)和通过机动车交通事故责任强制保险获得赔偿金额的证明材料。被保险人或其允许的驾驶人根据有关法律法规规定选择自行协商方式处理交通事故的,被保险人应当提供依照《道路交通事故处理程序规定》签订记录交通事故情况的协议书和通过机动车交通事故责任强制保险获得赔偿金额的证明材料。

4. 赔款计算

(1) 对每座的受害人,当(依合同约定核定的每座车上人员人身伤亡损失金额－应由机动车交通事故责任强制保险赔偿的金额)×事故责任比例高于或等于每次事故每座赔偿限额时:

赔款＝每次事故每座赔偿限额×(1－事故责任免赔率)×(1－绝对免赔率之和)

(2) 对每座的受害人,当(依合同约定核定的每座车上人员人身伤亡损失金额－应由机动车交通事故责任强制保险赔偿的金额)×事故责任比例低于每次事故每座赔偿限额时:

$$赔款 = \left(\begin{array}{c}依合同约定核定的每座车上\\人员人身伤亡损失金额\end{array} - \begin{array}{c}应由机动车交通事故责任\\强制保险赔偿的金额\end{array}\right) \times$$

事故责任比例×(1－事故责任免赔率)×(1－绝对免赔率之和)

5. 理赔依据标准

保险人按照《道路交通事故受伤人员临床诊疗指南》和国家基本医疗保险的同类医疗费用标准核定医疗费用的赔偿金额。

未经保险人书面同意,被保险人自行承诺或支付的赔偿金额,保险人有权重新核定。由于被保险人原因导致损失金额无法确定的,保险人有权拒绝赔偿。

保险人受理报案、现场查勘、核定损失、参与诉讼、进行抗辩、要求被保险人提供证明和资料、向被保险人提供专业建议等行为,均不构成保险人对赔偿责任的承诺。

六、机动车全车盗抢保险

(一) 机动车全车盗抢保险的保险责任

保险期限内,被保险机动车的下列损失和费用,且不属于免除保险人责任的范围,保险人依照机动车全车盗抢保险合同的约定负责赔偿:

(1) 被保险机动车被盗窃、抢劫、抢夺,经出险当地县级以上公安刑侦部门立案证明,满60天未查明下落的全车损失;

(2) 被保险机动车全车被盗窃、抢劫、抢夺后,受到损坏或车上零部件、附属设备丢失需要修复的合理费用;

(3) 被保险机动车在被抢劫、抢夺过程中,受到损坏需要修复的合理费用。

(二) 机动车全车盗抢保险的责任免除

1. 在上述保险责任范围内,下列情况下不论任何原因造成被保险机动车的任何损失和费用,保险人均不负责赔偿:

(1) 被保险人索赔时未能提供出险当地县级以上公安刑侦部门出具的盗抢立案证明;

(2) 驾驶人、被保险人、投保人故意破坏现场、伪造现场、毁灭证据;

(3) 被保险机动车被扣押、罚没、查封、政府征用期间;

(4) 被保险机动车在竞赛、测试期间,在营业性场所维修、保养、改装期间,被运输期间。

2. 下列损失和费用,保险人不负责赔偿:

(1) 地震及其次生灾害导致的损失和费用;

(2) 战争、军事冲突、恐怖活动、暴乱导致的损失和费用;

(3) 因诈骗引起的任何损失,因投保人、被保险人与他人的民事、经济纠纷导致的任何损失;

(4) 被保险人或其允许的驾驶人的故意行为、犯罪行为导致的损失和费用;

(5) 非全车遭盗窃,仅车上零部件或附属设备被盗窃或损坏;

(6) 新增设备的损失;

(7) 遭受保险责任范围内的损失后,未经必要修理并检验合格继续使用,致使损失扩大的部分;

(8) 被保险机动车被转让、改装、加装或改变使用性质等,被保险人、受让人未及时通知保险人,且因转让、改装、加装或改变使用性质等导致被保险机动车危险程度显著增加而发生保险事故;

(9) 投保人、被保险人或其允许的驾驶人知道保险事故发生后,故意或者因重大过失未及时通知,致使保险事故的性质、原因、损失程度等难以确定的,保险人对无法确定的部分,不承担赔偿责任,但保险人通过其他途径已经及时知道或者应当及时知道保险事故发生的除外;

(10) 因被保险人违反《中国保险行业协会机动车综合商业保险示范条款》第五十八条的约定,导致无法确定的损失。

(三) 机动车全车盗抢保险的保险期限

除另有约定外,保险期限为一年,以保险单载明的起讫时间为准。

(四) 机动车全车盗抢保险的保险金额与免赔率

1. 保险金额

保险金额在投保时被保险机动车的实际价值内协商确定。投保时被保险机动车的实际价值由投保人与保险人根据投保时的新车购置价减去折旧金额后的价格或其他市场公允价值协商确定。折旧金额可根据机动车全车盗抢保险合同列明的参考折旧系数表确定。

2. 免赔率

保险人在依据机动车全车盗抢保险合同约定计算赔款的基础上,按照下列方式免赔:

(1) 发生全车损失的,绝对免赔率为20%;

(2) 发生全车损失,被保险人未能提供《机动车登记证书》、机动车来历凭证的,每缺少一项,增加1%的绝对免赔率。

(五) 机动车全车盗抢保险的赔偿处理

1. 索赔通知

被保险机动车全车被盗抢的,被保险人知道保险事故发生后,应在24小时内向出险当地公安刑侦部门报案,并通知保险人。

2. 提供索赔资料

被保险人索赔时,须提供保险单、损失清单、有关费用单据、《机动车登记证书》、机动车来历凭证以及出险当地县级以上公安刑侦部门出具的盗抢立案证明。

3. 理赔方式

因保险事故损坏的被保险机动车,应当尽量修复。修复前被保险人应当会同保险人检验,协商确定修复项目、方式和费用。对未协商确定的,保险人可以重新核定。

4. 赔款计算

保险人按下列方式赔偿:

(1) 被保险机动车全车被盗抢的,按以下方法计算赔款:

$$赔款=保险金额\times(1-绝对免赔率之和)$$

(2) 被保险机动车发生《机动车全车盗抢保险条款》第五十一条第(二)、(三)款(即被保险机动车全车被盗窃、抢劫、抢夺后,受到损坏或车上零部件、附属设备丢失需要修复的合理费用;被保险机动车在被抢劫、抢夺过程中,受到损坏需要修复的合理费用)列明的损失,保险人按实际修复费用在保险金额内计算赔偿。

5. 赔付结案

保险人确认索赔单证齐全、有效后,被保险人签具权益转让书,保险人赔付结案。

6. 合同终止

被保险机动车发生机动车全车盗抢保险事故,导致全部损失,或一次赔款金额与免赔金额之和达到保险金额,保险人按机动车全车盗抢保险合同约定支付赔款后,机动车全车盗抢保险责任终止,保险人不退还机动车全车盗抢保险及其附加险的保险费。

七、机动车保险保险费的计算与无赔款优待

（一）保险费的计算

1. 机动车保险损失保险费率

确定机动车保险损失保险费率时一般应考虑下述因素：从车因素，从人因素，其他因素。

（1）从车因素主要包括：车辆种类，厂牌型号，车辆的用途，车辆新旧，车辆安全配置，行驶区域，排气量，停放地点。

（2）从人因素主要包括：投保人（驾驶员）的性别、年龄、驾龄、违章肇事记录、索赔记录、婚姻状况、职业、健康状况、个人嗜好和品行，驾驶员数量。

（3）其他因素主要包括：多辆车优惠，奖惩制度，免赔规定，再保险情况，通货膨胀，货币的时间价值，法律法规及政策，附带或配套服务措施，包括提供增值服务、延伸服务和公益服务等。

但不同国家在具体运用时有所不同。我国2003年1月1日实行机动车保险损失保险费率市场化改革，有些保险公司已经开始考虑上述因素，而根据我国2002年机动车保险条款，确定机动车保险损失保险费率主要依据车辆的使用性质、车辆种类、A类或B类三个因素。根据我国《机动车保险费率表》及有关规定核定费率，费率表中的车辆使用性质分为两类：营业用车和非营业用车，对于兼有两类使用性质的车辆，按高档费率计费。机动车保险损失保险费的计算公式为：

$$机动车保险损失保险费 = 基本保费 + （保险金额 \times 费率）$$

在厘定机动车保险损失保险费率方面，不能不提到哈顿矩阵模型。早在20世纪70年代，美国的小威廉·哈顿（William Haddon, Jr.）就将道路交通描述为一个设计得不好的"人造机器"系统，需要对它进行全面"治疗"。他提出了著名的"哈顿矩阵模型"（Haddon Matrix Model），阐明了在车祸发生碰撞前、碰撞时、碰撞后的三个阶段中相互作用的三个因素：人、车和环境。该九格矩阵构成了系统动力学模型，矩阵中每个格都会采取干预措施以减少道路交通伤害的发生，该模型加深了对行为因素、道路因素和车辆因素的认识，正是这些因素影响到道路交通事故的人员伤亡数量和严重程度。① 哈顿矩阵模型对完善机动车保险损失保险费率的厘定有着重要价值。具体如表5.1所示。

表5.1 哈顿矩阵模型

阶段		因素		
		人员	车辆和设备	环境
碰撞前	防止碰撞	信息 态度 损伤 交警执法力度	车辆性能 照明 制动 操控 速度管理	道路设计和道路布局 速度限制 行人装备

---

① Marigie Peden, Richard Scurfield, David Sleet, Dinesh Mohan, Adnan A. Hyder, Eva Jarawan, Colin Mathers著，刘光远译：《世界预防道路交通伤害报告》，人民卫生出版社，2004年版，第13页。

(续表)

阶段	因素		
	人员	车辆和设备	环境
碰撞时	在碰撞时防止受伤	固定装置的使用 损伤	乘员固定系统 其他安全装置 防碰撞设计	道路两侧防碰撞物体
碰撞后	生命支持	急救技术 获得医疗救助	容易进入车内 起火的风险	救援设施 交通阻塞

资料来源：Marigie Peden, Richard Scurfield, David Sleet, Dinesh Mohan, Adnan A. Hyder, Eva Jarawan, Colin Mathers 著，刘光远译，《世界预防道路交通伤害报告》，人民卫生出版社，2004 年版，第 13 页。

2. 机动车第三者责任保险的保险费

机动车第三者责任保险的保险费采用的是一种固定保险费。机动车第三者责任保险的固定保费是按不同车辆种类和使用性质对应的第三者责任保险每次最高赔偿限额确定的，如有的条款规定为 5 万元、10 万元、15 万元、20 万元、50 万元、100 万元等，相应的保险费也不同。机动车第三者责任保险的保险费按投保时确定的每次事故最高赔偿限额对应的固定保费收取。

3. 短期费率

如果保险期不满 1 年，则应按短期费率计收保险费。短期费率分为两类：按日计费和按月计费。按日计费适用于被保险人新购置的车辆的投保，以统一续保日期。若按日计费，则其计算公式为：

$$应交保险费 = 年保险费 \times 保险天数 / 365$$

按月计费适用于应被保险人要求而签订的短期保险合同，应交保险费使用短期费率表计算（如表 5.2 所示）。若保险期不足 1 个月，则应按 1 个月来计费；投保 1 年，如果中途退保，也是按短期费率表计算退保费。若按月计费，则其计算公式为：

$$应交保险费 = 年保险费 \times 短期月费率$$

表 5.2 按月计短期费率表

保险期(月)	1	2	3	4	5	6	7	8	9	10	11	12
应交费率(%)	10	20	30	40	50	60	70	80	85	90	95	100

（二）无赔款优待

无赔款优待是保险机动车在上一年保险期限内无赔款，续保可享受无赔款减收保险费优待，优待金额为本年度续保险种应交保险费的一定比率。该比率因无赔款的年限长短而不同。上年度投保的机动车损失保险、第三者责任保险、附加险中任何一项发生赔款，续保时均不能享受无赔款优待；不续保者不享受无赔款优待。若续保险种与上年度相同，但保险金额不同，则无赔款优待以本年度保险金额对应的应交保险费为计算基础。优待的条件为：保险期限必须满一年；保险期内无赔款；保险期满前办理续保。确定无赔款优待时应注意：① 车辆同时投保机动车损失保险、第三者责任保险和附加险的，只要其中任一险种发生赔款,被保险人续保时就不能享受无赔款优待;② 保险车辆发生保险事故,续保时案件未决,被保险人不能享受无赔款优待,但事故处理后,保险人无赔款责任,则退还无赔款优待应减收的保险费;③ 在一年保险期限内,发生所有权转移的保险车辆,续保时不享受无赔款优待;④ 无赔款优待仅限于续保险种,即上年度投保而本年度未续保的险种和本年度新投保的险种,均不享受无赔款优待。

八、机动车保险的附加险

机动车保险附加险条款的法律效力优于主险条款。附加险条款未尽事宜,以主险条款为准。除附加险条款另有约定外,主险中的责任免除、免赔规则、双方义务同样适用于附加险。这里以2014《示范条款》的附加险为主要内容,并从基本原理出发展开论述。

1. 玻璃单独破碎险

投保了机动车损失保险的机动车,可投保玻璃单独破碎险。玻璃单独破碎险不适用主险中的各项免赔率、免赔额约定。

其保险责任为:保险期限内,被保险机动车挡风玻璃或车窗玻璃的单独破碎,保险人按实际损失金额赔偿。责任免除为:安装、维修机动车过程中造成的玻璃单独破碎。

投保方式为投保人与保险人可协商选择按进口或国产玻璃投保。保险人根据协商选择的投保方式承担相应的赔偿责任。

2. 自燃损失险

投保了机动车损失保险的机动车,可投保自燃损失险。

保险责任为:① 保险期限内,在没有外界火源的情况下,由于本车电器、线路、供油系统、供气系统等被保险机动车自身原因或所载货物自身原因起火燃烧造成本车的损失。② 发生保险事故时,被保险人为防止或者减少被保险机动车的损失所支付的必要的、合理的施救费用,由保险人承担;施救费用数额在被保险机动车损失赔偿金额以外另行计算,最高不超过自燃损失险保险金额的数额。

责任免除为:① 自燃仅造成电器、线路、油路、供油系统、供气系统的损失;② 由于擅自改装、加装电器及设备导致被保险机动车起火造成的损失;③ 被保险人在使用被保险机动车过程中,因人工直接供油、高温烘烤等违反车辆安全操作规则造成的损失;④ 自燃损失险每次赔偿实行20%的绝对免赔率,不适用主险中的各项免赔率、免赔额约定。

保险金额由投保人和保险人在投保时被保险机动车的实际价值内协商确定。

在赔偿处理上,全部损失,在保险金额内计算赔偿;部分损失,在保险金额内按实际修理费用计算赔偿。

3. 新增加设备损失险

投保了机动车损失保险的机动车,可投保新增加设备损失险。

保险责任为:保险期限内,投保了新增加设备损失险的被保险机动车因发生机动车损失保险责任范围内的事故,造成车上新增加设备的直接损毁,保险人在保险单载明的新增加设备损失险的保险金额内,按照实际损失计算赔偿。

责任免除为:新增加设备损失险每次赔偿的免赔约定以机动车损失保险条款约定为准。

保险金额根据新增加设备投保时的实际价值确定。新增加设备的实际价值是指新增加设备的购置价减去折旧金额后的金额。

4. 车身划痕损失险

投保了机动车损失保险的机动车,可投保车身划痕损失险。

保险责任为:保险期限内,投保了车身划痕损失险的机动车在被保险人或其允许的驾驶人使用过程中,发生无明显碰撞痕迹的车身划痕损失,保险人按照保险合同约定负责赔偿。

责任免除为:① 被保险人及其家庭成员、驾驶人及其家庭成员的故意行为造成的损失;② 因投保人、被保险人与他人的民事、经济纠纷导致的任何损失;③ 车身表面自然老化、损坏、腐蚀造成的任何损失;④ 车身划痕损失险每次赔偿实行15%的绝对免赔率,不适用主险中的各项免赔率、免赔额约定。

保险金额为2 000元、5 000元、10 000元或20 000元,由投保人和保险人在投保时协商确定。

赔偿处理方面:① 在保险金额内按实际修理费用计算赔偿;② 在保险期限内,累计赔款金额达到保险金额,车身划痕损失险保险责任终止。

5. 发动机涉水损失险

发动机涉水损失险仅适用于家庭自用汽车,党政机关、事业团体用车,企业非营业用车,且只有在投保了机动车损失保险后,方可投保发动机涉水损失险。

保险责任为:① 保险期限内,投保了发动机涉水损失险的被保险机动车在使用过程中,因发动机进水后导致的发动机的直接损毁,保险人负责赔偿。② 发生保险事故时,被保险人为防止或者减少被保险机动车的损失所支付的必要的、合理的施救费用,由保险人承担;施救费用数额在被保险机动车损失赔偿金额以外另行计算,最高不超过保险金额的数额。

责任免除为:发动机涉水损失险每次赔偿均实行15%的绝对免赔率,不适用主险中的各项免赔率、免赔额约定。

在赔偿处理方面,发生保险事故时,保险人在保险金额内计算赔偿。

6. 修理期间费用补偿险

只有在投保了机动车损失保险的基础上方可投保修理期间费用补偿险,机动车损失保险责任终止时,修理期间费用补偿险保险责任同时终止。

保险责任为:保险期限内,投保了修理期间费用补偿险条款的机动车在使用过程中,发生机动车损失保险责任范围内的事故,造成车身损毁,致使被保险机动车停驶,保险人按保险合同约定,在保险金额内向被保险人补偿修理期间费用,作为代步车费用或弥补停驶损失。

责任免除为:① 因机动车损失保险责任范围以外的事故而致被保险机动车的损毁或修理;② 非在保险人指定的修理厂修理时,因车辆修理质量不合要求造成返修;③ 被保险人或驾驶人拖延车辆送修期间;④ 修理期间费用补偿险每次事故的绝对免赔额为1天的赔偿金额,不适用主险中的各项免赔率、免赔额约定。

修理期间费用补偿险的保险金额为:保险金额=补偿天数×日补偿金额。

补偿天数及日补偿金额由投保人与保险人协商确定并在保险合同中载明,保险期限内约定的补偿天数最高不超过 90 天。

在赔偿处理方面,全车损失,按保险单载明的保险金额计算赔偿;部分损失,在保险金额内按约定的日赔偿金额乘以从送修之日起至修复之日止的实际天数计算赔偿,实际天数超过双方约定修理天数的,以双方约定的修理天数为准。保险期限内,累计赔款金额达到保险单载明的保险金额,修理期间费用补偿险的保险责任终止。

7. 车上货物责任险

投保了机动车第三者责任保险的机动车,可投保车上货物责任险。

保险责任为:保险期限内,发生意外事故致使被保险机动车所载货物遭受直接损毁,依法应由被保险人承担的损害赔偿责任,保险人负责赔偿。

责任免除为:① 货物遭偷盗、遭哄抢、自然损耗、本身缺陷、短少、死亡、腐烂、变质、串味、生锈,动物走失、飞失,货物自身起火燃烧或爆炸造成的货物损失;② 违法、违章载运造成的损失;③ 因包装、紧固不善、装载、遮盖不当导致的任何损失;④ 车上人员携带的私人物品的损失;⑤ 保险事故导致的货物减值、运输延迟、营业损失及其他各种间接损失;⑥ 法律、行政法规禁止运输的货物的损失;⑦ 车上货物责任险每次赔偿实行 20% 的绝对免赔率,不适用主险中的各项免赔率、免赔额约定。

责任限额由投保人和保险人在投保时协商确定。

在赔偿处理方面,被保险人索赔时,应提供运单、起运地货物价格证明等相关单据。保险人在责任限额内按起运地价格计算赔偿。

8. 精神损害抚慰金责任险

只有在投保了机动车第三者责任保险或机动车车上人员责任险的基础上方可投保精神损害抚慰金责任险。

在投保人仅投保机动车第三者责任保险的基础上附加精神损害抚慰金责任险时,保险人只负责赔偿第三者的精神损害抚慰金;在投保人仅投保机动车车上人员责任险的基础上附加精神损害抚慰金责任险时,保险人只负责赔偿车上人员的精神损害抚慰金。

保险责任为:保险期限内,被保险人或其允许的驾驶人在使用被保险机动车的过程中,发生投保的主险约定的保险责任内的事故,造成第三者或车上人员的人身伤亡,受害人据此提出精神损害赔偿请求,保险人依据法院判决及保险合同的约定,对应由被保险人或被保险机动车驾驶人支付的精神损害抚慰金,在扣除机动车交通事故责任强制保险应当支付的赔款后,在精神损害抚慰金责任险赔偿限额内负责赔偿。

责任免除为:① 根据被保险人与他人的合同协议,应由他人承担的精神损害抚慰金;② 未发生交通事故,仅因第三者或本车人员的惊恐而引起的损害;③ 怀孕妇女的流产发生在交通事故发生之日起 30 天以外的;④ 精神损害抚慰金责任险每次赔偿实行 20% 的绝对免赔率,不适用主险中的各项免赔率、免赔额约定。

精神损害抚慰金责任险每次事故赔偿限额由保险人和投保人在投保时协商确定。

在赔偿处理方面,精神损害抚慰金责任险的赔偿金额依据人民法院的判决在保险单所载明的赔偿限额内计算赔偿。

9. 不计免赔率险

投保了任一主险及其他设置了免赔率的附加险后,均可投保不计免赔率险。

保险责任为:保险事故发生后,按照对应投保的险种约定的免赔率计算的、应当由被保险人自行承担的免赔金额部分,保险人负责赔偿。

责任免除为:① 机动车损失保险中应当由第三方负责赔偿而无法找到第三方的;② 因违反安全装载规定而增加的;③ 发生机动车全车盗抢险约定的全车损失保险事故时,被保险人未能提供《机动车登记证书》、机动车来历凭证的,每缺少一项而增加的;④ 机动车损失保险中约定的每次事故绝对免赔额;⑤ 可附加《不计免赔率险条款》但未选择附加《不计免赔率险条款》的险种约定的;⑥ 不可附加《不计免赔率险条款》的险种约定的。

10. 机动车损失保险无法找到第三方特约险

投保了机动车损失保险后,可投保机动车损失保险无法找到第三方特约险。

投保了机动车损失保险无法找到第三方特约险后,对于《机动车损失保险条款》第十一条第(二)款(即被保险机动车的损失应当由第三方负责赔偿,无法找到第三方的,实行30%的绝对免赔率)列明的,被保险机动车损失应当由第三方负责赔偿,但因无法找到第三方而增加的由被保险人自行承担的免赔金额,由保险人负责赔偿。

11. 指定修理厂险

投保了机动车损失保险的机动车,可投保指定修理厂险。

投保了指定修理厂险后,机动车损失保险事故发生后,被保险人可指定修理厂进行修理。

12. 代步车保险

代步车保险是机动车损失保险的附加险,保险期限内,被保险机动车因遭受机动车损失保险合同约定的保险事故而修理,且被保险人在修理期限内需要代步机动车并提出请求的,保险人依照该特约条款的约定提供代步机动车。

此外,还可根据需要选择投保以下附加险,如车身划痕损失险,可选免赔额特约条款,发动机特别损失险,更换轮胎服务特约条款,送油、充电服务特约条款,拖车服务特约条款,附加换件特约条款,随车行李物品损失保险条款,新车特约条款,车上货物责任险,附加交通事故精神损害赔偿责任保险,教练车特约条款,附加油污污染责任保险,附加机动车出境保险等①。

九、机动车保险的承保和理赔程序

(一) 机动车保险的承保

1. 承保新业务一般要了解的情况

保险人要充分了解承保机动车辆的情况,以便确定采用合适的承保方式。包括:

(1) 车辆本身、其维修情况以及与之有关的风险,包括:车身、车型、维护状况、意外损失、火灾风险。如果加保盗窃险,还应考虑被盗的可能性。

---

① 这要视机动车损失保险的保险责任而定,如车身划痕损失,有些公司的机动车损失保险的保险责任已经包括,便无须附加车身划痕损失险。

(2) 车辆的用途和行使区域。同一类型的车辆,用途不同,危险程度不同,保险费率也就不同;车辆的行使区域对其风险程度有一定的影响。

(3) 车辆的驾驶人。在承保机动车保险时,主要应考虑被保险人或驾驶人的年龄、视力、听力、四肢健康、驾车经验、驾车习惯、职业等因素。

(4) 驾驶人以往的损失记录。据此确定是否承保以及保险费率。在国外,每张投保单要求由投保人详细填写有关投保车辆以往的损失记录,一般为过去 3—4 年的记录。

保险人在续保时,如发现以往的业务不好,则要查清原因,确定续保条件。

2. 变更、批改与加费、退费

保险单在未到期前,原承保事项如有补充或变更的,可由原保户填写批改申请书,送经保险公司同意办理批改手续。保户申请变更事项,其批改的保险期限,与原保单到期日相符才得另加批单。保单遇有变更时,其保费如有增减,应按未到期日数比例计算加费或退费,并在批单上同时批注清楚。批单变更事项分类如下:

(1) 保险金额的变更。保险金额遇有增减时,经被保险人通知保险公司予以签发批改后,原保费基数不动,其应改收的差额按未到期日数比例计算并同时批注。

(2) 行驶地区的变更。汽车行驶地区遇有变更时,经被保险人通知保险公司予以签发批单,批改后其变更行驶地区而不增加区域范围的,保费照旧,区域范围有增减时,保费按行驶区域加费标准及未到期日数比例计算增减金额并同时批注。

(3) 驾驶人的变更。汽车的驾驶人遇有变更时,经被保险人通知保险公司予以签发批单批改后,其承保条件和保费均不变更。

(4) 汽车发动机的更换。被保险汽车的发动机遇有更换时,经被保险人通知保险公司予以签发批单批注后,其承保条件及保费均不变更。

(5) 汽车的过户。被保险汽车遇有过户时,经投保人(被保险人)通知保险公司予以签发批单批注后,被保险汽车的权利和义务归新保户。

(6) 保险单的注销。车主或保险公司对于保险单均可随时有注销的权利,对方应无条件接受,不得提出异议。被保险人中途要求注销保险单时,保险公司应根据退保申请书,将未到期的部分保险费按照全年保费减去已过期的短期费率计算后予以退还,并立即解除保险责任。保险公司需注销保险单时,应提前 5 天通知被保险人,以便被保险人有所准备,保险费应按日比例计算至签发批单之日止。

保险单由于保险公司方面注销的,因并非出于被保险人的自愿,故退还未期满保险费的计算方式应以日数计算为准。凡不满一年的短期保险单须注销的,其已保期间的应收保险费须按照"短期费率"计算。被保险人在保险责任开始前,要求解除合同的,保险人应退还保险费,并按照有关规定,扣减一定的退保手续费。

3. 保险单的签发以及单证流转程序

(1) 填签转保单。业务经办人员按辆计算保费后,应在投保单及其附表上填写由保险人填写的项目。业务经办人员在对投保单的全部内容审核无误以后,将投保单转交给内勤人员缮制保险单证。

(2) 缮制保险单证。《机动车保险单》是保险人与被保险人签订的保险合同凭证,具有法律效力。保险单一式三份(一份正本、两份副本)。《机动车保险凭证》是机动车辆参加保险的凭证,应交被保险人或其驾驶人员随车携带。

(3) 清分与单证流转。单证流转为:接受投保单、审核投保单、出具投保单、复核签单、清分与单证流转、登记业务资料卡、填制日报表和投保单及保险单、副本归档。

(二) 机动车保险的理赔程序

1. 理赔流程

理赔流程为:得到出险通知、登记立案、查抄单底、现场查勘、确定责任、协商定损、计算赔款、缮制赔款计算书、复核审批、分理单据、结案登记、案卷归档。其赔款金额经保险合同双方确认后,保险人在10天内一次赔偿结案。

2. 免赔的规定

我国机动车保险条款规定了机动车保险每次保险事故的赔款计算应按责任免赔比例的原则。根据被保险机动车驾驶员在事故中所负责任,机动车损失保险、机动车第三者责任保险、机动车车上人员责任保险在符合赔偿规定的金额内实行绝对免赔率。免赔率的高低根据保险车辆驾驶人在事故中所负责任而定,其责任分为全部责任[①]、主要责任、同等责任、次要责任、无责任。相应地,免赔率也有所不同,根据所负责任的大小相应地降低,无责任则无赔。如有些规定:负全部责任的免赔20%,负主要责任的免赔15%,负同等责任的免赔10%,负次要责任的免赔5%,单方肇事事故的绝对免赔率为20%。该规定的目的在于促进被保险人加强防灾防损、减少保险事故。

3. 理赔程序

被保险人索赔时,应当向保险人提供与确认保险事故的性质、原因、损失程度等有关的证明和资料。被保险机动车在发生交通事故后,经现场查勘或事后了解情况后,被保险人应当提供保险单、损失清单、有关费用单据、被保险机动车行驶证和发生事故时驾驶人的驾驶证。属于道路交通事故的,被保险人应当提供公安机关交通管理部门或法院等机构出具的事故证明、有关的法律文书(判决书、调解书、裁定书、裁决书等)和通过交强险获得赔偿金额的证明材料。属于非道路交通事故的,应提供相关的事故证明。经审核无误后,业务经办人员应按机动车损失保险、施救费、机动车第三者责任保险、机动车车上人员责任保险分别计算赔款金额。保险人依据保险车辆驾驶员在事故中所负责任比例,相应地承担赔偿责任。

被保险机动车因保险事故受损或致使第三者财产损坏,应当尽量修复。修复前被保险人须会同保险人检验,确定修复项目、方式和费用;否则,保险人有权重新核定或拒绝赔偿。

十、机动车交通事故责任强制保险

(一) 机动车交通事故责任强制保险的特点[②]

机动车交通事故责任强制保险(以下简称"交强险")相对于商业第三者责任保险(以下简称商业三责险)而言,具有以下特点:

---

① 单方肇事属于全部责任的一种。单方肇事事故是指不涉及与第三方有关的损害赔偿的事故,但不包括自然灾害引起的事故。

② 参考李祝用、徐首良:《论机动车第三者责任强制保险与自愿保险之区别》,《保险研究》,2006年第1期。

1. 实施方式不同

交强险是强制保险,商业三责险是自愿保险。《中华人民共和国道路交通安全法》第十七条规定:国家实行机动车第三者责任强制保险制度。《机动车交通事故责任强制保险条例》(以下简称《条例》)第二条规定:"在中华人民共和国境内道路上行驶的机动车的所有人或者管理人,应当依照《中华人民共和国道路交通安全法》的规定投保机动车交通事故责任强制保险。"同时,要求具有经营交强险资格的保险公司不能拒保,也不能随意解除交强险合同,但投保人未履行如实告知义务的除外。违反强制性规定的机动车所有人、管理人或保险公司都将受到处罚。因此,交强险属于强制保险。而法律法规对商业三责险没有强制性规定,机动车的所有人或者管理人是否投保、保险人是否承保纯属自愿行为,是通过投保人和保险人自愿签订合同的方式实施的,属于自愿保险。

2. 目的不同

交强险的根本目的在于保护受害人的利益,使受害人得到及时、便捷的补偿,因此,交强险除具有保险的一般风险管理功能之外,还具有一定的社会管理功能;商业三责险的目的在于保护被保险人的利益,即通过保险的风险管理功能转移被保险人的赔偿责任风险。这是两者的根本区别,由此决定了两者在制度设计上的诸多具体差别。

3. 性质不同

交强险不以营利为目的,属于政府行为,其基本经营原则是不盈不亏,是为了贯彻一项社会政策;而商业三责险是一种商业保险,属于买卖行为,其经营的目的是营利。

4. 责任范围不同

交强险的保险责任范围比商业三责险宽泛。基于交强险的目的,就保险责任而言,对一部分责任,采用无过错责任原则,即在其责任限额范围内不再探究被保险人有无过错,只要因交通事故造成第三者损害,无论加害人是否有过错,受害人均可请求保险赔偿给付[①];对另一部分,则采用过错责任原则。同时没有免赔规定。如《中华人民共和国道路交通安全法》第七十六条规定:"机动车发生交通事故造成人身伤亡、财产损失的,由保险公司在机动车第三者责任强制保险责任限额范围内予以赔偿。"这也说明,交强险赔偿在先,其余部分在商业三责险责任限额内赔偿。《条例》第二十一条规定:"被保险机动车发生道路交通事故造成本车人员、被保险人以外的受害人人身伤亡、财产损失的,由保险公司依法在机动车交通事故责任强制保险责任限额范围内予以赔偿。道路交通事故的损失是由受害人故意造成的,保险公司不予赔偿。"因此,交强险的赔偿范围几乎涵盖了所有道路交通责任风险。

而商业三责险则不同程度地规定有免赔额、免赔率或责任免除事项。商业三责险的标的是"被保险人对第三者依法应负的赔偿责任"。因而商业三责险条款一般均规定被保险人依法应承担的赔偿责任,这里采用的归责原则是过失责任原则,只有被保险人对第三者依法负有赔偿责任并且此赔偿责任属于保险责任时,保险公司才负责赔偿。

---

① 对无过错责任应当正确理解:第一,所谓无过错,是指双方都无过错;第二,在双方均无法举证对方过错的情况下,推定机动车方有过错。

5. 责任限额不同

交强险的责任限额较低,采用分项责任限额,最低限额由保险监管部门制定,投保人不可进行选择,并且在最低限额内再区分人身伤亡赔偿限额和财产损失赔偿限额。交强险的责任限额分为死亡伤残赔偿限额、医疗费用赔偿限额、财产损失赔偿限额以及被保险人在道路交通事故中无责任的赔偿限额。其中,无责任的赔偿限额分为无责任死亡伤残赔偿限额、无责任医疗费用赔偿限额以及无责任财产损失赔偿限额。商业三责险的责任限额较高,采用综合责任限额,而且分为若干个档次,投保人可以选择,且每个档次的限额一般不再区分人身伤亡赔偿限额和财产损失赔偿限额。如有的机动车三责险条款将责任限额分为5万元、10万元、20万元、50万元、100万元以上等多个档次,供投保人自由选择。

6. 条款、费率制定方式不同

各国对条款、费率的监管方式不同,总的来说,对商业三责险的监管较松,对交强险的监管则较为严格。我国交强险条款和费率由保险监管机构统一制定和公布,各保险公司统一使用。《条例》第六条规定:"机动车交通事故责任强制保险实行统一的保险条款和基础保险费率。保监会按照机动车交通事故责任强制保险业务总体上不盈利不亏损的原则审批保险费率。保监会在审批保险费率时,可以聘请有关专业机构进行评估,可以举行听证会听取公众意见。"保险公司经营该项业务必须符合保险监管机构制定和公布的条款。而商业三责险的条款和费率由保险公司或保险行业协会制定,报保险监管机构备案或审批。

7. 辅助补偿制度设置不同

在交强险制度下建立了相应的配套制度。首先,建立了社会救助基金制度,作为交强险的补充,如未投保车辆或肇事逃逸车辆侵权致害的补偿制度。《中华人民共和国道路交通安全法》第十七条规定,国家设立道路交通事故社会救助基金;《条例》第二十四条至第二十六条对此作出了相关规定。其次,在交强险赔偿上规定了先行垫付再向被保险人追偿的制度,如《条例》第二十二条规定:"有下列情形之一的,保险公司在机动车交通事故责任强制保险责任限额范围内垫付抢救费用,并有权向致害人追偿:驾驶人未取得驾驶资格或者醉酒的;被保险机动车被盗抢期间肇事的;被保险人故意制造道路交通事故的。有前款所列情形之一,发生道路交通事故的,造成受害人的财产损失,保险公司不承担赔偿责任。"

商业三责险的主要目的在于填补被保险人因对第三者的赔偿责任而受的损失,因此也就没有设置相应的对受害人的辅助补偿制度,当未查明交通事故肇事者或者肇事者没有投保时,受害人不能向保险人请求赔偿,也不能获得相应的救助;对于一些特殊风险,如前述酒后开车、无证驾驶、故意撞人等,保险公司一般将其列为责任免除,不予赔偿。

(二)保险责任和责任免除

1. 保险责任

在中华人民共和国境内(不含港、澳、台地区),被保险人在使用被保险机动车过程中发生交通事故,致使受害人遭受人身伤亡或者财产损失,依法应当由被保险人承担的损害赔偿责任,保险人按照交强险合同的约定对每次事故在下列赔偿限额内负责赔偿:死亡伤残赔偿限额为110 000元;医疗费用赔偿限额为10 000元;财产损失赔偿限额为2 000元。

被保险人无责任时,无责任死亡伤残赔偿限额为11 000元;无责任医疗费用赔偿限额为1 000元;无责任财产损失赔偿限额为100元。①

死亡伤残赔偿限额和无责任死亡伤残赔偿限额项下负责赔偿丧葬费、死亡补偿费、受害人亲属办理丧葬事宜支出的交通费用、残疾赔偿金、残疾辅助器具费、护理费、康复费、交通费、被抚(扶)②养人生活费、宿费、误工费,被保险人依照法院判决或者调解承担的精神损害抚慰金。

医疗费用赔偿限额和无责任医疗费用赔偿限额项下负责赔偿医药费、诊疗费、住院费、住院伙食补助费、必要的、合理的后续治疗费、整容费、营养费。

2. 责任免除

对下列损失和费用,交强险不负责赔偿和垫付:① 因受害人故意造成的交通事故的损失;② 被保险人所有的财产及被保险机动车上的财产遭受的损失;③ 被保险机动车发生交通事故,致使受害人停业、停驶、停电、停水、停气、停产、通信或者网络中断、数据丢失、电压变化等造成的损失以及受害人财产因市场价格变动造成的贬值、修理后因价值降低造成的损失等其他各种间接损失;④ 因交通事故产生的仲裁或者诉讼费用以及其他相关费用。

(三) 垫付和追偿

被保险机动车在下列之一的情形下发生交通事故,造成受害人受伤需要抢救的,保险人在接到公安机关交通管理部门的书面通知和医疗机构出具的抢救费用清单后,按照国务院卫生主管部门组织制定的交通事故人员创伤临床诊疗指南和国家基本医疗保险标准进行核实。对于符合规定的抢救费用,保险人在医疗费用赔偿限额内垫付。被保险人在交通事故中无责任的,保险人在无责任医疗费用赔偿限额内垫付。这些情形包括:① 驾驶人未取得驾驶资格的;② 驾驶人醉酒的;③ 被保险机动车被盗抢期间肇事的;④ 被保险人故意制造交通事故的。对于垫付的抢救费用,保险人有权向致害人追偿。对于其他损失和费用,保险人不负责垫付和赔偿。

在交强险中,抢救费用是指被保险机动车发生交通事故导致受害人受伤时,医疗机构对生命体征不平稳,以及虽然生命体征平稳但如果不采取处理措施会出现生命危险,或者导致残疾、器官功能障碍,或者导致病程明显延长的受害人,参照国务院卫生主管部门组织制定的交通事故人员创伤临床诊疗指南和国家基本医疗保险标准,采取必要的处理措施所发生的医疗费用。

---

① 2006年《机动车道路交通事故责任强制保险条款》对其的规定分别为:死亡伤残赔偿限额为50 000元,医疗费用赔偿限额为8 000元,财产损失赔偿限额为2 000元。被保险人无责任时,无责任死亡伤残赔偿限额为10 000元,无责任医疗费用赔偿限额为1 600元;无责任财产损失赔偿限额为400元。书中数据为2008年2月1日实施的《中国保监会关于调整交强险责任限额的公告》(2008年1月11日)调整后的赔偿限额。

② 我国2006年《机动车道路交通事故责任强制保险条款》中只列了扶养,但受害者亲属也许有未成年人,故应包括抚养,改为抚(扶)。

（四）责任限额和保险费率

1. 责任限额

交强险合同中的责任限额是指被保险机动车发生交通事故，保险人对每次保险事故所有受害人的人身伤亡和财产损失所承担的最高赔偿金额。责任限额分为死亡伤残赔偿限额、医疗费用赔偿限额、财产损失赔偿限额以及被保险人在道路交通事故中无责任的赔偿限额。其中，无责任的赔偿限额分为无责任死亡伤残赔偿限额、无责任医疗费用赔偿限额以及无责任财产损失赔偿限额。具体为：

（1）过错责任的赔偿限额。在中华人民共和国境内（不含港、澳、台地区），被保险人在使用被保险机动车过程中发生交通事故，致使受害人遭受人身伤亡或者财产损失，依法应当由被保险人承担的损害赔偿责任，保险人按照交强险合同的约定对每次事故在下列赔偿限额内负责赔偿：死亡伤残赔偿限额为 110 000 元；医疗费用赔偿限额为 10 000 元；财产损失赔偿限额为 2 000 元。交强险实行 122 000 元的总责任限额。

（2）无过错责任的赔偿限额。被保险人无责任时，无责任死亡伤残赔偿限额为 11 000 元；无责任医疗费用赔偿限额为 1 000 元；无责任财产损失赔偿限额为 100 元。

交强险实行的 122 000 元总责任限额方案是综合考虑了赔偿覆盖面和消费者支付能力后确定的。机动车所有人或管理人在购买交强险后，还可根据自身的支付能力和保障需求，在交强险基础之上同时购买商业三责险作为补充。

目前实行 122 000 元总责任限额比较符合当前国民经济发展水平和消费者的支付能力，以及保险公司的经营能力。交强险制度实施一段时间后，保监会可以根据《条例》规定、国民经济发展水平以及制度实施的具体情况，会同相关部门适时调整责任限额。[1]

2. 保险费率

在确定交强险费率时主要考虑以下因素：车辆用途、赔偿原则、保障范围、车型大小、经营原则、责任限额、以往损失记录，以及国民经济发展水平和消费者承受能力、保险公司经营能力等。

交强险费率实行与被保险机动车道路交通安全违法行为、交通事故记录相联系的浮动机制。签订交强险合同时，投保人应当一次支付全部保险费。保险费按照中国保监会批准的交强险费率计算。

我国机动车分为家庭自用车、非营业客车、营业客车、非营业货车、营业货车、特种车、摩托车、拖拉机八大类，每大类又可按车型大小以及进一步的细分用途进行分类，相应的费率也有所不同。如家庭自用车分为家庭自用汽车 6 座以下和家庭自用汽车 6 座以上两类，其费率分别为 950 元和 1 100 元；非营业客车分为企业用和机关用非营业客车，并且分别按车座数进行分类；营业客车分为营业出租租赁客车、营业城市公交客车、营业公路客运车，并且每种类型又可分别按车座进行分类等。相应地，费率随用途、使用

---

[1] 本书认为：由于全国经济发展不平衡，因此，该赔偿限额应该与经济落后地区的收入水平相匹配，这样可以防止道德风险，对发达或不发达地区赔偿金额不够的部分，车主可通过商业三责险进行补充。

单位、车座数的不同而不同。

（五）保险期限

按《条例》规定，交强险的保险期限为 1 年。仅在四种情形下，投保人可以投保 1 年以内的短期交强险：一是境外机动车临时入境的；二是机动车临时上路行驶的；三是机动车距规定的报废期限不足 1 年的；四是保监会规定的其他情形。

（六）赔偿处理

被保险机动车发生交通事故的，由被保险人向保险人申请赔偿保险金。被保险人索赔时，应当向保险人提供以下材料：交强险的保险单；被保险人出具的索赔申请书；被保险人和受害人的有效身份证明、被保险机动车行驶证和驾驶人的驾驶证；公安机关交通管理部门出具的事故证明，或者人民法院等机构出具的有关法律文书及其他证明；被保险人根据有关法律法规规定选择自行协商方式处理交通事故的，应当提供依照《交通事故处理程序规定》规定的记录交通事故情况的协议书；受害人财产损失程度证明、人身伤残程度证明、相关医疗证明以及有关损失清单和费用单据；其他与确认保险事故的性质、原因、损失程度等有关的证明和资料。

保险事故发生后，保险人按照国家有关法律法规规定的赔偿范围、项目和标准以及交强险合同的约定，并根据国务院卫生主管部门组织制定的交通事故人员创伤临床诊疗指南和国家基本医疗保险标准，在交强险的责任限额内核定人身伤亡的赔偿金额。

因保险事故造成受害人人身伤亡的，未经保险人书面同意，被保险人自行承诺或支付的赔偿金额，保险人在交强险责任限额内有权重新核定。

因保险事故损坏的受害人财产需要修理的，被保险人应当在修理前会同保险人检验，协商确定修理或者更换项目、方式和费用。否则，保险人在交强险责任限额内有权重新核定。

被保险机动车发生涉及受害人受伤的交通事故，因抢救受害人需要保险人支付抢救费用的，保险人在接到公安机关交通管理部门的书面通知和医疗机构出具的抢救费用清单后，按照国务院卫生主管部门组织制定的交通事故人员创伤临床诊疗指南和国家基本医疗保险标准进行核实。对于符合规定的抢救费用，保险人在医疗费用赔偿限额内支付。被保险人在交通事故中无责任的，保险人在无责任医疗费用赔偿限额内支付。交强险理赔采用连续责任制。

（七）合同的变更与终止

在交强险合同有效期内，被保险机动车所有权发生转移的，投保人应当及时通知保险人，并办理交强险合同变更手续。

在下列三种情况下，投保人可以要求解除交强险合同：被保险机动车被依法注销登记的；被保险机动车办理停驶的；被保险机动车经公安机关证实丢失的。

交强险合同解除后，投保人应当及时将保险单、保险标志交还保险人；无法交回保险标志的，应当向保险人说明情况，征得保险人的同意。

发生《条例》所列明的投保人、保险人解除交强险合同的情况时，保险人按照日费率收取自保险责任开始之日起至合同解除之日止期间的保险费。

(八)投保人、被保险人的义务

(1)投保人投保时,应当如实填写投保单,向保险人如实告知重要事项,并提供被保险机动车的行驶证和驾驶证复印件。重要事项包括:机动车的种类、厂牌型号、识别代码、号牌号码、使用性质,机动车所有人或者管理人的姓名(名称)、性别、年龄、住所、身份证或者驾驶证号码(组织机构代码),续保前该机动车发生事故的情况,以及保监会规定的其他事项。投保人未如实告知重要事项,对保险费计算有影响的,保险人按照保单年度重新核定保险费计收。

(2)签订交强险合同时,投保人不得在保险条款和保险费率之外,向保险人提出附加其他条件的要求。

(3)投保人续保的,应当提供被保险机动车上一年度交强险的保险单。

(4)在保险合同有效期内,被保险机动车因改装、加装、使用性质改变等导致危险程度增加的,被保险人应当及时通知保险人,并办理批改手续;否则,保险人按照保单年度重新核定保险费计收。

(5)被保险机动车发生交通事故,被保险人应当及时采取合理、必要的施救和保护措施,并在事故发生后及时通知保险人。

(6)发生保险事故后,被保险人应当积极协助保险人进行现场查勘和事故调查。发生与保险赔偿有关的仲裁或者诉讼时,被保险人应当及时书面通知保险人。

(九)社会救助基金

根据《条例》规定,国家设立道路交通事故社会救助基金(以下简称"救助基金"),发生下列情形之一,即抢救费用超过交强险责任限额、肇事机动车未参加交强险、机动车肇事后逃逸时,将由救助基金先行垫付道路交通事故中受害人人身伤亡的丧葬费用、部分或者全部抢救费用,救助基金管理机构有权向道路交通事故责任人追偿。

救助基金的来源包括:① 按照交强险保险费的一定比例提取的资金[①];② 对未按照规定投保交强险的机动车的所有人、管理人的罚款;③ 救助基金管理机构依法向道路交通事故责任人追偿的资金;④ 救助基金孳息;⑤ 其他资金。

救助基金的具体管理办法,由国务院财政部门会同保监会、国务院公安部门、国务院卫生主管部门、国务院农业主管部门制定试行。

---

① 应该指出,按照交强险保险费的一定比例提取作为救助基金来源的一部分是不合适的,原因在于:第一,它显失公平,交强险赔偿分为过错责任和无过错责任,被保险人已经承担了过错责任和无过错责任两份责任的费率;同时,交通违规已经罚款,再从中提取等于第二次罚款,甚至让没有违规的也再次遭受变相的赔偿。第二,很难达到保护受害人利益的目的,因为不该交的保费太多,会促使投保率下降,严重的话,会使保险公司的赔付能力受到影响,进而影响到受害人的保障。因此,应当取消按交强险保险费的一定比例提取,改为从交通违规罚款中提取一部分作为救助基金的来源之一。

机动车单方过错保险赔偿案

甲、乙两车于2016年10月18日分别向A、B两家保险公司投保了交强险。同时，甲向A保险公司投保了机动车损失保险和第三者责任保险，前者的保险金额为24万元，后者的责任限额为10万元。在保险期间，甲车在一次行驶中与乙车相撞，同时引起火灾，甲车全部烧毁，损失金额为24万元，残值为1.2万元，车上2位乘客和司机李某受伤，支付医疗费用2万元；乙车车损8万元，残值0.8万元，车上人员医疗费用1万元。经交通管理部门鉴定，甲车负全部责任，免赔率为20%。问：按交强险条款和机动车保险条款，保险公司应如何赔偿？

根据该案例，分析如下：

1. 按交强险的赔付

A保险公司赔付金额=0.2+1=1.2（万元）

B保险公司赔付金额=0.1+0.01=0.11（万元）

2. 机动车保险（商业保险部分）

A保险公司赔付金额

甲车机动车损失保险的赔偿金额

=（保险金额范围内的车辆损失金额－B保险公司已按交强险赔偿的车辆损失金额）×（1－免赔率）

=（24－1.2－0.01）×（1－20%）

=18.232（万元）

第三者责任保险的赔付金额

=（乙车的财产损失和人身损害赔偿金额－A保险公司已按交强险赔偿给乙车的财产损失和人身损害金额）×（1－免赔率）

=[(8－0.8+1)－1.2]×（1－20%）

=5.76（万元）

以上两项合计为A保险公司赔付金额=18.232+5.76=23.992（万元）

A保险公司赔付总金额=23.992+1.2=25.192（万元）

B保险公司赔付总金额=0.1+0.01=0.11（万元）

机动车双方过错保险赔偿案

甲、乙两车于2016年10月18日分别向A、B两家保险公司投保了交强险。同时，甲向A保险公司投保了机动车损失保险和机动车第三者责任保险，前者的保险金额为24万元，后者的责任限额为10万元。在保险期间，甲车在一次行驶中与乙车相撞，同时引起火灾，甲车全部烧毁，损失金额为24万元，残值为1.2万元，车上2位乘客和司机李某受伤，支付医疗费用2万元；乙车车损8万元，残值0.8万元，车上人员医疗费用1万元。经交通管理部门鉴定，甲车负70%的责任，乙车负30%的责任。A保险公司对甲车的免赔率为15%。问：按交强险条款和机动车保险条款，保险公司应如何赔偿？

1. 按交强险的赔付

A保险公司赔付金额＝0.2＋1＝1.2（万元）

B保险公司赔付金额＝0.2＋1＝1.2（万元）

2. 机动车保险（商业保险部分）

A保险公司赔付金额

机动车损失保险车辆损失险的赔偿金额

＝（保险金额范围内的车辆损失金额－B保险公司已按交强险赔偿的车辆损失金额）×甲车的责任比例×（1－免赔率）

＝（24－1.2－0.2）×70%×（1－15%）

＝13.447（万元）

第三者责任险的赔付金额

＝（乙车的财产损失和人身损害赔偿金额－A保险公司已按交强险赔偿乙车的财产损失和人身损害金额）×甲车的责任比例×（1－免赔率）

＝[（8－0.8＋1）－1.2]×70%×（1－15%）

＝4.165（万元）

以上两项合计为A保险公司赔付金额＝13.447＋4.165＝17.612（万元）

A保险公司赔付总金额＝17.612＋1.2＝18.812（万元）

B保险公司赔付总金额＝1＋0.2＝1.2（万元）

第二节 船舶保险

船舶保险常分为国内船舶保险和远洋船舶保险，实际上，两者常常很难区分，故将二者结合起来进行介绍。

一、船舶保险的特点与保障内容

（一）船舶保险的定义与特点

船舶保险是以各种类型的船舶为保险标的的保险。其中，船舶是指能漂浮和航行于海洋、江河及其他可通航水域的任何形状的物体，并能自由地、有控制地将货物或旅客从一个港口运往另一个港口的浮动物体。从通常定义上来讲，船舶是浮于水面上的物体；船舶是供航行使用的；船舶是机具，是一定的构成物。船舶保险的种类主要有国内船舶保险和远洋船舶保险两大类。承保的船舶以民用船舶为主。船舶保险与货物运输保险相比，有以下特点：

（1）运输货物保险一般只承保货物在运输过程中的风险，而船舶保险可以承保从船舶建造下水开始，直到船舶营运以至停泊和最后报废拆船为止的整个过程的风险。

（2）船舶保险比货物运输保险的保障范围要广泛得多。它既保船体（船壳）、机器、设备、燃料、供给品，还保与船舶有关的利益、费用和责任。

（3）船舶保险涉及一个危险单位的价值比货物运输保险相对集中，船舶发生损失往往会出现巨额赔款。如1980年3月挪威北海钻井平台"海上酒家—亚历山大·基兰德"号被强力大风吹翻，造成123人死亡，物质损失3.27亿挪威克朗[①]，救助费用为600万美元；同年美国船舶保险组合承保的三艘液化天然气运输船，因船只绝缘结构不良，赔款损失达3亿美元。

（4）货主对运输途中的货物安全是无法控制的，而船舶无论在航行途中还是停泊期间，始终是在船东雇用的经理人员和船长、船员的操纵下，这些人员受船东的直接支配和掌握。因而，船东的经营作风、管理水平和信誉对保险船舶的安全会有直接影响。

（二）船舶保险的保障内容

（1）船舶的物质损失。船舶的物质损失包括船壳、机器（包括主机、副机、发电机等）以及海洋船舶的导航设备、燃料、给养等。凡属于船舶本身以及附属于船上的财产，而为船东所有的，均予承保。物质损失是船舶保险保障的主要内容。

（2）船舶的有关利益。也就是指船舶本身物质损失以外的利益损失。当船舶发生事故时，除了船舶本身遭受局部或全部损失外，还因船舶停航、修理使被保险人遭受到各种利益损失，如运费、船舶租金、营运费用、保险费以及船员工资等。这些利益损失，在国外船舶保险中，有相当一部分是作为费用来加保的。

（3）对第三者的赔偿责任。船舶保险承保的对第三者的赔偿责任是在发生船舶碰撞事故后船东或光船租船人对第三者所造成的财产损失和人身伤害依法应负的赔偿责任。由船舶引起的责任（包括法律责任）需要船东或光船租船人在经济上负责给予受损第三者赔偿，如船舶碰撞责任、油污责任以及清除航道责任、打捞沉船责任，等等。

二、船舶保险的保险责任

我国目前的船舶保险分为全损险和一切险两个险别。全损险只承保船舶因保险合

---

① 根据 http://hl.anseo.cn/rate_nok.aspx，1挪威克朗＝0.1631美元。

同约定的原因导致的全部损失,一切险承保船舶的全部损失和部分损失。显然,全损险是一切险承保责任的一部分,故在此分别介绍全损险和一切险的保险责任。一切险项下的保险责任包括:全损险的保险责任、碰撞责任、施救费用、共同海损和救助。

(一)全损险的保险责任

全损险承保被保险船舶因遭受保险范围内的风险而造成的全部损失,包括实际全损和推定全损。船舶保险承保的风险采用列明方式。船舶保险全损险承保由于下列原因所造成的被保险船舶的全部损失:

(1)海上风险。海上风险一般是指由海上自然灾害和意外事故构成的海上灾难。包括:地震、火山爆发、雷电或其他自然灾害;搁浅、碰撞、触碰任何固定或浮动物体或其他物体,或其他海上灾害。

(2)火灾或爆炸。按传统的海上保险的规定,火灾或爆炸与海洋没有必然联系,因此,单独列为海上保险的一项保险责任。

(3)来自船外的暴力盗窃或海盗行为。

(4)抛弃货物。在被保险船舶遭遇海上风险时,为了船舶安全,抛弃货物所引起的船舶灭失或损坏,例如因抛弃货物使船舶失去稳定性而倾覆沉没,或者抛弃船上装载的易燃、易爆货物时,可能引起船舶受损,并构成实际全损或推定全损。

(5)核装置或核反应堆发生的故障或意外事故。这些核装置或核反应堆是指船舶航行所使用的核动力,是非军事用的,与核武器无关。这是为了适应现代科技的需要,扩展承保的一项风险。

(6)船员疏忽行为所致的损失。我国船舶保险条款规定,该保险还承保由于下列原因所造成的被保险船舶的全部损失:① 装卸或移动货物或燃料时发生的意外事故;② 船舶机件或船壳的潜在缺陷;③ 船长、船员有意损害被保险人利益的行为;④ 船长、船员和引水员、修船人员及租船人的疏忽行为;⑤ 任何政府当局为防止或减轻因承保风险造成被保险船舶损坏引起的污染所采取的行动,但这种损失原因应不是由于被保险人、船东或管理人未恪尽职责所致的。

(二)一切险的保险责任

一切险除承担全损险的保险责任外,还负责这些风险给船舶造成的部分损失,以及下列责任和费用:

1. 碰撞责任

船舶碰撞是指船舶在水上与其他船舶或物体猛烈接触而发生的意外事故。按照国际惯例,船舶与其他船舶相撞称为碰撞;船舶与船舶以外的其他任何固定或浮动物体接触称为触碰。船舶因碰撞或触碰所致的损失是船舶保险承保的基本风险之一。

我国船舶保险碰撞责任条款规定:船舶一切险负责因被保险船舶与其他船舶碰撞或触碰任何固定的浮动物体或其他物体而引起被保险人应负的法律赔偿责任。但碰撞责任不包括下列责任:① 人身伤亡或疾病;② 被保险船舶本船所载的货物或财产或其他承保的责任;③ 清除障碍物、残骸、货物或任何其他物品的费用;④ 任何财产或物体所造成的污染或玷污(包括预防措施或清除的费用),但与被保险船舶发生碰撞的他船或其所载财产遭受的污染或玷污不在此限;⑤ 任何固定的、浮动的物体以及其他物体的延迟或丧失使用的间接损失和费用。船舶碰撞责任条款还规定:当被保险船舶与其他船舶发生碰撞双方均有过失时,除一方或双方船东按法律规定享受责任限制外,船舶保险碰撞责任下的赔偿应按交叉责任的原则计算(即船舶所有人必须按照彼此的责任比例赔偿对方损失)。当被保险船舶碰撞其他物体时,亦适用此项原则。

2. 共同海损和救助

共同海损是指在同一航程中,船舶和船上所载货物遭遇共同危险时,为了共同安全,故意而合理地采取措施所直接造成的特殊牺牲和支付的特殊费用。这种牺牲或费用应由同一航程中的船货等利害关系方按各自的获救价值进行分摊。船舶保险上的分摊则为被保险船舶应当分摊的那一部分,而非全部。

救助是指被保险船舶遭受承保风险的袭击,单凭本身力量无法解脱其困境,只好请求第三者或第三者自愿前来提供帮助,解脱其所处危险的行为。由此而引起的费用称为救助费用。如果船舶遭受承保风险袭击,船上有关利益方均遭受海损威胁,则该项救助费用应列入共同海损费用,由各利益方按照获救价值的比例分摊,通常列入共同海损费用,否则,不能在该条款项下赔付。除油轮救助外,国际上通行的救助合同均以"无效果、无报酬"(No cure, No pay)的原则计算救助报酬。

我国船舶保险条款规定:被保险船舶若发生共同海损牺牲,被保险人可获得这种损失的全部赔偿,而无须先行使向其他各方索取分摊额的权利。该规定在核定共同海损和救助费用时,如保险金额低于约定价值或低于共同海损或施救费用的分摊价值,保险人的赔偿责任要按船舶的保险金额在分摊价值中所占的比例计算。

3. 施救费用

又称施救整理费用,属单独海损性质。施救费用是为了保险标的的单方利益,由被保险人或其代理人、雇佣人等对受损标的采取各种抢救、防护措施所产生的费用。施救条款规定,被保险人在保险标的发生承保风险时,要像没有将船保过险那样谨慎,采取各种防止或减少保险标的进一步受损的措施。我国船舶一切险条款规定:由于承保风险造成船舶损失或船舶处于危险之中,被保险人为防止或减少根据船舶一切险可以得到赔偿的损失而付出的合理费用,保险人应予以赔付。施救费用是一种单独费用。因此,它是船舶保险其他条款规定的赔偿责任以外的一项约定,保险人对施救费用的赔偿金额不受船舶本身损失、碰撞责任、共同海损分摊和救助等赔偿金额的限制,但不得超过船舶的保险金额。

专栏 5.4

船舶保险案

某公司承保的 Y 轮装载 13 165 吨散装化肥于 1981 年 6 月 14 日凌晨 3 点 40 分(当地时间)在丹麦埃斯比约附近海域搁浅。为了船货的共同安全,船长请求埃斯比约港拖轮救助,并与之签订了劳氏"无效果,无报酬"标准格式救助合同。经过拖轮救助,

Y轮于当天上午10点30分(当地时间)脱浅。救助方要求Y轮船东提供130 000英镑的救助担保。保险人代表船东提供了100 000英镑的担保,货方提供了30 000英镑的担保。

Y轮估价9 000 000美元,减去估损修理费100 000美元,得出Y轮的共损分摊价值为8 900 000美元;货物估价3 387 230.94美元;Y轮保额3 990 000美元。本案宣布共同海损,救助报酬经双方协商同意,为67 750英镑(包括利息和费用),船货总分摊价值为12 287 230.94美元。最终Y轮分摊共损费用49 073.3英镑,货方分摊共损费用18 676.7英镑。

Y轮分摊的共损费用49 073.3英镑本应全部由保险人赔付,但因其在共损发生时的完好估价为9 000 000美元,而其保险金额仅为3 990 000美元,属于不足额保险,所以应按比例赔付Y轮船东的共损分摊费用,即保险人仅赔付49 073.30×3 990 000/9 000 000=21 755.83英镑,Y轮船东自负27 317英镑。

资料来源:http://jxpt.zfc.edu.cn/eol/homepage/common/opencourse/onlinepreview.jsp?countadd=1&lid=10333&resid=5456。

三、船舶保险的责任免除

船舶承保人为了控制船舶损失的赔偿责任,或者为了促使被保险人爱护保险财产,对有些应由被保险人承担的责任,均在保险条款中明列为责任免除。除保险合同另有约定外,保险人对下列原因之一造成被保险船舶损失,不负赔偿责任:① 船舶不适航。船舶不适航包括人员配备不当、装备不妥或配载不当,但以被保险人在船舶开航时知道或应该知道此种不适航为限。② 被保险人及其代表的疏忽或故意行为。③ 被保险人恪尽职责应予发现的正常磨损、锈蚀、腐烂或保养不周或材料缺陷,包括不良状态部件的更换和修理。④ 保险公司承保的战争险、罢工险的保险责任和责任免除。⑤ 清除障碍物、残骸及清除航道费用。

四、船舶保险的保险期限

船舶保险分为定期保险和航次保险。

(1)定期保险的保险期限。定期保险是船舶保险期限的主要形式。定期保险的期限一般为1年,最短不能少于3个月。起止时间以保险单上注明的日期为准。保险责任期满时,如被保险船舶尚在航行中或处于危险中或在避难港或中途港停靠,经被保险人事先通知保险人并按日比例加付保险费后,船舶保险继续负责到船舶抵达目的港为止。保险船舶在延长时间内发生全损,需加缴6个月的保险费。

(2)航次保险的保险期限。航次保险的保险期限以保险单订明的航次为准,例如,天津—香港,天津—伦敦。起止时间按下列规定办理:① 不载货船舶。不载货船舶自起运港解缆或起锚时开始至目的港系缆或抛锚完毕时终止。② 载货船舶。载货船舶自起运港装货时开始,至目的港卸货完毕时终止。但自船舶抵达目的港当日午夜零时起,最多不得超过 30 天。在任何情况下,航次保险的最长期限均不得超过 90 天;如果要超过 90 天,必须事先征得保险人的同意并交付额外保费以后保险合同方为有效。

五、船舶保险的保险金额、保险费率和免赔额

(1) 船舶保险的保险金额是根据船舶的保险价值确定的。船舶保险一般是定值保险,船舶的保险价值在订立保险合同时由双方商定,并载明在保险单上。保险价值一般按船壳、机器、锅炉或特种设备(如冷藏机)等保险标的在投保当时的市价和保险费的总和计算。商定的保险价值就作为保险金额,以表明船舶保险人应当承担保险责任的最高限额。保险金额不得超过保险价值,超过部分无效。

(2) 船舶保险费率通常根据船龄、船型、船籍、船舶种类、航行范围、船舶承载的货物、船级、船舶状况、船队规模大小、保险金额、船壳和机器市价、承保条件、免赔额、被保险人经营管理状况和以往事故损失记录等因素来制定。

(3) 根据我国船舶保险条款,保险人对由承保风险所致被保险船舶的部分损失进行赔偿时,对每次事故要扣除保单规定的免赔额。而船舶碰撞责任、施救、共同海损和救助的索赔不扣免赔额。船舶的全损索赔以及船舶搁浅后专为检验船底引起的合理费用,保险人在赔偿时,也不扣免赔额。同时,恶劣天气造成两个连续港口之间单独航程的损失索赔应视为一次意外事故。

六、船舶战争、罢工险条款

船舶战争、罢工险是船舶保险的一个附加保险,是承保各种带有政治因素、背景或目的的武力或暴力行为而造成的损失。

(1) 保险责任。船舶战争、罢工险承保由于下述原因造成被保险船舶的损失、碰撞责任、共同海损和救助或施救费用:① 战争、内战、革命、叛乱或由此引起的内乱或敌对行为;② 捕获、扣押、扣留、羁押、没收或封锁,但这种赔案必须从发生日起满 6 个月才能受理;③ 各种战争武器,包括水雷、鱼雷、炸弹;④ 罢工、被迫停工或其他类似事件;⑤ 民变、暴动或其他类似事件;⑥ 任何人怀有政治动机的恶意行为。

(2) 责任免除。由于下列原因引起被保险船舶的损失、责任或费用,船舶战争、罢工险不负赔偿责任:① 原子弹、氢弹或核武器的爆炸;② 由被保险船舶的船籍国或登记国的政府或地方当局所采取的或命令的捕获、扣押、扣留、羁押或没收;③ 被征用或征购;④ 联合国安理会常任理事国之间爆发的战争(不论宣战与否)。

(3) 保险终止。船舶战争、罢工险因下列情形而终止保险合同:① 保险人有权在任何时候向被保险人发出注销该保险的通知,在发出通知后七天期满时生效。② 不论是否已发出注销通知,该保险在下列情况下应自动终止:任何原子弹、氢弹或核武器的敌对性爆炸发生;联合国安理会常任理事国之间爆发的战争(不论宣战与否);船舶被征用或出售。

第三节 飞机保险

飞机保险分为基本险和附加险。基本险主要有飞机机身保险、第三者责任保险、旅客法定责任保险,附加险主要有战争劫持险和承运人责任险。

一、飞机保险基本险的保险责任

(1) 飞机机身保险。它承保各种类型的客机、货机、客货两用机以及从事各种专业用途的飞机。飞机机身包括机壳、推进器、机器及设备。飞机机身保险的承保责任一般包括:飞机在飞行、滑行中以及在地面上,因自然灾害或意外事故造成飞机及其附件的损失;飞机起飞后超过规定时间(一般为15天)尚未得到行踪消息所构成的失踪损失;因意外事故引起飞机拆卸、重装和运输的费用;清理残骸的合理费用;飞机发生上述自然灾害或意外事故时,所支付的合理施救费用,但最高不得超过飞机机身保险金额的10%。

(2) 飞机第三者责任保险。该险种承保被保险人依法应负的有关飞机对地面、空中或机外的第三者造成意外伤害或死亡事故或财物损毁的损失赔偿责任。其保险责任一般包括:飞机在地面上造成任何设备、人员、其他飞机等损失;飞机在空中造成地面上第三者任何损失以及飞机在空中碰撞造成其他飞机和人身伤亡的损失;同时承保涉及被保险人的赔偿责任所引起的诉讼费,且不受保险单载明的最高赔偿额的限制。

(3) 飞机旅客的法定责任保险。该险种承保旅客在乘坐或上下保险飞机时发生意外,致使旅客受到人身伤亡,或随身携带和已经交运登记的行李、物件的损失,以及对旅客行李或物件在运输过程中因延迟而造成的损失,根据法律或合同应由被保险人负担的赔偿责任。其中,旅客是指购买飞机票的旅客或被保险人同意免费搭乘的旅客,但不包括为完成被保险人的任务而免费搭载的人员。

二、飞机保险基本险的责任免除

(1) 飞机机身保险的责任免除。该险种的责任免除主要有:战争和军事行动;飞机不符合适航条件而飞行;被保险人的故意行为;飞机任何部件的自然磨损或制造及机械缺陷(但因此而对飞机造成的损失和损坏,飞机机身保险仍予负责);飞机受损后引起被保险人停航、停运等间接损失;飞机战争、劫持险条款规定的保险责任和责任免除。

(2) 飞机第三者责任保险的责任免除。该险种的责任免除有:战争和军事行动;飞机不符合适航条件而飞行;被保险人的故意行为;因飞机事故产生的善后工作所支出的费用;被保险人及其工作人员和保险飞机上的旅客或其所有以及代管的财产。

三、飞机保险基本险的保险金额与赔偿限额

1. 机身险的保险金额

机身险一般均采用定值保险方式承保。我国保险公司承保的国际航线飞机也采用定值保险方式承保。飞机机身险的保险金额可按照净值确定,也可由保险人和投保人双方协商确定,购进的飞机可按原值确定。

在历史上,机身险曾按不定值保险方式承保,赔偿方式亦是在保险限额内选择现金赔付或置换相同的飞机。然而,由于国际市场上新型飞机不断出现,价格持续上升,而旧型飞机价格下跌,如果被保险人按旧型号飞机原价投保,保险人虽按下跌后的市价去换置一架旧型号飞机,仍远不能满足被保险人重置一架新型飞机的需要。于是,机身险便逐渐采取了定值保险方式。其保险金额可以按照净值确定,也可以由被保险人和保险人协商确定,新购买的飞机可按原值确定。

由于新、旧飞机的价格悬殊,如果旧飞机按新飞机的市价投保,不论发生全部损失还是部分损失,均按新飞机的市价进行赔偿,这样处理更有利于被保险人;但如果按旧飞机的市价投保,一旦发生部分损失,在修理或配置零部件时按新飞机的市价赔偿,则会产生少收保费、多付赔款的问题。为此,国外保险公司主要通过采取如下两种方法来加以调整:

(1) 零部件条款。该条款对部分损失的赔偿金额加以限制,当飞机的任何零部件发生损失或损坏时,赔偿责任均以保单附表中列明的一定百分比的保额为限,如机身外壳占40%、机翼占10%、起落架占10%,等等。超额部分的损失由被保险人自己承担。

(2) 70%分成法。它是指承保人根据以往赔付数据统计,在机身险的全部赔款中,70%用于全部损失赔偿,30%用于部分损失赔偿。因此,对部分损失需增收飞机新、旧价差额部分的保险费。①

2. 飞机第三者责任保险的赔偿限额

飞机第三者责任保险的赔偿限额是根据不同的飞机类型而制定的。以中国人民保险公司经营中的现行规定为例:各类型喷气式飞机的赔偿限额为5 000万元,螺旋式各类型飞机的赔偿限额为2 000万元,直升机的赔偿限额为1 000万元。

3. 旅客法定责任保险的赔偿限额

旅客法定责任保险的赔偿限额应在保险单中列明每一个人、每次事故或每架飞机的赔偿限额。对赔偿限额的规定,应按国内航线和国际航线区别对待。

在国内航线,2006年1月29日,经国务院批准,并自当年3月28日起施行的《国内航空运输承运人赔偿责任限额规定》(以下简称《规定》)提出如下具体赔偿规定:国内航空运输承运人因发生在民用航空器上或者在旅客上、下民用航空器过程中的事件,造成旅客人身伤亡的,对每名旅客的赔偿责任限额为人民币40万元(旅客自行向保险公司投保航空旅客人身意外保险的,此项保险金额的给付,不免除或者减少承运人应当承担的赔偿责任),而此前仅为7万元。根据《规定》,造成旅客随身携带物品毁灭、遗失或者损坏,对每名旅客的赔偿责任限额为人民币3 000元;对旅客托运的行李和对运输的货物的赔偿责任限额为每公斤100元人民币。② 向外国人、华侨、港澳同胞和台湾同胞给付的赔偿金,也可以兑换成该国或地区的货币。

在国际航线,赔偿限额一般按国家所批准的国际公约来办理。目前,大多数国家均

---

① 参考郑功成、许飞琼主编:《财产保险》,中国金融出版社,2010年版,第224—225页。
② 许飞琼编著:《责任保险》,中国金融出版社,2007年版,第132页。

按 1999 年通过的《蒙特利尔公约》办理①,该公约于 2005 年 7 月 31 日对中国生效。根据《蒙特利尔公约》的规定,旅客伤亡时,不论承运人是否有责任,只要损失不是索赔人一方或者第三人造成的,承运人的赔偿限额均由以前的 7.5 万美元增加到 10 万特别提款权(按照公约签署当日的货币换算标准,约 13.5 万美元)。当旅客伤亡是由承运人的责任造成的,旅客还可以要求得到超过 10 万特别提款权的赔偿(10 万特别提款权只是一个限额,实际损失低于 10 万特别提款权的,根据旅客遭受到的实际损失予以赔偿)。另外,对于航班延误造成损失的,每名旅客的赔偿限额为 4 150 特别提款权(约 5 000 美元)。在行李赔偿方面,则不再按照以前的以重量为单位计算损失,而是每名旅客以 1 000 特别提款权(约 1 350 美元)为限。②

四、飞机保险基本险的保险费率和免赔额

(1) 保险费率。飞机保险基本险的保险费率包括机身险保险费率和第三者责任险保险费率。这两种保险费的计算方法不同。机身险的保险费一般是按照保险金额的一定比例收取的;而第三者责任保险的保险费可以按规定的金额收取,也可以按实际承担责任的一定比例收取。保险费率根据飞机种类、用途、航行范围、保险险种、保险金额(或赔偿限额)和飞机维护保养情况而定。

(2) 停航退费。飞机飞行时和停在地面上的风险是不一样的,所以飞机进行正常修理或连续停航超过 10 天时,此期间的保险费可以按日计算退回 50%,但如果飞机是由于发生保险责任事故后修理等原因停航的,则对修理期间的停航不退费。

(3) 免赔额的规定。为了减少小额赔款并促进被保险人加强责任感,飞机保险一般有免赔额的规定,由航空公司自负一部分责任,保险公司只负担超过免赔额的部分,在免赔额以下的由航空公司自负。我国飞机保险规定的免赔额按每次事故每一损失计算,列举如下:在地面上的损失,免赔额为 2 万美元;在飞行、滑行中的损失,免赔额为保险金额的 1%,但不低于 5 万美元;喷气飞机吸入飞鸟等造成的损失,免赔额为保额的 1%,但不低于 60 万美元,最高以两个引擎为限,最高免赔额为 120 万美元;旅客行李丢失造成的损失,每件免赔额为 500 美元;货物丢失造成的损失,每件免赔额为 1 万美元;飞机如遭全损则无免赔额。

五、飞机保险的附加险

(1) 飞机战争劫持险。凡由于战争、敌对行为或武装冲突、拘留、扣留、没收、保险飞机被劫持和被第三者破坏等原因造成的保险飞机的损失费用,以及由此引起的被保险人对第三者或旅客应负的法律责任或费用,由保险人负责赔偿。

(2) 飞机承运货物责任险。凡办好托运手续装载在保险飞机上的货物,如在运输过程中发生损失,根据法律、合同规定应由承运人负责的,由保险人给予赔偿。

---

① 《蒙特利尔公约》又称《统一国际航空运输某些规则的公约》,于 2003 年 11 月 4 日正式生效。它是国际民用航空组织在 1999 年通过的一项国际公约,以取代适用七十多年的《华沙公约》及修正其他系列公约、议定书,从而使规范国际航空运输的法律制度走向完整、统一。

② 许飞琼编著:《责任保险》,中国金融出版社,2007 年版,第 132 页。

六、飞机保险的其他规定

(1) 安全奖励。保险飞机全年没有发生赔款,年终可退回全年保险费的25%;虽然发生赔款,但赔款低于保险费的30%,退回全年保险费的15%;赔款达到或超过保险费的30%,则不退费。

(2) 声明价值附加费。凡承保飞机上载运的行李或货物,托运人向航空公司声明价值的,航空公司应将按声明价值所收的附加保险费的80%交给保险公司。该项附加保险费每年结算一次。

七、飞机保险实务

(1) 承保实务。投保人填写投保单,其内容包括:投保人、保险标的、保险金额、保险价值、保险期限、飞行区域、责任限额、损失记录等各种详尽的内容。保险人需要考虑的因素主要有:飞机型号、结构、机场管理和指挥系统、驾驶员训练素质等。在承保前各类型的客机、货机、客货两用机以及各种专业用途的飞机,必须经国家指定的有关部门检验合格,并签发适航证明文件。然后,结合承保条件厘定费率,签发保险单。若遇到飞机失事,为做好定损工作,须经专门的检验。飞机的检验人可称为保险公司的"现场代理人"。检验人应具有从事过与飞机有关的经营或制造工作的经验,熟知飞机修理的工时成本与费用情况。检验人的检验报告,不仅要求在技术上,还要求在法律上具有处理保险事故的权威性。

(2) 理赔实务。发生索赔,承保人应根据申请和现场勘查情况及检验人员提供的全部资料进行研究,然后决定该项索赔是否成立。具体而言,保险人要弄清以下几点:第一,出险飞机是否属于保单项下承保的;第二,出险时,保单是否有效;第三,事故是否发生在保单规定的责任范围以内;第四,飞行员是否符合条件;等等。

经过认真负责的审核,确属保险责任事故的损失,承保人就应按合同约定在分清情况和扣除免赔额后计算并支付赔款。

八、有关民用航空国际公约简介

国际公约是国际上关于经济、技术或法律方面专门问题的多边条约,在解决国际事务中占有重要的地位。随着航空技术的进步,飞机的飞行距离不断延长,各国在长期的反复实践中逐步形成了一些各自的习惯做法和先例。为了在迅速发展的国际航运中统一各国的做法,以国际公约为代表的国际航空法便应运而生了。

国际航空法是关于领空主权、空中飞行和空中运输的法律规则的总称,目的在于解决各国航空立法中的分歧,确立各国的领空主权和国际航空制度;同时,规定乘客、货物和邮件等的空运规则和承运人的责任范围等。目前的国际公约主要有:

1.《巴黎公约》

为了制定国际航运业共同适用的航空法律,并统一各国国内有关的航空法令,以避免国际飞行在各国法律不一致的情况下所造成的麻烦和困难,世界各国航空业的代表于1919年在法国巴黎签署了第一个民用航空国际公约,简称《巴黎公约》(Paris Convention)。该公约主要包括以下几个部分:① 关于在缔约国领空飞行的飞机登记的总则和飞机的国籍;② 飞机的适航性和驾驶员驾驶执照的有效性,飞机飞行、着陆和高地起飞所应遵循的航行规则;③ 设立"国际航运委员会"(International Commission for Air Navigation,ICAN)。该公约对飞机的注册、国籍、适航证书、飞行执照和飞行、起降等航空问题作出了规定。

现在,巴黎公约实际上已不起什么作用,但各国对该公约所设立的国际航运委员会的评价较高,因为该委员会曾向各会员国详细介绍了有关国际航空旅行的基本要求,提供了有关安全航行和提高驾驶员、场地服务效率等方面的良好建议,对于协调世界各国民用航空事业的发展起到了积极作用。

2.《华沙公约》

1929年10月12日,在波兰首都华沙召开了一次讨论航空运输问题的国际会议。会上签署了一份《统一国际航空运输某些规则的公约》,简称《华沙公约》(Warsaw Convention)。

该公约规定了以航空运输承运人为一方和以旅客或货物托运人及收货人为另一方的法律关系与相互关系,是国际航空运输的一项基本的公约。公约分为5章共41条,主要内容为:

(1) 适用于所有的用航空器运送旅客、行李或货物并收取报酬的国际运输,并适用于航空运输业中以航空器办理的免费运输。

(2) 承运人运送旅客及货物必须出具客票、行李票和货运单,对此作了详细规定。

(3) 对航空承运人的责任作出详细规定,对旅客在航空器上或在上、下过程中因死亡、受伤或其他人身损害而产生的损失,承运人负责赔偿的责任限额最高为12.5万金法郎;而对于已登记的行李或货物灭失或损坏以及延误造成的损失,承运人的赔偿责任限额为每公斤250金法郎;旅客自己保管的物品受损,承运人赔偿责任以5 000金法郎为限。

(4) 如有损坏,收件人应该在发现损害后立即向承运人提出书面异议。如果是行李,最迟应该在收到行李后的3天内提出;如果是货物,应该在收到货物后的7天内提出。如果迟延,应该在收到后的14天内提出。

(5) 赔偿诉讼应该在缔约国之一的领土内向承运人的住所或营业所在地的法院,或目的地的法院提出。

(6) 诉讼应在航空器到达目的地之日起或应该到达之日起或从运输停止之日起2年内提出。

该公约于1933年2月13日正式生效。我国于1958年7月15日经全国人民代表大会常务委员会批准决定加入这一公约。该公约于1958年10月18日对中国生效。美国虽曾参加华沙会议并在公约上签字,但由于对公约规定的责任限额过低深表不满,因此于1965年宣布退出该公约。

3.《芝加哥公约》

1944年12月7日,在美国芝加哥,与会各国对《巴黎公约》进行了修改,并签署了《国际民用航空公约》,习惯上称之为《芝加哥公约》(Chicago Convention)。该公约对航空器的适航和应具备的条件作出了明确规定:缔约国的每一航空器在从事国际航行时,应按照本公约规定的条件携带航空器登记证、适航证、每一机组成员的适当的执照、航空器航行记录簿、航空器无线电话台许可证、列有旅客姓名及其登机地与目的地的清单(如载有乘客、货物舱单和详细的申报单)。

《芝加哥公约》于1947年4月4日生效。根据该公约,国际民用航空组织于1947年4月1日正式成立,并于同年7月成为联合国的专门机构,总部设在加拿大的蒙特利尔。根据1992年召开的国际民用航空组织第29届大会作出的决议,自《芝加哥公约》签署50周年的1994年起,将每年的12月7日定为国际民航日。中国是《芝加哥公约》的创始国之一,1944年国民政府签署了该公约,1946年成为正式会员国。1971年国际民航组织通过决议承认中华人民共和国政府为中国唯一合法政府,1974年2月15日,中国承认该公约,同时决定参加国际民航组织的活动。① 到2004年年底,已有188个国家加入《芝加哥公约》,该公约是国际上被广泛接受的国际公约之一。

4.《海牙议定书》

1955年9月28日,44个国家又在海牙召开了一次国际民用航空法的国际会议,讨论《华沙公约》的实施情况。会议通过了《修改1929年10月12日在华沙签订的统一国际航空运输某些规则的公约的协议书》,简称《海牙议定书》(Hague Protocol)。该议定书共27条,对承运人的责任限额、运输凭证、限制责任例外及《华沙公约》有关条文等主要方面进行了修改;对《华沙公约》最重要的修改是删除了关于航空承运人对由于驾驶上、航空器的操作上或领航上的过失所致的损失可不负责任的规定;增加了载运旅客的赔偿责任,从原规定的12.5万金法郎提高到25万金法郎;简化载运旅客和行李、货物的单据等。除此之外并未改变《华沙公约》的赔偿责任体制。

截至1982年2月18日,参加和批准《海牙议定书》的有100多个国家和地区。中国政府于1975年8月20日递交了加入《海牙议定书》的通知书。从1975年10月15日起,该议定书对中国生效。

5.《瓜达拉哈拉公约》

《瓜达拉哈拉公约》(Guadalajara Convention)于1961年9月18日在墨西哥的瓜达拉哈拉制定,并于1964年生效。截至1982年2月18日,参加和批准该公约的国家和地区已有60多个。中国至今尚未参加这一公约。

《华沙公约》和《海牙议定书》关注承运人对旅客及货物的责任,即飞机经营人的责任。但是,在许多情况下(例如包租飞机),真正的经营人并不是与旅客签订合同的人,承包人或者发货人得不到《华沙公约》或者《海牙议定书》规定的责任限额的保护。为了纠正这种情况,在瓜达拉哈拉开会制定了《瓜达拉哈拉公约》,以便统一国际航空运输中由非缔约承运人完成的某些规则。该公约的主要内容有:

(1) 由旅客与缔约承运人签订合同,由实际承运人完成全部或部分国际运输时,缔约承运人和实际承运人都受《华沙公约》规则的约束。缔约承运人适用于合同规定运输的全部,而实际承运人只适用于由其办理的部分运输。

---

① 《记中国当选国际民航组织理事会一类理事国》,载《中国民航报》,2004年9月28日。

(2) 缔约承运人是指以事主身份与旅客或托运人或者与旅客或托运人的代理人确立一项适用《华沙公约》的运输合同的人。

(3) 实际承运人是指缔约承运人以外,根据缔约承运人的授权办理预定的全部或部分运输的人。

(4) 如果旅客受伤害或者行李、货物灭失或损坏,原告可向缔约承运人起诉,也可向实际承运人起诉,如果只向其中一个承运人起诉,受诉一方承运人有权使另一方承运人连带参加诉讼。

(5) 缔约承运人或者实际承运人对另一方的代理人或受雇人的作为或不作为都应负责。但其责任只限于与运输有关的业务范围以内的作为或不作为。

(6) 如果缔约承运人接受《华沙公约》规定的责任限额以外的责任,或者自动放弃《华沙公约》赋予的任何权利,那么,除非实际承运人同意这种修正,否则实际承运人不受其约束。

6. 《蒙特利尔协议》

《蒙特利尔协议》(Montreal Agreement)是航空承运人与美国民航署(Cab Civil Aeronautics Board of America)之间所签订的协议,亦称"CAB Agreement"。美国政府认为1929年的《华沙公约》所规定的赔偿责任限额已过时,但其又未批准1955年在海牙修改《华沙公约》后形成的《海牙议定书》,于是1966年5月15日,美国民航署在加拿大的蒙特利尔同国际航空运输协会的大多数会员和一部分非会员达成了协议,即《蒙特利尔协议》。该协议规定,航空承运人对起运地、目的地或同意的中途停留地点在美国的空运契约所承担的对每一旅客人身伤亡的赔偿责任限额为75 000美元(其中包括法律费用在内);如不包括法律费用,则赔偿责任限额为58 000美元。同时,该协议还规定,航空承运人对旅客的人身伤亡放弃任何辩护权。

7. 《罗马公约》

为了保证因外国飞机发生意外事故而使机场的地面人员受到人身伤亡后获得适当赔偿,也为了使世界各国对此项赔偿有一个统一的规则,1933年在意大利的罗马举行了一次国际民用航空法的国际会议,就飞机于地面对第三者所致的损失,商订了若干一致性的规则,通称《罗马规则》。该规则规定,航空承运人对地面人员的身体伤害应"绝对负责"。同时还规定,航空承运人对地面财产的损毁亦应负"绝对责任"。

1952年,世界各国航空业在罗马签订了一项公约,称为《罗马公约》(Rome Convention),对每一飞机的每次事故的最高责任和对每人的责任的限度作了明文规定:

(1) 飞机重量在1 000公斤以下(包括1 000公斤),每次事故的最高责任为50万金法郎;

(2) 飞机重量在1 000公斤至6 000公斤之间,每次事故的最高责任从50万金法郎开始算,飞机重量每超过1 000公斤加400金法郎;

(3) 飞机重量在6 000公斤至20 000公斤之间,每次事故的最高责任从250万金法郎开始算,飞机重量每超过1 000公斤加250金法郎;

(4) 飞机重量在20 000公斤至50 000公斤之间,每次事故的最高责任从600万金法郎开始算,飞机重量每超过1 000公斤加150金法郎;

(5) 如飞机重量超过 50 000 公斤，则每次事故的最高责任从 1 050 万金法郎开始算，飞机重量每超过 1 000 公斤加 100 金法郎，对每一个人的人身伤亡以不超过 50 万金法郎为限。

8.《危地马拉议定书》

1971 年在危地马拉召开的会议的主要目的是拉平美国较高水平的航空运输赔偿责任与《华沙公约》和《海牙议定书》的其他全体签字国同意的较低水平的航空运输赔偿责任。会议形成的《危地马拉议定书》(Guatemala Protocol)分为两章，共 24 条。主要内容如下：

(1) 承运人对旅客的伤亡负绝对责任。

(2) 承运人的责任限额，对死亡或伤残，对每一旅客赔偿 1 500 000 法郎；对迟延，对每一旅客赔偿 62 500 法郎；对灭失或损坏旅客的行李，每公斤赔偿 15 000 法郎；对货物，每公斤赔偿 250 法郎。

(3) 议定书生效后每 5 年或 10 年召开会议。每次会议可以增加不超过 187 500 法郎的责任限额。

(4) 议定书以法国金法郎为货币，以判决之日（而不是出事之日）计算。

该议定书生效之日是 30 个批准国提交批准书之日以后第 90 天。没有参加《华沙公约》或《海牙议定书》的国家也有资格参加《危地马拉议定书》，批准《危地马拉议定书》的国家自动地产生批准并参加《华沙公约》和《海牙议定书》的效力，但至今该议定书尚未生效。

9.《蒙特利尔公约》

随着历史的发展，《华沙公约》中的某些规定已显陈旧，而且相关修订文件数量较多。为了使《华沙公约》及其相关文件现代化和一体化，国际民航组织起草制定了《蒙特利尔公约》(Montreal Convention)，并于 1999 年 5 月在蒙特利尔召开的国际航空法大会上由参加国签署。中国和其他 51 个国家在该大会上签署了该项公约。该公约以统一国际航空运输规则和国际航空运输承运人责任为主要内容，对华沙体制下的各项公约和议定书规定的国际航空运输规则及承运人责任制度进行了重大修改。与原来的华沙体制相比，该公约最大的特点就是规定了承运人对旅客的双梯度责任制度，即在第一梯度下，无论承运人是否有过错，都要对旅客的死亡或者身体伤害承担以 10 万特别提款权（在该公约签署当日，1 特别提款权合人民币 11.16310 元）为限额的赔偿责任。在第二梯度下，对超过 10 万特别提款权的部分，只要承运人能够证明其没有过错，就不承担赔偿责任。此外，因旅客伤亡而产生的索赔诉讼的管辖，公约还增加了旅客的主要且永久居所所在地作为第五管辖权法院；规定了任何保存运输记录的方法（包括电子手段）均可作为运输凭证，从而使得运输凭证更加简便、更加现代化。

小结

运输工具保险是以各种运输工具本身和运输工具所引起的对第三者依法应负的赔

偿责任为保险标的的保险。一般分为机动车保险、飞机保险、船舶保险、其他运输工具保险。

运输工具保险的特征主要表现在：承保的风险具有多样性，保险事故具有复杂性，保险标的的范围具有广泛性。

机动车保险有其特点，其基本险主要分为：车辆损失险、机动车第三者责任险和机动车交通事故责任强制保险。

机动车损失保险、机动车第三者责任险、机动车全车盗抢险、机动车车上人员责任险的基本内容包括保险责任、责任免除、保险金额、责任限额、保险费和赔偿处理等，以及特殊规定。

机动车保险附件险的保险责任、责任免除及其赔偿处理。

交强险与商业三责险存在一定的区别；交强险的基本内容包括保险标的、保险责任、责任免除、责任限额、保险费和赔偿处理等；社会救助基金的来源与用途。

船舶保险有其特点，其保障内容主要包括三个方面，船舶保险全损险和一切险的内容。

飞机保险分为基本险和附加险。与民用航空有关的国际公约包括《巴黎公约》《华沙公约》《芝加哥公约》等。

关键词

运输工具保险　机动车保险　机动车损失保险　机动车第三者责任险　机动车全车盗抢险　机动车车上人员责任险　机动车保险附加险　交强险　碰撞责任　非碰撞责任　连续责任制　无赔款优待　商业三责险　社会救助基金　船舶保险触碰　共同海损　单独海损　救助费用　施救费用　全损　部分损失　飞机保险　飞机旅客法定责任保险　飞机第三者责任保险

思考题

1. 什么叫运输工具保险？其基本类型有哪些？
2. 简述机动车保险的特点。
3. 简述机动车保险的基本险与附加险。
4. 简述机动车损失保险的承保与理赔。
5. 简述机动车损失保险的保险金额确定方法与赔款计算。
6. 简述机动车第三者责任险的承保与理赔。
7. 简述机动车全车盗抢险的承保与理赔。
8. 简述机动车车上人员责任险的承保与理赔。
9. 简述机动车保险损失保险费率的影响因素及其保险费率的厘定。
10. 简述交强险的特点。

11. 简述交强险的承保与理赔。
12. 简述机动车保险的特殊规定。
13. 简述飞机保险的基本险别。
14. 简述飞机保险的内容。
15. 如何理解船舶保险的特点?
16. 简述船舶保险的基本内容。
17. 简述船舶保险金额的确定和赔款的计算。
18. 简述全损的含义与类型。
19. 案例分析:甲、乙两车均投保了交强险。同时,甲向 A 保险公司投保了车辆损失险和第三者责任险,前者的保险金额为 24 万元,后者的责任限额为 10 万元,并附加车上人员责任险,责任限额为 4 万元(4 人×1 万元);乙向 B 保险公司投保了车辆损失险和第三者责任险,前者的保险金额为 10 万元,后者的责任限额为 20 万元。在保险期限内,甲车在一次行驶中与乙车相撞,同时引起火灾,甲车全部烧毁,损失金额为 18 万元,残值为 1.2 万元,施救费用为 1 万元,车上 2 位乘客和司机李某受伤,支付医疗费用 2 万元,甲车自带的一台电脑在车上被烧毁,损失金额为 1 万元;乙车车损 8 万元,残值为 0.8 万元,车上人员医疗费用 1 万元。经交通管理部门鉴定,甲车负 70% 的责任,乙车负 30% 的责任。若负主要责任和次要责任的免赔率分别为 15% 与 5%,试分析:保险公司应如何赔偿?

进一步阅读的相关文献

1. 郑功成、许飞琼主编:《财产保险》(第五版),中国金融出版社,2015 年版。
2. 王绪瑾主编:《保险专业知识与实务》(中级),中国人事出版社,2017 年版。
3. 乔林、王绪瑾主编:《财产保险》(第二版),中国人民大学出版社,2008 年版。
4. 周延礼主编:《机动车辆保险理论与实务》,中国金融出版社,2001 年版。
5. 应世昌编著:《海上保险学》,上海财经大学出版社,1996 年版。
6. 李继雄、魏华林主编:《海上保险学》,西南财经大学出版社,1999 年版。
7. 〔美〕所罗门·许布纳等著,陈欣等译:《财产与责任保险》,中国人民大学出版社,2002 年版。
8. 林森洋等编著:《汽车保险》,(台湾)财团法人保险事业发展中心,2003 年版。
9. 〔英〕B.G.杰维斯著,张维平等译:《航空保险承保》,新时代出版社,1990 年版。
10. 江朝国编著:《强制汽车责任保险法》,(中国台湾)智胜文化,2000 年版。

21世纪经济与管理规划教材

保险学系列

第六章

货物运输保险

通过本章的学习,掌握海上货物运输保险的基本理论与实务,熟悉国内货物运输保险的理论与实务。本章的内容包括:

- 海上货物运输保险
- 国内货物运输保险

第一节 海上货物运输保险

一、货物运输保险的特点与种类

(一) 货物运输保险的概念与特点

货物运输保险(Cargo Transportation Insurance)是由投保人与保险人约定的以各种运输中的货物作为保险标的,当运输中的货物因自然灾害或意外事故而遭受损失时,由保险人负赔偿责任的一种财产保险。显然,货物运输保险的标的是运输中的货物,该货物是具有商品性质的贸易货物,一般不包括个人行李或运输所耗用的各类供应和储备物品。按照习惯,货物包装和标签属于保险标的的一部分,可与货物成本及运输费用和保险费一并投保。

运输方式通常由水路、公路、铁路和航空四种方式构成。现代运输改变了原来的单件运输,发展为成组运输;由传统的单一运输,发展为多式联运;由过去的"钩至钩"运输,发展为"门至门"运输。特别是集装箱运输方式的广泛采用,促进了现代运输的联合,引起了运输管理技术和组织经营上一系列的巨大变革。随着运输方式的不断变革,运输保险的内容和方式也在不断地发生变化。原来的海上保险单形式已发展成为海、陆、空运输保险同时并存的运输保险体系。

货物运输保险是现代国际贸易活动必不可少的重要组成部分。在国内,随着商品经济的发展,各种货物运输保险业务也得到了迅速全面的发展。

由于货物运输保险承保的空间范围广阔,再加上保险标的多种多样以及保险责任、致损因素和涉及赔偿处理的复杂性,货物运输保险同其他普通财产保险相比,又有其自身的特点:

(1) 保险标的的流动性。普通财产保险(如企业财产和家庭财产保险)的保险标的通常处于相对静止的状态;而货物运输是为了实现货物的移位而不断处于流动之中,通常不受固定地点的限制。因此,货物运输保险中的保险标的被从一地运到另一地,经常处于运动状态之中。由于保险标的的流动性,其损失发生往往远在承保人所在地的千里以外,即异地出险,因此,在货物保险中,出险查勘工作一般由当地的保险人或承保人委托的保险代理人进行。

(2) 保险期限的运程性。普通财产保险的保险期限一般按时间计算确定,责任期限一般都是定期的;而货物运输保险是运程保险,其保险期限按"仓至仓"条款规定办理,并受该条款约束,即保险责任从货物运离发货人仓库时开始,直至运达目的地收货人仓库为止。

(3) 保险责任范围的广泛性。从保险人提供的保险责任范围来看,货物运输保险要比普通财产保险广泛得多。普通财产保险负责被保险财产的直接损失以及为避免扩大损失而采取施救、保护等措施而产生的合理费用;货物运输保险除了承保一般自然灾害和意外事故两大类风险造成货物的损失外,还包括不同运输工具在不同的自然地理环境条件下发生意外所支付的施救整理费用,以及按照国际惯例对海上发生的共同海损牺牲和相应分摊的共同海损费用。此外,货物运输保险的附加险也较多,几乎包括所有其他外来的和特殊的一切风险原因引起的损失。

(4) 承保对象的多变性。普通财产保险的承保对象通常是不变的,如果变化,需经保险人签发批单,方可保持保险合同的效力;而由于经营贸易的需要,按照惯例,货物运输保险单可经保险人空白背书同意保险权益随物权单据即货运提单的转让而随之转移。有时保险单几经辗转,难以确定承保对象,直至最后持有保险单的收货人出现为止。这在其他财产保险业务中是极为少见的。

(5) 保险价值的定值性。普通财产保险通常采用不定值保险方式承保;而货物运输保险通常采用定值保险办法,这是由货物的流动性所决定的。因为货物越接近目的地,它的价值越高。为避免货物在不同地点可能出现的价格差异,其保险金额一般由保险双方按事先约定的保险价值来确定。当发生损失时,不再考虑出险时货物价格如何,而是根据约定价值按货物受损程度计算赔款,这有利于克服由于不同市场价格以及多种不稳定因素给估价带来的困难。

(6) 被保险财产的他制性。普通财产保险中的被保险财产多数情况下是在被保险人的直接照看和控制之下;而货物运输保险则不同,货物一般是交由承运人,货物一经起运,保险责任便开始,这时,被保险财产往往在承运人控制之下,被保险人根本无法控制其财产。

(7) 业务范围的国际性。普通财产保险的业务范围通常限于国内;而货物运输保险,尤其是海洋货物运输保险,涉及国际贸易经营活动。其国际性具体表现在:保险合同关系涉及不同的国家和地区;保险标的是国际贸易中的货物;保险合同的签订和履行除涉及贸易合同的有关法律规定外,还要遵循有关国际惯例和国际公约的规定等。

(二) 货物运输保险的种类

货物运输保险的种类,根据不同的划分标准,可以有多种分类方式。

1. 按运输工具分类

按运输工具的不同分为:水上货物运输保险、陆上货物运输保险、航空货物运输保险和其他货物运输保险。

水上货物运输保险是承保利用水上运输工具(如轮船、驳船、机帆船、木船、水泥船等)运载货物的一种保险,其保险标的是航行于海洋、沿海、内河的轮船、驳船、机帆船、木船、水泥船等运载的货物。海上货物运输保险(又称海洋货物运输保险)是我国涉外保险的传统业务之一。

陆上货物运输保险是承保各种机动的或人力、畜力的运输工具运载货物的保险。包括火车、汽车、驿运等陆上货物运输的保险。我国涉外保险中的陆上运输作为海上运输保险的扩展责任仅以火车、汽车为限,不扩展承保驿运和其他陆上运输。

航空货物运输保险是承保以飞机作为运输工具运载的货物为保险标的的保险。由于我国航空事业发展迅速,空运业务不断扩大,自 1985 年起,我国国内航空货物运输保险被单独划分出来与涉外的航空货物运输保险成为并列的业务险种之一。

其他货物运输保险包括:邮包保险、联运保险、特种货物运输保险,如排筏保险、港内外驳运险、市内陆上运输保险等,这些在分类上统称为特种货物运输保险。

我国的货物运输保险通常以水上运输保险为主,陆运险、空运险次之。

2. 按运输方式分类

按运输方式分为:直运货物运输保险、联运货物运输保险和集装箱运输保险。

直运货物运输保险是承保以直达运输的货物为保险标的的保险。直运是直达运输的简称。直达运输指货物从起运地至目的地只使用一种运输工具的运输,即使中途货物需要转运,转运所用的运输工具与前一段运输所使用的运输工具也属同一种类。

联运货物运输保险是承保以多种运输工具运送的货物为保险标的的保险。联运是使用同一张运输单据,用两种或两种以上不同的主要运输工具运送货物的运输。一般有水陆联运、江海联运、陆空联运等。采用联运方式运输的货物投保货运险,其费率要高于直达运输下货物的费率。

集装箱运输保险是承保以集装箱运送的货物为保险标的的保险。由于集装箱运输能做到装运单位化,即把零散货物集中装在大型标准化货箱内,因此,它可以简化甚至避免沿途货物的装卸和转运,从而提高货物运输的效率,加速船舶周转,减少货物残损短少。由于上述种种优点,集装箱运输在20世纪60年代和70年代得以迅速发展。利用集装箱运输的货物,如投保货物运输险,其费率要较利用其他运输方式运输货物低。

另外,根据使用范围的不同,货物运输保险可以划分为国内货物运输保险和涉外货物运输保险;根据保险人承担责任的方式,货物运输保险可以划分为基本险、综合险与附加险。在我国保险业务工作中,通常将货物运输保险分为海洋货物运输保险和国内货物运输保险。

二、我国海上货物运输保险的种类

海上货物运输保险(Marine Cargo Transportation Insurance)是指对通过海轮运输的货物,在海上航行中遭遇自然灾害和意外事故所造成的损失承担赔偿保险金责任的保险。我国海上货物运输保险又可分为基本险和附加险。国际上的货物运输保险责任条款,都是根据各种不同运输方式设计的。我国货物运输保险责任条款的内容与国际保险市场上的规定基本一致。我国海上货物运输保险有基本险(也叫主险)、附加险、专门险三类险别。基本险是可以单独投保的险别,主要承保自然灾害和意外事故等所造成的货物损失;附加险一般是不能单独投保的,它承保的是由于其他外来原因所造成的损失。

基本险包括平安险、水渍险和一切险。

附加险分为:一般附加险、特别附加险和特殊附加险。一般附加险分为:偷窃、提货不着险,淡水雨淋险,短量险,混杂、玷污险,渗漏险,碰损、破碎险,串味险,受潮受热险,钩损险,包装破裂险,锈损险等11个险别;特别附加险分为:交货不到险、进口关税险、舱面险、拒收险、黄曲霉素险、出口货物到香港(包括九龙在内)或澳门存仓火险责任扩展条款(简称存仓火险)等6个险别;特殊附加险分为战争险、罢工险。

专门险分为海运输冷藏货物保险、海运输散装桐油保险。

这些险种将在本章后文中分别介绍。上述内容可如图6.1所示。

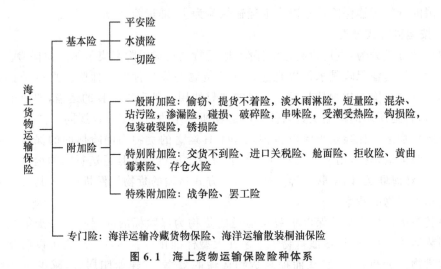

图 6.1 海上货物运输保险险种体系

三、海上货物运输保险的保险责任和责任免除

我国目前使用的水险条款是我国于 1972 年结合我国情况、借鉴英国《伦敦保险协会海上货物运输保险条款》(S·G 保险单)的内容制定的,其后,1976 年和 1978 年进行了两次重大修订。由于其平安险的责任范围很难说清,因此伦敦保险市场从 1982 年 1 月 1 日起改用(A)、(B)、(C)条款,取消了原来的平安险、水渍险和一切险的险别名称,其承保范围也作了相应的调整。

 专栏 6.1

《伦敦保险协会海上货物运输保险条款》

在世界海运保险中,英国是一个历史悠久和业务比较发达的国家,长期以来,它所制定的各种保险规章制度,包括海运保险单格式和保险条款,对世界各国有着广泛的影响。目前,世界上有很多国家在海上保险业务中直接采用英国伦敦保险协会所制定的协会货物条款,或者在制定本国保险条款时参考或部分地采用上述条款。

英国海上货物运输保险条款经历了三次变革:第一次是劳合社 S·G 标准格式保险单的问世,它作为《1906 年海上保险法》的附件在世界海上货物运输保险市场上产生了重大影响,许多国家长期以来都用 S·G 保险单作为蓝本来制定自己的海上货物运输保险单;第二次是 1963 年《伦敦保险协会条款》的制定,它采用平安险、水渍险、一切险作为三个基本险别,为投保人根据自身需要选择投保提供了方便;第三次是 1982 年《伦敦保险协会新条款》的推出。

《伦敦保险协会海上货物运输保险条款》最早制定于 1912 年,为了适应不同时期法律、判例、商业、航运等方面的变化和发展,需要经常进行补充和修订,最后一次修订

完成于1982年1月1日,并于1983年4月1日起正式使用,《伦敦保险协会海上货物运输保险条款》主要有6种:

(1) 协会货物条款(A)(Institute Cargo Clauses (A),ICC(A));
(2) 协会货物条款(B)(Institute Cargo Clauses (B),ICC(B));
(3) 协会货物条款(C)(Institute Cargo Clauses (C),ICC(C));
(4) 协会战争险条款(Institute War Clauses Cargo);
(5) 协会罢工险条款(Institute Strikes Clauses Cargo);
(6) 恶意损害险条款(Malicious Damage Clauses)。

协会货物条款的保险责任与除外责任

(1) (A)、(B)、(C)条款的保险责任。具体如图6.2所示。

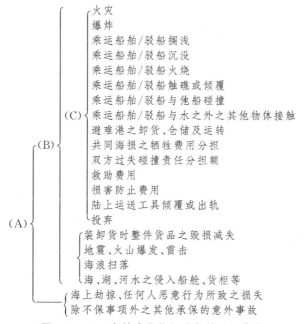

图6.2 1982年协会货物保险条款承保范围

综上所述,(A)条款的承保风险类似于我国的一切险;(B)条款类似于我国的水渍险;(C)条款类似于我国的平安险,但比平安险的责任范围要小一些。

(2) (A)、(B)、(C)条款的责任免除。具体如表6.1所示。

表6.1 1982年协会货物海上货物运输保险条款除外责任事项比较

不保事项	(A)	(B)	(C)
被保险人故意之不法行为所致损失	×	×	×
通常之渗漏,重量与容量之减少或自然耗损	×	×	×
包装不固定或不当,或货物处理不良或不当所致之损失(包装包括危险开始前被保险人或其受雇人将货物积载于货柜或箱型车作业)	×	×	×
保险标的物之固有瑕疵或其性质所致者	×	×	×
延迟所致之损失,纵使延迟是因承保之灾害所引起	×	×	×

（续表）

不保事项	(A)	(B)	(C)
因船舶所有者、管理者、租船者、营运者债务不履行或失去偿债能力所致损失或费用	×	×	×
任何人恶意行为致标的物受毁损或灭失	○	×	×
核子武器之使用	×	×	×
战争、内乱、革命、叛乱或遭遗弃之战争武器所致损失或费用	注	注	注
罢工、工潮或民众骚扰所致之毁损灭失或费用	注	注	注

注：1982年ICC的(A)、(B)、(C)条款第六—七条中将其除外。

资料来源：改写自凌氤宝、康裕民、陈森松著，《保险学：理论与实务》，(中国台湾)华泰文化，2006年版，第268—268页。

我国2001年11月已经加入世界贸易组织，现有的保险条款也会逐步与国际做法趋于一致。当然，各国海上货物运输保险条款也是存在差异的。

（一）基本险的保险责任

我国海上货物运输保险的基本险包括平安险、水渍险和一切险三种，现分别介绍如下：

1. 平安险

平安险(Free from Particular Average, F.P.A.)只是我国保险界的习惯性称谓，并非保障货物可以平安顺利地到达目的地。事实上，平安险是基本险的三个险别中承保范围最小的。按英文其原来的含义是"单独海损不赔"，因而，过去常被理解为保险人仅对货物的全部损失和共同海损承担责任。其后，随着国际经济一体化的加强和国际贸易的不断发展，为了适应市场的需要，经过国际保险市场对平安险条款的不断修订，平安险的承保责任已远远超过了仅对全部损失和共同海损赔偿的范围，保险人对意外事故所造成的单独海损也负赔偿责任。因此，平安险一词是我国保险业沿用已久的习惯叫法，目前的平安险应该理解为因自然灾害所造成的被保险货物的部分损失不赔。按我国的保险条款，平安险的责任范围包括：

（1）被保险货物在运输途中由于恶劣天气、雷电、海啸、地震、洪水等自然灾害造成整批货物的全部损失或推定全损。当被保险人要求赔付推定全损时，须将受损货物及其权利委付给保险公司，被保险货物用驳船运往或运离海轮的，每一驳船所装的货物可视为一个整批。

（2）由于运输工具遭受搁浅、触礁、沉没、互撞与流冰或其他物体碰撞以及失火、爆炸等意外事故造成货物的全部或部分损失。

（3）在运输工具已经发生搁浅、触礁、沉没、焚毁等意外事故的情况下，货物在此前后又在海上遭受恶劣天气、雷电、海啸等自然灾害所造成的部分损失。

（4）在装卸或转运时，由于一件或数件整件货物落海造成的全部或部分损失。

（5）被保险人在遭受承保责任范围内的风险时对货物采取的抢救、防止或减少货物损失等措施而支付的合理费用，但以不超过该批被救货物的保险金额为限。

（6）运输工具遭遇海难后，在避难港由于卸货所引起的损失以及在中途港、避难港由于卸货、存仓及运送货物所发生的特别费用。

（7）共同海损的牺牲、分摊和救助费用。

（8）运输契约订有船舶互撞责任条款，根据该条款规定应由货方偿还船方的损失。船舶互撞责任条款是指本船货主如向对方船取得货物损失的全部赔偿，致使对方船向本船承运人提出索赔，则货主应将这一部分偿还给本船承运人。这一条就是对货主偿还本船承运人的损失负责。

其中，上述的自然灾害是指恶劣天气、雷电、海啸、地震、洪水五种自然灾害，除此之外的其他自然灾害如霜冻等，造成被保险货物的损失，保险人概不负责赔偿。

在该条款中的整批货物是指一张保单载明的货物；或者一张保单项下分类保额的货物；或者同一张保单承保了多张提单项下的货物，则每一张提单项下的货物视为一个整批；以及被保险货物用驳船运往或运离海轮的，每一驳船所装的全部货物视为一个整批。

全部损失包括实际全损和推定全损。实际全损是被保险货物完全毁损或已失去原来的用途和外观，并不可恢复原貌或原来的性质，或永远失去有效占有。因此，实际全损有三种情况：第一，被保险货物完全毁损；第二，被保险货物已失去原来的性质或用途；第三，被保险人永远丧失了对被保险货物的有效占有。如果被保险人只是暂时丧失了对被保险货物的占有，则不构成实际全损。

推定全损是被保险货物发生保险事故后，实际全损已不可避免，或者为避免被保险货物发生实际全损所需支付的费用超过保险价值。如果为避免发生被保险货物的实际全损所需的救助费用和继续将货物运抵目的地的费用之和超过保险价值，即构成被保险货物的推定全损。

因此，从平安险的责任范围可以看出，保险人除了对因自然灾害导致的货物全损及由于运输工具遭受搁浅、触礁、沉没、焚毁等意外事故引起的单独海损负责外，对运输工具已经发生上述意外事故，同时在此前后又遭遇恶劣天气、雷电、海啸等自然灾害所造成的部分损失，也可承担责任。但如果是仅因遭遇恶劣天气等自然灾害而致的单独海损，保险人概不负责，即主要包括：第一，对自然灾害（包括恶劣天气、雷电、海啸、地震、洪水）造成的单独海损不赔，但对全部损失要赔；第二，对于意外事故所造成的部分损失和全部损失，均予赔偿；第三，对于在海上发生的意外事故，如搁浅、触礁、沉没、焚毁等，则不论在事故发生之前还是之后，对于自然灾害所造成的单独海损，保险人都要负赔偿责任。因此，平安险一般适用于低值、裸装的大宗货物，如钢材、铸铁制品等。

同时，该条款的规定主要是针对进出口美国的货物或按照美国运输契约规定而特别制定的。美国法律规定：船舶互撞不论责任如何，本船货主是无辜的，对于本船货主的货物损失，由本船船东和他船船东负连带责任。这样，本船货主可按连带责任将自己的货物损失按100%的过失责任向对方船东进行索赔。他船船东按100%赔偿该货物损失后，必然要向本载货船船东请求返还该载货船船东应负的过失责任的比例部分以实现公平。其结果，使得承运人原可以享有《哈特法》或《海牙规则》的免责规定"落空"。因此，为了填补这个"漏洞"，美国在运输合同条款中规定："如载货船船东因碰撞涉及本船载货物损失，而向他船支付该项损失赔偿时，本船货主应负有偿还本船船东这一损失的责任。"据此，许多国家的货物运输保险条款规定，本应由货方偿还的船方的损失由保险人来承担。

2. 水渍险

水渍险(With Particular Average, W. A. 或 W. P. A.)也是我国保险业沿用已久的名称,英文的原意是"负单独海损责任"。水渍险是一种习惯叫法,并非是被保险货物遭受到水渍损失,保险人都负责赔偿。水渍险的保险责任除了包括上述平安险的各项保险责任外,还负责被保险货物由于恶劣天气、雷电、海啸、地震、洪水等自然灾害所造成的部分损失。也就是说,在平安险的全部责任范围的基础上,再加上由于恶劣天气等自然灾害所造成的被保险货物的部分损失。水渍险与平安险的关系为:

水渍险＝平安险＋自然灾害所造成的被保险货物的部分损失

专栏 6.2

水渍险赔案

某国 A 外贸公司向另一国 B 公司出口坯布 100 包。A 外贸公司按合同规定加一成投保水渍险。该批坯布在海运途中因舱内食用水管漏水,致使其中的 30 包浸有水渍。问:对此损失应向保险公司索赔还是向船公司索赔?

因投保的是水渍险,而水渍险只对海水浸渍负责,对淡水所造成的损失不负责任。故本案中 A 外贸公司不能向保险公司索赔,但可凭清洁提单与承运人进行交涉。若该批货物投保了一切险,便可向保险公司索赔。

资料来源:《〈中国人民保险公司海上货物保险条款〉与货运险案例解析》,http://www.lawtime.cn/info/hetong/htss/20101129/79388.html。

3. 一切险

一切险(All Risks, A. R.)的承保责任范围最大,不仅包括水渍险的各项责任,还负责被保险货物在运输过程中由于外来原因所致的全部或部分损失。外来原因引起的外来风险通常包括:偷窃、提货不着险、淡水雨淋险、短量险、混杂、玷污险、渗漏险、碰损、破碎险、串味、受潮受热险、钩损险、包装破裂险、锈损险等 11 种一般附加险。如图 6.3 所示,一切险与水渍险、平安险的关系为:

一切险＝水渍险＋11 种一般附加险

或　　　＝平安险＋自然灾害所造成的被保险货物的部分损失＋
11 种一般附加险

图 6.3　一切险与水渍险、平安险的关系

因此，一切险并非保险人对货物在运输途中的一切风险造成的损失均负赔偿责任，它仅负责水渍险的保险责任以及11种一般附加险的保险责任，即在水渍险责任范围基础上扩展承保被保险货物在运输途中由于外来原因造成的损失。而外来风险并非一切风险，它不是必然发生的，而是被保险货物以外的外部因素导致其受损，如被保险货物的自然属性、内在缺陷引起的自然损耗，就不是外来原因致损，而属于内在的必然损失。另外，外来风险也不是不问原因对一切外来原因引起的风险所致的损失，保险人都负责赔偿。因为内因都是受到外因的影响才起变化的，如鱼粉、煤炭的自燃就是本身的特性受到外界天气、温度等的影响后才发生的。条款中所指外来原因必须是意外的、事先难以预料的，而不是必然出现的。这里的外来原因是指引起一般的外来风险的原因，即仅仅包括上述的11种一般附加险。而特殊的外来风险，如与该条款互为补充的6种特殊附加险，即交货不到险、进口关税险、舱面货物险、拒收险、黄曲霉素险、出口货物到香港或澳门存仓火险责任扩展风险，以及上述提及的自燃风险等均不包括在一切险责任范围内，需要单项逐一加保，保险人才负责赔偿。

专栏6.3

海上货物运输一切险案

案　情

A公司就一批进口大米在B保险公司投保货物运输一切险。保险单背面印备的海洋运输货物保险条款规定的"一切险"保险责任范围为："除包括上列平安险和水渍险的各项责任外，本保险还负责被保险货物在运输途中由于外来原因所致的全部或者部分损失。"货到后A公司发现部分大米变质，鉴定认为上述货物变质系货物装船后运输过程中发生的。损失发生后，A公司向B保险公司提出理赔申请。但是，B保险公司要求A公司举证证明该保险事故的保险责任属于中国人民银行《关于〈海洋货物运输保险"一切险"条款解释的请示〉的复函》(1997)中所列明的风险，才能赔付，双方因此产生争议。

分　析

由于B保险公司出具的保险单中并未对"一切险"进行解释和限定，根据我国《合同法》第四十一条的规定，应当按照通常的理解来界定"一切险"的性质。通常说来，"一切险"应被理解成无须列举的所有外来原因导致的风险。尽管中国人民银行于1997年5月21日在答复中国人民保险公司《关于〈海洋货物运输保险"一切险"条款解释的请示〉的复函》中，将"外来原因"解释为"仅指偷窃、提货不着，淡水雨淋，短量，混杂，玷污，渗漏，碰损，破碎，串味，受潮受热，钩损，包装破裂，锈损"，但是，由于我国保险行业之外的其他人缺乏保险知识，对上述解释缺少了解，其对保险的认识往往只能依靠保险单条款和一般的概念常识,由此导致双方对保险条款中的"一切险"条款的理解产生争议,根据我国《保险法》第二十条的规定,应当按照有利于被保险人的通常理解予以解释。B 保险公司主张 A 公司应首先举证证明被保险货物遭受了中国人民银行《关于〈海洋货物运输保险"一切险"条款解释的请示〉的复函》中所列明的风险的理由不能成立。同时,根据《保险法》第十七条的规定,在投保时 B 保险公司有义务对"一切险"所包含的具体风险向 A 公司进行说明,如未进行说明,未作提示或者明确说明的,该条款不产生效力。在这种情况下产生诉讼争议,B 保险公司很难胜诉。

但是,如果 B 保险公司的保险单中除了上述内容外,明确提示投保人该"一切险"属于列明风险,或者将中国人民银行对该条款的解释附于保险单上,或者在承保时对该条款进行了明确的说明和解释,则情况将大大不同,根据《保险法》第十七条的规定,B 保险公司对于"一切险"的限定将产生法律效力。在此情况下,B 保险公司很容易胜诉。

资料来源:保运通网站,http://www.baoyuntong.com/Datum/show-6047.html。

就上述三个基本险的保险责任范围而言,一切险最大,水渍险次之,平安险最小,三者的关系可如图 6.4 所示。

```
         ┌─(1) 由于海上自然灾害造成实际全损或推定全损。
         │ (2) 由于海上意外事故造成货物的全部或部分损失。
         │ (3) 在海上意外事故发生前后,由于海上自然灾害所造成的部分损失。
      平 │ (4) 装卸、转运时一件或数件货物落海造成的全部或部分损失。
      安 │ (5) 合理的施救费用。
      险 │ (6) 运输工具遭遇海难后,在避难港由于卸货、存仓及运送货物所发生的
         │     特别费用。
   水    │ (7) 共同海损的牺牲、分摊和救助费用。
   渍    │ (8) 根据运输合同规定的船舶互撞责任条款,应由货方偿还船方的损失。
   险    └─(9) 由于海上自然灾害造成的部分损失。
一切险 ──(10) 由于 11 种一般外来风险所造成货物的全部或部分损失。
```

图 6.4 一切险、水渍险、平安险之关系

资料来源:郭颂平编著,《海上保险理论与实务》,中国金融出版社,1998 年版,第 114 页。

(二) 附加险的保险责任

附加险就是只有在投保了基本险后方能加保的险别,不能单独承保。我国海上货物运输保险条款规定的附加险条款是基本险的扩大和补充。被保险人只能在投保基本险后根据需要选择一种或几种附加险加保。附加险主要承保由于外来原因所致的损失。外来原因在性质上有一般外来原因与特殊外来原因之分,所以附加险相应分为一般附加险、特别附加险和特殊附加险三类。

1. 一般附加险

一般附加险(Additional Risk)又称普通附加险,是承保货物在运输途中由于一般外来原因所致的损失的保险,即包括在一切险责任范围内的各种附加险。我国一般附加险有以下 11 种:

(1) 偷窃、提货不着险(Theft,Pilferage and Non-delivery,TPND)。它承保被保险货

物在保险期限内遭受的由于偷窃行为所致的损失或整件提货不着。在此,"偷"是指整件或整箱货物被偷走;"窃"一般是指整件或整箱货物中的一部分被窃取,而偷窃不包括公开手段的抢劫。"提货不着"是指在运输途中货物被遗失,致使未能运达目的地交付给收货人。因此,偷窃、提货不着险的保险责任包括:偷窃行为所致的损失;整件提货不着;根据运输契约规定船东和其他责任方免赔的部分。在该险别下,为了便于确定责任,遇有偷窃行为所致的损失,被保险人必须在及时提货之日起 10 日内向保险人或保险单载明的检验理赔代理人申请检验;遇有整件提货不着,必须向责任方、港方、海关或有关当局取得整件提货不着的证明,否则,保险人不负赔偿责任。同时,保险人有权收回被保险人向船东或其他责任方追偿到的货物损失赔偿款,但其金额以不超过保险人支付的赔款为限。

(2) 淡水雨淋险(Rain and Fresh Water Damage, R. F. W. D.)。它承保被保险货物在保险有效期内,直接由于淡水、雨淋以及冰雪融化所造成的全部损失或部分损失。淡水包括船上淡水舱、水管漏水、船舱内水汽凝聚而成的舱汗以及水管漏水等。淡水与海水是相对而言的。如前所述,平安险、水渍险只负责海水所致的货物损失。所以,该附加险是在平安险和水渍险基础上的扩展。被保险人索赔时应注意货物包装外部应有雨水或淡水痕迹或其他适当证明;同时,被保险人亦须及时提货,在提货后 10 日之内申请检验,否则保险公司不承担责任。

(3) 短量险(Risk of Shortage)。它承保被保险货物在运输途中发生的数量短少和重量短缺的损失。凡包装的货物短少,须有外包装发生破口、裂袋或扯缝等异常现象,以鉴别是由于外来原因引起的还是原来的短少;散装货物的重量短缺,一般以装船重量和卸船重量间的差额作为计量短量的依据,但不包括货物的正常途耗。对某些大量的不合理的短少现象,被保险人必须提供被保险货物装船前的重量证明。

(4) 混杂、玷污险(Risk of Intermixture and Contamination)。它承保被保险货物在运输途中遭受的由于混进杂质或被玷污而致的损失。如矿砂、矿石等混进了泥土、草屑等而影响了质量,布匹、纸张、食物、服装等被油类或带色的物质污染而引起的损失。

(5) 渗漏险(Risk of Leakage)。它承保流质、半流质、油类货物在运输过程中由于容器损坏而引起的渗漏损失,或者用液体装存的货物,如湿肠衣、酱渍菜等因为液体渗漏而使肠衣、酱菜等发生腐烂、变质所致的损失。

(6) 碰损、破碎险(Risk of Clash and Breakage)。它承保被保险货物在运输过程中遭受的因震动、碰撞、受压所造成的破碎和碰撞损失。所谓碰损,主要是对金属或木质等货物而言的,例如,搪瓷、钢精器皿、大理石等在运输途中,因为受到震动、颠簸、挤压等成货物本身的凹瘪、脱漆、划痕等损失。破碎则主要是对易碎物质而言的,例如,陶器、瓷器、玻璃器皿、大理石等在运输途中由于装卸粗鲁、运输工具的震颠等造成货物本身的破裂、断碎等损失。鉴于水渍险对自然灾害或运输工具遭遇意外事故所引起的被保险货物的碰损和破碎损失均已经承保,故该保险系扩大承保一切外来原因所致的碰损、破碎损失。

(7) 串味险(Risk of Odor)。它承保货物在运输过程中因受其他带有异味物品的影响而引起的串味所造成的损失。例如茶叶、香料、药材等在运输途中受到一起堆储在同一货舱的皮革、樟脑等异味的影响使品质受到损失,或因装载在未清洗干净的船舱里,受到船舱中遗留的异味的影响使品质受到损失。但如果这种串味损失和船方配载不当有关,则应由船方负责,保险人在向被保险人承担赔偿责任后,有权向船方追偿。

(8) 受潮受热险(Damage Caused by Sweating and Heating)。它承保货物在运输过程中,由于气候突然变化或船上通风设备失灵,使船舱内的水汽凝结而引起货物受潮、发热而造成的霉烂、变质或溶化的损失。袋装、捆装以及易于吸收水分的货物容易遭受此类损失,如黄豆,极易因船舱水汽过大而受潮,发霉变质。在此,被保险货物的损失必须是在运输过程中发生的,直接致损原因是船舱内水汽凝结、发潮、发热,而船舱内水汽凝结、发潮、发热必须是在运输过程中,因气温突然变化,或由于船上通风设备失灵导致的。如果不是因气温突然变化或船上通风设备失灵导致的船舶内水汽涨结、发潮、发热造成被保险货物的损失,保险人不负赔偿责任。同时,气温突然变化是一种突发性的、不能预料的、无法抗拒的自然天气变化或意外事故。例如,船舶在航行途中,由于气温骤变,或者因为船上通风设备失灵,使得舱内水汽凝结、发潮、发热引起所保可可白脱的溶化。

(9) 钩损险(Hook Damage)。它承保被保险货物在运输、装卸过程中因为使用手钩、吊钩等钩类工具造成的损失以及对包装进行重新更换、修补所支付的合理费用。例如,捆装棉布因使用手钩而被钩破,包装粮食因吊钩钩坏麻袋而使粮食外漏。

(10) 包装破裂险(Loss for Damage Caused by Breakage of Packing)。它承保被保险货物在运输过程中因搬运或装卸不慎致包装破裂所造成的损失,以及为继续安全运输的需要对包装进行修补或重新更换包装所支付的合理费用。在此,被保险的货物为在运输过程中袋装、箱装、桶装、篓装的块、粒、粉状货物,其损失为因搬运或装卸不当致使包装破裂而引起货物的短少、玷污、受潮等损失。

(11) 锈损险(Risk of Rust)。它承保被保险货物在运输过程中遭受的因生锈所造成的损失。但它有两个必要条件:一是这种生锈并非原装时就存在,二是须属于保险期限内发生的。如果被保险货物在保险有效期发生以前就已生锈,则保险人不负赔偿责任。一般来说,对裸装的金属板、块、条、管等,保险人不予承保锈损险,因为这些裸装货物几乎必然生锈。

2. 特别附加险

特别附加险(Special Additional Risk)是以由于国家政策法令以及行政措施所造成的货物损失为保险标的的保险。特别附加险不属于货运一切险所承保的11种外来风险责任。在我国保险业务中,特别附加险有以下6种:

(1) 交货不到险(Failure To Deliver)。凡被保险货物从装上船时起,满6个月仍不能运到原定目的地交货,则不论任何原因,保险公司均按全部损失赔付。交货不到险与一般附加险的提货不着险不同,它不是承运人由于运输上的原因造成整件货物提货不着,而往往是由于被保险货物遭禁运被迫在中途卸货造成的。保险人承保交货不到险一般都要求被保险人首先获得一切进口许可证,并办妥有关进口手续,以免无许可证不准进口而交货不到。另外,该条款规定凡提货不着险及战争险应该负责的损失,保险人不予负责。由于交货不到很可能是所保货物并未实际遭受损失,因此特别要求被保险人在索赔时,将货物的全部权益转移给保险公司。

(2) 进口关税险(Import Duty Risk)。承保由于货物受损仍需按完好价值完缴进口关税所造成的损失。有些国家对进口货物征收关税,不论货物是否完好,一律按完好的价值征收。进口关税险就是针对上述情况而设立的特别附加险别。进口关税险的保险金额应根据进口关税的税率来确定,在保险单上应将货物的保险金额与附加的进口关税险的保险金额分别列明。

(3) 舱面险(On Deck Risk)。一般货物都装在舱内,保险公司的责任范围和费率按舱内货物考虑。而有些货物由于体积大、有毒性或者有污染性,因此,根据航运习惯必须装载于舱面,为解决这类货物的损失补偿,就可投保附加舱面险。保险公司通常只接受在"平安险"基础上加保舱面险。舱面险的责任除了按基本险险别条款负责外,还负责货物被抛弃或风浪冲击落水的损失。

(4) 拒收险(Rejection Risk)。承保货物在进口港由于各种原因被进口国的有关当局拒绝进口或没收产生的损失。当货物起运后,无论进口国宣布实行何种禁运或禁止,保险人仅负责该货物运回或转口其他目的地而增加的运费,但最多不得超过该批货物的保险价值。被保险人加保拒收险时,须持有进口所需要的一切特许进口证明或进口限额。

(5) 黄曲霉素险(Aflatoxin Risk)。承保货物因含有黄曲霉素超过进口国对该菌素的限制标准,遭受拒绝进口,或被当局没收或强制改变用途而造成的损失。但被保险人对被拒绝进口或强制改变用途的货物有义务进行妥善处理,如有争执应申请仲裁。由于黄曲霉素是花生中含有的带毒性的菌素,因此,如果花生中含有这一菌素的比例超过进口国家的限制标准,就会被拒绝进口。该险种就是承保因此而引起的损失,这实际上也是一种专门原因的拒收险。

(6) 出口货物到香港(包括九龙在内)或澳门存仓火险责任扩展条款。这是一种扩展存仓火险责任的保险,主要承保内地出口到香港或澳门的货物,自卸离运输工具后,如果直接存放在保险单所载明的过户银行所指定的仓库,可延长保险单对存仓火险的责任。自运输责任终止时开始,直至银行收回押款解除对货物的权益后终止;或自运输责任终止时算起满 30 天为限。

3. 特殊附加险

特殊附加险(Specific Additional Risk)与特别附加险的区别在于,这种风险的构成涉及军事、政治和社会方面的原因。特殊附加险有以下几种:

(1) 战争险(War Risk)。它承保战争或类似战争行为等引起保险货物的直接损失。战争险包括海、陆(限于火车)、空运和邮包战争险等。它们都属于特殊附加险,不能单独投保,必须在投保基本险的基础上才能加保。战争险的保险责任为:直接由于战争、类似战争行为和敌对行为、武装冲突或海盗行为所致的损失;由于上述原因引起的捕获、拘留、扣留、禁制、扣押等所造成的损失;各种常规武器,包括水雷、鱼雷、炸弹所致的损失;属于以上责任范围所引起的共同海损的牺牲、分摊和救助费用。其责任免除为:由于敌对行为使用原子或热核制造的武器所致的损失和费用;根据执政者、当权者或其他武装集团的扣押、拘留引起的承保航程的丧失和挫折而提出的任何索赔。战争险的责任起讫为:

第一,保险责任自被保险货物装上保险单所载起运港的海轮或驳船时开始,到卸离保险单所载明的目的港的海轮或驳船时为止。如果被保险货物不卸离海轮或驳船,保险责任最长期限以海轮到达目的港的当日午夜起算满 15 天为限,海轮到达上述目的港是指海轮在该港区内一个泊位或地点抛锚、停泊或系缆,如果没有这种泊位或地点,则指海轮在原卸货港或卸货地点或附近第一次抛锚、停泊或系缆。

第二,如果在中途港转船,不论货物在当地卸载与否,保险责任均以海轮到达该港或卸货地点的当日午夜起算满 15 天为止,待再装上续运的海轮时恢复有效。

第三,如果运输合同在保险单所载明目的地以外的地点终止,该地即被视为该保险目的地,仍照前述第一款的规定终止责任,如需运往原目的地或其他目的地,在被保险人于续运前通知保险人并加缴保险费的情况下,可自装上续运的海轮时重新有效。

第四,如果运输发生绕道、改变航程或承运人运用运输契约赋予的权限所作的任何航海上的改变,在被保险人及时将获知的情况通知保险人,必要时加缴保险费的情况下,该保险仍继续有效。

(2) 罢工险(Strikes Risk)。承保因罢工者或被迫停工工人,参加工潮、暴动和民众斗争的人员,采取行动造成被保险货物的损失。罢工险项下,保险人对于任何人的恶意行为造成的损失,以及对由于罢工险责任范围内的风险所引起的共同海损牺牲、分摊和救助费用均负责。罢工险项下,保险人负责的是直接损失,因罢工引起的间接损失是不负责的。以下损失即均属间接损失:因罢工行为造成货物未能及时卸离海轮或堆在码头上而遭雨淋的损失;又如,由于港口罢工,海轮无法驶入,只能在另一港口卸货,使运输增加等。

(三) 责任免除

海上货物运输保险的基本险对下列损失不负赔偿责任:

(1) 被保险人的故意行为或过失所造成的损失;

(2) 属于发货人责任所引起的损失;

(3) 在保险责任开始前,被保险货物已存在的品质不良或数量短差所造成的损失;

(4) 被保险货物的自然损耗、本质缺陷、特性以及市价跌落、运输延迟所引起的损失或费用;

(5) 保险公司海洋运输货物战争险条款和货物运输罢工险条款规定的责任范围与除外责任。

(四) 专门险的保险责任

根据海上货物运输特征,我国还设有海洋运输冷藏货物保险和海洋运输散装桐油保险。

1. 海洋运输冷藏货物保险的承保责任

对于那些需要冷藏运输的鲜货,例如,鱼、虾、肉以及蔬菜、水果等类货物,可以投保冷藏货物保险。海洋运输冷藏货物保险的险别有冷藏险和冷藏一切险两种。

(1) 冷藏险的责任范围,除负责由于冷藏机器停止工作达 24 小时以上所造成的腐化或损失外,其他承保责任与水渍险基本相同。

(2) 冷藏一切险的责任范围,除包括冷藏险的各项责任以外,还负责被保险货物在运输途中由于外来原因所致的腐化或损失。

2. 海洋运输散装桐油保险的承保责任

海洋运输散装桐油保险,是保险公司承保海洋运输散装桐油不论任何原因造成的数量短少、渗漏、污染和变质等损失。由于桐油是易受污染和变质的货物,因此保险公司在接受承保时,必须进行严格检验。保险条款规定,被保险的散装桐油在起运时必须做到,装载散装桐油的油舱必须清洁,要经商品检验局检验并出具船舶合格证明书;被保险的散装桐油装船后,其容量或重量和温度必须由商检局详细检验并出具证明书;装船桐油的品质应由商检局抽样化验出具合格的证明书,证明在装运时确无污染、变质或"培他"(Bate,桐油损失专用名词)迹象。如果被保险人不按以上规定办理,保险公司不负责散装桐油在品质或重量上的损失。

四、海上货物运输保险的保险期限

保险期限又称责任起讫。我国海上货物运输保险基本险的保险期限以"仓至仓"条款为基本依据,即保险期限从货物运离保险单所载明的起运港发货人的仓库开始,一直到货物运抵保险单所载明的目的港收货人的仓库为止。显然,保险期间规定了保险人对被保险货物所承担保险责任的空间范围。根据我国海洋运输货物保险的规定,将保险人的责任起讫区分为正常运输和非正常运输两种情况。

(一) 正常运输

正常运输是指使用正常的运输工具,按照正常的航线、航程行驶并停靠港口,包括正常的延迟和正常的转船。因此,被保险货物自保险单载明起运地发货人仓库或其他储存处所首次运输时开始,无论是先装内河船舶或火车,继之以火车,然后再装海轮,还是改变先后顺序,只要是属于航程需要,都在正常运输范围之内。

在正常运输情况下,海上货物运输保险的责任起讫以"仓至仓"条款为依据。根据条款规定,保险责任自被保险货物运离保险单所载明的起运地仓库或储存处所开始运输时生效,包括正常运输过程中的海上、陆上、内河和驳船运输在内,直至该项货物到达保险单所载明目的地收货人的最后仓库或储存处所为止。货物一经进入收货人的仓库,保险人的责任即行终止。倘若货物在收货人的仓库中发生损失,保险人概不负责。上述"仓至仓"责任还要受到下列限制:货物自目的港卸离海轮时起算满 60 天,不论被保险货物是否进入收货人仓库,保险责任均告终止。在保险经营实务中,由于情况非常复杂,有的货物目的地就是卸货港,有的则在内陆,因而上述"仓至仓"条款的规定也应按不同的情况加以区别:

(1) 保险单所载明的卸货港就是目的地,则被保险人提货后运到他自己的仓库,保险责任即行终止。倘若被保险人提货后并未运往自己的仓库,而是将货物分散、出售、转运、分配、分派,则保险责任从这个时候起即行终止。

(2) 保险单所载明的目的地并非在卸货港,而是在内陆某地,则被保险人从船方提货后运到内陆,货物进入收货人的目的地仓库,保险责任即行终止。

(3) 保险单所载明的目的地是在内陆某地,如果货物运往内陆目的地后,并未直接运往收货人仓库,而是在中途先行存放于某一仓库,然后又分成几批分别陆续运往几个内陆目的地,其中包括保险单原载目的地,则保险责任在货物到达分配地时终止,即先行存入的某一仓库视为收货人的最后仓库,保险责任在货物到达该仓库时终止。这里所指的货物,也包括运往原目的地的那部分货物。

上述三种情况都要受到保险责任自货物卸离海轮后满60天终止这一规定的限制,也就是说,在上述三种情况下的保险责任终止前,若被保险货物卸离海轮后已满60天,则保险责任终止。

显然,海上货物运输保险的责任起讫实行"仓至仓"条款,它规定了保险人承担责任的空间范围,即规定了保险承担责任的起讫地点,从保险单载明的起运港(地)发货人的仓库或储存处所运输时开始,直到保险单载明的目的地收货人仓库或储存处所为止。货物进入仓库以后保险责任即行终止。

(二) 非正常运输

非正常运输是指货物在运输途中,在被保险人无法控制的情况下,没有按照正常的航程、航线行驶并停靠港口,而是在途中被迫卸货、重装或转载以及由此而发生运输延迟、绕航或运输合同终止等非正常情况。按照国际运输惯例,提单中一般都订有自由条款,规定在迫不得已的情况下,承运人有自由变更航程、绕道及终止运输合同的权利,且由此发生的运输延迟、被迫卸货、重装等情况,致使货物遭受损失,承运人不负任何责任。因为这是"迫不得已"发生的,而非承运人的主观意愿所致。在此情况下,如果被保险人能及时将获知的情况通知保险人,并在必要时同意加缴保险费,则原保险继续有效。

我国对于非正常运输情况下的责任起讫规定:由于被保险人无法控制的运输延迟、绕道、被迫卸货、重新装载、转载或承运人运用运输契约赋予的权限所作的任何航海上的变更或终止运输契约,致使被保险货物运到非保险单载明的目的地时,在被保险人及时将获知的情况通知保险人,并在必要时加缴保险费的情况下,原保险继续有效。保险责任按下列规定终止:

(1) 被保险货物如在非保险单载明的目的地出售,保险责任至交货时终止,但不论任何情况,均以被保险货物在最后卸载港全部卸离海轮后满60天为止;

(2) 被保险货物如在上述60天期限内运往保险单所载原目的地或其他目的地,保险责任仍按正常运输下的有关责任终止的规定终止。

五、海上运输货物保险被保险人的义务

被保险人对已保货物应该履行如下的义务,在被保险人因未履行下述义务而影响保险人利益的情况下,保险人有权对有关损失拒绝赔偿。

(1) 当被保险货物运抵保险单所载明的目的港(地)后,被保险人应及时提货。如发现货物受损,则应该办理的事项有:立即向保险单载明的检验、理赔代理人申请检验;如损失属整件短少或有明显残损痕迹应立即向承运人、受托人或海关、港务当局等索取货损货差证明;以书面方式向上述有关责任方提出索赔,必要时须取得延长时效的确认。

(2) 被保险人在遭受承保责任范围内的风险时应对货物采取迅速、合理的抢救措施,以防止或减少货物的损失。被保险人采取此项措施,并不意味着放弃了委付,同样,也不应将保险人采取的施救措施视为接受委付的表示。

(3) 在航程变更或保单所载明的货物、船名航程有遗漏或错误时,该保险责任即行终止,除非被保险人在获悉后立即通知保险人并在必要时加缴一定的保费。

(4) 被保险人向保险人索赔,必须提供的单证有:保单正本、提单、发票、检验报告、装箱单、磅码单、货损货差证明、索赔清单等。如果货损涉及第三者责任,还必须提供向责任方追偿的有关函电及其他必要的单证或文件。

(5) 被保险人在获悉有关运输契约中"船舶互撞责任"条款的实际责任时,须及时通知保险人。

六、海上货物运输保险的保险金额

海上货物运输保险的保险金额按保险价值确定。保险价值由保险人与被保险人约定。保险人与被保险人约定的保险价值,一般是保险货物在保险责任开始时起运地的货物发票价值或者非贸易商品在起运地的实际价值以及运输费用与保险费的总和。因此,海上货物运输保险的保险金额一般采用定值保险,以"约定的保险价值"作为保险金额。在国际贸易中运费和保险是由买方还是卖方负责办理,主要由不同的价格条件决定。不同的价格条件,表示买卖双方在承担责任、费用与保险上的区别。离岸价格,成本加运费,成本加保险费、运费三种价格条件也常为我国所采用。我国常用于确定保险金额的几种价格条件,从保险角度来说可分为两类:不带保险费的离岸价格以及成本加运费,带保险费的成本加保险费、运费。

1. 离岸价格条件的保险

离岸价格又称船上交货(Free on Board,FOB)价格,即货物已交到船上的交货价。它要求卖方按照合同规定的货物品质、数量、包装等按时在买方指定的装船港口备妥交货。自货物装上买方指派的海轮时起,卖方就已履行了合同的责任,风险即由卖方转移给买方。因此,以 FOB 价格条件成交的合同,保险应由买方办理。在实务处理中,买方通常是在接到卖方装船通知前事先与保险人签订"预约保险"合同办理投保手续。

2. 成本加运费价格条件的保险

在成本加运费(Cost and Freight,CFR)价格条件下,要求卖方租船订舱及时将货物装上运往目的港的船上,并负责运费及装船前的各项费用和风险,而由买方办理有关保险并支付保险费。买方在货物装船后取得航运公司的清洁提单,方可认为卖方已履行合同交货义务,此时,装船后的一切费用和风险,应由买方负责。按照 CFR 价格条件成交的货物,卖方有义务在将货物装上船后立即向买方发出装船通知(包括船名、货量、包装、预定开船日期等),以便买方办理保险;否则,因此而延误了投保,卖方将承担在运输途中货物遭受损失的风险责任。

3. 到岸价格条件的保险

到岸价格条件即成本加保险费、运费(Cost,Insurance and Freight,CIF)。它要求卖方负责租船订舱,按时在装运港将货物装上运往目的港的船上,交付运费和办理货物运输保险、交付保险费,并将保险单随同货运单据送交买方。其保险条件通常按最低保险险别投保,但也可以由双方约定。按 CIF 价格条件的规定,卖方只负责向保险人办理保险的手续和负担保险费用,而不负责风险造成的损失。

对于 CIF 价格条件的保险问题,国际商会的《国际贸易术语解释通则》作了规定:卖方必须向信誉卓著的保险人投保基本险,保险金额应包括 CIF 价另加 10% 的加成;对盗窃、渗漏、破碎、破裂、淡水雨淋或其他特别险,由买卖双方约定是否需要加保;卖方不负责投保战争险,如买方要求投保这一险别,卖方可以代为投保,该保险费由买方负担。

我国《海商法》及国际贸易惯例一般规定,海洋运输货物保险的保险金额可在 CIF 价格基础上适当加成。按照国际商会的有关规定,一般加成 10%。这是为了保证货主在货物发生损失时,不仅货物本身的损失能够得到补偿,而且已支付的运费、保险费、开征费、来往函电费用、融资利息及合理的利润也能够得到补偿。当然,保险人与被保险人也可以约定其加成比例。

(1) 在 CIF 价格条件下,保险金额的计算公式为:

$$\text{保险金额} = \text{CIF 价格} \times (1 + \text{加成率})$$

例如,若某出口商品的 CIF 价格为 8 000 美元,加成 10% 投保,则

$$\text{保险金额} = 8\,000 \times (1 + 10\%) = 8\,800 (\text{美元})$$

(2) 在将 CFR 价格改为 CIF 价格条件下,由于海上货物运输保险金额是以 CIF 价格为计算基础的,因此,买方投保时需要先将 CFR 价格换算为 CIF 价格,然后再加成计算保险金额。CFR 价格换算为 CIF 价格的计算公式为:

$$\text{CIF 价格} = \text{CFR} / [1 - (1 + \text{加成率}) \times \text{保险费率}]$$

例如,若某出口商品的 CFR 价格为每件 900 美元,加成 10% 投保,保险费率为 1%,则该批货物的 CIF 价格为:

$$\text{CIF 价格} = 900 / [1 - (1 + 10\%) \times 1\%] = 910.01 (\text{美元})$$

若货物按 CFR 价格直接成交,买方要按价格加成 10% 办理保险,可用下列公式直接由 CFR 价格计算保险金额,其计算公式为:

$$\text{保险金额} = \text{CFR 价格} \times (1 + \text{加成率}) / [1 - (1 + \text{加成率}) \times \text{保险费率}]$$

例如,若某出口商品的 CFR 价格为每件 900 美元,加成 10% 投保,保险费率为 1%,则该批货物的保险金额为:

$$\text{保险金额} = 900(1 + 10\%) / [1 - (1 + 10\%) \times 1\%] = 1\,001.01 (\text{美元})$$

(3) 在将 FOB 价格改为 CIF 价格条件下,其运输货物保险金额也以 CIF 价格加成 10% 计算,所以,在计算保险金额时也需要先将 FOB 价格换算为 CIF 价格,其换算方法与将 CFR 价格换算为 CIF 价格的方法相同。其计算公式为:

$$\text{保险金额} = \text{FOB 价格} \times (1 + \text{加成率}) / [1 - (1 + \text{加成率}) \times \text{保险费率}]$$

例如,若某出口商品的 FOB 价格为每件 800 美元,加成 10% 投保,保险费率为 1%,则该批货物的保险金额为:

$$\text{保险金额} = 800(1 + 10\%) / [1 - (1 + 10\%) \times 1\%] = 870.32 (\text{美元})$$

七、海上货物运输保险的保险费率与保险费

海上运输货物保险的保险费主要取决于保险金额和保险费率。其保险费率是在货物的损失率和保险赔付率基础上,根据不同运输工具以及船龄,不同航程目的地和航线,不同货物种类、性质及其包装,不同险别,保险期限,被保险人和船东的信誉及过去 3—5

年的损失记录,国际上同类险种的保险费率、以往的赔付率,以及国内外政治经济状况等不同因素分别制定的。

(一) 我国海上货物运输保险保险费率的构成

我国海上货物运输保险的保险费率一般由基本险费率、附加险费率和逾龄运输工具的加费费率构成,其中,基本险费率根据一般货物和指明货物分别规定。目前大体分为以下四类:

(1) 一般货物的基本险费率。一般货物是指未列入"指明货物"中的货物。一般货物费率适用于所有货物。其保险费率按不同的运输方式分为海运、陆运、空运和邮包四种。其费率按其基本险(平安险、水渍险、一切险)分别确定,附加险除费率表另有规定外,一般按基本险费率的最高一档计算;同一险别的不同洲、国家和地区的费率有不同的规定。

(2) 指明货物的基本险费率。指明货物的基本险费率较一般货物费率要高,它仅仅适用于指明的货物,一般来说指明货物的损失率高于一般货物。我国对指明货物按不同外贸商品分类,目前分为 8 类货物:粮油食品及土畜产品类、轻工品类、纺织品类、五金矿产类、工艺品类、机械设备类、化工品类和危险品类。对指明的货物,应在一般货物费率基础上加上规定的加费率。

(3) 附加险的加费规定。海洋运输货物战争险、罢工险需要同时加保时,只按战争险费率计收保险费;若仅仅加保罢工险,也按战争险计收保险费。其他一般附加险的费率,除费率表另有规定外,均按一切险费率计收;其他特殊附加险费率根据具体加保的险别计收保险费。

(4) 逾龄运输工具的加费规定。一般来说,船龄在 15 年以上者,视为老船,即逾龄船舶,保险人对该类船舶需加费承保,加费标准按老船加费费率表的规定办理。

因此,确定进出口货物运输保险费率的具体方法和程序是:第一,按货物的运输方式、运往目的地和承保险别,在"一般货物费率"表中查出应收的费率;第二,查明所保货物是否属于"指明货物"所列范围;第三,确定是否加保附加险;第四,确定其承保条件是否涉及逾龄运输工具的加费费率。然后,将这四项综合考虑,即可得出应计收的保险费率。

(二) 海上货物运输保险保险费的计算

海上货物运输保险的费率确定后,根据不同价格条件,计算保险费的方法有:

(1) 在 CIF 价格条件下,其保险费的计算公式为:

$$保险费 = CIF \times (1 + 投保加成) \times 保险费率$$

例如,若某出口商品的 CIF 价格为每件 1 000 美元,加成 10% 投保,保险费率为 1%,则该批货物的保险费为:

$$保险费 = 1\,000(1 + 10\%) \times 1\% = 11(美元)$$

(2) 在将 CFR 价格改为 CIF 价格条件下,其保险费的计算公式为:

$$保险费 = CFR 价格 \times (1 + 加成率) \times 保险费率 / [1 - (1 + 加成率) \times 保险费率]$$

例如,若某出口商品的 CFR 价格为每件 900 美元,加成 10% 投保,保险费率为 1%,则该批货物的保险费为:

$$保险费 = 900(1 + 10\%) \times 1\% / [1 - (1 + 10\%) \times 1\%] = 10.01(美元)$$

(3) 在将FOB价格改为CIF价格条件下,如果买方要求卖方代为办理保险,其保险费的计算公式为:

保险费=FOB价格×(1+加成率)×保险费率/[1-(1+加成率)×保险费率]

例如,若某出口商品的FOB价格为每件800美元,加成10%投保,保险费率为1%,则该批货物的保险费为:

保险费=800×(1+10%)×1%/[1-(1+10%)×1%]=8.70(美元)

八、海上运输货物保险的索赔与理赔

(一)海上货物运输保险的索赔期限

被保险人须自被保险货物在最后卸载港全部卸离海轮后两年以内向保险人提出索赔。超过两年,索赔无效。

(二)海上货物运输保险的理赔计算

保险人计算海上货物运输保险的赔偿金额是在确定保险标的损失属于保险责任范围后进行的。赔款计算的方法因赔案情况的不同而有所区别。一般分为全损、部分损失、费用损失和残值计算等。

1. 对全损的赔偿金额计算

由于海上货物运输保险几乎都采用定值保险,因此,在发生全损的情况下,无论是实际全损还是推定全损,其赔偿金额都是该被保险货物的全部保险金额。但下列情况例外:在发生部分全损的情况下,其赔偿金额应当为发生全损部分的保险金额,而非全部保险金额;在货物尚未全部装运的情况下,其全损的赔偿金额应当为已经装运货物的保险金额,而非全部保险金额;在发生全损时,构成保险金额的部分费用尚未支出,以致无须支出,则其赔偿金额应当扣减无须支出的费用,无须按全部保险金额赔偿。

2. 对部分损失的赔偿金额计算

被保险货物遭受部分损失时,其赔偿金额的计算因货物种类、损失性质的不同而采用不同的计算方法。

(1) 货物数量部分损失的赔偿计算方法。该方法是根据保险金额与被保险货物灭失或损失的数量(或重量)占保险货物总量之比的乘积来计算赔偿金额。其计算公式为:

$$赔偿金额 = 保险金额 \times \frac{受损货物的件数(或重量)}{承保货物的总件数(或总重量)}$$

(2) 货物质量部分损失的赔偿计算方法。该方法是根据保险金额与损失程度的乘积来计算赔偿金额。其计算公式为:

$$赔偿金额 = 保险金额 \times \frac{货物完好价值 - 货物受损后的价值}{货物完好价值}$$

(3) 扣除免赔率的部分损失赔偿计算方法。该方法是先根据免赔率计算免赔量,再根据损失量扣除免赔量,然后根据保险金额与赔偿重量占保险总重量的比重的乘积来计算赔偿金额。其计算公式为:

$$赔偿金额 = 保险金额 \times \frac{赔偿重量}{保险总重量}$$

其中,   赔偿重量=损失重量-免赔重量

$$免赔重量 = 受损货物件(包)数 \times 每件(包)货物原装重量 \times 免赔率$$

国际保险市场上对水渍险有免赔率的规定,我国对水渍险没有免赔率的规定,但对易于发生破碎、短量、渗漏等损失的货物,根据其性质,在指明货物费率中列有免赔率。

(4)加成投保的部分损失赔偿计算方法。为了保证国际贸易的预期利润收入,出口货物保险一般都按发票价值另加一定的成数投保,加成投保的货物发生部分损失时,其赔偿金额的计算公式为:

$$赔偿金额 = 保险金额 \times \frac{按发票价值计算的损失额}{发票价值}$$

3. 对费用损失赔偿金额的计算

(1)施救费用的赔偿金额计算。施救费用是被保险人或其代理人、受雇人、受让人实际支出的费用。只要是合理的施救费用,保险人均予以赔偿,其最高限额为保险金额,并且独立于货物损失的赔偿金额之外按单独的一个保险金额计算。

(2)救助费用损失的赔偿金额计算。救助费用是被保险人支付给自愿对遭受保险事故的货物采取救助行为并取得成效的第三者的报酬。保险人对救助费用的赔偿金额根据不同情况而定:若救助行为不涉及他人财物,其赔偿金额以救助的货物价值或保险金额为限;若救助行为涉及他人财物,货物与载货船舶一并被救,其赔偿金额按各关系方被救助的财物价值比例计算。保险人对救助费用的赔偿金额与对被保险货物本身损失的赔偿金额合计以一个保险金额计算。

(3)特别费用损失的赔偿金额计算。特别费用是指运输工具在海上遭遇海难后,在中途港或避难港卸货、存仓、重装及续运货物所产生的费用。但在赔款时受以下两个条件的限制:一是已经损失的特别费用必须是保险单承保风险而产生的从属费用,赔偿时与作为货物自身损失的单独海损一起计算;二是特别费用损失的金额与货物损失的金额合计超过保险金额时,赔偿金额以保险金额为限。

(4)额外费用损失的赔偿金额计算。额外费用是被保险人在索赔中实际支出的费用。只要索赔成立,保险人在支付赔款的同时,也应负担赔偿与索赔有关的额外费用,反之,则不用。额外费用不能加在保险标的的损失金额内,以达到或超过规定的免赔额而要求索赔。

4. 受损货物残值的确定

保险人赔偿后的受损货物,其残余尚有一定的价值,称为残值。在海上货物运输保险赔偿中,残值处理是经常的事。在估算残值时,应当考虑的因素主要有:货物的性质、目的地的完好价值、受损程度、损余状态、市场需求状况、过去处理同类货物的经验等。对受损货物残值的确定主要有以下三种方法:由保险人与被保险人协商确定;由保险人指定的检验代理人根据残值当地、当时的市场价格确定;委托公估拍卖行确定。

货物超载运输沉没保险公司是否应当赔偿?

2009年10月12日,刘某雇用船舶运送85吨重型废钢。该船舶的核定吨位为60吨。刘某到A保险公司对该批货物进行投保,A保险公司向刘某签发了保险单,该保险单载明:投保人为刘某,被保险人为刘某,保险的货物为85吨重型废钢,保险金额为99 750元。保单生效后,该船舶行驶途中沉没,船上的货物全部灭失。因无现场及其他旁证材料,海事部门无法认定沉船原因。事故发生后,刘某即向A保险公司报告,A保险公司也立即赶到现场了解有关情况。后刘某请求赔偿保险金,但A保险公司认为:刘某雇用的船舶不适航,货物严重超载,导致事故的发生。一方面,刘某投保时未履行如实告知义务;另一方面,刘某违章超载运输,有重大过错,A保险公司可以免责,故其拒绝理赔。刘某即起诉至法院,要求处理。

本案在审理过程中,有两种不同的观点:

第一种观点认为,被告A保险公司不应当承担赔偿责任,应驳回原告的诉讼请求。理由是:原告在投保时未如实向被告告知货物超载运输情况,以致被告对存在重大安全隐患的货物承保。由于原告未履行如实告知义务,因此,无论其是故意还是重大过失,被告A保险公司都可以根据我国《保险法》第十六条的规定,不承担赔偿或者给付保险金的责任,故应判决驳回原告的诉讼请求。

第二种观点认为,A保险公司应承担赔偿责任。理由是:根据《保险法》第十六条第一款的规定:"订立保险合同,保险人就保险标的或者被保险人的有关情况提出询问的,投保人应当如实告知。"从这一款规定中我们可以看出,《保险法》确立的投保人告知方法是询问告知的方法,而不是无限告知的方法,所以只要投保人如实回答了保险人的询问,即为履行了告知义务。对于保险人没有询问的事项,即使是重要事项,投保人也没有告知义务,所以对保险人没有询问的事项,投保人没有告知,不构成对告知义务的违反。本案被告向原告询问了货物的数量、船舶名称,原告已经作了如实告知,至于A保险公司没有询问的船舶是否超载问题,原告则没有告知义务,故被告不可以原告未履行如实告知义务来进行抗辩。此外,被告还以原告超载运输货物有过错为由进行抗辩,要求免责。本案从原告提供的书证(投保单)来看,双方对免责事由没有约定。退一步说,即便被告签发给原告的投保单上有关于因超载而发生事故的免责条款,被告在订立合同时,未作提示或者明确说明的,根据《保险法》第十七条的规定,该免责条款不产生效力。故被告以此为由作出的抗辩理由也不成立。

最后,法庭采纳了第二种观点,依据《保险法》第十六条第一款、第十七条、第二十三条的规定,判决A保险公司向刘某支付保险金99 750元。

评述：该案不应该赔偿，因为被保险人违反了默示保证条款，不是告知问题，而是违约问题。这在保险条款中列得非常明确，船舶必须适航。在该案中，超载是船舶沉没导致货物损失的直接有效的原因，因此，A 保险公司应该拒赔。

资料来源：根据本地宝物流网资料修改（http://wuliu.bj.bendibao.com/news/2009330/96200.shtm）。

第二节　国内货物运输保险

一、国内货物运输保险的概念与种类

国内货物运输保险（Domestic Cargo Transportation Insurance）是以国内运输过程中的货物作为保险标的，当运输中的货物因自然灾害或意外事故而遭受损失时给予经济补偿的一种财产保险。国内货物运输保险是货物运输保险的一种，具有货物运输保险的一般特点。

国内货物运输保险主要有如下分类：按运输工具的不同分为水上货物运输保险、陆上货物运输保险、航空货物运输保险、特种货物运输保险（如排筏保险、港内外驳运输保险、市内陆上运输保险等）；按运输方式分为直运货物运输保险、联运货物运输保险、集装箱运输保险。

二、国内水路、陆路货物运输保险

国内水路、陆路货物运输保险是以国内水路、陆路运输过程中的各类货物（不包括铁路运输的包裹及快件商品）为保险对象，保障货物在运输过程中发生灾害事故造成损失时，由保险公司提供经济补偿的一种保险业务。水路及陆路运输是我国最为主要的运输方式。这两种运输方式每年承担的货运量占国内运输总量的 70% 以上。随着我国与世界各国贸易往来的增加，随着国内各省、市、区的横向联系日趋加强，水路及陆路运输的货运量必将与日俱增。

（一）国内水路、陆路货物运输保险的保险责任和责任免除

1. 国内水路、陆路货物运输保险的保险责任

根据中国人民保险公司 1991 年 5 月 1 日修订的条款，国内水路、陆路货物运输保险责任分为基本险和综合险两种。

（1）基本险的保险责任是指被保险货物在运输过程中由于下列原因而遭受的损失，保险人负赔偿责任：因火灾、爆炸、雷电、冰雹、暴风、暴雨、洪水、地震、海啸、地陷、崖崩、滑坡、泥石流所造成的损失；因运输工具发生碰撞、搁浅、触礁、沉没、出轨或隧道、码头坍塌所造成的损失；在装货、卸货或转载时，因遭受不属于包装质量不善或装卸人员违反操作规程所造成的损失；按国家规定或一般惯例应分摊的共同海损（仅限于水路货运）的费用；在发生上述火灾事故时，因纷乱而造成的货物散失以及因施救或保护货物所支付的直接而合理的费用。

(2) 在投保综合险的情况下，保险人除了要承担基本险责任外，还要负责赔偿下列损失：因受震动、碰撞、挤压而造成碎破、弯曲、凹瘪、折断、开裂或包装破裂致使货物散失的损失；液体货物因受震动、碰撞或挤压致使所用容器（包括封口）破坏而渗漏的损失，或用液体保藏的货物因液体渗漏而造成保藏货物腐烂变质的损失；因盗窃或承运人责任而遭受整件提货不着的损失；符合安全运输规定而遭受雨淋所致的损失。

2. 国内水路、陆路货物运输保险的责任免除

由于下列原因造成被保险货物的损失，保险人均不负赔偿责任：战争、军事行为、扣押、罢工、哄抢和暴动；核事件或核爆炸；被保险货物本身的缺陷或自然损耗以及由于包装不善所致的损失；被保险人的故意行为或过失；其他不属于保险责任范围的损失。

（二）国内水路、陆路货物运输保险的保险期限

国内水路、陆路货物运输保险的保险责任起讫期限为：自签发保险凭证和保险货物运离起运地发货人的最后一个仓库或储存处所时起，至该保险凭证上该物的目的地收货人在当地的第一个仓库或储存处所时终止。但保险货物运抵目的地后，如果收货人未及时提货，则保险责任的终止期最多延长至以收货人接到《到货通知单》后的15日为限（以邮戳日期为准）。

保险责任开始的标志是：保险人或其代理人"签发了"保险凭证，以及被保险货物"运离"起运地发货人的最后一个仓库或储存处所，两个条件必须同时具备，否则保险责任不能生效。

关于保险责任的终止，在实务中会出现以下几种情况：

（1）被保险货物运抵目的地后，收货人未及时提货，这时保险责任最多可延长至从收货人接到《到货通知单》后起算的15天时间；

（2）被保险货物运抵目的地后，被保险人或其收货人提取部分货物，对此，保险人对其余未提货物也只承担15天的责任；

（3）被保险货物运抵目的地后的15天内，被保险人或其收货人不是将货物提取放入自己的仓库或储存处所，而是就地直接发运至其他单位或再转运至其他单位，则保险责任在这时终止。

（三）国内水路、陆路货物运输保险的保险金额及保险费

国内货物运输保险的保险金额采取定值的方法加以确定并载明于保单，以此作为保险人对保险标的遭受损失时给予补偿的最高限额。根据保险条款的规定，国内水路、陆路货物运输保险的保险金额按货价加运杂费、保险费计算确定。

货物运输保险的费率同样主要取决于赔付率，但由于货物运输保险与其他财产保险有区别，因此，其费率的制定要考虑以下几个因素：

（1）运输方式。运输方式分为"直运""联运"和"集装箱运输"三种。运输方式不同，货物在运输中所面临的风险也不一样，保险费就应该有差别。"直运"所使用的运输工具只有一种，货物从一地运到另一地，即使中间需要转运，运输工具仍保持不变；联运则要涉及中途变更运输工具，因而增加了卸载、重载等中间环节，对联运的费率是按联运所使用运输工具中费率最高的一种运输工具再加收0.5‰确定；采用集装箱运输方式可减少货物的残损短少，风险相对较小，因此，保险费率通常按表定费率再减50%确定。

(2) 运输工具。运输工具不同,导致货物可能出险的机会自然不同,例如火车出事的概率要小于汽车;即使是同一种运输工具,由于载重量不同,费率也有差异,如船舶吨位小的费率要高于吨位大的。

(3) 运输途程。运输途程的长短关系到运输所需时间的多少,相对而言,货物在运输途中的时间愈长,受损的机会愈大,则其费率比途程较短的要高。由于运输途程的不同,不仅会有时间上的差别,而且会有地域上的差别,因此也会对货物运输保险的费率产生影响。

(4) 货物的性质。货物的性质不同往往也决定了货物受损的程度和机会不同。保险人承保易燃、易爆、易腐、易碎物品的风险较大,其发生损失的可能性明显要大于一般货物,因此,费率较高。我国国内水路、陆路货物运输保险费率规章根据货物的特性,将其分为一般货物、一般易损货物、易损货物、特别易损货物等类别,类别愈高,风险程度愈高,费率相应也就愈高。

(5) 保险险别。综合险的承保责任范围比基本险广,因此,综合险的费率要高于基本险。

(四) 国内水路、陆路货物运输保险的赔偿处理

在对国内水路、陆路货物运输保险进行赔偿处理时,应注意以下几个方面:

(1) 货物发生保险责任范围内的损失时,按货价确定保险金额的,保险人根据实际损失按起运地货价计算赔偿;按货价加运杂费确定保险金额的,保险人则根据实际损失按起运地货价加运杂费计算赔偿。但两种计算方式下的最高赔偿金额均以保险金额为限。如果被保险人投保不足,保险金额低于货价,则保险人对其损失金额及支付的施救保护费用要按保险金额与货价的比例计算赔偿。

(2) 保险人对货物损失的赔偿金额,以及因施救或保护货物所支付的直接、合理的费用,应分别计算,并各以不超过保险金额为限。

(3) 代位求偿。当货物遭受的保险责任范围内的损失由承运人或其他第三者的责任造成时,会涉及代位求偿问题。被保险人可以向责任方提出索赔,也可以向保险人要求赔偿。但是,如果向保险人索赔,则应该在获得赔款后签发权益转让书,即把可以向有责任的一方要求赔偿的权利全部转让给保险人,同时还有义务协助保险人做好追偿工作。

(4) 残值折归被保险人,并从赔偿中扣除。

(5) 被保险人从获悉遭受损失的次日起,如经过两年不向保险人申请索赔,不提供必要的单证,或者不领取应有的赔款,则视为自愿放弃权益。

三、航空货物运输保险

(一) 航空货物运输保险的概念

国内航空货物运输保险是以国内航空运输过程中的各类货物为保险对象,保险货物在运输过程中发生灾害事故而造成损失时,由保险公司提供经济补偿的一种保险。凡是可以向民航部门托运货物的单位和个人,都可以将其空运货物(鲜、活物品和动物除外)向保险公司投保国内航空货物运输保险。金银、首饰、珠宝、稀有贵重金属,以及每公斤价值在1800元以上的贵重物品,经特别约定后,也可以投保国内航空货物运输保险。

(二) 国内航空货物运输保险的保险责任范围

1. 保险责任

被保险货物在保险期限内无论是在运输还是存放过程中，由于下列原因造成的损失，保险人负赔偿责任：

(1) 由于飞机遭受碰撞、倾覆、坠落、失踪(在3个月以上)、在危难中发生卸载以及遭受恶劣天气或其他风险事故发生抛弃行为所造成的损失；

(2) 被保险货物本身因遭受火灾、爆炸、雷电、冰雹、暴风、暴雨、洪水、海啸、地震、地陷、崖崩所造成的损失；

(3) 被保险货物受震动、碰撞或压力而造成的破碎、弯曲、凹瘪、折断、开裂等损伤以及由此引起包装破裂而造成的损失；

(4) 属液体、半流体或者需要用液体保藏的被保险货物，在运输中受震动、碰撞或压力致使容器(包括封口)损坏发生渗漏而造成的损失，或用液体容器保藏的货物因液体渗漏而致保藏货物腐烂的损失；

(5) 被保险货物因遭受偷窃或者提货不着所造成的损失；

(6) 装货、卸货时和地面运输过程中，因遭受不可抗力的意外事故及雨淋造成的被保险货物的损失。

此外，对于在责任范围内发生的灾害事故，为防止损失扩大采取施救或保护货物的措施而支付的合理费用，保险人也负赔偿责任，但最高以不超过保险金额为限。

2. 责任免除

被保险货物于保险期限内由于下列原因造成损失的，无论是在运输途中还是存放过程中的损失，保险公司均不负赔偿责任：战争或军事行动；被保险货物本身的缺陷或自然损耗，以及包装不善或者托运人不遵守货物运输规则；托运人或被保险人的故意行为或过失；其他不属于保险责任范围内的损失。

(三) 国内航空货物运输保险的保险期限

根据保险条款的约定："保险责任自被保险货物经承运人收讫并签发航空货运单注明保险时起，至空运抵目的地的收货人当地的仓库或储存处所时终止。被保险货物空运至目的地后，如果收货人未及时提货，则保险责任的终止期最多以承运人向收货人发出到货通知以后的15天为限。"

飞机在飞行途中，因机件损坏或发生其他故障而被迫降落，以及由于货物严重积压，被保险货物需改用其他运输工具运往原目的地时，保险人对被保险货物所负的责任不予改变，但被保险人应向保险人办理批改手续。如果被保险货物在飞机被迫降的地点出售或分配，保险责任的终止期以承运人向收货人发出通知以后的15天为限。

(四) 国内航空货物运输保险的保险费率

民航部门所承运的货物与水、陆运输机构承运的货物相比，具有批量小、单位价值高的特点，再加上空运货物要比水路、陆路运输货物安全得多，所以航空货物运输保险的费率直接套用国内外水路、陆路货物运输保险的厘定方法显然是不妥当的。

航空货物运输保险从被保险货物的特性出发，将各种货物分为一般物质、易损物质和特别易损物质三类，同时相应规定了三个不同档次的费率。为了便于实际操作，每个档次的费率除了用文字说明其划分标准和适用范围外,还辅以具体的物品名目,以便有关人员在必要时可以此类比。

(五)国内航空货物运输保险的保险金额及赔偿处理

国内航空货物运输保险的保险金额的确定与国内水路、陆路运输货物保险相同;国内航空货物运输保险的赔偿处理规定与国内水路、陆路货物运输保险大体相同,在此不再详述。

四、国内铁路包裹运输保险

国内铁路包裹运输保险是以国内铁路运输过程中的包裹、行李及快件商品为保险对象,当保险包裹、行李及快件商品在运输过程中发生灾害事故遭受损失时,由保险公司提供经济补偿的一种保险。

(一)国内铁路包裹运输保险的保险责任范围

1. 国内铁路包裹运输保险的保险责任

保险包裹、行李及快件商品在保险期限内无论是在运输还是存放过程中,由于下列原因造成的损失,保险公司负赔偿责任:

(1)因车辆出轨、隧道坍塌所造成的损失;

(2)因火灾、爆炸、雷电、冰雹、暴雨、洪水、海啸、地陷、崖崩所造成的损失;

(3)在装货、卸货时发生意外事故所造成的损失;

(4)保险包裹、行李因遭受震动、碰撞或压力而造成破碎、弯曲、凹瘪、折断、开裂等损失,以及由此而引起包装破裂的损失;

(5)保险包裹因遭受偷窃或者提货不着所造成的损失;

(6)凡属液体、半流体或者需要用液体容器保藏的保险包裹、行李及快件商品,在运输途中因震动、碰撞或挤压致使所用容器(包括封口)损坏发生渗漏而造成的损失;

(7)在装、卸货时和地面运输过程中,因遭受不可抗力的意外事故及突然性的雨淋所造成的损失;

(8)发生上述责任范围内的灾害事故时,因施救和保护包裹而支付的合理费用(但不能超过保险金额)。

2. 国内铁路包裹运输保险的责任免除

保险包裹在保险期限内由于下列原因造成损失的,这种损失无论是在运输还是存放过程中造成的,保险公司均不负责赔偿:

(1)战争或军事行动;

(2)由于包裹本身的缺陷、霉烂、变质或自然损耗,运输延迟所造成的损失或费用,以及属于托运人不遵守货物运输规章所造成的损失;

(3)托运人或被保险人的故意或过失行为所造成的损失;

(4)自理自用的保险包裹由于遭受盗窃所造成的损失。

(二)国内铁路包裹运输保险的责任起讫

国内铁路包裹运输保险的责任起讫是以一次运程来计算的,具体来说,从托运的包裹在承运人收讫并签发包裹货运单注明保险时起责任开始,至抵达目的地交付托运人或收货人时责任终止。保险包裹、行李到达目的地后,如托运人或收货人未能及时提货,按照车站规定存放的期限,每延迟一天,按件加收保险费。在此期间,保险公司仅按企业财产或家庭财产保险条款负保险责任。

（三）国内铁路包裹运输保险的保险金额与保险费

包裹、行李的保险金额,可按所托运的包裹、行李的实际价值由被保险人自行确定;快件商品的保险金额,可按货物进价加上运杂费或者按目的地销售价确定。

被保险人在保险公司签发保险凭证的同时,须按上述标准向保险公司一次交清应交的保险费。

（四）国内铁路包裹运输保险的赔偿处理

（1）索赔。国内铁路包裹运输保险出险后,被保险人向保险公司申请赔偿时,必须提供以下单证：包裹货运单、发票、保险凭证、装箱单、包裹运输事故签证、物资损失清单、救护保险包裹所交出的合理费用的单据（包裹行李无发票的以保险凭证为据）。但在此之前,即保险包裹、行李运抵保险凭证所载明的目的地后,托运人或收货人在取货时必须进行检验。如果发现包裹受损,必须在三天之内向当地保险公司申请复验,否则,保险公司不予受理。

（2）理赔。保险公司在接到被保险人的索赔申请及有关单证后,要迅速核定应否赔偿。经核定,如果发生损失,保险公司负有赔偿责任的,应在保险金额限度内按实际损失计算赔偿。如果损失由铁路运输部门负责赔偿,应及时向有关部门提出索赔,并将有关单证提交保险公司,保险公司在向被保险人理赔后,取代被保险人的地位在赔偿金额范围内向负有赔偿责任的铁路运输部门索赔,即保险公司取得代位求偿权。

小结

货物运输保险是由投保人与保险人约定的以各种运输中的货物作为保险标的,当运输中的货物因自然灾害或意外事故而遭受损失时,由保险人负赔偿责任的一种财产保险。

货物运输保险的特点为：保险标的的流动性;保险期限的运程性;保险责任范围的广泛性;承保对象的多变性;保险价值的定值性;被保险财产的他制性;业务范围的国际性。

货物运输保险可根据不同的需要按运输工具的不同和运输方式进行分类。

海上货物运输保险是指承保通过海轮运输的货物,在海上航行中遇到的自然灾害和意外事故所造成的损失的保险。我国海上货物运输保险有基本险、附加险、专门险三类险别。

基本险包括平安险、水渍险和一切险。平安险为保险人仅对货物的全部损失和共同海损承担赔偿责任的保险;水渍险的保险责任除了包括上述平安险的各项保险责任外,还负责自然灾害所造成的部分损失;一切险不仅包括水渍险的各项责任,还负责被保险货物在运输过程中由于外来原因所致的损失。

附加险分为：一般附加险、特别附加险和特殊附加险。一般附加险分为偷窃、提货不着险、淡水雨淋险、短量险、混杂、玷污险、渗漏险、碰损、破碎险、串味险、受潮受热险、钩损险、包装破裂险、锈损险等 11 个险别；特别附加险分为交货不到险、进口关税险、舱面险、拒收险、黄曲霉素险、出口货物到香港或澳门存仓火险责任扩展条款等 6 个险别；特殊附加险分为战争险、罢工险。

根据海上货物运输的特征，我国还设有海洋运输冷藏货物保险和海洋运输散装桐油保险。

我国海上货物运输保险基本险的保险期限以"仓至仓"条款为基本依据。根据我国海上货物运输保险的规定，将保险人的责任起讫区分为正常运输和非正常运输两种情况。

海上货物运输保险的保险金额按保险价值确定。三种价格条件常为我国所采用。

我国海上货物运输保险的保险费率目前大体分为四类。海上货物运输保险的费率确定后，根据不同价格条件，计算保险费的方法有三种。

海上保险理赔中全损、部分损失、费用损失、残值的确定。

国内货物运输保险是以国内运输过程中的货物作为保险标的，当运输中的货物因自然灾害或意外事故而遭受损失时给予经济补偿的一种财产保险。国内货物运输保险主要可按运输工具的不同和运输方式的不同而分类。

国内水路、陆路货物运输保险的保险责任、责任免除、保险期限、保险金额、保险费及赔偿处理。

国内航空货物运输保险的保险责任、责任免除、保险期限、保险费、保险金额及赔偿处理。

国内铁路包裹运输保险的保险责任、责任免除、责任起讫、保险金额、保险费及赔偿处理。

关键词

货物运输保险　海上货物运输保险　平安险　水渍险　一切险　偷窃、提货不着险　淡水雨淋险　短量险　混杂、玷污险　渗漏险　碰损、破碎险　串味险　受潮受热险　钩损险　包装破裂险　锈损险　交货不到险　进口关税险　舱面险　拒收险　黄曲霉素险　存仓火险　战争险　罢工险　特别附加　特殊附加　"仓至仓"条款　国内货物运输保险　国内水路、陆路货物运输保险　国内航空货物运输保险　国内铁路包裹运输保险

思考题

1. 什么是货物运输保险？有什么特点？
2. 简述货物运输保险的分类。
3. 简述海上货物运输保险的基本险种及其相互关系。

4. 简述海上货物运输保险的附加险种。

5. 简述共同海损与单独海损的联系和区别。

6. 什么叫国内货物运输保险？有什么特点？如何分类？

7. 简述国内水路、陆路货物运输保险的保险责任范围。

8. 简述国内航空货物运输保险的保险责任范围。

9. 简述影响国内货物运输保险费率的因素。

10. 简述国内货物运输保险的保险期限。

11. 如何计算货物运输保险的赔偿金额？

12. 什么叫"仓至仓"条款？

13. 案例分析：某公司进口茶叶100箱，经海运到达上海港，原报CFR价格总金额为10 000美元，投保水渍险(保险费率为0.6%)、附加战争险(保险费率为0.04%)，保险加成率为10%。货物抵达上海港后，收货人据运输记录发现10箱茶叶因卸货不慎落海造成全损；2箱茶叶由于配载不当与樟脑同置而造成串味全损；另有3箱在装船时即已发霉变质，存在严重的质量问题，属不合格产品。试计算该批进口货物的保险金额、应收保险费以及赔偿处理。

进一步阅读的相关文献

1. 杨良宜、汪鹏南著：《英国海上保险条款详论》(第五版)，大连海事大学出版社，1996年版。

2. 李继熊、魏华林、李继雄主编：《海上保险学》，中国金融出版社，1999年版。

3. 郭颂平编著：《海上保险理论与实务》，中国金融出版社，1998年版。

4. 应世昌编著：《新编海上保险学》(第三版)，同济大学出版社，2016年版。

5. 王绪瑾主编：《保险专业知识与实务》(中级)，中国人事出版社，2017年版。

6. 张拴林主编：《海上保险学》，东北财经大学出版社，1999年版。

7. 雷荣迪编著：《国际货物运输保险》，对外经济贸易大学出版社，1991年版。

8. 姚新超编著：《国际贸易保险》，对外经济贸易大学出版社，1997年版。

9. 吴焕宁主编：《海上法学》，法律出版社，1996年版。

10. 凌氤宝、康裕民、陈森松著：《保险学：理论与实务》，(中国台湾)华泰文化，2006年版。

第七章

工 程 保 险

通过本章的学习,掌握建筑工程保险、安装工程保险、机器损坏保险的原理和实务;了解船舶工程保险、科技工程保险的条款;理解工程保险中的重要概念。本章的内容包括:

- 工程保险的基本特征与类型
- 建筑工程保险
- 安装工程保险
- 机器损坏保险
- 船舶工程保险
- 科技工程保险

第一节 工程保险的基本特征与类型

一、工程保险的概念与特征

(一) 工程保险的概念

工程保险(Engineering Insurance)是以工程项目在建设过程中因自然灾害和意外事故造成物质财产损失,以及对第三者的财产损失和人身伤亡依法应承担的赔偿责任为保险标的的保险。它是以各种工程项目为主要承保对象的保险。一般而言,传统的工程保险仅指建筑、安装、机器及船舶建造工程项目的保险,然而,进入20世纪以来,尤其是第二次世界大战以后,许多科技工程活动获得了迅速的发展,又逐渐形成了科技工程保险,两者在理论与实务中既有相似性,又有差异性。

工程保险是随着现代工程技术和建筑业的发展由火灾保险、意外伤害保险及责任保险等演变而成的一类综合性财产保险险种。工程保险最早起源于20世纪30年代末的英国锅炉爆炸保险。工程保险的迅速发展则是在第二次世界大战后,随着建筑、安装业的发展,在欧洲保险市场上出现了一种非传统的工程保险——工程意外事故保险,该险种根据火灾保险、责任保险、其他意外伤害保险的原理对机器本身损坏除外的所有工程、机械设备的意外损毁提供保险保障,被称为"一切险"。这种保险迅速发展的原因,主要在于两个方面:一方面,欧洲是第二次世界大战的主要战场之一,许多建筑物遭到了战争的严重破坏,战后各国为了恢复和发展经济,进行了大规模的工程建筑,在大规模的重建过程中,承包人为转嫁工程期间的各种风险,产生了对建筑工程保险的需求。于是,建筑工程保险一开始就以"一切险"的面目出现,成为工程保险的主要业务,并带来了安装工程保险等的发展。另一方面,随着各种大规模工程建筑的开展,为完善承包合同条款,在承包合同中引进了承包人投保工程保险的义务,也对工程保险起到了极大的推动作用。1945年,英国土木建筑业者联盟、工程技术协会及土木建筑者协会共同研究并制定了承包合同标准化条款,并引进了承包人投保工程保险的义务;1950年国际土木工程师和承包建筑工程师组织制定了标准的土木建筑工程合同条款,条款要求承包人办理保险,对建筑、安装工程各关系方的权利和义务作了明确规定,从而为建筑、安装工程保险成为世界性的财产保险险别奠定了基础。

随着社会经济的不断发展,人们对于各种能源、交通、电信等有了更广泛的需求,使得高、精、尖科技工程在近几十年内得到了迅速发展,从而出现了海洋石油开发保险、航天工程保险、核能工程保险等科技工程保险。目前,传统的工程保险已由建筑工程保险、安装工程保险、机器损坏保险及船舶工程保险发展到科技工程保险。

在我国,工程保险始于20世纪80年代初,首先承保的是涉外业务,包括建筑工程一切险、安装工程一切险、机器损坏险、船舶工程保险。随后,国内普通建筑安装工程保险、科技工程保险亦有了发展。

但总体而言,我国的工程保险只能算是刚刚起步,与国内经济持续增长和建筑安装工程的大发展很不匹配,有着进一步发展的广阔市场潜力。

> **专栏 7.1**
>
> ### 上海地铁工程塌陷案
>
> 2003年7月1日凌晨,紧邻黄浦江畔的轨道交通4号线工地发生了联络通道漏水和涌沙的灾难,地表发生大范围沉陷,周边建筑物倾斜、倒塌。在越江隧道区间用于连接上下行线的安全联络通道的施工作业面内,因大量的水和流沙涌入,引起隧道部分结构损坏及周边地区地面沉降,造成三栋建筑物严重倾斜,黄浦江防汛墙局部坍塌并引起管涌,直接经济损失达1.5亿元左右。
>
> 轨道交通4号线事故涉及的险种主要是建筑工程保险和第三方责任险。其中,第三方责任险的最高限额为5 000万元,建筑工程保险的最高限额达56亿元,由四家保险公司共保。其中,平安保险占40%的份额,太平洋保险占30%,中国人保占20%,大众保险占10%。事故发生后,由于保险双方立场的差异以及涉及金额的巨大,围绕修复工程各项目和费用展开了为期一年有余的激烈讨论,理赔过程中共形成了20份会议纪要、370份单证材料,理算文件多达数万页。凭借保险双方的诚意和对对方的信任,依赖卓越的专业技能和敬业精神,2005年7月间,本着"客观公正、友好协作"的精神,双方终于就最终理赔方案达成了一致,并迅速得到了包括再保险人在内的有关各方的正式确认。事故最终赔付协议于2005年10月12日正式签署,赔付金额超过5亿元,中国平安上海分公司代表保险共同体,向业主申通集团支付赔款支票样本,至此,国内最大的工程保险赔付案顺利结案。
>
> 资料来源:陈凌,《赔付金额超5亿 国内最大工程险理赔结案》,《中国经营报》,2005.12.19。

（二）工程保险的基本特征

工程保险虽然承保了火灾保险和责任保险的部分风险,但与传统的财产保险相比,又有如下特征:

1. 风险广泛而集中

一是传统的财产保险只承保列明的少数风险,而工程保险的许多险种都冠以"一切险"之称,即除条款列明的责任免除外,保险人对保险期间工程项目由于一切突然和不可预料的外来原因所造成的财产损失、费用和责任,均予赔偿;而船舶工程保险则综合了一般建筑和安装工程保险、船舶保险、保赔保险的主要责任范围。由此可见,工程保险的责任范围十分广泛。二是现代工程项目集中了先进的工艺、精密的设计和科学的施工方法,使工程造价猛增,造成工程项目本身就是高价值、高技术的集合体,从而使工程保险承保的风险基本上都是巨额风险。三是从工程保险的风险范围分析,由于工程项目的周期相对较长,其风险范围就不仅仅局限于工程的进行过程,还包括在工程的验收期和使用的保证期内所面临的风险。

2. 涉及较多的利害关系人

在传统财产保险中,投保人是单个的法人或自然人,一般在保险人签发保险单后即成为被保险人;而在工程保险中,由于同一个工程项目涉及多个具有经济利害关系的人,工程所有人、工程承包人、各种技术顾问及其他有关利益方(如贷款银行等),等等,均对该工程项目承担不同程度的风险,因此,凡对于工程保险标的具有保险利益者,均具备对该工程项目进行投保的投保人资格,并且均能成为该工程保险中的被保险人,受保险合同及交叉责任条款的规范和制约。

3. 工程保险的内容相互交叉

在建筑工程保险中,通常包含着安装项目,如房屋建筑中的供电、供水设备安装等,而在安装工程保险中一般又包含着建筑工程项目,如安装大型机器设备就需要进行打基座等土木建筑工程;在船舶建造保险中,其本身就是建筑、安装工程的高度融合。因此,这类业务虽有险种差异,相互独立,但内容多有交叉,经营上也有相通性。

4. 工程保险承保技术风险

现代工程项目的技术含量很高,专业性极强,而且可能涉及多种专业学科或尖端科学技术,如兴建核电站、大规模的水利工程和现代化工厂等,因此,从承保的角度分析,相比其他财产保险,工程保险对于保险的承保技术、承保手段和承保能力提出了更高的要求。

二、工程保险的类型

按照保险市场上的承保惯例,工程保险一般分为建筑工程保险、安装工程保险、机器损坏保险、船舶工程保险和高科技工程保险。

(1) 建筑工程保险(Contractors All Risks Insurance):是以土木建筑为主体的民用、工业用和公共事业用的工程在整个建筑期间因自然灾害和意外事故造成的物质损失,以及被保险人对第三者依法应承担的赔偿责任为保险标的的保险。

(2) 安装工程保险(Erection All Risks Insurance):是以各种大型机器设备的安装工程项目在整个建筑期间因自然灾害和意外事故造成的物质损失,以及被保险人对第三者依法应承担的赔偿责任为保险标的的保险。

(3) 机器损坏保险(Machinery Breakdown Insurance):是以各类安装完毕并已转入运行的机器设备由于人为的、意外的或物理的原因造成的物质损失为保险标的的保险。

(4) 船舶建造保险(Builder's Risk Insurance):是以被保险人建造或拆除船舶及各种海上装置过程中所造成的船舶和设备损失及第三者责任为保险标的的保险。它包括船舶(或海上装置、钻井平台)建造保险和拆船保险。我国开办该项业务较晚。

(5) 科技工程保险(Technology Engineering Insurance),又称特种工程保险(Specific Engineering Insurance):是以各种重大科技工程或科技产业为保险标的的为综合性财产保险,包括航天工程保险、海洋石油开发保险、核能工程保险等。

第二节 建筑工程保险

一、建筑工程保险的特点

（一）承保范围广

传统的财产保险只承保物质标的，而建筑工程保险则不但承保物质标的，而且承保责任标的，对保险事故发生后的清理费用亦均予以承保，系综合性保险。

（二）被保险人可能有多个

在传统的财产保险中，保险标的的利害关系人即投保人或被保险人一般为单个的法人或自然人，因此，一张保险单通常只有一个被保险人；而在建筑工程保险中，保险标的的利害关系人往往涉及多个，一般有工程所有人、承包人、供货方、技术顾问、贷款银行等，凡对保险标的具有保险利益的人均可作为被保险人列明在一张保险单上。

（三）保险期限长短不一

传统财产保险的保险期限通常为一年，期满可以续保；而建筑工程保险的保险期限则一般按工期计算，即自工程开始生效起至工程竣工止。特别是建筑大型综合性工程，其中有的项目是分期施工并交付使用的，因而各个项目的期限有先有后，有长有短，同时建筑工程保险还可以加保保证期保险，对此类保险期限又有特别的要求。总之，建筑工程保险的期限比传统的财产保险复杂。

重大工程保险项目举例

地铁、隧道	北京、上海、天津、杭州、西安、沈阳、成都、深圳地铁、武汉、上海长江隧道
高速公路、桥梁	甘肃天宝高速、重庆高速、杭州湾大桥、京津高速、象山港公路大桥及接线工程
高速铁路	京沪高铁、哈大高铁、京石高铁、宜万铁路
石油化工、钻井平台	福建联合、惠州炼油、广西石化、独山子石化、勘探三号、勘探四号海上钻井平台、福建、大连、江苏、广东LNG、神华煤制油
管道、管线工程	南水北调、西气东输二线、特高压输电线路
核电站	阳江、宁德、中广核"6+X"新项目、田湾、秦山、大亚湾、台山、芜湖、陆丰、福清
水电站、火电站、风力发电站	向家坝、溪洛渡、二滩、三峡、锦屏、小湾水电站、国华风力发电、中国电力投资集团所属电厂
楼宇	上海中心、天津中钢大厦
其他	奥运会工程险、世博会工程险、空中客车工程险
海外项目	苏丹油气管道、印尼电厂、俄罗斯钢厂

资料来源：王士庆，《1998—2007十年工程保险的发展分析及建议》，http://hexun.com。

二、建筑工程保险的适用范围

建筑工程保险承保的是各类建筑工程。在财产保险经营中,建筑工程保险适用于各类民用、工业用和公共事业用的建筑工程,如房屋、道路、水库、桥梁、码头、娱乐场、管道以及各种市政工程项目的建筑。这些工程在建筑过程中的各种意外风险,均可通过投保建筑工程保险而得到保险保障。

建筑工程保险的被保险人大致包括以下几方:

(1) 工程所有人,即建筑工程的最后所有者。

(2) 工程承包人,即负责承建该项工程的施工单位,可分为主承包人和分承包人,分承包人是向主承包人承包部分工程的施工单位。

(3) 技术顾问,即由所有人聘请的建筑师、设计师、工程师和其他专业顾问,代表所有人监督工程合同执行的单位或个人。

(4) 其他关系方,如贷款银行或债权人等。当存在多个被保险人时,一般由一方出面投保,并负责支付保费,申报保险期间的保险标的风险变动情况,提出原始索赔等。

在实务中,由于建筑工程的承包方式不同,其投保人也各异。主要有以下四种情况:

(1) 全部承包方式。所有人将工程全部承包给某一施工单位,该施工单位作为承包人(或主承包人)负责设计、供料、施工等全部工程环节,最后以钥匙交货方式将完工的建筑物交给所有人。在此方式中,由于承包人承担了工程的主要风险责任,故而一般由承包人作为投保人。

(2) 部分承包方式。所有人负责设计并提供部分建筑材料,施工单位负责施工并提供部分建筑材料,双方各承担部分风险责任,此时可由双方协商,推举一方为投保人,并在合同中写明。

(3) 分段承包方式。所有人将一项工程分成几个阶段或几部分分别向外发包,承包人之间是相互独立的,没有合同关系。此时,为避免分别投保造成的时间差和责任差,应由所有人出面投保建筑工程保险。

(4) 施工单位只提供服务的承包方式。所有人负责设计、供料和工程技术指导;施工单位只提供劳务,进行施工,不承担工程的风险责任。此时应由工程所有人投保。

总之,在一般情况下,建筑工程保险的投保人多为所有人或承包人(或主承包人)。当存在多个被保险人时,对每一被保险人的赔偿以不超过其对保险标的的保险利益为限,必要时可附批单说明接受赔偿各方的顺序和金额。由于建筑工程保险的被保险人不止一个,而且每个被保险人各有其本身的权益和责任需要向保险人投保,为避免有关各方相互之间的追偿责任,大部分建筑工程保险单附加交叉责任条款,其基本内容就是:各个被保险人之间发生的相互责任事故造成的损失,均可由保险人负责赔偿,无须根据各自的责任相互进行追偿。

三、保险标的和保险金额

建筑工程保险的标的范围很广,但概括起来可分为物质财产本身和第三者责任两类。物质财产本身,包括建筑、安装工程,机器及附属设备、工具,工程所有人提供的物料,现成建筑物和场地清理费等;第三者责任是指在保险有效期内,因发生意外事故造成工地及邻近地区的第三者人身伤亡或财产损失,依法应由被保险人承担的赔偿责任和因此而支付的诉讼费及经保险人书面同意的其他费用。为了更为方便地确定保险金额,建筑工程保险保单明细表中列出的保险项目通常包括物质损失、特种风险赔偿、第三者责任三个部分。

1. 物质损失

建筑工程保险的物质损失可以分为以下七项:

(1) 建筑工程。它包括永久性和临时性工程及工地上的物料。该项目是建筑工程保险的主要保险项目,包括建筑工程合同内规定建筑的建筑物主体,建筑物内的装修设备,配套的道路、桥梁、水电设施、供暖取暖设施等土木建筑项目,存放在工地上的建筑材料、设备,临时的建筑工程等。建筑工程的保险金额为承包工程合同的总金额,即建成该项工程的实际造价,包括设计费、材料设备费、运杂费、施工费、保险费、税款及其他有关费用。

(2) 工程所有人提供的物料和项目。指未包括在上述建筑工程合同金额中的所有人提供的物料及负责建筑的项目。该项保险金额应按这一部分的重置价值确定。

(3) 安装工程项目。指未包括在承包工程合同金额内的机器设备安装工程项目,如办公大楼内发电取暖、空调等机器设备的安装工程。这些设备安装工程若已包括在承包工程合同内,则无须另行投保,但应在保单中予以说明。该项目的保险金额按重置价值计算,应不超过整个工程项目保险金额的20%;若超过20%,则按安装工程保险费率计收保费;超过50%的,则应单独投保安装工程保险。

(4) 建筑用机器、装置及设备。指施工用的各种机器设备,如起重机、打桩机、铲车、推土机、钻机、供电供水设备、水泥搅拌机、脚手架、传动装置、临时铁路等机器设备。该类财产一般为承包人所有,不包括在建筑工程合同价格之内,因而应作为专项承保。这部分财产应在清单上列明其名称、型号、规格、制造厂家、出厂年月和保险金额。其保险金额按重置价值确定,即重置同原来相同或相近的机器设备的价格,包括出厂价、运费、保险费、关税、安装费及其他必要的费用。

(5) 工地内现成的建筑物。指不在承保工程范围内的,归所有人或承包人所有的或其保管的工地内已有的建筑物或财产。该项保险金额可由保险双方当事人协商确定,但最高不得超过其实际价值。

(6) 场地清理费。指发生保险责任范围内的风险所致损失后为清理工地现场所支付的费用。该项费用一般不包括在建筑合同价格内,需单独投保。对大工程的该项保额一般不超过合同价格的5%,对小工程的该项保额一般不超过合同价格的10%。该项费用按第一危险赔偿方式承保,即发生损失时,在保险金额内按实际支出数额赔付。

(7) 所有人或承包人在工地上的其他财产。指不能包括在以上六项范围内的其他可保财产。如需投保,应列明名称或附清单于保单上。其保险金额可参照以上六项的标准由保险双方协商确定。

以上七项之和,构成建筑工程保险物质损失项目的总保险金额。

2. 特种风险赔偿

特种风险是指保单明细表中列明的地震、海啸、洪水、暴雨和风暴;特种风险赔偿则是对保单中列明的上述特种风险造成的各项物质损失的赔偿。为控制巨灾损失,保险人对保单中列明的特种风险必须规定赔偿限额。凡保单中列明的特种风险造成的物质损失,无论发生一次还是多次保险事故,其赔款均不得超过该限额。其具体限额主要根据工地的自然地理条件、以往发生该类灾害的记录、工程期限的长短以及工程本身的抗灾能力等因素来确定,一般为物质损失总保险金额的50%—80%。如中国人民保险公司承保过的南京金陵饭店工程是70%,广州白天鹅宾馆工程是67%,上海联谊大厦工程、华亭宾馆工程、雁荡大厦工程均为80%,这些百分比均应核算成具体金额表示,但对于特种风险不大或基本没有的地区,可不进行规定。

3. 第三者责任

建筑工程保险的第三者责任,是指被保险人在工程保险期内因意外事故造成工地及工地附近的第三者人身伤亡或财产损失依法应负的赔偿责任。第三者责任采用赔偿限额,赔偿限额由保险双方当事人根据工程责任风险的大小商定,并在保险单内列明。建筑工程第三者责任赔偿限额的确定方式一般有:

(1) 只规定每次事故赔偿限额,无分项限额、无累计限额。该方式一般适用于第三者责任不大的工程。

(2) 不仅规定每次事故赔偿限额,而且规定分项限额,并有累计限额。具体为:首先规定每次事故人身伤亡和财产损失的分项赔偿限额,并规定每人的人身伤亡赔偿限额;然后将分项的人身伤亡赔偿限额加财产损失赔偿限额构成总的每次事故赔偿限额;最后规定一个保险期限内的累计赔偿限额,即总赔偿限额,它是保险人对建筑工程在整个保险期限内赔偿第三者责任的总限额。该方式一般适用于第三者责任较大的工程。

四、建筑工程保险的保险责任和责任免除

(一) 保险责任

建筑工程保险的保险责任相当广泛,概括起来分为物质部分和第三者责任部分。

1. 物质部分的保险责任

它分为基本保险责任和附加特别保险责任,其基本保险责任承保的造成物质损失的风险有自然灾害、意外事故和人为灾害三大类。

(1) 列明的自然灾害。自然灾害是指地震、海啸、雷电、飓风、台风、龙卷风、风暴、暴雨、洪水、水灾、冻灾、冰雹、地崩、山崩、雪崩、火山爆发、地面下沉下陷及其他人力不可抗拒的破坏力巨大的自然现象。建筑工程保险所承保的自然灾害有洪水、潮水、水灾、地震、海啸、暴雨、风暴、雪崩、地陷、山崩、冻灾、冰雹及其他自然灾害(如泥石流、龙卷风、台风等)。

(2) 列明的意外事故。建筑工程保险承保的意外事故有:雷电、火灾、爆炸;飞机坠毁、飞机部件或物体坠落;原材料缺陷或工艺不善所引起的事故;责任免除以外的其他不可预料的和突然的事故。此外,发生保险责任范围内的事故后,必要的现场清除费用,保险人可在保险金额内予以赔偿,但这是以被保险人将清理费用单独作为一个标的投保并

交付相应的保险费为前提的。其中，原材料缺陷是指所用的建筑材料未达到既定标准，在一定程度上属于制造商或供货商的责任。这种建筑材料的缺陷必须是通过正常技术手段或在正常技术水平下无法发现的；否则，如果明知有缺陷而使用造成的损失，则属故意行为所致，保险人不予赔偿。工艺不善是指原材料的生产工艺不符合标准要求，尽管本身没有缺陷，但在使用时也会导致事故发生。该条款责任，仅负责由于原材料缺陷或工艺不善造成的其他保险财产的损失，对原材料本身的损失不予赔偿。

(3) 人为风险。建筑工程保险承保的人为风险包括盗窃以及工人或技术人员缺乏经验、疏忽、过失、恶意行为。其中，盗窃是一切明显的偷窃行为或暴力抢劫造成的损失，但其必须是非被保险人或其代表授意或默许的，否则，不予负责。工人或技术人员缺乏经验、疏忽、过失、恶意行为是建筑工程保险中较大的风险之一，工人或技术人员恶意行为造成的损失必须是非被保险人或其代表授意、纵容或默许的，否则，便是被保险人的故意行为，不予赔偿。

除建筑工程保险有关物质部分的基本保险责任外，有时因投保人的某种特别要求或因工程有其特殊需要，还可增加额外的风险保障，从而通常还会在基本保险责任项下附加特别保险责任。物质部分的附加保险责任可供选择的条款一般有：罢工、暴乱、民众骚乱条款；工地外储存物质条款；有限责任保证期条款；扩展责任保证期条款；机器设备试车条款；使用、移交财产条款等。

2. 第三者责任部分的保险责任

建筑工程第三者责任险的保险责任是：在保险期间因建筑工地发生意外事故造成工地及邻近地区的第三者人身伤亡和财产损失且依法应由被保险人承担的赔偿责任，以及事先经保险人书面同意的被保险人因此而支付的诉讼费用和其他费用，但不包括任何罚款。其中，建筑工程第三者责任险的第三者是除所有被保险人及其与工程有关的雇员以外的自然人和法人；赔偿责任是被保险人在民法项下应对第三者承担的经济赔偿责任，不包括刑事责任和行政责任；赔偿责任不得超过保险单中规定的每次事故赔偿限额或保单有效期内累计赔偿限额。

若一项工程中有两个以上的被保险人，为避免被保险人之间相互追究第三者责任，则由被保险人申请，经保险人同意，可加保交叉责任条款。该条款规定，除所有被保险人的雇员及可在工程保险单中承保的物质标的外，对保险单所载的每一个被保险人，保险人均视之为单独承保的被保险人，对他们的相互责任引起的索赔，保险人均视之为第三者责任赔偿，不得向负有赔偿责任的被保险人追偿。

(二) 责任免除

同保险责任一样，建筑工程保险的责任免除也分为物质部分和第三者责任部分，各有特定的内容。

1. 物质部分的一般责任免除

它可分为两类：一类是与火灾保险共有的责任免除，一类是建筑工程保险特有的责任免除。前者可见本书第四章，后者则包括下列七项：

(1) 错误设计引起的损失、费用或责任。建筑工程的设计通常是由被保险人自己或其委托的设计师进行的，因此，设计错误引起的损失、费用等被视为被保险人的责任，保险人不予负责。同时,设计师的责任可通过相应的职业责任险提供保障。

(2) 换置、修理或矫正标的本身原材料的缺陷或工艺不善所支付的费用。因为保险责任只负责原材料缺陷或工艺不善造成的其他保险财产的损失,而重置、修理或矫正原材料本身的缺陷所产生的一切费用属于制造商或供应商责任,所以保险人不予负责。

(3) 非外力引起的机械或电器装置的损坏或建筑用机器、设备装置失灵。建筑工程保险承保土木工程财产的一切风险,但对任何机器设备本身的原因所致的损失一概除外,对由于外来原因导致的机器设备损失,可予以赔偿。

(4) 全部停工或部分停工引起的损失、费用或责任。在建筑工程长期停工期间造成的一切损失,保险人不予赔偿;如果停工时间在一个月内,并且被保险人在工地现场采取了有效的安全防护措施,经保险人事先书面同意,可不作该条款停工论处;对于工程的季节性停工也可不作停工论处。

(5) 保险单中规定应由被保险人自行负担的免赔额。保险单的明细表中规定有免赔额,免赔额以内的损失,由被保险人自负;损失超过免赔额的部分,由保险人负责。

(6) 领有公共运输用执照的车辆、船舶、飞机的损失。因该类运输工具的行驶区域不限于建筑工地范围,故应投保各种运输工具险予以保障。

(7) 建筑工程保险的第三者责任险条款规定的责任范围和责任免除。由于保险标的不同,其遭受的风险各异,因而对一些特殊的保险标的除上述责任免除外,保险人还有必要规定特别责任免除,以限制其责任。常用的物质部分特别责任免除条款主要有隧道工程特别责任免除条款和大坝水库工程特别责任免除条款。

2. 建筑工程第三者责任险的责任免除

包括以下几项:

(1) 明细表中列明的应由被保险人自行承担的第三者物质损失的免赔额,但对第三者人身伤亡不规定免赔额。

(2) 领有公共运输用执照的车辆、船舶、飞机造成的事故。该项责任应由有关的运输工具第三者责任险承担。

(3) 被保险人或其他承包人在现场从事有关工作的职工的人身伤亡和疾病,被保险人及其他承包人或他们的职工所有或由其照管、控制的财产损失。因为这些人均不属于建筑工程保险中的第三者范围。

(4) 由于震动、移动或减弱支撑而造成的其他财产、土地、房屋的损失或由于上述原因造成的人身伤亡或财产损失。因该项事故多属工地上常见的属于设计和管理方的事故,为使被保险人恪尽职守,所以除外。但若被保险人对该类责任有特别要求,则可作为特约责任加保。

(5) 被保险人根据与他人的协议支付的赔偿或其他款项。该项责任属于合同责任,是一种常规的责任免除,因为它不是被保险人的法律责任,而是通过被保险人与他人的合同约定而承担的责任。

五、建筑工程保险的费率

(一) 厘定建筑工程保险费率的依据

建筑工程保险没有固定的费率表,每个项目的费率,主要根据以下因素确定:

（1）保险责任范围的大小。它与保险费率成正比，若保险责任范围大，则保险费率高；反之，则保险费率低。

（2）工程本身的危险程度。工程的危险程度主要包括工程的种类、性质、建筑结构、建筑高度；工地及邻近地区的自然地理条件，特别风险发生的可能性，最大可能损失的程度；工期长短及施工季节，保证期长短及其责任大小；施工现场安全防护及管理情况等条件。

（3）承包人及其他工程关系方的资信、经营管理水平及经验等条件。

（4）保险人本身以往承保同类工程的损失记录。

（5）工程免赔额的高低及第三者责任和特种风险的赔偿限额。免赔额的高低与费率成反比例关系，第三者责任和特种风险的赔偿限额则与费率成正比例关系。

总之，厘定费率一定要根据每一个工程的具体情况和承保条件而定，既要考虑到保险人的经营状况，也要考虑到市场的竞争状况。如建筑用机器、设备和装置，因其具有流动性强、一般短期使用、旧机器多、损耗大、小事故多的特点，费率较高且按年费率计算。

（二）建筑工程保险费率的组成

由于建筑工程同一工程尤其是大型工程的不同保险项目的风险程度不一，因而应分项确定。建筑工程保险的费率一般由以下几个方面组成：

（1）建筑工程所有人提供的物料及项目、安装工程项目、场地清理费、工地内已有的建筑物、所有人或承包人在工地上的其他财产等，为一个总的费率，整个工期实行一次性费率。

（2）建筑用机器、装置及设备为单独的年度费率，如保险期限不足一年，则按短期费率计收保费。

（3）保证期费率，实行整个保证期一次性费率。

（4）各种附加保险增收费率，实行整个工期一次性费率。

（5）第三者责任险，实行整个工期一次性费率。

对于一般性的工程项目，为方便起见，在费率构成考虑了以上因素的情况下，可以只规定整个工期的平均一次性费率。但在任何情况下，建筑用施工机器装置及设备都必须单独以年费率为基础开价承保，不得与总的平均一次性费率混在一起。

六、建筑工程保险的保险期限与保证期

建筑工程保险的保险期限包括从开工到完工的全过程，由投保人根据需要确定。一些大型综合性工程，由于各个部分的工程项目是分期施工的，故如果投保人要求分期投保，经保险人同意后也可分别规定保险期限。根据建筑工程保险的特点，保险期限内的风险控制主要包括：

（1）控制保险责任的开始时间。建筑工程保险的保险期限开始有两种情况：自工程破土动工之日或自被保险项目原材料等卸至工地时起，两者以先发生者为准。动工日包括打地基在内，经被保险人要求也可从打完地基开始，但应在保单中注明。

（2）控制保险责任的终止时间。保险责任的终止有以下几种情况，以先发生者为准：① 保单规定的终止日期；② 建筑工程完毕移交给所有人时；③ 所有人开始使用时，若部

分使用,则该部分责任终止。

(3) 控制保证期。工程完毕后,一般还有一个保证期,在保证期内如果发现工程质量有缺陷甚至造成损失,根据承包合同,承包人须负赔偿责任,这就是保证期责任。保证期责任加保与否,由投保人自行决定,若加保则要加交相应的保费。保证期有两种加保方法:有限责任保证期和扩展责任保证期。

(4) 控制保险期限的扩展时间。在保单规定的保险期限内,若工程不能按期完工,则由投保人提出申请并加交规定保费后,保险人可签发批单,以延长保险期限。其保费按原费率以日计收,也可根据当地情况或风险大小增收适当的百分比。

(5) 通过有关义务条款要求被保险人按规范标准施工。

此外,保险人应当到建筑工地进行防损检查,有针对性地提出整改建议,帮助被保险人加强风险管理。

七、建筑工程保险的承保与理赔

(一) 建筑工程保险的承保

(1) 承保前的风险调查。保险人在承保建筑工程项目的保险业务时,应对建筑工程项目及有关各方进行风险调查,其主要内容包括:① 建筑工程本身的种类、性质及风险程度;② 建筑工程项目所在地的自然环境和位置、有何特别明显的自然灾害威胁;③ 设计单位的技术水平及资信情况;④ 承包人的技术水平、经营管理水平及资信情况;⑤ 工期长短及进度;⑥ 工程造价和质量考核方式;⑦ 原材料的供应方、厂方及质量情况;⑧ 建筑工程合同的内容;⑨ 投保人及被保险人的数量及相互关系;⑩ 施工中的第三者责任风险大小;⑪ 其他有关情况。经过上述风险调查,保险人应当对风险作出适当评价,根据自身承保能力决定是否可以承保。

(2) 现场查勘。除了解、查阅上述资料外,还须进行现场查勘,并就下列各项作出查勘记录:① 工地的位置、地势及周围的环境,例如邻近建筑物及人口分布状况,是否靠海(江、河、湖)以及道路和运输条件等;② 厂房等土建项目的状况,如砖混结构、钢筋混凝土结构、木结构等;③ 工地内有无现成建筑物和其他物资及其位置、状况;④ 储存物的库场状况、位置及运输距离、方式等;⑤ 工地安全保卫及其设施状况,例如防火、防水、防盗措施等。

(3) 划分危险单位,进行风险评估。风险评估是根据对承保标的所掌握的各有关情况、数据,结合以往承保的经验,对被保险人在工程期间可能承担的风险大小作出科学的分析和估算。它是保险人正确确定承保条件、厘定费率、办理分保以及开展防灾、防损工作的依据,是建筑工程保险承保工作的一个十分重要的环节。许多著名的外国保险人承保工程保险时都十分强调这一点,并由各种工程技术专家配合业务人员进行。风险评估的关键在于合理地、准确地划分风险单位并测算最大可能损失。

(4) 确定赔偿限额和免赔额。对承保地震、海啸、洪水、暴雨和风暴特种风险的,必须规定赔偿限额。对建筑工程保险的第三者责任则按惯例规定赔偿限额。与此同时,为促使被保险人加强对工地现场的安全防护工作,减少事故的发生,限制经常性的小额索赔,减少双方的事务性开支,建筑工程保险通常还规定适当的免赔额。按照保险项目的种类,建筑工程保险的免赔额分为三类:① 物质损失免赔额:建筑工程免赔额,一般为保险金额的 0.5%—2%,对自然灾害的免赔额大一些,对其他灾害的免赔额则小一些;建筑用机器装置及设备,免赔额一般为保险金额的 5%,或者同时规定为损失金额的 15%—20%,二者以高者为准;其余保险项目的免赔额一般为保险金额的 2%,而对场地清理费一般不单独规定免赔额。② 特种风险的免赔额,应视风险大小而定。③ 第三者责任免赔额仅对财产损失部分有免赔额规定,可按每次事故赔偿限额的 1‰—2‰计算,由被保险人和保险人协商确定;除非另有规定,人身伤亡部分一般不规定免赔额。以上每项免赔额,均为每次事故的绝对免赔额。此外,在填写投保单和出立保险单时,均应如实、认真地填写,以防出现差错、引起纠纷,避免意外损失。

(二)建筑工程保险的理赔

建筑工程保险理赔的基本程序包括:出险通知、现场查勘、责任审核、核定损失、损余处理、计算赔款、赔付结案,即被保险人在发生保险责任范围内的事故后,应及时通知保险人;保险人应尽快赶到事故现场予以查勘定损,根据事故发生的时间、地点及原因来审核是否属于保险人应承担的保险责任;如果属于保险事故的损失,则应按保险单赔付。

对于各承保项目的损失,按发生损失的账面金额或实际损失赔付;对于第三者责任事故造成他人的财产损失和人身伤亡,分别在保险单规定的赔偿限额内予以赔付;对于施救、保护、清理费用,应与保险项目和第三者责任保险分别计算,且以保险项目发生损失当天的账面金额为限,同时,保险人支付赔款时要扣除有关财产物质的残值。在理赔时控制风险的方法主要有:

(1)被保险人在索赔时除提供事故报告外,还须提供保险单、损失清单、账册等保险人认为有必要提供的单证,并严格审核各种单证和被保险人是否履行了相应的义务。

(2)在现场查勘定损时,要查勘出险的原因和经过,组织施救和整理工作,提取有关单证并拍摄受损现场照片,要对照保单核实有关情况,尤其要分析风险事故是否属于保险事故,从而确定是否承担赔付责任。

(3)在定损时,要准确估算保险标的的全部损失、保险标的的部分损失、施救整理费用、第三者赔偿金额、现场必要的清除费用。

(4)在计算赔款时,若为不足额保险,则采取比例赔偿方式;若为足额或超额保险,则按实际损失赔偿;若为重复保险,则采用分摊方式。同时,扣除残值和免赔额,即得赔偿金额。

(5)损失赔付后,保额应相应减少,要出立批单说明保险财产的哪一项从何时起减少了多少保额,要与明细表中的保险财产项目取得一致。对减少部分的保额不退回保费,若被保险人要求恢复保额,则应出具批单说明,并对恢复部分按日比例增收保费。

第三节 安装工程保险

一、安装工程保险的特点

安装工程保险(Erection All Risks Insurance)是指以各种大型机器设备的安装工程

项目在安装期间因自然灾害和意外事故造成的物质损失,以及被保险人对第三者依法应承担的赔偿责任为保险标的的保险,简称"安工险"。它是同建筑工程保险一起发展起来的一种工程保险,与建筑工程保险同属综合性的工程保险业务,但与建筑工程保险相比,又有其明显的特点。

(一)以安装项目为主要承保对象

安装工程保险的承保对象是以安装项目为主体的工程项目。虽然大型机器设备的安装需要进行一定范围及一定程度的土木建筑,但安装工程保险承保的安装项目始终在投保工程建设中占主体地位,其价值不仅大大超过与之配套的建筑工程,而且建筑工程本身亦仅仅是为安装工程服务的。

(二)安装工程在试车、考核和保证阶段风险最大

在建筑工程保险中,保险风险责任一般贯穿于施工过程中,每一环节,即无论是施工初期还是完工时期,均有发生各种风险事故的可能。然而,在安装工程保险中,机器设备只要未正式运转,许多风险就不易发生。虽然风险事故的发生与整个安装过程有关,但只有到安装完毕后的试车、考核和保证阶段,各种问题及施工中的缺陷才会充分暴露出来。因此,安装工程事故也大多发生在安装完毕后的试车、考核和保证阶段,这是保险人应充分注意的。

(三)承保风险主要是人为风险

各种机器设备本身是技术产物,承包人对其进行安装和试车更是专业技术性很强的工作,在安装工程施工过程中,机器设备本身的质量如何,安装者的技术状况如何,责任心如何,安装中的电、水、气供应,以及施工设备、施工方式方法等,均是导致风险发生的主要因素。因此,安装工程虽然也面临自然风险,保险人也承保着多项自然风险,但与人的因素有关的风险才是该险种中的主要风险。

专栏 7.3

包装材料公司安装工程保险拒赔案

案 情

某包装材料公司一套进口的聚丙烯薄膜生产线设备安装工程,保险人承保了其安装工程一切险及第三者责任险。2001年4月,被保险人报案,聚丙烯薄膜生产线控制系统电压升高导致部分电路板和仪表烧损,284件集成电路板报全损,报损金额为150万美元。调查中发现,安装过程中业主方的工程技术人员为赶工期,在生产线配套的变压器未安装就绪的情况下,在工地315KVA的临时电源变压器线路中又串联了两个自绕的临时升压变压器(由380伏升压至415伏和由380伏升压至433伏),以便计算机提前对生产线控制系统的子系统进行操作程序加载测试。2001年4月19日上午8时,工程技术人员再次进行加载测试时,由于安装公司接线工将自绕的临时升压变

压器输出线误接入生产线配套的变压器上,致使控制系统的电压从433伏升至482伏,在超电压的作用下,控制系统部分集成电路板及仪表损坏。另外,保险公司调查和审核生产线设备的进口报关单后发现,该全套生产线设备(包括机械、电子控制系统)为旧设备,最早的产品生产记录为1998年。

分　析

安装工程一切险条款规定:若保险设备本身是本次安装前已被使用过的设备或转手设备,则自其试车之时起,保险公司对该项设备的保险责任即行终止。本案的关键是确认在被保险设备为二手设备的前提下,事故损失是由进行试车所致。控制系统对子系统加载就是进行高电压通电向各子系统输入EWS(工程师工作站)的控制程序调试,电子设备组装完毕后通电进行软件安装,该电子设备就处于功能调试阶段,应归属于试车定义范畴。同时,该工程保险单的保险期限为8个月,从2001年10月15日至2002年6月14日,其中包括90天的试车期,而事故发生在2002年4月19日,已进入投保单确定的试车期内。

此外,按照安装工程一切险保险条款规定,保险人对因超负荷、超电压、碰线、电弧、漏电、短路、大气放电及其他电气原因造成电气设备或电气用具本身的损失不负责赔偿。被保险人在加载过程中因所提供的电源电压超过额定电压的11%以上,且通电时间接近20分钟,结果导致控制系统的部分电路板及仪表损坏。本事故是超电压损坏电气设备的典型案例,责任同样属于安装工程一切险的责任免除。

本案思考

本案例的主要焦点在于"旧设备试车,这部分的保险责任即行终止"。由于二手设备曾被使用过,可能本身存在内在缺陷,安装前却难以发现。因此,在国内安装工程保险的标准保单措辞中,强调"若保险设备本身是本次安装前已被使用过的设备或转手设备,则自其试车之时起,保险公司对该项设备的保险责任即行终止"。并且,在安装工程保险的投保单中列明"如有旧品,逐一列明名称及价值",特别要求投保人如实地、详细地填报。因此,在向保险公司投保前,投保人应认真履行如实告知义务,说明安装设备是否属于二手设备,保险公司也可据此来确定承保条件,以避免将来理赔中出现纠纷。

资料来源:王亚非,《包装材料公司安工险拒赔案》,http://www.sasac.gov.cn/xxfw/fxgl/alfx/200608160199.htm。

二、安装工程保险的适用范围

安装工程保险的承保项目,主要是指安装的机器设备及其安装费,安装工程合同内要安装的机器、设备、装置、物料、基础工程(如地基、座基等),以及为安装工程所需的各种临时设施(如临时供水、供电、通信设备等)。此外,为完成安装工程而使用的机器、设备等,以及为工程服务的土木建筑工程、工地上的其他财物、保险事故后的场地清理费等,均可作为附加项目予以承保。安装工程保险的第三者责任保险与建筑工程保险的第三者责任保险相似,既可作为基本保险责任,亦可作为附加或扩展保险责任。

同建筑工程保险一样,所有对安装工程保险标的具有保险利益的人均可成为被保险人,均可投保安装工程保险。安装工程保险的被保险人主要包括以下几方:① 工程所有人。② 工程承包人,包括主承包人和分承包人。③ 供货人,即负责提供被安装机器设备的一方。④ 制造商,即被安装机器设备的制造人。如果供货人和制造人为同一人,或者制造人和供货人为共同被保险人,则在任何条件下,安装工程保险对制造人风险造成的直接损失都不予负责。⑤ 技术顾问。⑥ 其他关系方,如贷款银行或其他债权人等。

三、安装工程保险的保险标的和保险金额

安装工程保险的标的范围很广,但与建筑工程保险一样,也可分为物质财产本身和第三者责任两类。其中,物质财产本身包括安装项目、土木建筑工程项目、场地清理费、所有人或承包人在工地上的其他财产;第三者责任则是指在保险有效期内,因在工地上发生意外事故造成工地及邻近地区的第三者人身伤亡或财产损失,依法应由被保险人承担的赔偿责任和因此而支付的诉讼费及经保险人书面同意的其他费用。上述各项保险金额之和即为该安装工程保险的保险金额。为了确定保险金额的方便,安装工程保险保单明细表中列出的保险项目通常也包括物质损失、特种风险赔偿、第三者责任三个部分,其中,后两项的内容和赔偿限额的规定均与建筑工程保险相同,故不再赘述。安装工程保险的物质损失部分包括以下几项:

(1) 安装项目。这是安装工程保险的主要保险标的,包括被安装的机器设备、装置、物料、基础工程(地基、机座)以及安装工程所需的各种临时设施,如水、电、照明、通信等设施。其大致分三类:① 新建工厂、矿山或某一车间生产线安装的成套设备;② 单独的大型机械装置,如发电机组、锅炉、巨型起重机等的组装工程;③ 各种钢结构建筑物,如储油罐、桥梁、电视发射塔之类的安装管道、电缆的附设工程等。安装项目保险金额的确定与承包方式有关,若采用完全承包方式,则为该项目的承包合同价;若由所有人投保引进设备,保险金额应包括设备的购货合同价加上国外运费和保险费、国内运费和保险费以及关税和安装费(包括人工费、材料费)。安装项目的保险金额,一般按安装合同总金额确定,待工程完毕后再根据完毕时的实际价值调整。

(2) 土木建筑工程项目。这是指新建、扩建厂矿必须有的工程项目,如厂房、仓库、道路、水塔、办公楼、宿舍、码头、桥梁等。土木建筑工程项目的保险金额应为该项工程项目建成的价格,包括设计费、材料设备费、施工费、运杂费、保险费、税款及其他有关费用等。这些项目一般不在安装工程内,但可在安装工程内附带投保。其保险金额不得超过整个安装工程保险的20%;超过20%时,按建筑工程保险费率收保费;超过50%时,则需要单独投保建筑工程保险。

(3) 场地清理费。保险金额由投保人自定,并在安装工程合同价外单独投保。对于大工程,一般不得超过工程总价值的5%;对于小工程,一般不得超过工程总价值的10%。

(4) 安装工程施工用的承包人的机器设备。其保险金额按重置价值计算。

(5) 所有人或承包人在工地上的其他财产。指上述三项以外的保险标的,大致包括安装施工用机具设备、工地内现成财产等。保额按重置价值计算。

上述五项保险金额之和即构成物质损失部分的总保险金额。

四、安装工程保险的保险责任和责任免除

(一) 保险责任

安装工程保险的保险责任相当广泛,概括起来分为物质部分和第三者责任部分。

1. 物质部分的保险责任

分为基本保险责任和附加特别保险责任。

安装工程保险在保险责任规定方面与建筑工程保险略有区别。安装工程保险物质部分的保险责任除与建筑工程保险的部分相同外,一般还有以下几方面的内容:① 安装工程出现的超负荷、超电压、碰线、电弧、走电、短路、大气放电及其他电气引起的事故。② 安装技术不善引起的事故。"技术不善"是指按照要求安装但未达到规定的技术标准,在试车时往往出现损失。这是安装工程保险的主要责任之一。承保这一责任时,应要求被保险人对安装技术人员进行技术评价,以保证技术人员的技术水平能适应被安装机器设备的要求。

具体保险责任为:① 在保险期限内,保险单明细表中分项列明的保险财产,在列明的工地范围内因保险单除外责任以外的任何自然灾害或意外事故造成的物质损坏或灭失(以下简称"损失"),保险公司按保险单的规定负责赔偿。其中,自然灾害是指地震、海啸、雷电、飓风、台风、龙卷风、风暴、暴雨、洪水、水灾、冻灾、冰雹、地崩、山崩、雪崩、火山爆发、地面下陷下沉及其他人力不可抗拒的破坏力强大的自然现象。意外事故是指不可预料的以及被保险人无法控制并造成物质损失或人身伤亡的突发性事件,包括火灾和爆炸。② 对经保险单列明的因发生上述损失所产生的有关费用,保险公司亦可负责赔偿。③ 保险公司对每一保险项目的赔偿责任均不得超过保险单明细表中列明的对应分项保险金额,以及保险单特别条款或批单中规定的其他适用的赔偿限额。但在任何情况下,保险公司在保险单项下承担的对物质损失的最高赔偿责任均不得超过保险单明细表中列明的总保险金额。

除安装工程保险有关物质部分的基本保险责任外,有时因投保人的某种特别要求或因工程有其特殊性,需要增加额外的风险保障,因此,在基本保险责任项下通常可附加保险责任。物质部分的附加保险责任可供选择的条款一般有:罢工、暴乱、民众骚乱条款;工地外储存物质条款;有限责任保证期条款;扩展责任保证期条款;使用、移交财产条款等。

2. 第三者责任部分的保险责任

安装工程第三者责任险的保险责任与建筑工程第三者责任险的基本相同。具体包括:① 在保险期限内,因发生与保险单所承保工程直接相关的意外事故引起工地内及邻近区域的第三者人身伤亡、疾病或财产损失,依法应由被保险人承担的经济赔偿责任,保险公司按该条款的规定负责赔偿;② 对被保险人由于上述原因而支付的诉讼费用以及事

先经保险公司书面同意而支付的其他费用,保险公司亦负责赔偿。

保险公司对每次事故引起的赔偿金额以法院或政府有关部门根据现行法律裁定的应由被保险人偿付的金额为准。但在任何情况下,均不得超过保险单明细表中对应列明的每次事故赔偿限额。在保险期限内,保险公司在保险单项下对上述经济赔偿的最高赔偿责任不得超过保险单明细表中列明的累计赔偿限额。

若一项工程中有两个以上的被保险人,为了避免被保险人之间相互追究第三者责任,由被保险人申请,经保险人同意,可加保交叉责任险。

(二) 责任免除

安装工程保险物质部分的责任免除,多数与建筑工程保险相同,所不同的是:建筑工程保险将设计错误造成的损失一概除外;而安装工程保险对设计错误本身的损失除外,对由此引起的其他保险财产的损失予以负责。安装工程第三者责任险的责任免除与建筑工程第三者责任险的责任免除相同。具体为:

1. 安装工程保险物质部分的责任免除

(1) 因设计错误、铸造或原材料缺陷或工艺不善引起的保险财产本身的损失以及为换置、修理或矫正这些缺点错误所支付的费用;

(2) 由于超负荷、超电压、碰线、电弧、漏电、短路、大气放电及其他电气原因造成电气设备或电气用具本身的损失;

(3) 施工用机具、设备、机械装置失灵造成的本身损失;

(4) 自然磨损、内在或潜在缺陷、物质本身变化、自燃、自热、氧化、锈蚀、渗漏、鼠咬、虫蛀、大气(气候或气温)变化、正常水位变化或其他渐变原因造成的保险财产自身的损失和费用;

(5) 维修保养或正常检修的费用;

(6) 档案、文件、账簿、票据、现金、各种有价证券、图表资料及包装物料的损失;

(7) 盘点时发现的短缺;

(8) 领有公共运输行驶执照的,或已由其他保险予以保障的车辆、船舶和飞机的损失;

(9) 除非另有约定,在保险工程开始以前已经存在或形成的位于工地范围内或其周围的属于被保险人的财产的损失;

(10) 除非另有约定,在保险单保险期限终止以前,保险财产中已由工程所有人签发完工验收证书或验收合格或实际占有或使用或接收的部分。

2. 安装工程保险的第三者责任险的责任免除

安装工程保险的第三者责任险的责任免除与建筑工程保险的第三者责任险的责任免除相同,具体为:

(1) 保险单物质损失项下或本应在该项下予以负责的损失及各种费用;

(2) 工程所有人、承包人或其他关系方或他们所雇用的在工地现场从事与工程有关工作的职员、工人以及他们的家庭成员的人身伤亡或疾病,工程所有人、承包人或其他关系方或他们所雇用的职员、工人所有的或由其照管、控制的财产发生的损失;

(3) 领有公共运输行驶执照的车辆、船舶、飞机造成的事故;

（4）被保险人根据与他人的协议应支付的赔偿或其他款项，但即使没有这种协议，被保险人仍应承担的责任不在此限。

3. 总除外责任

总除外责任是指安装工程保险物质部分和第三者责任险共同责任免除，包括：

（1）在保险单项下，保险公司对下列各项不负责赔偿：战争、类似战争行为、敌对行为、武装冲突、恐怖活动、谋反、政变引起的任何损失、费用和责任，政府命令或任何公共当局的没收、征用、销毁或毁坏，罢工、暴动、民众骚乱引起的任何损失、费用和责任。

（2）被保险人及其代表的故意行为或重大过失引起的任何损失、费用和责任。

（3）核裂变、核聚变、核武器、核材料、核辐射及放射性污染引起的任何损失、费用和责任。

（4）大气、土地、水污染及其他各种污染引起的任何损失、费用和责任。

（5）工程部分停工或全部停工引起的任何损失、费用和责任。

（6）罚金、延误、丧失合同及其他后果损失。

（7）保险单明细表或有关条款中规定的应由被保险人自行负担的免赔额。

五、安装工程保险的费率

决定安装工程保险费率的因素同建筑工程保险基本相似，也是由几部分组成的，除试车期为单独的一次性费率、安装用机器设备为单独的年度费率外，其他项目均为整个工期的一次性费率。具体而言，安装工程保险的费率主要由以下各项组成：

（1）安装项目、土木建筑工程项目、所有人或承包人在工地上的其他财产及清理费为一个总的费率，整个工期实行一次性费率。

（2）试车为一个单独费率，是一次性费率。

（3）保证期费率，实行整个保证期一次性费率。

（4）各种附加保障增收费率，实行整个工期一次性费率。

（5）安装、建筑用机器、装置及设备为单独的年费率。

（6）第三者责任险，实行整个工期一次性费率。

六、安装工程保险的保险期限

安装工程保险的保险期限包括从开工到完工的全过程，由投保人根据需要确定。与建筑工程保险相比，安装工程保险项下多了一个试车考核期间的保险责任。其在保险期限内的风险控制主要包括：

（1）保险责任的开始时间。在保单列明的起期日前提下，安装工程保险的保险责任开始有两种情况：自投保工程动工之日或自被保险项目卸至施工地点时起，两者以先发生者为准。

（2）保险责任的终止时间。保险责任的终止有以下几种情况，以先发生者为准：① 保单规定的终止日期；② 安装工程完毕移交给所有人时；③ 所有人开始使用时，若部分使用，则该部分责任终止。

（3）试车考核期。安装工程保险保险期内一般应包括试车考核期。试车考核期是工程安装完毕后冷试、热试和试生产。冷试是指单机冷车运转,热试是指全线空车联合运转,试生产是指加料全线负荷联合运转。考核期的长短根据工程合同上的规定来决定,试车考核期的责任以不超过三个月为限;若超过三个月,则应另行加费。试车考核期的出险率最高,往往占整个工期出险的一半甚至 80% 以上,因此,对考核期的承保应非常慎重。对于旧的机器设备,则一律不负责试车,试车开始,保险责任即告终止。

(4) 保证期。与建筑工程保险一样,安装工程完毕后,一般还有保证期,若加保,亦应注意选择。保证期有两种加保方法:有限责任保证期或扩展责任保证期。

(5) 保险期限内的扩展时间。在保单规定的保险期限内,若安装工程不能按期完工,而被保险人要求延长保险期限时,则由投保人提出申请并加交规定的保费后,保险人可签发批单,以延长保险期限。其保费按原费率以日计收,也可根据当地情况或风险大小增收适当的百分比。

(6) 防损检查。在保险期限内,保险人应经常深入施工现场了解工程进度、发现隐患,尤其是在试车期间,更须加强防灾防损工作。

七、安装工程保险的承保与理赔

(一) 安装工程保险的承保

(1) 安装工程保险承保的风险调查。保险人在承保安装工程保险业务时,除充分注重安装工程项目的自身特点外,应向投保人索取并认真查阅与工程有关的文件资料,主要包括供货合同、承包合同、设计书、工程进度表、现场平面图等,同时还应作细致的风险调查。调查的内容主要有:① 机器设备的种类、性质和危险程度;② 安装施工现场的自然地理环境和位置,如降雨量,地下水位,占主导地位的风力、风向、地质状况,以及有无台风、洪水、地震等巨大灾害的可能性等;③ 机器设备的产地、厂家及其质量状况;④ 承包人的技术、经营管理水平及资信状况;⑤ 有无配套工程,是室内还是露天安装;⑥ 工期长短及进度;⑦ 试车、考核及保证期的有关规定;⑧ 工程合同涉及的利害关系方及他们之间在工程中的风险责任关系;⑨ 各具体分项的价值,包括机器设备、材料、工程临时设施的价格及从属费用(运费、税款、安装费),以及各分项的分布情况、彼此分隔的距离和是否通连等;⑩ 其他有关情况。

(2) 现场查勘。除了解、查阅上述资料外,保险人还须进行现场查勘,并就下列各项作出查勘记录:① 工地的位置、地势及周围的环境,如邻近建筑物及人口分布状况,是否靠海(江、河、湖)以及道路和运输条件,有何风险因素等;② 厂房等土建项目的状况,如砖混结构、钢筋混凝土结构、木结构等;③ 工地内有无现成建筑物和其他物资及其位置、状况;④ 储存物质的库场状况、位置及运输距离、方式等;⑤ 工地安全保卫及其设施状况,例如防火、防水、防盗措施等;⑥ 安装过程中最危险的部位、项目及阶段。

(3) 进行风险评估。安装工程保险最大可能损失的测算同建筑工程保险的测算一样。它通常先找出安装工程中最易受损的项目及位置,估计该项目出险后可能受损的程度,然后根据其位置估计它对其他项目乃至整个工程的可能波及程度,最后再根据各个项目的保额,算出整个工程的最大可能损失的数据。

(4) 根据投保人填写的投保单确定保险单的各项内容。投保人提交投保申请书时,应要求其同时附上工程有关文件、图纸,包括工程合同、工程概算表、工程设计书、工程进度表等。安装工程保险的投保单及保险单的内容和填写要求大致与建筑工程保险相同,即:工程关系方,工程名称和地点,安装期限(含试车考核期),物质损失投保项目和投保金额,特种风险赔偿限额和免赔额,被安装机器设备的情况;工地及附近的自然条件情况,第三者责任赔偿限额和免赔额,保证期保险,被保险人是否已向其他保险人投保等。上述各栏要求尽可能填写详细,特别是要求投保人必须如实、认真地填写。如遇专业性较强的内容,保险人应予以指导。必须指出,被安装的机器是安装工程保险的主要标的,价值高且涉及制造、供货人的风险责任,必须根据这些机器设备的说明书详细填明,以便在涉及供货人责任时及时进行追偿,同时也有助于对总保额的构成有所了解。安装前设备储存地点、条件及保管方法也要填写清楚。如存放在工地范围之外,投保人应指明地点并要求扩展保险保障;否则,保险人对未在保单上列明的工地发生的损失概不负责。

(5) 规定赔偿限额和免赔额。可参见建筑工程保险。

(二) 安装工程保险的理赔

尽管建筑工程保险和安装工程保险在责任分析上依据的保险责任条款不同,但二者的理赔,其总的原则、要求、内容、程序都是相同的,故不再赘述。

电力开发公司安装工程保险赔偿案

案　情

1992年8月10日,某A保险公司以安装工程一切险保险单承保了B电力开发公司的两台德国MANB/W发电机组,保险期限为1992年8月21日至1993年8月20日,保险金额为500万美元。1993年8月9日,该发电机组在运行中发生重大事故,B公司的用电全部消失,机组全部停机。

事故发生后,B公司、A保险公司及保险人聘请的检验师三方检验,确定两台机组的损失金额共计2 000万元人民币,其中设备价值部分1 200万元人民币,费用部分800万元人民币。检验师对事故的原因进行分析后认为:交流电源失电是由于100安500伏的快速熔断器的熔断及电力公司高低压开关处在非合闸状态,加上操作人员没能及时、准确地判断用电消失的原因且未及时采取相应的措施等综合因素所致。同时,检验师还认为在低压直流控制线路上安装快速熔断器是不合理的,原设计图纸上也没有这一设计。由于安装了熔断器,又没有采取辅助措施保证在交流电源失电的情况下备用蓄电也可以向直流控制线路供电,从而无法保证机组油水泵的正常运转。当地公安部门也组织了调查,排除了该公司机电事故存在故意破坏的可能。

在这种状况下,A保险公司从B公司那里收集了大量文件材料,包括机组的买卖合同、附件、提单、信用证、机组安装合同等商业文件及机组安装线路图。保险公司还与聘请的检验师共同调阅了电厂工程图、机组运行记录、设计说明书等技术文件。通过综合分析，认为该事故很大程度上是由于制造厂商（B/W 和西门子）在该电厂的机组线路设计上存在缺陷所致。根据买卖合同条款的规定，由于这类缺陷的设计所致的损坏应由制造厂商负责赔偿，并且该事故发生在卖方的合同保养期内，保险人建议被保险人尽一切努力向制造厂商索赔。通过与制造厂商的谈判、协商，制造厂商同意承担约 1 600 万元人民币的损失。外商赔偿金额占全部损失金额的 80%。被保险人 B 公司向德国方面获得了损失的 80% 的赔付后，还有 400 万元人民币的损失没有得到补偿。B 公司认为：保险事故发生在保险期限内；400 万元人民币的损失不能从德国方面获得赔偿，其原因是，B 公司操作人员的疏忽或操作经验的缺乏是造成本次事故的原因之一。

分　析

第一，保险条款规定，保险责任范围包括了安装技术不善，以及工人、技术人员缺乏经验、疏忽、恶意行为所引起的事故。除外责任中没有把因设计错误引起的一切损失除外，只是对设计错误引起的本身损失作了除外。

第二，操作人员在测试、判断机组运行是否正常方面经验不足，这是造成事故的原因之一。

第三，在保单期限问题上，事故发生在 1993 年 8 月 9 日，保单中载明的保险期限终止日是 1993 年 9 月 20 日，事故是发生在保险责任期限内的。然而保单上附加了"部分交付与部分验收责任终止条款"，保险人认为该机组已经在 1993 年 4 月 5 日作了买卖合同的交付，并已试发电运行，因此安装工程保险保单已经终止。但被保险人认为合同的交付并未完成，合同要求是交钥匙工程，事故发生时机组的运行只属调试运行阶段，双方并未签订交付文件。被保险人还认为保险合同中的验收与交付使用条款应理解为按国家电力部门的规定，即政府主管部门的验收与交付，而不是合同的验收与交付。因此，被保险人坚持认为保险合同责任没有终止。

案件赔付

考虑到下述情况，保险人赔付 B 公司 200 万元人民币，本保险赔案结案。

启　示

第一，保险事故发生后，A 保险公司及时勘查和安排检验师检验，对事故的原因作了深入的调查和分析，使他们在协助被保险人向制造商追偿中处于主动地位，据理成功地向机组卖方追偿了总损失的 80%。这种做法是值得提倡的，这使被保险人不仅依据合同维护了自身权益，而且减少了国内保险公司保险费的支出，并且简便易行，获得赔款较快。

第二，案例中，保险合同双方对工程"验收与交付"问题存在很大的差异，双方都有不同的理解。如何确定"验收与支付"或什么情况下才算是"验收与交付"，是一个值得保险人研究的问题。1995年,中国人民保险公司制定并经中国人民银行批准的"安装工程一切险条款"对该问题已有明确规定。该条款对安装期物质损失及第三者责任保险的保险期限有下述规定:

(1) 本公司的保险责任自被保险工程在工地动工或用于被保险工程的材料、设备运抵工地之时起始,至工程所有人对部分或全部工程签发完工验收证书或验收合格,或工程所有人实际占有或使用或接收该部分或全部工程之时终止,以先发生者为准。但在任何情况下,安装工程保险期限的起始或终止均不得超出本保险单明细表中列明的安装工程保险生效日或终止日。

(2) 不论安装的被保险设备的有关合同中对试车和考核期如何规定,保险公司仅在本保险单明细表中列明的试车和考核期限内对试车和考核所引发的损失、费用和责任负责赔偿;若被保险设备本身是在本次安装前已被使用过的设备或转手设备,则自其试车之时起,保险公司对该项设备的保险责任即行终止。

(3) 上述保险期限的展延,须事先征得保险公司的书面同意,否则,从本保险单明细表中列明的安装工程保险期限终止日起至保证期终止日止期间发生的任何损失、费用和责任,保险公司不负责赔偿。

资料来源:http://www.ins.com.cn/material/206/12/20/2006122015171047.html。

第四节 机器损坏保险

一、机器损坏保险的保险标的

机器损坏保险专门承保各类安装完毕并已转入运行的机器设备。与火灾保险相比,机器损坏险承保的风险主要是保险标的本身固有的风险,即工厂机器内部本身以及操作不当的损失。因此,就保险责任而言,二者存在互补性,机器损坏保险业务中,用于防损的费用比用于赔款的更多。如果一台机器同时投保了财产保险和机器损坏保险,就能获得完善的保障,因此机器损坏保险还可以作为财产保险一切险的附加险来承保。

二、机器损坏保险的保险责任和责任免除

(一) 保险责任

保险公司对下列原因引起的意外事故造成的物质损坏或灭失负赔偿责任:① 设计、制造或安装错误、铸造和原材料缺陷;② 工人、技术人员操作失误、缺乏经验、技术不善、疏忽、过失、恶意行为;③ 离心力引起的断裂;④ 超负荷、超电压、碰线、电弧、漏电、短路、大气放电、感应电及其他电气原因;⑤ 责任免除规定以外的其他原因。

(二) 责任免除

机器损坏保险对于下列各项不负赔偿责任:① 机器设备运行必然引起的后果,如自然磨损、锈蚀等;② 一切操作中的媒介物(如润滑油等)及其他各种易损、易耗品;③ 被保险人及其代表在保险生效时已经知道或应该知道的保险机器及其附属设备的缺点或缺

陷;④ 根据法律或契约应由供货方、制造人、安装人或修理人负责的损失或费用;⑤ 由于公共设施部门的限制性供应及故意或非意外行为引起的停电、停气、停水;⑥ 火灾、爆炸;⑦ 自然灾害(地震、海啸、雷电等);⑧ 飞行物体坠落;⑨ 机动车碰撞;⑩ 水箱、水管爆裂;⑪ 被保险人及其代表的重大过失或故意行为;⑫ 保险事故发生后引起的各种间接损失或责任;⑬ 应由被保险人自行负责的免赔额;⑭ 战争和类似战争行为;⑮ 政府命令或任何公共当局没收、征用、销毁或毁坏;⑯ 核裂变、核聚变、核武器、核材料、核辐射及放射性污染。

三、机器损坏保险的保险金额与理赔

机器损坏保险常根据保险机器新的重置价值承保。包括新机器的价值、关税、运费、保费以及安装费用。

在机器损坏保险中,对于保险机器的损失赔偿,还规定有免赔额,这一免赔额多为每次事故的免赔额。根据风险的不同,免赔额可以在保险金额的1%—15%范围内浮动。

四、机器损坏保险的费率与停工退费规定

同火灾保险相比,机器损坏保险的损失率和费率都相当高。机器损坏保险的费率由机器的类型、用途、以往损失记录以及其他因素,如被保险人的管理水平、技术水平、经验、安全措施和产品的可靠性及用途等共同确定。

如果机器损坏保险承保的锅炉、汽轮机、蒸汽机、发电机或柴油机连续停工超过3个月,则停工期间的保费按表7.1所示的比例退还。

表 7.1 停工期间的保费退还

连续停工(月)	3—5	6—8	9—11	12
退还保费(%)	15	25	35	50

但这种停工退费的规定不适用于季节性的工厂使用的机器。

第五节 船舶工程保险

一、船舶工程保险概述

船舶工程保险是以被保险人建造或拆除船舶及各种海上装置过程中所造成的船舶和设备损失,以及第三者责任为保险标的的保险。它包括船舶建造保险和拆船保险。有的教科书将其列入船舶保险范围或新险种范围内,但实质上因其船舶处于施工过程中,具备的完全是工程项目中的风险责任和工作特点,且经办历史在半个世纪以上,已经成为相当成熟的险种,故本书将其纳入建筑安装工程保险的范畴。

船舶工程保险是为适应世界造船工业的发展而开办的。它承保各种类型的船舶,包括海上装置(如石油钻井平台),在整个建造和拆除期内陆上、海上的各种风险。建造巨型船舶,其造价昂贵、时间长,在从将材料设备运至现场、动工建造,直至试航成功、双方

验收交接为止的过程中,可能会因各种灾害事故造成物质损失、额外费用及经济赔偿责任,而船舶订购人(所有人)和建造人都不可能独立承担。这样,就需要通过保险获得保障。因此,在造船业发达的国家和地区,如英国、荷兰、瑞典、日本、美国、新加坡等,由于造船和拆船业在其国民经济中占有重要地位,船舶工程保险业务发展得很快,且普遍办理,是国际保险市场的重要保险业务之一。我国的船舶工程保险虽然在20世纪80年代刚起步,历史较短,但业务发展得很快。

二、船舶建造保险

船舶建造保险是以建造中的各类船舶和水上浮动物体为保险标的的保险。通常由承包人或船厂投保,船厂将保险费列入成本并承担交船前的风险,故国外又称之为"建造人风险保险"。在船舶建造保险中,被保险人包括船厂、船舶所有人和债权人。船舶建造保险是财产保险的一种,其承保的范围包括船舶在整个建造期间因陆上、海上的各种风险造成船舶或浮动物本身的物质损失,以及由此而引起的额外费用和对第三者的赔偿责任。其保险期限通常是从准备材料开始直到船舶下水为止,包括开工、上船台、下水、试航、交接等过程中的各项财产的保险。它是一种综合保险,是综合了工程保险、运输保险、船舶保险、责任保险、保赔保险和普通财产保险多种内容的保险。在我国,中国人民保险公司在参照英国伦敦协会的船舶建造保险条款的基础上,于1982年3月制定了中国《船舶建造保险条款》。

(一)船舶建造保险的保险标的与保险金额

船舶建造保险的保险标的包括:建造船舶或海上装置的原材料、建造中的船壳和机器设备、承包人或分承包人提供的机器设备,以及民事损害赔偿责任。它是由保险人在保险单中载明的。保险单中载明的内容根据投保单并经保险人核保后确定。投保人在投保船舶建造保险时,应填写投保单,列明船名、种类、尺寸、吨位、主机马力、船速、船东名称、合同价值、建造期限及进度、试航距离等事项。

船舶建造保险的保险金额,按船舶或海上装置的建成价格或最后合同价格计算确定。在国际船舶建造保险市场上,由于价格变化等因素的影响,供、订货双方签订的船舶建造合同在保险期内可能有变化,因此,投保人投保时只能以暂定价值作为保险金额,在船舶建成或确定最后合同价格后通知保险人调整保险金额,保险费亦按最后确定的保险金额确定,对暂定价值超过或低于保险价值的部分,保险人退还或按比例加收保险费。若保险标的中途出险,则保险人一般以合同价作为赔付的最高限额。

若保险价值超过暂定价值的125%,则该保险对任何一次事故或同一事件引起的一系列事故的保险船舶损失的赔偿总额,以暂定价值的125%为限。但此项规定不适用保险船舶改变设计、装修或改动船型、物资变更所引起的船舶造价的变动。

同时,为了增强船舶建造人的责任心,督促其加强安全管理和提高建造项目的工程质量,保险人通常还要规定一定的绝对免赔额。

(二)船舶建造保险的责任和责任免除

1. 保险责任

船舶建造保险所承担的风险责任,实质上综合了建筑安装工程保险、货物运输保险、船舶保险、保赔保险、责任保险、普通财产保险等业务的主要内容。船舶建造保险承保被建造船舶及其所有被列入该船舶保险价值内的一切材料、机械、设备和在造船厂范围内的装卸、运输、保管、安装以及船舶下水、进出坞、停靠码头过程中，由于下列原因所造成的损失、费用和责任：

（1）船舶或海上装置在整个建造过程中（包括材料设备在承包人处所的装卸、运输、储存、船体建造分段，船上各种机械设备的运输、吊装等一系列环节中）因各种自然灾害和意外事故造成的损失及费用。其中，自然灾害是由于自然界的变化引起破坏力量所造成的灾害，如恶劣气候、雷电、流冰、海啸、地震、洪水等以及同它们相类似的灾害；意外事故是由于意外原因所导致的事故，如海上运输工具的搁浅、触礁、沉没、碰撞、失火、爆炸等以及同它们相类似的事故。

（2）由于船长、船员、引水员、造船人员的疏忽过失以及船壳与设备机件的潜在缺陷造成的损失和费用，保险船舶任何部分因设计错误而引起的损失（设计错误部分本身的损失和费用除外）。

（3）因船台、支架和其他类似设备的损坏或发生故障而造成的损失和费用。

（4）在保险船舶下水失败后为重新下水所产生的费用。

（5）为确定保险责任范围内损失所支付的合理费用，以及对船舶搁浅后为检查船底而支付的费用，即使没有损失，保险人也予以负责。

（6）共同海损牺牲和分摊、救助费用。共同海损应由船、货等利害关系方按各自的分摊价值比例分摊。国际上处理共同海损的依据是《1974年约克—安特卫普规则》，我国以1975年1月7日公布的《中国国际贸易促进委员会共同海损理算暂行规则》（简称《北京理算规则》）为主要依据。共同海损牺牲是因共同海损措施造成的或者由共同海损措施直接后果导致的船舶或货物本身的损失。牺牲通常包括船舶、货物、运费三方面的损失。如船只遭遇搁浅，为了脱浅而加足马力，过度地超出正常使用规程而使机器受损，这种损失是为船、货共同安全作出的船舶牺牲。救助费用是在海上航行中，海上保险财产遭遇海难，由保险人和被保险人以外的第三者自动采取救助行为，在获救后由被救方付给救助人的报酬。这种费用由保险人负责补偿。国际上，救助费用采取"无效果、无报酬"的原则处理。但为鼓励积极救助受难油轮，以避免或减少海上污染公害，在1980年修改的《英国劳合社救助协议》中明确规定，凡装有石油的油轮可以例外，即虽救助无效也可索赔合理的费用。我国和国际上的海上保险都将救助费用列入保险承保责任内，因为救助行为往往与共同海损行为联系在一起，故救助费用往往成为共同海损中的一项内容。

（7）碰撞责任，即发生碰撞事故后，保险船舶对被碰撞船舶及其所载货物、浮动物件、船坞、码头或其他固定建筑物损失和延迟、丧失使用的损失，以及施救费用、共同海损和救助费用依法应负的赔偿责任，但以保险船舶的保险金额为限。其中，施救费用是保险标的遭遇保险责任范围内的灾害事故时，被保险人为防止或减少损失而采取各种抢救措施所产生的合理费用。在海上保险中，施救费用是被保险人及其代理人、雇佣人员和受让人自行施救所产生的费用，并不包括第三者自动救助所发生的费用。保险人对施救费用的赔偿，可以在赔付保险标的损失以外的另一个保险金额限度内。

（8）保赔责任，即保险船舶遭受船舶建造保险责任范围内的损失事故后引起的清除保险船舶残骸的费用、对第三者人身伤亡的赔偿责任,可按我国保障与赔偿条款的有关规定给予赔偿,但以保险船舶的保险金额为限。

(9) 合理的诉讼费用,即在发生碰撞或其他事故后,被保险人在事先征得保险人书面同意后,力争以限制赔偿责任所支付的诉讼费用。

2. 船舶建造保险的责任免除

船舶建造保险对下列损失、费用和责任,均不负赔偿责任:

(1) 战争或类似战争行为,即由于战争、敌对行为、武装冲突、炸弹的爆炸、战争武器、没收、征用、罢工、暴动、民众骚动引起的损失、费用和责任,以及任何人的恶意行为或政治动机所引起的任何损失;

(2) 由于任何国家或武装集团的拘留、扣押、禁制,使航程受阻或丧失;

(3) 核反应、辐射或放射性污染引起的损失或费用;

(4) 由于被保险人故意或非法行为所造成的损失;

(5) 对设计错误部分本身的修理、修改、更换或重建的费用及为了改进或更改设计所发生的任何费用,因为这是由职业责任保险所承保的风险;

(6) 被保险人对雇佣人员的死亡、伤残或疾病所应承担的责任和费用,因为这是由雇主责任保险所承保的风险;

(7) 建造合同规定的罚款以及由于拒收和其他原因造成的间接损失,因为这些分别是由合同保证保险、营业中断保险所承保的风险;

(8) 保险责任所列明的保险责任以外的任何损失、费用和责任。

(三) 保险费率和保险费

由于船舶建造保险业务的国际性,保险人在厘定船舶建造保险的费率时,一般参照英国伦敦保险联合委员会的造船险费率规章并根据当地的实际风险等确定。其考虑的因素主要有:建造中的船舶或海上装置的种类、规格,建造工期长短,承包人的技术与经营管理水平及经验,建造场所的自然条件和社会风险,试航区域的风险分布等。

在保险费计算方面,船舶建造保险通常由基本保费和工期保费两部分组成,前者是按不同类型船舶的费率收取的固定保险费,后者是按建造工期长短的月费率收取的保险费。其计算公式为:

$$保险费 = 保额 \times (基本费率 + 建造月份 \times 月费率)$$

三、拆船保险

拆船保险是以拆船人在拆除废旧船舶过程中因意外灾害事故和自然灾害造成的损失为保险标的的工程保险。拆船保险的保险标的主要包括应拆的船舶或海上装置,拆卸的回收品、再生品、回炉品,用于拆船工程的浮吊、起重机械设备、驳船、铲车、工具、器材等亦列入拆船保险的承保项目范围。

拆船保险保险金额的确定有两种方式:一是被拆船舶本身的保险金额以该被拆船舶的买入价作为确定保险金额的依据;二是拆船工具、设备等均以拆船人的账面价值为确定保险金额的依据。当发生保险责任事故损失时,上述两项损失的赔付也以各自的保险金额为最高限额,但对于施救、保护及整理费用则在保险金额限度内另行计算赔付。若投保人还投保拆船中的第三者责任,则对第三者的损害赔偿处理与其他工程保险中的第三者责任保险赔偿相似。

在保险责任方面,主要风险是火灾,其次是拆船中的过失责任事故以及各种自然灾害。与各类工程保险相似,拆船保险亦采用工期保险单,即保险责任期限以拆船开工之日至全部拆卸完工之日为起讫。同时,保险人在实务经营中,对拆船保险还有承保区域范围的规定,保险人仅对停放在拆船水域、浅滩、引桥、场地、船坞、拆船台等拆船施工范围内保险标的的意外损失负赔偿责任。

四、船舶工程保险的保险期限

由于船舶建造的过程,一般包括开工、上船台(船坞)、下水、试航及验收交接四个阶段,因此保险期间一般根据投保人的要求从开工、上船台或下水至验收交接为止,保险单中应订明责任起讫日期。我国船舶建造保险的保险期限为保险单列明的保险期限内从保险船舶建造开工之日或上船台之日起生效,直至保险船舶建成交付订货人或船舶所有人或保险期限满期时止。两者以先发生者为准。

从责任开始来看,若为在投保前已分配在船上的物资和机械设备,则自保险单中列明的保险起讫日开始时生效;若为在保险开始生效后分配或交付给建造人的物资和机械设备,则自分配或交付时生效。

从责任终止来看,如果船舶或海上装置在保险期终止日前办理了交接,则保险责任在交接后即告终止;如果船舶或海上装置在保险期满日后交接,除非事先办理了展延保险期限手续或保险单上规定有展延期限条款,否则,仍将在保单上注明的期满日终止保险责任。在保险单上列明的保险期限内,保险船舶提前交付给所有人满1个月者,则保险人可退还被保险人规定的保险费,不足1个月者不退费;若超过保险期限交付,则必须事先书面通知保险人办理展延保险期限手续。展期满1个月者,保险人应收规定的保险费;不足1个月者,则不加收保险费。

五、船舶工程保险的承保与理赔

(一)船舶工程保险的承保

为了控制船舶建造保险的风险,在承保时:一是要进行风险调查;二是要明确被保险人的业务;三是要限制承保区域。

1. 船舶建造保险承保前的风险调查

保险人在正式承保船舶建造保险业务前,应进行风险调查,其内容主要包括:建造人的船台、船坞构造情况及有关技术指标;建造人厂区内的仓储条件及厂内运输系统是否完善;建造人建造同类船舶的能力、技术力量及以往的损失;船东、供货人及其他关系方的资信、技术能力及与建造的关系;建造人的管理水平及防灾防损设施是否完备;建造船舶的种类、吨位、用途、特点及建造方法;船上主要机器设备尤其是主机的技术性能及可靠性;预计动工、上船台、下水、试航、交船日期等;试航的海域、季节及日期、距离等。

2. 明确投保人和被保险人的义务

这些义务主要包括:

（1）投保人投保时应提供建造合同副本和建造进度表等文件。

（2）被保险人应遵守有关安全法令，采取合理的预防措施，避免发生意外事故。保险人代表有权对船舶的建造情况进行查勘，被保险人应提供便利，对保险人代表提出的防损建议，应认真考虑并付诸实施。

（3）保险船舶发生该保险单责任范围内的事故后，被保险人应立即通知保险人，并采取一切必要措施救护，防止损失扩大。对被保险人因此而支付的合理措施费用，保险人可予偿付，但以不超过受损保险项目的保险金额为限。如需进行修理，应事先征得保险人同意。

（4）保险单承保的风险如有任何实质性变动，被保险人应及时以书面形式通知保险人，办理批改手续。

（5）保险船舶的损失涉及第三者责任时，被保险人必须采取必要措施向责任方追偿，为此而必须支付的合理费用，保险人可予偿付。

被保险人及其代表对上述规定的义务如故意不执行，保险公司可不负赔偿责任。

3. 限制船舶建造保险的承保区域

为了有效地控制船舶建造保险的风险，保险人对保险风险须作出承保区域的限制规定，即保险责任事故必须发生在规定的承保区域范围以内，保险人才予以负责。保险人的这项规定一般是分以下两个阶段确定的：

（1）建造期间，限于造船厂范围内。建造船舶所需的材料、机器、设备在造船厂范围以外的任何运输、装卸、保管费用，以及建造船舶在造船厂范围以外的任何拖航，必须事先通知保险人并交付规定的保险费，之后才予负责。

（2）试航、交船期间。船舶建成后，要通过试航、交船环节才告工程结束。对此，保险人根据船舶规模大小，规定其单程自航距离，一般规定为：2万总吨以上的船舶的单程自航距离限于 500 海里；0.1 万总吨至 2 万总吨船舶的单程自航距离限于 250 海里；0.1 万总吨以下船舶的单程自航距离限于 100 海里。如超过上述距离，必须事先通知保险人，并交付规定的保险费，之后才予负责。

（二）船舶工程保险的理赔

为了在理赔方面控制船舶建造保险的风险，保险人主要应做到：

1. 提供必要的单证和文件

在被保险人索赔时，应以书面形式说明事故经过、原因，并提供损失清单、发票、检验报告等必要单证和文件，如涉及第三者责任，还须提供向责任方追偿的有关函电及其他必要单证或文件。

2. 针对不同情况采取相应的理赔方式

（1）保险人负责赔偿合理的配件和修理费用，并且不扣除以新代旧的折扣。

（2）对保险船舶由于每一事故引起的部分损失，包括施救费用、船舶碰撞、清除保险船舶的残骸等，保险人应付的赔款均须扣除保险单所规定的免赔额，损失在免赔额以下时，保险人不负赔偿责任。若在两个相连续的港口之间的一个单独航程中，由于恶劣气候所致的损失索赔，则应视为一次意外事故。

（3）保险船舶试航时，从预计返回建造地点日期起超过 6 个月，尚未得到它的行踪消息,即构成船舶的失踪。船舶失踪或船舶遭受损失后,其估计救助、修理和其他必要支出的费用超过保险船舶的保险价值时,均可视为全部损失。若保险船舶受损后未及时修理,又遭受全部损失,则只赔付一个全部损失。

(4) 若以暂定价值投保,则保险价值超过暂定价值125%时,保险人对任何一次事故或同一事件引起的一系列事故的损失赔偿总额以暂定价值的125%为限,但此项规定不适用于保险船舶因改变设计、装修或改动船型、物质变更所引起的船舶造价的变动;若保险标的中途出险,则保险人一般以合同价作为赔付的最高限额。

(5) 对保险船舶的损失和费用,保险赔偿以不超过保险金额为限,但对碰撞或保赔责任,保险人要另外赔偿,各以不超过保险金额为限。若保险船舶的保险金额低于保险价值,则保险人对各项责任或费用按保险金额和保险价值的比例计算赔偿。

第六节 科技工程保险

一、科技工程保险概述

科技工程保险,与建筑工程保险和安装工程保险有许多相似之处,但该类保险业务更具专业技术性和科技开拓危险性,且与现代科学技术的研究和应用有直接关系,因此,它又不能被一般建筑工程保险和安装工程保险涵盖。

由于科技工程中具有特别的风险,加之深受多种因素的影响与制约,因此无论人们采取多么严密的防范措施,均不可能完全避免科技工程事故的发生,一旦发生灾祸,其损失往往以数亿元乃至数百亿元计,进而波及政局与社会的稳定。因此,世界各国尤其是发达国家的科技工程无一不以保险作为转嫁风险损失的工具和后盾。

在财产保险市场上,保险人承保的科技工程保险业务主要有海洋石油开发保险、航天工程保险、核能工程保险等,其共同特点就是高额投资、价值昂贵,且分阶段进行,保险人既可按工程的不同阶段承保,又可连续承保,与建筑工程保险和安装工程保险有许多相似之处。

从保险人的角度出发,开办科技工程保险业务是为了开拓新的业务与市场,为科技进步与社会经济的发展服务,但承保科技工程与承保建筑工程和安装工程相比危险性更大,因此,保险人在经营中亦须对承保风险加以控制,措施通常包括:一是注意选择风险,限制责任,对政治风险、社会风险及被保险人的故意行为或重大过失不予承保,同时还应运用赔偿限额与免赔额来限制保险人承担的风险责任;二是运用义务条款,实施外部监督,促进被保险人对科技工程风险的控制;三是充分运用集团共保和再保险手段,将科技工程风险在更大范围内分散和消化;四是建立健全的科技工程保险承保、防灾防损制度,重视有关专业人才的蓄积和有关科技工程知识的培训,确保承保质量高、防灾防损有效。尽管科技工程保险中的风险极高,但保险人通过采取上述措施,从总体上保证了各种科技工程保险业务的持续发展。

二、航天工程保险

航天工程保险是指为航天产品(包括卫星、航天飞机、运载火箭等)在发射前的制造、运输、安装和发射时以及发射后的轨道运行、使用寿命提供保险保障的综合性财产保险业务。它是对航天产品制造、安装、发射和在轨运行中可能出现的各种风险造成的财产损失和人身伤亡给予保险保障的一种综合性财产保险业务。在国际保险市场上，亦被称为一揽子保险。按照保险期限的起讫时间，它分为以下三种形式：

(1) 发射前保险。它是对卫星、航天飞机及其他航天产品、运载火箭在制造、试验、运输及安装过程中所受意外损失提供保险保障的保险。它以在产到制成及运输、安装中的航天产品为保险标的，承担一切意外风险。

(2) 发射保险。它是对从运载器点火开始到发射后一定时间（通常为半年）为止的期间内发射失败导致经济损失提供保险保障的保险。该险种承担发射时的意外事故和发射后的太空风险，是航天工程保险中的主要形式。

(3) 寿命保险。它是对卫星及其他人造天体发射成功后到某一规定时间（通常为两年）内因太空风险或自身原因造成其坠毁或不能按时收回或失去作用造成的损失责任为保险标的的保险。通信、广播、气象、导航及地球资源卫星的寿命一般为1—2年，最长的不超过10年。

上述险种，既可单独投保，又可一揽子投保。

航天工程保险的保险金额，一般分阶段确定：发射前保险以制装总成本为依据确定保险金额；发射保险以航天产品价值及发射费用为依据确定保险金额；寿命保险则以工作效能为依据确定保险金额。由于航天工程保险风险的高深莫测，其保险费率也高于其他财产或工程保险。保险人在确定费率时，主要考虑航天产品的质量、航天工程的损失率及其他风险。

专栏 7.5

第一个航天保险项目

商业卫星发射始于国际通信卫星组织的国际通信卫星-Ⅰ项目（最初称"晨鸟"）。"晨鸟"卫星使用美国德尔塔运载火箭（Delta Family）于1965年4月6日在卡纳维拉尔角发射。它由休斯公司制造，重39公斤，有两台6瓦功率的转发器，主要用来传输越洋电视信号。卫星在轨寿命3.5年。当时的保险市场第一次为该项目提供了保险支持。由于项目风险的原因，保险市场当时仅为该项目安排了500万美元的发射前保险和2500万美元的第三方责任保险。这是航天保险界公认的第一个航天保险项目。

资料来源：周威，《从航天保险市场看我国国际商业卫星发射服务的发展》，《中国航天》，2006年第4期。

三、海洋石油开发保险

海洋石油开发保险是承保海洋石油开发工程所有人或承包人的海洋石油开发工程

从勘探到建成、生产整个开发过程的风险。该险种一般被分为四个阶段：普查勘探阶段、钻探阶段、建设阶段、生产阶段，每一阶段均有若干具体的险种供投保人选择投保，每一阶段均以工期为保险责任起讫期。由此，该险种是分阶段进行的。险种一般包括勘探作业工具保险、勘探设备保险、费用保险、责任保险、建筑安装工程保险。在承保理赔方面，均与其他工程保险具有相通性。该险种具有技术性强、条款复杂、险种繁多的特点。它要求承保人具有较高素质，既要有一定的石油开发风险管理知识，又要具有一定的法律常识；既要有比较扎实的海上保险经验，又要掌握非水险业务的专门技术。

海洋石油开发投保事宜，按国际惯例是由承包或租赁合同（如勘探合同、钻井合同、石油合同）规定的，即合同中均有保险条款，一般直接涉及作业者应投保什么险种及向谁投保等问题。因此，保险人可根据上述合同中的保险条款规定与投保人具体洽谈保险事宜。

保险人在承保这类业务时，一般承担着财产、物资、责任、额外费用等各种损失补偿责任；同时，根据石油开发的不同阶段为投保人提供不同的保险服务，即承保具有阶段性。此外，海洋石油开发保险必须办理分保以分散风险，防止财务危机。例如，1965年墨西哥湾的台风袭击了美国石油公司，伦敦石油保险市场承保人损失1亿多美元，而当时全世界的石油保费收入才1500万美元，可见，海洋石油开发保险具有巨大的危险性。在承保经营中，保险人可以根据投保人的需要提供多种保险服务。以中国人民保险公司的经营为例，其为海洋石油开发工业提供的险种有钻井船一切险、钻井平台一切险、平台钻机一切险、井喷控制费用保险、渗漏污染保险、油管铺设一切险、海上石油开发工程建造险、雇主责任保险等许多项。

在海洋石油开发保险经营中，保险人一般是分阶段提供保险服务的，其中，在普查勘探阶段，保险人主要提供勘探作业工具保险和勘探作业人员的人身伤亡保险；在钻探阶段，保险人主要承保钻井设备保险，各种辅助工具保险，控制井喷费用、重钻费用、控制污染及清理费用保险，以及油污责任保险，第三者责任保险，钻井人员人身伤亡（雇主责任）保险等；在建设阶段，除继续投保钻探阶段的各类保险外，一般还需要增加平台建筑、安装工程保险，油管铺设保险，以及运油船舶保险和产品责任保险等；在生产阶段，除继续投保前面的保险险种外，还会增加各种建筑、海上平台、设备、油钻、油库的财产保险，特别是火灾的保险，以及生产作业中的其他保险等。

四、核能工程保险

核能工程保险是指以核能工程项目的财产损失及其赔偿责任为保险标的的科技工程保险。保险人承保核能工程中的各种核事故和核责任风险，它是随着现代原子能技术的发展与各国对原子能和平用途的研究及应用而逐渐发展起来的新型保险业务。该险种于20世纪50年代起源于英国。1956年，英国率先成立了核能保险委员会，专门研究核能工程保险的有关问题，该委员会论证了核能工程保险的可行性和危险性，加之英国政府对核能发电工业相当重视，从而促成了英国核能保险集团的成立，劳合社成员及当地的非寿险公司均成为该集团的主要成员。英国的示范带动了西欧国家、美国、日本等，这些国家也成立了自己的核能保险集团；到20世纪末，全世界有20多个国家成立了核能保险集团,使核能工程保险成为国际保险市场上一项有影响的科技工程保险业务,并成为各国民用核能工程必要的配套项目。

核能工程保险的特点在于:它承保的主要责任是核事故风险,而在其他各种财产、工程保险中则是把核事故风险列为常规责任免除,并且不允许扩展承保;同时,由于核事故风险性质特殊、风险异常,使得核能工程保险具有政策性保险的特色,即政府的某些立法,如《核事故损害赔偿法》通常规定核事故中应按绝对责任来承担损害赔偿责任,并对保险人在责任险项下的超赔给予财政补贴。因此,核能工程保险更讲求与政府法规的配合且更需要政府的支持。

核能工程保险的种类一般包括财产损毁险、核能安装工程保险、核原料运输险、核责任险,其中,核能工程财产损毁险和责任险是最主要的业务。在承保中,对核能工程本身即财产物资与核责任风险应分别确定保险金额和赔偿限额;有的保险人还分别订立一般事故赔偿限额与核事故赔偿限额;有的将核能工程操作人员与技术人员亦列入第三者责任保险范围予以承保。

 小结

工程保险是以工程项目在建设过程中因自然灾害和意外事故造成物质财产损失,以及对第三者的财产损失和人身伤亡依法应承担的赔偿责任为保险标的的保险。

工程保险的基本特征为:风险广泛而集中,涉及较多的利害关系人,工程保险的内容相互交叉,工程保险承保技术风险。

工程保险一般分为建筑工程保险、安装工程保险、机器损坏保险、船舶工程保险和高科技工程保险。

建筑工程保险的特点为:承保范围广,被保险人可能有多个,保险期限长短不一。其内容包括:建筑工程保险的适用范围、保险标的和保险金额、保险责任和责任免除、保险费率、保险期间与保证期,以及承保与理赔。

安装工程保险的特点为:以安装项目为主要承保对象,安装工程在试车、考核和保证阶段风险最大,承保风险主要是人为风险。其内容包括:安装工程保险的适用范围、保险标的和保险金额、保险责任和责任免除、保险费率、保险期间与保证期,以及承保与理赔。

机器损坏保险的内容包括:机器损坏保险的保险标的、保险责任和责任免除、保险金额与理赔、保险费率与停工退费规定。

船舶工程保险包括船舶建造保险和拆船保险。其内容分别包括:保险标的与保险金额、保险责任和责任免除、保险费率和保险费等的确定。

科技工程保险包括航天工程保险、海洋石油开发保险、核能工程保险。

航天工程保险按照保险期限不同分为:发射前保险、发射保险、寿命保险。

海洋石油开发保险的技术性强、条款复杂、险种繁多。

核能工程保险的特点为:承保的主要责任是核事故风险,具有政策性保险的特色。

关键词

工程保险　建筑工程保险　安装工程保险　机器损坏保险　船舶建造保险　科技工程保险　安装工程保险　试车考核期　保证期　船舶工程保险　《北京理算规则》　共同海损　救助费用　拆船保险　科技工程保险　发射前保险　发射保险　寿命保险　海洋石油开发保险　核能工程保险

思考题

1. 试比较工程保险与传统的财产保险的区别。
2. 试比较建筑工程保险和安装工程保险的区别。
3. 建筑工程保险的内容包括哪些？
4. 如何确定建筑工程保险的保险标的和保险金额？
5. 如何确定船舶建造保险的保险金额、保险费和责任范围？
6. 如何确定建筑工程保险的责任范围？
7. 影响建筑工程保险费率的因素有哪些？
8. 如何确定建筑工程保险、安装工程保险、船舶建造保险的保险期限？
9. 建筑工程保险风险调查的内容包括哪些？
10. 安装工程的内容包括哪些？
11. 什么叫船舶工程保险？它包括哪些险种？
12. 比较机器损坏保险与企业财产保险的区别。
13. 简述机器损坏保险的内容。
14. 简述科技工程保险的主要险种。
15. 案例分析：某建筑公司在承建某工业局主管的工厂的技术改造项目时，对扩建的四车间投保建筑工程一切险，保险金额 560 万元，按工程概算总造价投保金额应为 800 万元，免赔率为 2%。在施工过程中，由于天气变化，连续 3 天降大雨，致使扩建工程的地基下陷，厂房倒塌损失金额为 200 万元，机器损失 100 万元。试分析该案例。
16. 案例分析：2007 年 10 月 21 日，某保险公司承保上海某广场建筑工程一切险，扩展"有限责任保证期条款"，保险金额 2.5 亿元，建筑期从 2007 年 10 月 21 日至 2009 年 10 月 28 日，保证期 12 个月，从 2009 年 10 月 29 日至 2010 年 10 月 28 日。2009 年 7 月 16 日上午 10 时，施工人员在切割钢筋时，不慎将火星溅落到竹篦笆上引发火灾，造成工程重大损失。后经分析，确认起火原因是施工人员在 14 楼气焊切割螺纹钢筋头时，产生的高温金属熔珠飞溅到 10 楼墙外排水架上的可燃物上，引燃竹片，火势蔓延成灾，属意外火灾事故。2009 年 10 月 18 日，被保险人（业主）就遭受火灾损失的玻璃幕墙工程向保险公司提出索赔。经调查：核定最终净损失额 2 180 万元，事故发生时实际工程造价 3.8 亿元。请分析本案应该如何赔付，并说明原因。

进一步阅读的相关文献

1. 王和著:《工程保险理论与实务》(上、下),中国财政经济出版社,2011年版。
2. 王和著:《工程保险》(上、下册),中国金融出版社,2005年版。
3. 朱世昌主编:《工程保险》,湖南教育出版社,1993年版。
4. 王绪瑾主编:《保险学》(第六版),高等教育出版社,2017年版。
5. 王绪瑾主编:《保险专业知识与实务》(中级),中国人事出版社,2017年版。
6. 应世昌编著:《海上保险学》,上海财经大学出版社,1996年版。
7. 乔林、王绪瑾主编:《财产保险》,中国人民大学出版社,2008年版。
8. 许飞琼、郑功成主编:《财产保险》(第五版),中国金融出版社,2015年版。

第八章

责任保险

通过本章的学习,掌握责任保险的基本理论以及各类责任保险的原理和实务;了解各类责任保险条款;理解责任保险中的重要概念。本章的内容包括:

- 责任保险的特征与基本内容
- 公众责任保险
- 产品责任保险
- 雇主责任保险
- 职业责任保险

第一节　责任保险的特征与基本内容

一、责任保险的特征与法律依据

（一）责任保险的含义与特征

1. 责任保险的含义

责任保险（Liability Insurance）是以被保险人对第三者依法应负的赔偿责任作为保险标的的保险。它承保被保险人由于过失等行为造成他人的财产损失或人身伤亡，根据法律或合同的规定，应对受害人承担的赔偿责任。

责任保险是随着财产保险的发展而产生的，它是法律制度的发展和完善导致民事损害赔偿责任大量增加的结果。早期的责任保险出现于19世纪中期的英国，发达于20世纪70年代以后，至今已成为国际保险市场上举足轻重的保险业务。目前责任保险最发达的国家是美国，责任保险占非寿险业务的份额已达40%—50%。在我国百年保险史上，1949年前仅上海汽车第三者责任保险曾有较普遍的发展，其他责任保险则不多见。20世纪50年代初期，中国人民保险公司曾开办过汽车、飞机附加第三者责任保险和船舶碰撞责任保险，但不久就停办了。直到1979年以后，我国才恢复办理运输工具第三者责任保险，并逐步开办各类独立的责任保险。到2008年，我国独立承保的责任保险占财产保险业务的3.5%，再加上机动车交通事故责任强制保险业务占比的23.68%，即便不考虑机动车辆商业第三者责任保险及工程第三者责任保险、船舶第三者责任保险、飞机第三者责任保险，责任保险占财产保险业务的比例也达28.18%，成为我国财产保险市场的主导产品之一。

2. 责任保险的特征

责任保险属于财产保险，但与一般财产保险相比又有如下基本特征：

（1）责任保险产生和发展的基础是健全及完善的法律制度。只有法律制度界定了人们对他人应负的赔偿责任，人们才通过责任保险来转嫁这种责任风险。因此，健全的法律制度尤其是民法和各种专门的民事法律及法规是责任保险产生与发展的基础。

（2）责任保险的"替代性"和"保障性"。责任保险的直接补偿对象是与保险人签订保险合同的被保险人，但被保险人自身的损失则无须保险人补偿。间接补偿对象是受害人。由于保险人承保的是被保险人依法应对他人（第三者）所负的赔偿责任，因而，保险人支付的保险金最终落实到受害人手中，并归其所有。这样，既替代了被保险人（致害人，或加害人）的赔偿责任，又保障了受害人应有的合法权利。而在一般财产保险中，保险人是对被保险人的经济损失进行补偿，并归其所有。在责任保险中，由于保险人对被保险人的"替代性"，引申出了责任保险不同于其他财产保险的一条基本原则——优先保护受害第三者利益原则，即在责任保险中第三者对保险金债权享有的法定的优先受偿的权利。我国《保险法》第六十五条对此作出了明确规定。①

(3) 责任保险只有赔偿限额。在一般财产保险中,保险人承担的最高赔偿限额是保险金额,而责任保险承保的是被保险人依法应对第三者承担的赔偿责任。由于第三者事先的不确定性构成保险人承担经济赔偿额度的不确定性,这种不确定的赔偿责任只有在保险合同中加以确定,才有利于稳定经营,因此,在责任保险中只能以赔偿限额来作为保险人承担赔偿责任的最高限度。

(4) 责任保险的特殊承保方式。责任保险具有两种承保方式:独立的责任保险、附加的或基本的责任保险,前者指保险人出立专门的独立保单的责任保险,一般分为产品责任保险、公众责任保险、雇主责任保险、职业责任保险。后者与特定的物质财产保险有密切联系,可分为作为一般财产保险的附加险承保和作为一般财产保险的基本险承保。作为附加险的,如船舶碰撞责任保险、飞机旅客责任保险等;作为基本险的,如机动车第三者责任保险、机动车交通事故责任强制保险。

(5) 赔偿处理的特殊决定方式。在一般财产保险中,保险人的赔偿金额是由保险人根据投保方式、保险金额、损失金额等因素来确定的;而在责任保险中,赔偿责任产生后,被保险人承担的赔偿金额通常是由法院或仲裁机构根据责任的大小及受害人的财产或人身的实际损害程度来裁定的。当然,保险人在决定赔偿金额时要受到责任限额的约束。

(二) 责任保险的法律基础

1. 民事损害赔偿责任的构成要件

(1) 损害事实存在。损害事实是指一定的行为作用于权利主体,致使权利主体财产权、人身权受到侵害,并造成财产利益和人身利益的减少或灭失的客观事实。损害事实的有无,是认定侵权行为的逻辑起点。只有行为人的违法行为对他人的财产、人身或精神造成事实上的伤害,行为人才负有赔偿责任。

(2) 行为的违法性。行为的违法性是指行为人违反了有关法律关于保护公民、法人名誉权的规定,实施了侵害行为且不具有抗辩事由或阻却违法事由②。行为人造成他人财产或人身损害的行为违法时,行为人才承担赔偿责任。

(3) 行为与结果之间要存在因果关系,即损害事实必须是行为人的违法行为所致,行为人才负有赔偿责任。

(4) 行为人的过错。只有存在过错,行为人才对其行为造成的损害负赔偿责任。行为人的过错包括故意和过失两种,前者是已经预见到损害事实,却希望促成其形成;后者是明了行为可能出现的损害事实,却主观判断不可能形成。无论故意还是过失,只要存在过错,并且造成损害事实,行为人就应当承担赔偿责任。

---

① 我国《保险法》第六十五条规定:保险人对责任保险的被保险人给第三者造成的损害,可以依照法律的规定或者合同的约定,直接向该第三者赔偿保险金。责任保险的被保险人给第三者造成损害,被保险人对第三者应负的赔偿责任确定的,根据被保险人的请求,保险人应当直接向该第三者赔偿保险金。被保险人怠于请求的,第三者有权就其应获赔偿部分直接向保险人请求赔偿保险金。责任保险的被保险人给第三者造成损害,被保险人未向该第三者赔偿的,保险人不得向被保险人赔偿保险金。

② 阻却违法事由是指制止损害行为的违法性而被特别法律予以豁免的情形,常见的阻却违法事由如正当防卫等。

2. 责任保险承保的民事法律责任

法律责任(Legal Liability)是指因违反了法定义务或契约义务,或不当行使法律权利、权力所产生的,由行为人承担的不利后果。就其性质而言,由于法律关系可以分为法律上的功利关系和法律上的道义关系,因此,与此相适应,法律责任方式也可以分为补偿性方式和制裁性方式。法律责任是由特定法律事实所引起的对损害予以补偿、强制履行或接受惩罚的特殊义务。其特点在于:第一,法律责任表示一种因违反法律上的义务(包括违约等)关系而形成的责任关系,以法律义务的存在为前提;第二,法律责任具有内在逻辑性,即存在前因与后果的逻辑关系;第三,法律责任表示为一种责任方式,即承担不利后果;第四,法律责任的追究是由国家强制力实施或者潜在保证的。

根据违法性质的不同,法律责任一般分为民事责任、刑事责任和行政责任。其中,刑事责任是指行为人因其犯罪行为所必须承受的,由司法机关代表国家所确定的否定性法律后果;行政责任是指因违反行政法规定或因行政法规定而应承担的法律责任。责任保险一般不承保刑事责任和行政责任,承保的是被保险人对第三者依法应负的赔偿责任。这种责任属于民事责任。民事责任(Civil Liability)是指由于违反民事法律对于他人财产或人身安全所造成的损害而应承担的赔偿责任。民事责任分为侵权责任和合同责任。

(1) 侵权责任。侵权责任(Tort Liability)是行为人不法侵害他人非合同权利或者受法律保护的利益而依法应承担的损害赔偿责任。侵权责任是一种法定之债,依行为人的主观状态与责任的关系,侵权责任可分为过错责任和无过失责任。其中,过错责任又可分为故意责任和过失责任。过错责任是行为人依法对自己的过错行为所应负的民事责任,在法律有明确规定的情况下,也要求行为人举证说明自己的过错,不能举证的则推定其有过错。但是,保险人从风险控制的角度出发,只对过失责任进行承保,故意责任则被列为责任免除的范围。这是因为过失责任通常是由当事人的疏忽所造成的,并非有预谋、有企图的故意行为,保险人完全可以按照商业保险的运作与经营规则承担这种民事损害赔偿责任。而故意责任则是一方当事人有预谋、有企图的故意行为,属于道德风险,故列为责任免除的范围。无过错责任是为确保受害人的人身和财产的合法权益,而由法律规定的对行为人的加重行为,即对损害的发生行为人虽无过错仍应承担的民事责任。我国《侵权责任法》第七条对无过错责任进行了明确的规定:"行为人损害他人民事权益,不论行为人有无过错,法律规定应当承担侵权责任的,依照其规定。"常见的无过错责任有医疗事故、交通事故、产品责任、工业活动的损害、航天器引起的损害、原子能和核辐射引起的损害等。

(2) 合同责任。合同责任(Liability of Contract)是指在合同缔结时或者合同成立后以及合同履行期间,由于合同一方当事人的行为导致他方当事人的权益受到损害,而依法应当承担的法律后果。分为缔约过失责任和违约责任。缔约过失责任是指在合同订立过程中,一方当事人因没有履行依据诚实信用原则所应负的义务,对另一方当事人因此而遭受的损失所承担的民事责任。一方当事人因没有依据诚实信用原则履行所应负的义务,主要为合同义务;另一方当事人的利益损失主要为信赖利益的损失。缔约过失责任的实践意义主要在于交易的促成以及交易安全的维护。在没有合同关系或合同没有生效的情况下,当人们遭受损害时,无法追究当事人的合同责任,通常运用侵权行为责任理论来寻求救济,然而,由于侵权行为成立的条件较为严格,因此有时难以达到目的,在这种情况下利用缔约过失责任制度则有利于保护当事人的权益。缔约过失责任制度的建立,一方面促使人们在市场上大胆寻求交易伙伴,一旦遭受损害则可以以缔约过失责任为理论武器寻求法律保护;另一方面该责任提醒从事交易准备活动的人们,要认真、诚实地对待谈判对象,否则必须为自己的过失承担一定的法律后果。违约责任是一方当事人不履行合同债务时对另一方当事人所应承担的赔偿责任。由于有些违约责任具有很多主观因素,责任保险通常对于有些违约责任采用特约承保的方式,当然在雇主责任保险、职业责任保险和产品责任保险的保险责任中,有些属于违约责任所致。

责任保险承保的保险责任主要为侵权责任中的过失责任和一些无过失责任,有些违约也可经特别约定承保违约责任。上述法律责任之间的关系如图 8.1 所示。

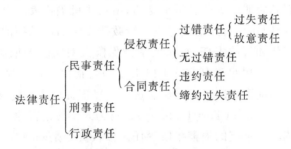

图 8.1 法律责任

3. 责任保险的保险事故成立的条件

责任保险的保险事故是指保险合同中列明的被保险人由于侵权或违约对于第三者造成损失事实时应承担的民事损害赔偿责任。所以,责任保险的保险事故的成立必须同时具备两个条件:第一,损害事实或违约事实的存在;第二,受害人(第三者)向致害人(被保险人)提出索赔要求。

4. 责任保险的法律依据

既然责任保险承保的是被保险人对第三者的赔偿责任,所以,责任保险的法律依据是民法和各种专门的民事法律与法规。

二、责任保险的分类

责任保险的种类纷繁复杂,可按不同的标准分类,其主要分类有:

(一) 承保独立责任的责任保险和承保基本责任或附加责任的责任保险

这是按承保方式进行的分类,前者以责任性质区分并各自签发专门的责任保险单,一般有四种类型:产品责任保险、公众责任保险、雇主责任保险、职业责任保险;后者与财产保险密切结合,如建筑工程、安装工程的第三者责任保险,一般作为附加责任予以承保,机动车第三者责任保险、交强险则作为机动车辆的基本险予以承保。

(二) 过失责任保险和无过失责任保险

这是按责任发生原因进行的分类,前者承保被保险人因过失行为对他人造成损害依法应负的赔偿责任,如场所责任保险、厂家责任保险、汽车第三者责任保险、职业责任保险、个人责任保险、其他过失责任保险;后者承保被保险人无论有无过失,都要对造成的他人损害依法应负的赔偿责任,如雇主责任保险、产品责任保险、核电站责任保险、交强险、其他无过失责任保险。

(三) 法定责任保险与自愿责任保险

这是按实施方式进行的分类,前者是通过制定有关法律法规实施的责任保险,属于法定责任保险,如交强险、劳工险等,世界上许多国家、我国大部分省市对交强险实行法定保险;后者是投保人与保险人在自愿原则基础上通过签订保险合同而建立保险关系的责任保险,大部分责任保险均为自愿责任保险。

(四) 侵权责任保险与合同责任保险

这是按责任性质进行的分类,前者承保被保险人对第三者侵权行为依法应负的赔偿责任,如职业责任保险、产品责任保险等;后者承保被保险人违反合同规定依法对第三者应负的赔偿责任,如货物运输合同责任保险承保承运人未履行提供适航船只造成托运人货物损失应负的赔偿责任,用工合同责任保险承保雇佣合同规定的雇主对雇员在雇佣期间遭受人身伤害应负的赔偿责任。

三、责任保险的共性规定

(一) 保险责任范围

1. 保险责任

保险人在责任保险单下承担的赔偿责任,一般包括以下两项:① 侵权责任和违约责任,责任保险人承保的侵权责任和违约责任是指过错责任中的过失责任和无过错责任以及经过特别约定的违约责任,按照有关法律规定,被保险人对造成他人财产损失或人身伤亡应承担的赔偿责任,由保险人负责;② 因赔偿纠纷引起的由被保险人支付的诉讼、律师费用以及其他事先经保险人同意支付的费用。

保险人承担上述赔偿责任的前提条件是:责任事故的发生应符合保险条款的规定,包括事故原因、地点、范围等,均应审核清楚。

保险承保的赔偿责任一般为有形的财产损失和有形的人身伤害,而对无形的财产损失和无形的人身伤害,一般不予承保,但对于被保险人的无形财产损失是因有形的财产损失和无形的人身伤害所致,则另当别论。

2. 责任免除

责任免除包括:① 战争、罢工;② 核风险(核保险责任除外);③ 被保险人的故意行为;④ 被保险人的家属、雇员的人身伤害或财物损失(雇主责任保险除外);⑤ 被保险人的合同责任(特别约定除外);⑥ 被保险人所有、占有、使用或租赁的财产或由被保险人照顾、保管或控制的财产损失。上述除外责任中,有些经特别约定,也可以加保,或者还可以增加责任免除。

(二) 保险费与保险费率

保险费率是计收保险费的依据。责任保险的保险费率是根据各种责任保险的风险大小及损失率高低而确定的,在厘定责任保险费率时,应考虑以下因素:① 被保险人的业务性质、业务种类和产品等产生意外损害赔偿责任可能性的大小;② 赔偿限额及免赔额的高低;③当地法律对损害赔偿的规定;④承保区域大小;⑤同类业务的历史损失资料;⑥保险人的业务水平和每笔业务的酬劳。

（三）赔偿限额与免赔额

责任保险承保的是被保险人的民事赔偿责任,而非保险价值的标准,因此,不论何种责任保险,均无保险金额的规定,而是确定赔偿限额作为保险人承担赔偿责任的最高额度。超过了赔偿限额的索赔,仍由被保险人自行负责。

赔偿限额的确定,一般都由保险人与被保险人协商订入保险合同中,也可由保险人事先在保险单上列明,被保险人认可即行。责任保险中,通常规定两项赔偿限额:一是事故赔偿限额,即每次责任事故或同一原因引起的一系列责任事故的赔偿限额,它分为财产损失赔偿限额与人身伤亡赔偿限额;二是累计赔偿限额,即保险期内累计的赔偿限额,它分为累计的财产损失赔偿限额和累计的人身伤亡赔偿限额。

此外,责任保险单上一般还有免赔额的规定,以此促使被保险人减少保险事故和降低零星赔款数量。免赔额通常是绝对免赔。

第二节 公众责任保险

一、公众责任保险的定义与险种

（一）公众责任保险的定义

公众责任保险(Public Liability Insurance)是以被保险人在公众活动场所由于过失等侵权或违约行为,致使他人的人身或财产受到损害,依法应承担的赔偿责任为保险标的的保险。其中,公众责任是指致害人在公众活动场所由于过失等侵权或违约行为,致使他人的人身或财产受到损害,依法由致害人对受害人承担的赔偿责任;被保险人是致害人。公众责任以法律上负有责任为前提,各国的民法及各种有关的单行法规是公众责任的法律依据。

公众责任风险普遍存在,如商店、旅馆、展览馆、医院、影剧院、运动场、动物园等各种公共场所,都有可能在生产、营业过程中发生意外事故,造成他人的人身伤害或财产损失,如果发生意外事故,则致害人必须依法承担相应的民事赔偿责任。我国《侵权责任法》第三十七条对此也有明确的规定。① 因此,就有分散、转嫁公众责任风险的必要,这是各种公众责任保险产生并得到迅速发展的基础。

（二）公众责任保险的险种

公众责任保险主要有如下险种:

1. 综合公众责任保险

该保险承保被保险人在任何地点、因非故意行为或活动所造成的他人人身伤亡或财产损失依法所应负的赔偿责任。它是一种综合性的责任保险,其责任包括:合同责任、产

---

① 《侵权责任法》第三十七条规定:宾馆、商场、银行、车站、娱乐场所等公共场所的管理人或者群众性活动的组织者,未尽到安全保障义务,造成他人损害的,应当承担侵权责任。因第三人的行为造成他人损害的,由第三人承担侵权责任;管理人或者组织者未尽到安全保障义务的,承担相应的补充责任。

品责任、业主及工程承包人的预防责任、完工责任、个人伤害责任等风险。

2. 场所责任保险

该险种承保固定场所(包括建筑物及其设备、装置)因存在结构上的缺陷或管理不善,或被保险人在场所内进行经营活动时因疏忽发生意外事故造成他人人身伤害或财产损失的赔偿责任。这是公众责任保险中业务量最大的险别。场所责任保险广泛适用于商店、旅馆、办公楼、动物园、展览馆、游乐场、机场、电梯、车库等各种公共娱乐场所及工厂等,通常以普通责任保险总保单附加场所责任保险条款的方式承保,它又可以进一步分为旅馆责任保险、电梯责任保险、展览会责任保险、机场责任保险等险种。

3. 承包人责任保险

该险种承保被保险人在进行合同项下的工程或其他作业时造成的对他人的损害赔偿责任。它适用于建筑、安装、修理工程等承包人,也可在建筑工程保险内承保。需要注意的是,在承包人责任保险中,保险人一般只对承包人的自有或租用的设备、对委托人的赔偿和合同责任以及对分承包人应承担的责任等负责,对承包人看管或控制的财产、施工的对象、退换或重置的工程材料及已安装的货物等不负责任。

4. 承运人责任保险

该险种承保承运人在进行客、货运输过程中可能发生的损害赔偿责任。

5. 个人责任保险

该险种是为个人及家庭提供的责任保险,具体承保的责任范围有:在被保险人所有、使用或支配的住宅内发生意外事故引起的对第三者的损害赔偿责任;被保险人在承保地区范围内的日常生活中造成对第三者的损害赔偿责任。

二、公众责任保险的基本内容

(一)保险责任范围

1. 保险责任

我国公众责任保险的保险责任包括两项:① 被保险人在保单列明的地点内发生意外事故造成第三者人身伤害或财产损失,依法应承担的赔偿责任;② 因损害事故引起的诉讼抗辩费用和经保险人事先同意支付的其他费用。

2. 责任免除

我国公众责任保单的责任免除包括:① 被保险人根据合同应承担的责任,除非该合同责任同时构成法律责任。② 被保险人的雇员所遭受的人身伤害。③ 下列损失的责任:被保险人或其雇佣人员或其代理人所有的财产或由其照管、控制的财产;被保险人的雇佣人员或其代理人正在从事或一直从事工作的任何物品、土地、房屋或建筑。此项责任属雇主责任保险的范围。④ 由下列事项引起的损失或伤害责任:未载入公众责任保单表列,而属于被保险人的或其所占有的或以其名义使用的任何牲畜、脚踏车、车辆、火车头、各类船只、飞机、电梯、升降机、起重机等;火灾、地震、爆炸、洪水、烟熏和水污;有缺陷的卫生装置或任何类型的中毒或任何不洁或有害的食物或饮料;大气、土地、水污染及其他类型的污染;被保险人作出或认可的医疗措施或医疗建议。⑤ 由震动、移动或减轻支撑引起的任何土地或财产的损害责任。⑥ 由战争、类似战争行为、敌对行为、武装冲突、恐怖活动、谋反、政变直接或间接引起的任何后果所致的责任。⑦由罢工、暴动、民众骚乱或恶意行为直接或间接引起的任何后果所致的责任。⑧由核裂变、核聚变、核武器、核材料、核辐射及放射性污染所引起的直接或间接的责任。⑨被保险人及其代表的故意行为及其重大过失。⑩罚款、罚金、惩罚性赔款。⑪保险单明细表或有关条款中规定的应由被保险人自行负担的免赔额。

以上责任免除，一般可概括为三类：一是绝对责任免除，即责任保险人不能承保的风险；二是在其他保险中承保的风险；三是经过加贴批单、增收保费才能承保的风险。

(二) 赔偿限额与免赔额

1. 赔偿限额

公众责任保险的赔偿限额是保险人承担赔偿责任的最高限额，其高低一般由保险双方当事人在签订合同时根据可能发生的赔偿责任风险大小协商确定，并在保单中订明。通常对人身伤害的赔偿限额和财产损失的赔偿限额分别确定，也可将人身伤害和财产损失合并为一个限额，发生保险事故后在赔偿限额内赔付。但我国公众责任保险的赔偿限额包括赔偿金和法律费用在内，共同受其限制。赔偿限额的规定有两种方法：一是规定每次事故的赔偿限额，无分项(即财产损失和人身伤亡)限额，在整个保险期间无累计限额；二是规定保单的累计赔偿限额，即每次事故的赔偿限额，不分项，然后再规定整个保险期限内的累计赔偿限额，或者规定每次事故人身伤害和财产损失的分项限额，再规定保险期限内的累计赔偿限额。保险人常采用第一种方法，但也可采用第二种方法确定赔偿限额。我国采用第二种方法。

2. 免赔额

免赔额是保险人的免责限度，其确定以承保业务的风险大小为依据，并在保单上注明。我国公众责任保险对他人的人身伤害无免赔额的规定，但对他人的财产损失则一般规定每次事故的绝对免赔额。

(三) 保险费率与保险费

由于公众责任保险的保险期限一般为一年期或不足一年期的短期业务，因此其费率也按常规分为一年期费率(标准费率)和短期费率。在同等条件下，短期费率比一年期费率要高。

按照国际保险界的习惯做法，保险人一般按每次事故的基本赔偿限额和免赔额分别订立人身伤害与财产损失两项费率，基本赔偿限额和免赔额增减时，费率也适当增减，但并非按比例增减。

保险人在厘定费率时，除考虑责任限额和免赔额因素外，还应考虑下列因素：①被保险人的业务性质决定了产生损害赔偿责任可能性的大小；②被保险人的风险类型；③被保险人的管理水平与管理效果；④被保险人以往损失赔偿的记录。

保险费率订立后，保险人在区分短期业务与一年期业务的基础上按赔偿(责任)限额选择适用的费率计算保险费。国外对商店、旅馆等公共场所一般按营业面积的大小计算保费；对工厂一般以全年的工资总额为依据；对修理、建筑、服务行业多按全年业务收入计算，当然，也可将两个或三个因素结合起来进行计算，以其规模或赔偿限额乘以适用的保险费率即得保险费。当然，对于保险期间被保险人要求退保的，保险人按短期费率表计收保费后，要将剩余部分退还给被保险人。

公众责任保险案

某市保险公司于2009年12月8日承保了该市动物园的公众责任保险,期限为一年。一年内累计赔偿限额为300万元,年交保险费6 000元,同时又规定每次事故的责任限额为60万元,免赔额是1 000元(仅限于财产损失)。2010年7月6日,该动物园由于管理上的疏忽,一只猛虎出笼,两个游客在逃避中被老虎抓伤,一名动物园工作人员也在拦截中受伤。经治疗,两名游客分别花去医疗费、医药费、住院费等各计20 000元和26 000元,工作人员也花去治疗费用15 000元。游客向动物园管理部门提出索赔后,动物园也向保险公司作了索赔通知。

保险人员调查后决定向两名游客进行赔付,全部赔付额共计46 000元;而工作人员的治疗费用在公众责任保险中属于责任免除,不予赔付。

资料来源:改编自郝演苏主编,《财产保险》,中国金融出版社,2005年版。

第三节 产品责任保险

一、产品责任保险概述

产品责任保险(Product Liability Insurance)是以产品的生产者或销售者由于产品存在缺陷,造成使用者或其他人的人身伤害或财产损失,依法应承担的赔偿责任为保险标的的保险。其保险标的是指由于产品存在缺陷造成使用者或其他人的人身伤害或财产损失,生产商或销售商依法应承担的赔偿责任。我国《侵权责任法》第四十一条和第四十二条对此进行了明确的规定。①

在产品责任关系中,产品制造者、修理者、销售者是产品责任关系的责任方,都可以投保产品责任保险;而产品用户、消费者或公众是产品责任关系中的受害方,也是产品责任法律制度所保障的对象。

产品发生责任事故后,责任方如何承担赔偿责任,由当地法院或仲裁机构根据有关产品质量法律裁定。但在产品责任的归责原则方面,目前在西方国家分为两大体系:美国的绝对责任制(少数其他国家也开始采用)和其他国家的疏忽责任制,两者有较大差别。美国按严格责任原则,客户因使用某种产品造成损害,即使未能证明制造商或销售商有过失,制造商或销售商也要负赔偿责任,而且不能援用其在销售合同项下的免责规定来推脱对受害人的赔偿责任;英、日等其他国家主要采用疏忽责任制,即用户在使用产

---

① 第四十一条:"因产品存在缺陷造成他人损害的,生产者应当承担侵权责任。"第四十二条:"因销售者的过错使产品存在缺陷,造成他人损害的,销售者应当承担侵权责任。"

品过程中受到损害,便可向生产者或销售者提出索赔,但需承担"举证之责",证明损失是由于生产者或销售者的疏忽所致。显然,绝对责任制比疏忽责任制对受害者更有利,出于公平的需要,英、日等其他国家有采用绝对责任制的趋向。

产品责任保险的主要法律基础在于民法、侵权责任法、产品责任法、消费者权益保护法、食品卫生法等相关的民事法律法规。产品责任保险与产品保证保险都与产品有关,但二者的保险标的不同,产品责任保险承保的是产品责任事故造成他人财产损失或人身伤害依法应负的赔偿责任;而产品保证保险则是承保产品事故中产品本身的损失。

二、产品责任保险的基本内容

(一)产品责任保险的投保人

产品的制造商、修理商、销售商等一切可能对产品事故造成损害负有赔偿责任的人都具有保险利益,都可以投保产品责任保险。

(二)产品责任保险的保险责任范围

1. 产品责任保险的保险责任

产品责任保险的保险责任包括:① 在保险有效期内,被保险人生产、销售、分配或修理的产品在承保区域内发生事故,造成用户、消费者或其他任何人的人身伤害或财产损失,依法应由被保险人承担的损害赔偿责任;② 被保险人为产品事故所支付的诉讼、抗辩费用及其他经保险人事先同意支付的合理费用,保险人亦负责赔偿。

2. 产品责任保险的责任免除

产品责任保险的责任免除包括:① 根据合同应由被保险人对其他人承担的责任,除非这种合同责任已构成法律责任;② 根据劳动法或雇佣合同,被保险人对其雇员及有关人员应当承担的损害赔偿责任;③ 被保险人所有、保管或控制的财产的损失;④ 被保险人故意违法生产、出售或分配的产品或商品造成任何人的人身伤害或财产损失;⑤ 被保险产品或商品本身的损失及被保险人因退换回收有缺陷产品造成的费用及损失;⑥ 被保险产品造成的大气、土地、水污染及其他各种污染所引起的责任等。

此外,对于以下责任,保险人均不负责赔付:由于战争、类似战争行为、敌对行为、武装冲突、恐怖活动、谋反、政变直接或间接引起的任何后果所致的责任;由于罢工、暴动、民众骚乱或恶意行为直接或间接引起的任何后果所致的责任;由于核裂变、核聚变、核武器、核材料、核辐射及放射性污染所引起的直接或间接的责任;罚款、罚金、惩罚性赔款;保险单明细表或有关条款中规定的应由被保险人自行负担的免赔额。

(三)保险期限与承保方式

产品责任保险的保险期限通常为一年,期满可以续保。实践中,根据对保险期限的认定不同以及承保方式的不同可分为期内发生式与期内索赔式两种,前者以保险事故的发生为基础,即不论产品是什么时候生产或销售的,只要产品事故发生在保险期限内,不论何时索赔,保险人均予以赔付;后者以索赔为基础,而不论产品事故发生在何时(上溯期间往往有具体规定,不可过长),只要索赔发生在保险期限内,保险人即予以赔偿。对于保险人来说,期内索赔式更易于进行风险控制与核算,而在期内发生式方式下,由于业务终止无限期,因此不利于保险人核算。

无论是期内发生式还是期内索赔式,在保险期限内,当年投保的产品不一定发生保险事故或产生索赔,而产品使用期限多超出一年,因此,为了获取长期保障,被保险人都必须不断投保,以维持长期的保险期限。

(四) 赔偿限额

产品责任保险的赔偿限额,是根据不同产品事故发生后可能引起的赔偿责任大小,以及产品销售区所决定的。赔偿责任大的产品和销往产品责任规定严格地区的产品,限额要高一些;反之,要低一些。赔偿限额多由被保险人提出,经保险人同意后在保单中列明。

产品责任保险的保单中,通常规定了两种赔偿限额,即每次事故的限额和保单累计限额。另外,每项限额下还分别规定了人身伤害和财产损失的限额,因产品事故导致用户或消费者人身伤害或财产损失时,分别适用各自的限额。保险人在限额之外赔付的诉讼及其他费用,不受限额的限制,但诉讼及其他费用的最高限额一般也以赔偿责任限额为限。

三、保险费率与保险费

保险费率受许多因素的影响,主要有:产品特点和可能对人身或财产造成损害的风险大小;产品数量和产品价格;承保地区范围,包括:承保的地区范围大小和国家或地区的差别,产品制造者的技术水平和质量管理情况,赔偿限额的高低等。

产品责任保险的保险费通常实行预收保险费制,即在签订产品责任保险合同时,按投保的生产、销售总额或营业收入及规定的费率计算预收保险费,待保险期满后再根据被保险人在保险期内实际生产、销售总额或营业收入计算应收保险费,多退少补。其计算公式为:

$$应收保险费 = 生产(销售)总值 \times 适用费率$$

专栏 8.2

产品责任保险案

某保险公司于 2010 年 1 月 15 日为某电视机制造厂承保了电视机责任保险,约定对由于电视机缺陷造成的用户人身伤亡与财产损失承担赔偿责任,保险期限为 2010 年 1 月 15 日至 2011 年 1 月 14 日,合同约定保险公司的累计(年)赔偿限额为 480 万元,每次产品事故赔偿限额 20 000 元,免赔额 400 元。2010 年 8 月 16 日,用户甲某在使用该电视机厂生产的电视机时,电视机忽然发生爆炸,甲某重伤,支出医疗费 18 000 元。经鉴定,事故是由电视机本身的缺陷而非甲某的不合理使用导致的,鉴定费为 2 000 元。

诉讼到法院后,判决结果为:由生产厂家赔偿一切损失与费用,包括医疗费 18 000 元、鉴定费 2 000 元、诉讼费 1 800 元,共 21 800 元,保险公司根据判决结果及保险合同,对受害人甲某进行赔付,赔付金额为 21 400(=18 000-400+2 000+1 800)元。

资料来源:改编自郝演苏主编,《财产保险》,中国金融出版社,2005 年版。

第四节 雇主责任保险

一、雇主责任保险的定义

雇主责任保险（Employer's Liability Insurance）是以雇主对其雇员在受雇期间执行任务时，因发生意外事故或因职业病而造成人身伤残或死亡，依法应承担的赔偿责任为保险标的的保险。雇主通过投保雇主责任保险将雇主责任转嫁给保险人。其构成的前提条件是雇主与雇员之间存在直接的雇佣合同关系。

雇主责任保险的法律依据因各国法律制度的差异和立法完备程度的不同而存在差别。在立法完备的英、美等国家，民法、劳动法、雇主责任法同时并存，民法作为雇主责任保险的法律基础，劳动法是社会保险性质的劳工保险（强制性雇主责任保险）的法律依据，雇主责任法则是雇主责任保险的直接法律依据。在只有劳动法而没有雇主责任法的国家和地区，包括我国，雇主责任保险的法律依据就是劳动法及雇佣合同。在没有劳动法和雇主责任法的国家和地区，以民法作为法律基础，以雇主和雇员之间的雇佣合同作为法律依据。在这种法律缺乏时，保险人承担的实质上是一种合同责任，尚未上升至法律责任。

雇主责任保险的法律基础主要是劳动法、宪法、民法通则等相关的法律法规。在我国，对于没有实施工伤保险的企业，应该依照雇主责任方面的法律和劳动合同通过投保雇主责任保险来保障雇员的权益，因此，雇主责任保险在我国保险市场上具有充足的业务来源。

二、雇主责任保险的基本内容

（一）保险责任范围

1. 保险责任

根据雇主责任保险的习惯做法，保险人一般应承担下述四项责任：① 雇员在保单列明的地点于保险有效期内从事与其职业有关的工作时遭受意外而致伤、残、死亡，被保险人依据法律或雇佣合同应承担的赔偿责任；② 因患有与业务有关的职业性疾病而致雇员人身伤残、死亡的赔偿责任；③ 被保险人依法应承担的雇员的医药费，此项医药费的支出以雇员遭受前述两项事故而致伤残为条件，对于非前述两项事故所致的雇员医药费，保险人不予负责；④ 应支出的法律费用，包括抗辩费用、律师费用、取证费用以及经法院判决应由被保险人代雇员支付的诉讼费用，但该项费用必须用于处理保险责任范围内的索赔纠纷或诉讼案件，且是合理的诉诸法律而支出的额外费用。上述前三项为赔偿金，第四项为诉讼费用。

2. 责任免除

雇主责任保险的责任免除一般如下：① 战争、类似战争行为、叛乱、罢工、暴动或由于核辐射所致的被雇人员的伤残、死亡或疾病；② 被保险人的故意行为或重大过失；③ 被雇人员由于疾病、传染病、分娩、流产以及因这些疾病而施行内外科治疗手术所致的伤残或死亡;④雇员自身的故意行为和违法行为造成的伤害,如雇员自伤、自杀、犯罪行为、酗酒及无照驾驶各种机动车辆所致的伤残或死亡;⑤被保险人对其承包人雇用的员工的责任,因为承包人的雇员与承包人的雇主之间不存在直接的雇佣关系。

3. 扩展责任

我国雇主责任保险在经保险双方约定后,可以附加医药费保险和第三者责任保险。

(二) 保险期限

雇主责任保险的责任期限一般为一年,期满续保,也可按雇佣合同的期限投保不足一年或一年以上的雇主责任保险。国外多以期内索赔式承保雇主责任保险,即以索赔提出的时间是否在保单有效期内计算保单的责任期限,从而解决因发生索赔较晚而无法确定损失发生的准确时间或无法寻找过去的保险单的困难。

(三) 赔偿限额与保险费

1. 赔偿限额

雇主责任保险的赔偿限额通常以雇员的工资收入为依据,由保险双方当事人在签订保险合同时确定并载入保险合同。其特点是在保险单上仅根据雇佣合同的要求,规定若干个月的工资收入限额。在确定赔偿限额时应考虑每个雇员的工种、月均工资收入及伤害程度。

2. 保险费

雇主责任保险采用预收保险费制,保险费是按不同工种雇员的适用费率乘以该类雇员年度工资总额计算出来的,原则上规定签发保险单时一次收清。制定雇主责任保险费率的依据主要有:被保险人雇员的行业和工种,赔偿限额,是否有附加的扩展责任保险。

专栏 8.3

雇主责任保险案

案 情

某企业于 2010 年 6 月 18 日向保险公司投保了雇主责任保险,保险期限为一年。保险单约定伤残赔偿限额为每个雇员的 36 个月的工资。在保险期限内,雇员甲某因工作遭受意外,丧失右手拇指全部和右脚脚趾全部,支付医疗费 13 000 元,又因伤休养了 3 个月。甲某的月均工资收入为 4 800 元。

分 析

保险公司审查后,认为符合保险承保的范围和条件,且经过了合法手续,应由保险公司赔偿的保险金为:

(1) 甲某的伤残赔偿限额:$4\,800 \times 36 = 172\,800$(元)

(2) 应付的伤残赔款:$172\,800 \times (25\% + 15\%) = 69\,120$(元)(此处 25% 与 15% 均根据合同规定的赔偿额度标准)

> (3) 因伤误工工资：4 800×3＝14 400(元)
>
> 医疗费用：13 000 元
>
> 总赔款：69 120＋14 400＋13 000＝96 520(元)
>
> 由于 96 520 元没有超过赔偿限额，因此保险人可以全额赔付。
>
> 资料来源：改编自郝演苏主编，《财产保险》，中国金融出版社，2005 年版。

第五节　职业责任保险

一、职业责任保险的定义与类型

(一) 职业责任保险的定义

职业责任保险(Professional Liability Insurance)是以从事各种专业技术工作的单位或个人在履行自己的责任中，因过失行为而给他人造成的财产损失或人身伤害，依法应承担的赔偿责任为保险标的的保险，又称职业赔偿保险或业务过失责任保险。比如，医生在治疗过程中出现诊断错误、手术错误或用药错误等对病人造成的人身伤害或费用损失；建筑设计师由于设计错误，使承建方发生重大问题造成的损失；保险代理人的失误导致保险人或被保险人的损失等，此时，这些有过失的专业技术人员都要承担相应的职业责任。

职业责任保险的主要法律基础在于民法通则以及相关的民事法律法规。

(二) 职业责任保险的类型

按照不同的标准，职业责任保险可以作如下划分：

1. 以投保人为依据划分

以投保人为依据，职业责任保险可以划分为普通职业责任保险和个人职业责任保险两类，前者以单位为投保人，以在投保单位工作的个人为保障对象；后者以个人为投保人，保障的也是投保人自己的职业责任风险。

2. 以被保险人从事的职业为依据划分

以被保险人从事的职业为依据，职业责任保险可以划分为医生责任保险、药剂师责任保险、律师责任保险、会计师责任保险、建筑师责任保险、设计师责任保险、兽医责任保险、保险代理人责任保险、保险经纪人责任保险等众多业务种类。

3. 以承保方式为依据划分

以承保方式的不同，职业责任保险可划分为以索赔为基础的职业责任保险和以事故发生为基础的职业责任保险。

二、职业责任保险的基本内容

(一) 保险责任范围

1. 保险责任

职业责任保险在国外并无统一的条款及保单格式，而是由保险公司根据不同种类的职业责任设计制定专门的保险单承保。对于保险责任范围,职业责任保险承保的保险责任是各种职业技术人员由于职业上的疏忽、错误或失职行为而造成的损失,包括两项:赔偿金和诉讼费用。

2. 责任免除

职业责任保险的一般责任免除包括:① 战争、类似战争行为、叛乱、罢工、暴动或核风险(但核责任险除外);② 被保险人的故意行为;③ 被保险人的家属、雇员的人身伤害或财产损失(雇主责任保险除外);④ 被保险人的合同责任,除非该合同责任同时构成法律责任;⑤ 被保险人所有或由其照管、控制的财产。

职业责任保险的特定责任免除包括:① 被保险人或从事该业务的前任或其任何雇员或从事该业务的雇员的前任不诚实、欺诈、犯罪或恶意行为所引起的任何索赔;② 因文件的灭失或损毁引起的任何索赔,但也可加费后扩展责任承保;③ 因被保险人的隐瞒或欺诈行为,以及被保险人在投保或保险有效期内不如实向保险人报告应报告的情况而引起的任何索赔;④ 被保险人被指控因对他人诽谤或恶意中伤行为而引起的索赔,但对特定的职业责任保险,也可承保这种赔偿责任。

(二) 保险期限与承保方式

职业责任保险的保险期限通常为一年。由于职业责任事故从产生到受害方提出索赔,有可能间隔一个相当长的期限,例如一年、两年甚至更长时间,因此职业责任保险也需不断续保。职业责任保险的承保方式有两种:期内索赔式和期内发生式。

1. 期内索赔式

期内索赔式是以索赔为基础的承保方式,保险人仅对在保险有效期内提出的索赔负责,而不管索赔事故是否发生在保险有效期内。采用该承保方式,可以使保险人确切地把握该保单项下应支付的赔款,即使赔款额当期不能确定,至少可使保险人了解索赔的情况,对应承保的风险作出比较切合实际的估价。但该承保方式存在保险人承担的风险责任大的缺点。为了便于控制风险责任,各国保险普遍采用限制条款,规定责任追溯日期,保险人仅对追溯日期开始后发生并在保单有效期内提出的索赔负责。

2. 期内发生式

期内发生式是以事故发生为基础的承保方式,保险人仅对在保险有效期内发生的职业责任事故而引起的损失负责,而不管受害方是否在保险有效期内提出索赔。采用该承保方式的优点是保险人支付的赔款与其保险期限内实际承保的风险责任相适应,其缺点是保险人在该保单项下承保的赔偿责任,往往要拖很长时间才能确定,而且因为货币价值等因素,最终索赔的数额可能大大超过疏忽行为发生时的水平,在此情况下,如果索赔数额超过保单规定的赔偿限额,超过部分应由被保险人自行承担。

由于以事故发生为基础的承保方式要经过较长时间才能确定赔偿责任,故国外又称其为长尾巴业务,所以此种方式在实践中已减少使用。不过,一般而言,期内发生式对保险人的财务核算较为有利,而期内索赔式对受害人较为有利。期内发生式和期内索赔式的关系如图8.2所示。

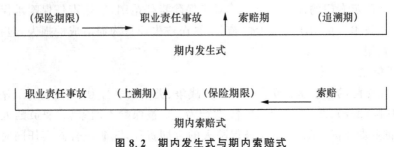

图 8.2 期内发生式与期内索赔式

(三) 赔偿限额与保险费率

1. 赔偿限额

职业责任保险的保单的赔偿限额一般为累计赔偿限额,而不规定每次事故的赔偿限额,但也有保险人采用每次索赔或每次事故限额,而不规定累计限额。法律诉讼费用一般在赔偿限额以外赔付。但若最终解决的赔偿金额超过限额,法律诉讼费用应按两者的比例分摊。

2. 职业责任保险的费率

由于职业责任保险的业务性质差异较大,故其费率不同。厘定其费率时一般应考虑如下因素:① 职业种类;② 工作场所;③ 工作单位性质(即营利性与非营利性以及国有、集体、股份制单位之分);④ 业务数量;⑤ 被保险人及其雇员的专业技术水平;⑥ 被保险人职业责任事故的历史统计资料及索赔记录;⑦ 被保险人及其雇员的工作责任心和个人品质;⑧ 赔偿限额、免赔额和其他承保条件。

 专栏 8.4

职业责任保险案

某设计院于 2010 年 6 月 18 日向 A 保险公司投保了以事故发生为基础的设计师责任保险,保险期限为一年。保险单约定每次赔偿限额为 1 000 万元。在保险期内,发生一起在建工程倒塌事故,建筑单位以设计图纸有问题为由向该设计院提出索赔,后诉讼到法院,经判决,该设计院赔偿建筑单位损失 2 000 万元,诉讼费 2 万元由败诉方设计院负责支付。设计院按保险合同及时向保险人索赔。保险人调查后,认为应当赔付。由于实际赔偿额大于保险赔偿限额,为不足额保险,因此保险人赔付 1 000 万元保险金;对于诉讼费,应由保险人与被保险人共同承担,其中保险人承担额为:

应赔诉讼费用 = 20 000 × 10 000 000/20 000 000 = 10 000(元)

所以该案中,保险人共计赔付该设计院的保险金为 10 010 000(= 10 000 000 + 10 000)元。

资料来源:改编自郝演苏主编,《财产保险》,中国金融出版社,2005 年版。

小结

　　责任保险是以被保险人对第三者依法应负的赔偿责任为保险标的的保险。责任保险与一般财产保险相比有如下基本特征：责任保险产生和发展的基础是健全及完善的法律制度，责任保险的"替代性"和"保障性"，责任保险只有赔偿限额，责任保险的特殊承保方式，赔偿处理的特殊决定方式。

　　责任保险承保的法律依据是民法和各种专门的民事法律与法规。

　　责任保险可按不同的标准分类，按承保方式的不同分为承保独立责任的责任保险和承保基本责任或附加责任的责任保险；按责任发生的原因不同分为过失责任保险和无过失责任保险；按实施方式的不同分为法定责任保险与自愿责任保险等。

　　责任保险的共性规定，包括保险责任范围、保险费与保险费率、赔偿限额与免赔额的确定等。

　　公众责任保险是以被保险人在公众活动场所由于过失等侵权或违约行为，致使他人的人身或财产受到损害，依法应承担的赔偿责任为保险标的的保险。其基本内容包括：保险责任范围、赔偿限额与免赔额、保险费率与保险费等。

　　产品责任保险是以产品的生产者或销售者由于产品存在缺陷，造成使用者或其他人的人身伤害或财产损失，依法应承担的赔偿责任为保险标的的保险。其基本内容包括：产品责任保险的投保人、产品责任保险的保险责任范围、保险期限、赔偿限额、保险费率与保险费等。

　　雇主责任保险是以雇主对其雇员在受雇期间执行任务时，因发生意外事故或因职业病而造成人身伤残或死亡时依法应承担的赔偿责任为保险标的的保险。雇主责任保险的基本内容包括：保险责任范围、保险期限、赔偿限额与保险费等。

　　职业责任保险是从事各种专业技术工作的单位或个人在履行自己的责任中，因过失行为而给他人造成的财产损失或人身伤害依法应承担的赔偿责任为保险标的的保险。职业责任保险可按照不同的标准分类。其基本内容包括：保险责任范围、保险期限与承保方式、赔偿限额与保险费率等。

 关键词

　　责任保险　民事责任　侵权责任　公众责任保险　产品责任保险　雇主责任保险
职业责任保险　期内索赔式　期内发生式

 思考题

　　1. 什么叫责任保险？它有什么特点？
　　2. 责任保险有哪些分类？

3. 构成民事损害赔偿的条件有哪些?
4. 如何理解过失责任?
5. 如何理解责任保险的赔偿限额与保险费率?
6. 简述责任保险的种类及其内容。
7. 简述公众责任保险的基本内容。
8. 简述产品责任保险的基本内容。
9. 简述雇主责任保险的基本内容。
10. 简述职业责任保险的基本内容。
11. 简述期内发生式与期内索赔式的区别。
12. 案例分析:A 公司于 2016 年 5 月 28 日向 C 保险公司投保了产品责任保险,保险期限为 1 年。在保险期限内,某粮库工作人员 B 某在使用 A 公司生产的升降机维修粮库时,由于升降机侧翻,不幸从 8 米多高处摔下,致使颅骨骨折、脑部损伤,花费治疗费用 10 万余元。A 公司据此向 C 保险公司索赔,C 保险公司接到报案后即派人对现场进行了查勘,发现升降机的底部安全止推没有展开,并且事故现场地面有 25 度的坡度,属于明显的操作不当,应予拒赔。B 某向 A 公司索赔,A 公司认为在 C 保险公司同意赔偿之前,自己不会赔偿。因此,B 某向法院直接起诉 C 保险公司,要求赔偿 10 万元。试分析该案例。

进一步阅读的相关文献

1. 许飞琼编著:《责任保险》,中国金融出版社,2007 年版。
2. 郑功成著:《责任保险理论与实务》,中国金融出版社,1991 年版。
3. 江平、费安玲主编:《中国侵权责任法教程》,知识产权出版社,2010 年版。
4. 李仁玉著:《比较侵权法》,北京大学出版社,1997 年版。
5. 王卫国主编:《民法》,中国政法大学出版社,2007 年版。
6. 郝演苏主编:《财产保险》,中国金融出版社,2005 年版。
7. 许飞琼主编:《财产保险》,高等教育出版社,2014 年版。
8. 郑功成、许飞琼主编:《财产保险》(第四版),中国金融出版社,2010 年版。
9. 〔美〕所罗门·许布纳等著,陈欣等译:《财产与责任保险》,中国人民大学出版社,2002 年版。
10. 《中华人民共和国侵权责任法》,中国法制出版社,2010 年版。
11. McCormick, Roy C., *Guide to Liability Insurance*, Indianapolis, Ind.: Rough Notes Company, 1998.

21世纪经济与管理规划教材
保险学系列

第九章

信 用 保 险

通过本章的学习,掌握信用保险的原理和实务,了解各类信用保险条款,理解信用保险中的重要概念。本章的内容包括:

- 信用保险概述
- 国内信用保险
- 出口信用保险
- 投资保险

第一节 信用保险概述

一、信用保险的概念

信用保证保险是以义务人(被保证人)的信用为保险标的的保险。它是随着商业信用的发展而产生的一类新兴保险业务。国际上经营信用保证保险业务的除了一般的保险公司外,还有一些专业性的保险公司。

信用保证保险分为信用保险和保证保险。信用保险(Credit Insurance)是保险人根据权利人的要求担保义务人(被保证人)信用的保险。信用保险是保险人对义务人(被保证人)的作为或不作为致使权利人遭受损失负赔偿责任的保险,即保险人对义务人信用的担保。

二、信用保险的基本特征

信用保险虽然属于广义的财产保险,但与一般财产保险相比,又具有如下特征:

(1) 信用保险承保的风险是一种信用风险,而不是由于自然灾害和意外事故造成的风险损失,因而无论权利人还是被保证人要求投保,关键都在于保险人事先必须对被保证人的资信情况进行严格审查,认为确有把握才能承保,如同银行对贷款申请人的资信必须严格审查后才能贷款一样。

(2) 在信用保险实务中,当保证的事故发生致使权利人遭受损失时,只有在被保证人不能补偿损失时,才由保险人代为赔偿,从而只是对权利人的担保。

(3) 代位追偿权非常重要,保险人在向权利人赔偿后,再替代权利人的位置向义务人追偿。

三、信用保险的产生和发展

尽管信用保险的产生历史并不长,但历经坎坷。在各种信用发展最早的欧洲,开始时是由一些银行和商人来承担信用风险的。1850年,法国的一些保险公司开始经营商业信用保险,但不久便失败了。1893年成立的专门经营商业信用保险的美国信用保险公司则获得了成功。在英国,1893年全英地方受托资产公司开始承保澳大利亚的贸易风险,随后,商业联盟保险公司也打进了贸易担保领域,但在1903年时把有关业务出让给了额外保险公司,额外保险公司因而一跃成为当时保险业中屈指可数的大公司之一。1911年,英国海上事故保证公司也办理了顾客营业额的定期信托保险。1918年,英国贸易保障公司在政府授意下,接受了额外保险公司原先从事的信托风险承保业务。但这些公司对于贸易中的政治风险却从不敢染指。1919年,鉴于东方和中欧诸国的政治局势险恶,英国政府被迫出面对同这些国家的贸易实行担保,为此专门成立了出口信用担保局(Export Credit Guarantee Department,ECGD),创立了一套完整的信用保险制度,成为以后各国争相效仿的样板。

第一次世界大战后,信用保险得到了迅速发展,欧美等国出现了众多的商业信用保险公司,一些私人保险公司联合组织了专门承保出口信用保险的机构。1929—1933年世界性的经济危机爆发,只有少数实力雄厚的公司幸存下来。但经过这次冲击,许多西方国家效仿英国的经验,先后成立了专门的国营机构来经营出口信用保险,其中最有影响力的是伯尔尼联盟(Berne Union)。

伯尔尼联盟

1934年,英国、法国、意大利和西班牙的私营与国营信用保险机构成立了"国际信用和投资保险人联合会"(International Union of Credit and Investment Insurers)。由于该协会初创于瑞士的首都伯尔尼,因此简称"伯尔尼联盟"。

该组织旨在便于相互交流出口信用保险承保技术、支付情况和信息,并在追偿方面开展国际合作。这标志着出口信用保险已为世界所公认。该组织现已发展到30多个国家的40多个信用保险机构,承保的出口额已达世界贸易总额的1/7。

资料来源:中华保险网,《出口信用保险的国际组织伯尔尼协会》,http://www.123bx.com/insurance/154/baoxian39651_1.html。

此后,各国的信用保险业务虽又屡屡受到经济动荡的冲击,但都逐步稳定地发展起来,至今世界上的许多国家都已形成了完善的信用保险制度和固定的信用保险机构。

我国信用保险的发展始于20世纪80年代初期。1983年年初,中国人民保险公司上海分公司与中国银行上海分行达成协议,试办了我国第一笔中长期出口信用保险业务;1986年年初,中国人民保险公司上海分公司按有关协议,开始试办有关短期出口信用保险。1988年,国务院正式决定由中国人民保险公司试办出口信用保险业务,并在该公司设立了信用保险部。1994年,新成立的中国进出口银行也经办各种出口信用保险业务。2001年,中国出口信用保险公司成立,作为政策性保险公司专门经营我国出口信用保险业务。

四、信用保险的作用和险种

(一)信用保险的作用

信用保险是保险人根据权利人的要求担保被保证人信用的保险。它产生于19世纪中叶的欧美国家,当时称为商业信用保险,主要由一些私营保险公司承保,业务限于国内贸易。此后,信用保险在世界各国均得到了不同程度的发展,许多国家的商业保险公司或专营保险公司都开办了信用保险业务,并促使这类业务随着国际贸易的迅速发展而成为一类有影响的国际性保险业务。

信用保险的作用主要表现在以下几个方面:

（1）为企业提供向银行贷款的保证,有利于其获得资金周转的便利,促进企业生产经营的正常发展。

（2）有助于促进商业贸易的健康发展。

（3）有助于推动我国银行业尽快走向商业化。

（4）有助于促进出口创汇。

（二）信用保险的险种

对信用保险的险种,可从不同的角度进行分类。根据保险标的性质的不同,可分为商业信用保险、银行信用保险、国家信用保险和诚实信用保险。[①] 商业信用保险的保险标的是商品赊购方(买方)的信用;银行信用保险的保险标的是借款银行的信用;国家信用保险的保险标的是借款国的信用;诚实信用保险,亦称雇员忠诚信用保险,是权利人(雇主)投保的以被保证人(雇员)行为不诚实而使权利人(雇主)遭受损失时由保证人(保险人)承担的赔偿责任为保险标的的一种信用保险。在诚实信用保险中,投保人是雇主,雇主为权利人,雇员为被保证人,以雇员对雇主的诚实信用为标的,当雇员因对雇主的不诚实行为而造成损失依法应承当赔偿责任时,由保险人赔偿保险金。诚实信用保险按其承保的形式可分为指名信用保险、职位信用保险、总括信用保险、伪造信用保险等。由于信用保险与保证保险最根本的区别在于投保人不同,因此,诚实信用保险的种类以及保险责任范围等均与诚实保证保险相同,为避免重复,可参照第十章第二节的内容。

根据信用保险的业务内容,一般可将其分为国内信用保险、出口信用保险和投资保险三类。这三类各自又可以进一步分为若干具体险种。其中:

国内信用保险是以义务人在国内的信用为保险标的的保险,包括商业信用保险、贷款信用保险、信用卡保险、雇员忠诚信用保险等。目前许多国家的保险公司都开办此业务,以支持和促进其国内贸易与金融业的发展。随着社会经济的发展和商业贸易制度的改革深化,我国国内信用保险市场潜力巨大,保险人应尽早研究,争取早日开拓这一新的保险领域。

出口信用保险承保出口商因买方不履行贸易合同而遭受损失的风险。对该项业务,大部分国家将其列为政策性保险,主要是为了贯彻国家外贸政策,促进出口。

投资保险承保本国投资者在外国投资期间因政治原因遭受投资损失的风险。一般意义上,该险种主要是为了资本输出的需要,以保障本国投资商在国外投资的经济安全。

我国目前开办的信用保险业务主要有出口信用保险和投资保险。

第二节 国内信用保险

国内信用保险按保险标的的不同分为商业信用保险、贷款信用保险、信用卡保险。

---

① 应当指出,如果按照信用保险的不同性质,可分为商业信用保险、出口信用保险和投资保险。商业信用保险是以营利为目的的保险,包括赊销保险、贷款信用保险和诚实信用保险等;出口信用保险是为了鼓励商品输出的保险;投资保险则一般是为了鼓励资本输出的保险,但我国改革开放初期为了引进外资,也承保外国在我国投资的风险。

一、商业信用保险

商业信用保险[①]是指在商业活动中一方当事人为了避免另一方当事人的信用风险,而作为权利人要求保险人将另一方当事人作为被保证人并承担由于被保证人的信用风险而使权利人遭受商业利益损失的保险。商业信用保险承保的标的是被保证人的商业信用,这种商业信用的实际内容通过列明的方式在保险合同中予以明确,其保险金额根据当事人之间的商业合同的标的价值来确定。如果被保证人发生保险事故,保险人首先向权利人履行赔偿责任,同时自动取得向被保证人进行代位求偿的权利。同时,由于商业信用涉及各种形式的商业活动,商业信用保险也就可以针对各种不同的商业活动的需要进行业务设计,开发出为各种商业信用提供保险保障的商业保险业务。

国内信用保险一般承保批发业务,不承保零售业务;只承保3—6个月的短期商业信用风险,不承保长期商业信用风险。其险种主要为赊销信用保险。

赊销保险是为国内商业贸易(批发)中延期付款或分期付款行为提供信用担保的一种信用保险。该险种承保在延期付款或分期付款时,卖方因买方不能如期偿还全部或部分货款或贷款而遭受的经济损失。在该业务中,投保人是制造商或供应商,保险人承保的是买方(即义务人)的信用风险,目的在于保证被保险人(即权利人)能按期收回赊销货款,保障商业贸易的顺利进行。

从国外的实践来看,赊销保险适用于一些以分期付款方式销售的耐用商品,如汽车、船舶、住宅及大批量商品等,这类商业贸易往往数额较多、金额较大,一旦买方无力偿付分期支付的货款,就会造成制造商或供应商的经济损失,因而需要保险人提供买方信用风险保险服务。赊销保险的特点是赊账期往往较长,风险比较分散,承保业务手续也比较复杂,保险人必须在仔细考察买方资信情况的条件下才能决定是否承保。在我国,中国平安保险公司率先于1995年开办了该项业务。随着我国商业体制的改革和商业结算制度的进一步完善,这种信用保险将会得到较快的发展。

二、贷款信用保险

贷款信用保险是保险人对贷款人(银行或其他金融机构)与借款人之间的借贷合同进行担保并承保其信用风险的保险。在市场经济条件下,从银行商业化的角度出发,贷款风险是客观存在的,究其原因既有企业经营管理不善或决策失误的因素,又有自然灾害和意外事故的冲击,等等,这些均可能造成贷款不能安全归流,从而必然要建立起相应的贷款信用保险制度来予以保证。在国外,贷款信用保险是比较常见的信用保险业务,它是银行转嫁贷款风险的必要手段。在我国,一些地方正在拟订贷款信用保险条款,准备开拓贷款信用保险市场,如有些地方的保险公司已开办了住宅贷款保险业务。

在贷款信用保险中,贷款人(即债权人)是投保人,当保险单出立后即成为被保险人。

---

① 应该指出,对商业信用保险的理解有不同的角度,就保险标的而言,是指承保商品交易过程中债务人(义务人)信用的风险。就性质而言,商业信用保险是指营利性的信用保险,是相对于政策性的信用保险而言的。政策性信用保险是为了贯彻国家某项经济政策而实施的信用保险,如出口信用保险是为了贯彻出口政策,而投资保险则一般是为了贯彻资本输出政策。

这是因为,银行对放出的款项具有全额保险利益,通过保险后,当借款人无法归还贷款时,可以从保险人那里获得补偿,然后把债权转让给保险人追偿。其目的是保证银行信贷资金的正常周转。贷款信用保险的保险金额确定,应以银行贷出的款项为依据。贷款信用保险分为企业贷款信用保险和个人贷款信用保险。

企业贷款信用保险的借款人是企业。其保险责任一般应包括决策失误、政府部门干预、市场竞争等风险,只要不是投保人或被保险人的故意行为和违法犯罪行为所致的贷款无法收回,其他风险均可承保。厘定保险费率时,应将其与银行利率相联系,并着重考虑下列四项因素:企业的资信情况,企业的经营管理水平与市场竞争力,贷款项目的期限和用途,不同的经济地区等。

个人贷款信用保险的借款人是自然人,是指以贷款人(银行或其他金融机构)对自然人进行贷款时,由于债务人不履行贷款合同致使金融机构遭受经济损失为保险标的的一种信用保险。它是国外保险人面向个人承保的较特别的业务。由于个人的情况千差万别,且居住分散,风险不一,保险人要开办这种业务,必须对贷款人贷款的用途、经营情况、日常信誉、私有财产物资等进行全面的调查了解,必要时还要求贷款人提供反担保,否则,不能轻率承保。

三、信用卡保险

信用卡保险是以权利人(经营信用卡业务之人)在信用卡业务经营过程中因义务人失信而带来无法向责任方(义务人)追回的损失为保险标的的保险。信用卡保险是随着银行开办的一种新型的支付工具——信用卡——的发展而产生的保险业务。目前信用卡在世界上大约130多个国家和地区广泛使用,它所具有的迅捷和通用特点极大地便利了个人与企业的购物及消费,但同时也存在一定的潜在信用风险。我国信用卡业务起步较晚,社会信用制度有待完善,因此保险公司开办了信用卡保险配合银行开展这项业务,这有利于银行加强风险管理,及时赔偿银行在开展信用卡业务中产生的坏账损失。

信用卡保险的保险责任为被保险人经营信用卡业务时由于下列原因引起而无法向责任方追回的损失:持卡人使用信用卡时由于非善意透支所造成的损失;信用卡遗失或被盗后被他人冒用造成的损失;被保险人的职工单独或与其他人串通利用信用卡营私舞弊、贪污或挪用公款造成的损失;任何人使用伪造的被保险信用卡。

保险人对下列损失,无论其他各条如何规定,均不负赔偿责任:任何依据法律、信用卡章程及有关协议应由持卡人、冒用人、特约直接消费单位或其他方面承担并实际可以追回的损失;由于被保险人的故意行为或重大过失引起的损失;由特约直接消费单位欺诈行为引起的损失;调查处理费用及法律费用;利息、手续费、因营业中断或业务量减少造成的利润损失以及重新发行信用卡的费用等间接损失;战争、类似战争行为、敌对行为、武装冲突、暴动及骚乱等原因引起的损失;保险责任未列明的任何损失。

信用卡保险的有效期限一般为一年。投保人在投保时需将当年的信用卡预计总交易额书面通知保险人,由保险人根据总交易额确定一年内的累计赔偿限额,即信用卡保险的最高赔偿额。如果一年内的损失超过此限额,则超出部分由被保险人承担。

信用卡保险费以当年预计总交易额为基础预收。当年预计总交易额是指所有由使用被保险人签发的被保险信用卡在保险单有效期限内提取现金、购买货物和获得服务的总发生额。保险人按被保险人在投保时预计的当年总交易额与保单附表列明的保险费率向被保险人收取保险费。由于保险费是每年年初依据被保险人的预计总交易额测算的,被保险人在保险单有效期限内实际的总交易额需要到第二年年初统计后才能确定,因此保险人需要根据实际交易额对年初预收的保险费进行调整,多退少补。

被保险人在发现保险责任范围内的损失后,应及时通知保险人并采取一定的措施向有关责任方追偿。在被保险人无法追回损失时,保险人将按照条款的约定负责赔偿。

为了控制风险、减少损失,被保险人应采取积极的预防措施防止损失发生,被保险人在发现损失发生或可能发生时,应当:尽快通知各取现点和特约单位按规定程序采取行动,防止损失进一步扩大;积极配合司法部门对案件进行调查和审理,追查有关责任人;采取一切可以采取的措施包括运用法律手段、冻结或封存责任人的财产,并责令其退赔。被保险人未经承保的保险公司同意不得单方面减免责任者的退赔数额。在被保险人的信用卡章程、业务方式、经营方式、管理制度等影响风险状况的情况有重大改变时,应及时书面通知承保的保险公司。

第三节 出口信用保险

一、出口信用保险的特征

出口信用保险(Export Credit Insurance),是承保出口商在经营出口业务的过程中,因进口商方面的商业风险或进口国方面的政治风险而遭受损失的一种特殊的保险。根据保险合同,投保人交纳保险费,保险人将赔偿出口商因其债务人不能履行合同规定支付到期的部分或全部债务而遭受的经济损失。由于这种保险所要应对的风险巨大,而且难以使用统计方法测算损失概率,故一般的保险公司均不愿经营这种保险。当今世界上的出口信用保险大多数是靠政府支持而存在的。出口信用保险与其他以实物作为保险标的的财产保险相比,有如下主要区别:

(1) 经营目的不同。出口信用保险的目的是鼓励和扩大出口,保证出口商以及与之融通资金的银行因出口所致的各种损失得到经济保障,其业务方针体现着国家的产业政策和国际贸易政策;而其他财产保险除了海上保险与一国对外贸易政策紧密相连外,一般是为了稳定国内生产和生活,与一国的对外贸易关系不大。

(2) 经营方针不同。在经营上出口信用保险实行非营利的方针,通常是以比较低的保费承担比较高的风险,最终由国家财政作为后盾,其经营亏损由国家财政加以解决,属于政策性保险;而其他财产保险一般属于商业保险,以营利为目的。

(3) 经营机构不同。因出口信用保险承保的风险比较大、所需的资金较多,故经营机构大多为政府机构或由国家财政直接投资设立的公司或国家委托独家代办的商业保险机构,因而带有明显的政府主导下的非企业化经营的特征,其经营更侧重于社会效益;而其他财产保险则以营利为目的,由商业性保险公司经营。

(4) 费率的厘定不同。在其他财产保险中,概率论是其得以经营的数理基础,其基本定律之一是大数法则,确立费率时以大数法则为基础、以保额损失率为主要依据;而在出口信用保险中,由于其风险的特殊性,在厘定费率时,与出口相关的信息起着举足轻重的作用。厘定出口信用保险的费率时,除考察保险机构以往的赔付记录外,还要考察出口商资信、规模和经营出口贸易的历史情况,以及买方国家的政治经济和外汇收支状况、国际市场的发展趋势,并在费率厘定后根据新情况经常调整,以及时、准确地反映出风险的变化趋势,保证费率的合理和公平。由于不同出口商的信用存在巨大的差异,因此在厘定费率时,不能完全以大数法则为基础。

(5) 投保人不同。出口信用保险的投保人必须是本国国民或本国企业,投保的业务一般应是在本国生产或制造的产品的出口;而其他财产保险的投保人一般没有该要求。

(6) 适用范围不同。凡出口公司通过银行以信用证、付款交单、承兑交单、赊账等支付方式给汇的出口贸易均可以投保出口信用保险。投保人在投保时,应先填写保险人提供的投保单,同时向保险人申请国外买方的信用限额,并每月向保险人申报一次出口货物金额,以便保险人据此承担保险责任和收取保险费。而其他财产保险的投保人一般没有该要求。

二、出口信用保险体制

开办出口信用保险,可以促进和鼓励本国商品出口,保障本国出口商在国际贸易市场上的竞争地位。然而,出口信用保险所承保的在相当程度上是进口商的道德风险,需要有一套承保、理赔的专业调查网络予以配合,是一般保险公司所无力承受的。世界各国的出口信用保险体制虽然不一,但大多获得政府支持。依据政府支持程度的不同,大致可分为以下几种:

1. 政府直接办理型

政府直接办理型是指办理出口信用保险业务的机构本身就是政府的职能部门,其业务收入与赔款支出直接纳入国家预算。最有代表性的是英国1919年成立的出口信用担保局和1930年成立的日本通产省输出保险课。英国是世界上最早建立出口信用保险制度的国家。英国《出口担保和投资法》(Export Guarantees and Overseas Investment Act)明确规定了英国出口信用保险机构出口信用担保局的职责、作用和政策界限。出口信用担保局是政府的职能部门,开设了两个账户:商业账户和国家利益账户。国家利益账户的经营受出口担保委员会的领导。出口担保委员会的成员来自财政部、工业贸易部、外交和联络事务办公室、国防部、海外开发署和出口信用担保局等。日本通产省国际贸易管理局下属的进出口保险课(Export Import Insurance Division,EID)经营出口保险业务;第二次世界大战后,日本出口商的出口风险得到了政府的充分保护,出口保险合同全部记在政府名下,保险人是政府,具体由进出口保险课办理。英国和日本政府在保险上的扶持,促进了这些国家的出口贸易。丹麦、瑞典和瑞士等国亦属于这种类型。

2. 政府间接办理型

政府间接办理型是由政府投资建立独立的经济实体,并以提供财务担保的方式做后盾,专门办理出口信用保险业务。如加拿大的出口信用开发公司(Export Development Corporation,EDC)、澳大利亚的出口融资与保险公司(Export Finance and Insurance

Corporation，EFIC)、印度的出口信用担保公司(Export Credit Guarantee Corporation，ECGC)、韩国的出口保险公司(Export Insurance Corporation，EIC)，以及中国香港特别行政区的出口信用保险局(Hong Kong Export Credit Insurance Corporation，ECIC)等均属于这种类型。在该模式下，政府只负责制定经营政策和方针并提供资金上的支持，并不具体经营。如加拿大的出口信用开发公司是根据加拿大《出口发展法》于1969年成立的王室公司，其全部资产归加拿大政府所有，主营出口信用保险、履约保险和投资保险，兼营出口融资。

3. 政府委托私营机构代理型

政府委托私营机构代理型是由政府指定一家私营公司出面代办出口信用保险业务，风险由政府承担。如德国的赫尔梅斯(Herms)信用保险公司、阿根廷出口信用保险公司就是私人机构代理的典型，德国政府自1926年起委托赫尔梅斯信用保险公司办理出口保险业务，阿根廷政府自1969年起就授权阿根廷出口信用保险公司办理出口信用保险业务。

4. 混合经营型

混合经营型是指出口信用保险的部分业务由保险公司自己经营、部分业务代理政府经营的做法。办理出口信用保险业务的机构采用股份公司的组织形式，一般由政府或公共机构占该公司半数以上的股权，政府作为最大的股东控股公司的经营，公司除经营出口信用保险业务外，还可以经营其他保险业务。如法国的对外贸易保险公司(COFACE)、荷兰的出口信用保险公司(NCM)，均属于这种类型。

此外，还有极个别的私营保险公司独立经营出口信用保险业务。如英国的贸易赔偿公司、劳合社以及美国的国际保险集团。前者以经营国内信用保险业务为主，后者虽经营出口信用保险却以是否能获利为标准，从而是纯商业性保险。

上述经营模式各有利弊，政府直接办理型的优点在于：以国家财政为后盾，有可靠的财力保障，但有时容易导致官僚主义、效率低下；政府间接办理型的优点在于：政府负担小、补贴少，但对于大额货物资本的出口和年限长的贸易，有时会出现力不从心的状况；政府委托私营机构代理型的优点在于：既体现了政府的支持，由政府承担全部风险，又利用私营机制改善了服务，提高了效率。各国的出口信用保险体制各不相同、各具特色，完全由各国依据自己的国情决定。我国于1988年开始由中国人民保险公司独家经营出口信用保险，1995年中国进出口银行也开始经营该项业务。2001年12月18日，中国出口信用保险公司在北京成立，它是我国唯一专门承办出口信用保险业务的政策性保险公司，资本来源于出口信用保险风险基金，由国家财政预算安排。

三、出口信用保险的类型

出口信用保险的险种，目前在世界上有数十种，可按不同的标准分类：

(1) 根据保险期限的不同，出口信用保险可分为短期出口信用保险(Short-term Export Credit Insurance)和中长期出口信用保险(Medium & Long-term Export Credit Insurance)。短期出口信用保险一般是指保险期限不超过180天的出口信用保险，通常适用于初级产品和消费品的出口。短期出口信用保险是出口信用保险中使用最为广泛的险种,许多国家均开办综合短期出口信用保险,此保单可根据被保险人的要求延长保险期限,但最长只能延长至365天。中期出口信用保险是指保险期限在180天至3年之间的出口信用保险。中长期出口信用保险是指保险期限在3年以上的出口信用保险。中长期出口信用保险的金额巨大、付款期长,一般适用于电站、大型生产线等成套设备项目或船舶、飞机等资本性或半资本性货物的出口。中长期出口信用保险的特点有政策性强、保险合同无统一格式、保险机构早期介入、需要提供担保、需要一次性支付保险费等。

(2) 根据保险责任起讫时间的不同,出口信用保险业务可分为出运前出口信用保险(Pre-shipment Export Credit Insurance)和出运后出口信用保险(Post-shipment Export Credit Insurance)。出运前出口信用保险承保的是从合同订立日到货物起运日由买方商业风险或买方所在国的政治风险导致出口商不能及时收回货款的损失,包括合同签订后出口商支付的产品设计、制造、运输及其他费用;出运后出口信用保险承保的是从货物起运日到保险单的终止日由买方的商业风险或买方所在国的政治风险导致出口商不能及时收回货款的损失。

(3) 根据承保方式的不同,出口信用保险业务可以分为综合保单(Comprehensive Policy)、选择保单(Selected Policy)和特别保单(Specific Policy)。综合保单一般适用于承保多批次、全方位的大宗货物出口;选择保单只原则性地规定了一些承保条件,允许出口商在保险合同规定的范围和限度内进行选择;特别保单则适用于承保逐笔交易的资本性货物的出口。

(4) 根据承保的风险的不同,出口信用保险可分为商业风险保险、政治风险保险(Political Risks Insurance)、既保商业风险也保政治风险的信用保险、汇率风险保险[①]。

(5) 根据贸易活动项下使用银行融资方式的不同,出口信用保险可分为买方信用保险(Buyer's Credit Insurance)和卖方信用保险(Seller's Credit Insurance)。前者适用于买方适用银行贷款项下的出口合同,后者适用于卖方适用银行贷款项下的出口合同。

此外,根据出口合同标的的不同,出口信用保险可分为海外存货和加工保险(Overseas Stocks and Processing Cover)、服务保单(Servers Policy)、银行担保出口信用保险(Bank Guarantee)、保函支持出口信用保险(Bond Support)以及贸易展览会保险(Trade Fair Insurance)。

四、出口信用保险的保险责任和责任免除

(一) 保险责任

出口信用保险承保的风险有商业风险和政治风险两种。

1. 商业风险

商业风险是指买方付款信用方面的风险,又称买方风险。它包括:

(1) 买方破产或实际已资不抵债而无力偿还货款;

(2) 买方逾期不付款;

[①] 对出口期限在一年以上的,在海外还可投保中长期出口汇率保险,承保以出口商出口价格因汇率下跌(本国货币升值)所致损失为保险标的的保险(参见陈云中著:《保险学》,五南图书出版公司,1993年版,第516—517页)。

(3) 买方违约拒收货物,致使货物被运回、降价转卖或放弃。

其中,买方逾期不付款是指买方在放账期满时仍不支付货款,经买方要求、被保险人同意,买方在付汇期限上可增加付汇展延期,展延期仍属放账期的范围。买方拒收货物与拒付货款行为并非因被保险人的过错所致,而是由于买方丧失信用或有其他不道德意图所为,例如,货物运抵目的地后,买方国家市场情况变化,货已不再适销,买方担心货物滞销而违约拒收。如果是由于被保险人不及时交货或货物数量、技术规格不符合合同规定而引起买方拒收、拒付,则属于被保险人未履行合同行为,不属于出口信用保险的责任范围。

2. 政治风险

政治风险是指与被保险人进行贸易的买方所在国或第三国发生内部政治、经济状况的变化而导致买卖双方都无法控制的收汇风险,又称国家风险。它包括:

(1) 买方所在国实行外汇管制,限制汇兑;
(2) 买方所在国实行进口管制,禁止贸易;
(3) 买方的进口许可证被撤销;
(4) 买方所在国颁布延期付款令;
(5) 买方所在国发生战争、动乱、骚乱、暴动、革命、敌对行为或其他骚动;
(6) 买方所在国或任何有关第三国发生买方无法控制的其他政治事件。

(二) 责任免除

在出口信用保险中保险人不负赔偿责任的项目通常有:

(1) 被保险人违约或违法导致买方拒付货款所致的损失;
(2) 汇率变动的损失;
(3) 在货物交付时,已经或通常能够由货物运输保险或其他保险承保的损失;
(4) 发货前,买方未能获得进口许可证或其他有关的许可而导致不能收货付款的损失;
(5) 买方违约在先情况下被保险人坚持发货所致的损失;
(6) 买卖合同规定的付款币制违反国家外汇规定的损失。

五、出口信用保险的责任限额

由于出口信用保险承担的风险大、范围广,因此保险责任限额也与其他险种不同。一般而言,出口信用保单规定了如下三种限额:

1. 保单的最高赔偿限额

短期出口信用保险的保单以一年为限,保单的最高赔偿限额是指保险人对被保险人在 12 个月内所累计承担的总赔偿限额。保险人在承保业务之前,要求被保险人填写投保单,出口商将其前 12 个月的出口累计金额通知保险人,保险人综合出口企业的经营情况、产品销售情况、出运目的地的分布情况以及出口金额的大小,制定出保单的最高赔偿限额。它是在保单订立的 12 个月中累计承担的总赔偿限额。

2. 买方信用限额

买方信用限额是指保单对被保险人向某特定买方出口货物所承担的最高赔偿限额。保险人与被保险人对与被保险人进行贸易的每一买家有一个"买方信用限额申请/审批"的过程。保险人要求被保险人就保单范围内的买家逐一申请其适用的信用放账额度,其额度经保险人批准后可循环使用。被保险人在申请买方信用限额时,需向保险人提供与买方有关的信用资料,以供保险人确定一个适当的买方限额。买方信用限额一旦确立,保险人将在规定限额内负赔偿责任。若出口商超限额出口,则由其自行承担超出限额部分的损失。

3. 被保险人自行掌握的信用限额

在实际工作中,对于有丰富经验并拥有广大市场的被保险人,保险人无须对其每一买者的资信进行仔细调查,而是在一定范围内给予其灵活处理日常业务的权利。对于此类业务,对每一保单通常都会规定一个小数额作为被保险人自行掌握的信用限额,以鼓励出口商同买方进行更多的交易,而无须事先征得保险人的同意,若发生损失,则出口商可在此信用限额内向保险人索赔。

六、出口信用保险的费率厘定

出口信用保险的费率,因可能发生的收汇风险程度的不同而有所不同,制定费率时一般应考虑下列因素:

(1) 买方所在国的政治、经济及外汇收支状况;
(2) 出口商的资信、经营规模和出口贸易的历史记录;
(3) 出口商以往的赔付记录;
(4) 贸易合同规定的付款条件;
(5) 投保的出口贸易额大小及货物的种类;
(6) 国际市场的经济发展趋势。

对于短期出口信用的保险费率,则通常应考虑:买方所在国或地区所属类别、付款方式、信用期限。

一般而言,出口信用保险机构通常将世界各国或地区按其经济情况、外汇储备情况及外汇政策、政治形势的不同划分为五类。第一类国家或地区的经济形势、国际支付能力、政治形势均较好,因而收汇风险小;第五类国家或地区的收汇风险则非常明显,大部分保险人不承保此类国家或地区的出口信用保险业务;第二类至第四类国家和地区的经济形势、国际支付能力、政治形势则处于居中状态。对第一类到第四类国家或地区的出口,则因其风险大小不同、支付方式不同,即付款交单和承兑交单及信用证方式付款所带来的收汇风险各不相同,收取保险费的费率也不相同:放账期长的费率高,放账期短的费率低。保险费的计算公式为:

$$保险费 = 发票总额 \times 费率表决定的费率 \times 调整系数$$

其中,调整系数的大小是根据出口方经营管理情况的好坏和对该出口方赔付率的高低决定的。

七、出口信用保险的承保与理赔

(一) 承保出口信用保险的要求

主要有以下三项:

(1) 出口公司在投保短期出口信用保险前,需向保险公司提供一份反映其出口及收汇情况和投保要求的申请书,保险机构根据其提供的资料及通过调查掌握的情况,决定是否承保,中长期保险则应对每一出口合同进行严格的审查。

(2) 短期出口信用保险一般实行全部投保的原则,即出口企业必须将所有以商业信用方式的出口销售额全部投保,不能只选择风险大的国家和买方投保。这项原则对保险公司分散风险和保持业务经营的稳定性至关重要。

(3) 责任限额是出口信用保单中的一项重要规定,一般的保单中都规定了两种限额:一是对买方的信用限额,即对每一买方所造成的卖方的损失,保险人所承担的最高赔偿限额;二是对出口方保单的累计责任限额,即保险人对被保险人(出口方)在每 12 个月内保单累计的最高赔偿限额。买方信用限额应由出口方根据不同买方的资信情况及买方在一定时期内预计以信用方式成交的金额,逐个向保险人提出申请,经保险人审查批准后生效。出口方要想获得信用保险的充分保险保障,并扩大出口,对每一个买方都应申请信用限额,这样,保单的累计最高赔偿限额必然会增加。

(二) 出口信用保险的理赔

出口信用保险理赔的基本内容如下:

1. 索赔手续

当发生保险责任范围内的损失时,被保险人应立即通知保险公司,并采取一切措施减少损失,被保险人索赔时应填写索赔申请书,并提供出口贸易合同、发票、银行证明和其他必要的单证。对被保险人的索赔,除了买方破产或无力偿付贷款原因外,对其他原因引起的损失,在等待期满后再定损核赔。而被保险人获得赔偿后,仍应协助保险公司向债务人追偿欠款。

2. 最高赔偿限额与免赔额

为了控制风险责任,保险人承保信用保险时,通常规定每一保单的最高赔偿限额和免赔额。短期出口信用保险项下发生的定损核赔金额可能会受最高赔偿限额与免赔额的影响而发生变化,许多出口信用保险公司,如英国的出口信用担保局签发的出口信用保险单,对此都有详细规定,它们常在其保单上为被保险人规定一个绝对免赔额。若被保险人的一笔出口损失金额不超过此规定的数额,则保险人可免予赔偿。赔偿时按每笔损失扣除该免赔额。同时,当全部损失赔偿累计数超过保单规定的最高责任额时,保险公司对超出部分也不承担赔偿责任。

3. 出口信用保险定损核赔等待期

由于出口信用保险所承保的范围不一,因而确定标的是否实际损失的时间也各异。除条款规定买方被宣告破产或丧失偿付能力后即可定损核赔外,对其他原因引起的标的损失,保险人还要视不同情况规定一段"等待期",从 1 个月到 6 个月不等,待等待期期满,保险人才予以定损核赔。

4. 损失控制

出口信用保险人在接到损失可能发生的报告后,应立即要求并配合被保险人采取措施避免或减少损失;同时,对已经支付赔款的,应及时采取追偿措施。

例如,某出口商向某国进口商出口某商品100万美元,保险金额为100万美元,现该进口商因为商品价格下跌而拒收货物,在货物处理完毕后一个月,确定损失金额为40万美元。若拒收拒付赔偿比例为90%,问:保险公司应如何赔付?据此:

(1) 保险公司的赔偿金额＝40×90%＝36(万美元)。

(2) 保险公司在向出口商赔偿36万美元后,取代出口商的地位在36万美元的赔偿金额内向进口商索赔。

专栏 9.2

次贷危机与出口信用保险

2007年下半年以来,美国次贷危机对该国乃至世界经济产生了重大影响。从房地产业开始,转而冲击金融业,进而向制造业和消费品等行业扩散,呈现横向影响范围扩大、纵向危害程度加深的态势。

据相关资料统计,次贷危机爆发以来,中国出口企业的收款等待时间比以前明显增加,次贷危机所造成的金融冲击波扩大了世界范围内的信用风险,中国出口企业的收汇安全受到威胁。作为为这些中国出口企业提供风险保障的保险公司,中国出口信用保险公司"中信保"2008年上半年全国范围内接到出口信用险索赔案件936宗,金额达2.34亿美元,同比增长108%,翻了一番还多。其中,美国报损案件202宗,同比增长31.2%,报损金额1.05亿美元,同比增长235.6%,占报损总金额的44.8%。拖欠案件占报损总金额的84%,买方拖欠已成为导致收汇风险发生的最主要的原因。众多中国出口企业日益感受到美国进口商潜在的付款危机。

信用保险是一种综合性融资工具,能够保障企业的应收账款,相当于一种可以在银行质押的资产或者凭据,具有控制风险、促进贸易、保障财务、便利融资等功能,并提供应收账款管理、资信服务、商账追收等增值服务。

资料来源:王颖涛,《中信保——出口信用险索赔半年翻番并非坏事》,《投资者报》,2008年8月16日。

第四节 投资保险

一、投资保险的概念与发展

1. 投资保险的概念

投资保险(Overseas Investment Insurance)是以被保险人因投资引进国政治局势动荡或政府法令变动所引起的投资损失为保险标的的保险,又称政治风险保险(Political Risk Insurance)。其承保对象一般是海外投资者。所谓政治风险,是指东道国政府没收或征用外国投资者的财产、实行外汇管制、撤销进出口许可证、内战、绑架等风险而使投资者遭受投资损失的风险。如 1979 年伊朗革命时曾没收了美国国际集团的子公司。

2. 投资保险的发展

投资保险业务的开展是出于鼓励资本输出的需要。第二次世界大战之后不久,美国于 1948 年 4 月根据《对外援助法》制定了《经济合作法案》,开始实施"马歇尔计划",同时设立了经济合作署,专门管理外援及海外投资事务,并开始实行投资风险保险制度。此后,也逐渐向发展中国家转移。1961 年 3 月,美国国会通过了《对外援助法修正案》,并设立了国际开发署,接管投资保险业务;1969 年,又设立直属国务院的涉外私人投资公司,取代国际开发署主管涉外投资保险。第二次世界大战后,其他国家也效仿美国实行投资保险制度,如英国的出口信用担保局就负责办理此项业务。因此,作为一项独立的新型保险业务,投资保险是于 20 世纪 60 年代在欧美国家形成的。此后,投资保险成了海外投资者进行投资活动的前提条件。在我国,投资保险首先是为了适应外国投资者的需要于 1979 年开办的;同时,80 年代尤其是 90 年代以来,我国的对外投资日渐增加,也需要保险人提供投资保险服务。由于投资保险承担的是特殊的政治风险,责任重大,因此,外国通常由政府部门办理,民间保险公司很少或不准办理该业务。

二、投资保险的保险责任范围

1. 保险责任

投资保险的保险责任主要包括以下三种:

(1) 战争险(War Risk),又称战争、革命、暴乱风险,包括战争、类似战争行为、叛乱、罢工及暴动所造成的有形财产的直接损失的风险,现金、证券等不属于保险财产。

(2) 征用险,又称国有化风险,是投资者在国外的投资资产被东道国政府有关部门征用或没收的风险。《日本输出保险法》将其称为"被夺取"风险,即剥夺投资者所有权的风险。美国的《海外私人投资公司保险手册》明确表明,由投资项目所在国政府所"授权、许可或纵容"的任何行动,若对美国海外企业的财产和经营产生了特定的影响,或者对投资者的各种权利和经济利益产生了特定的影响,就被认为是"征用行动"。

(3) 汇兑险,即外汇风险,是投资者因东道国的突发事变而导致其在投资国与投资国有关的款项无法兑换货币和转移的风险。我国投资保险承保的这一风险是:"由于政府有关部门汇兑限制,使被保险人不能按投资契约规定将应属被保险人所有并可汇出的汇款汇出",因此引起投资者的损失,由保险公司负责赔偿。

2. 责任免除

我国投资保险条款规定对下列风险造成的损失,保险人不予赔偿:

(1) 由于原子弹、氢弹等核武器造成的损失。因为核武器造成的损失规模太大,为控制保险责任,故予免除。

(2) 被保险人投资项目受损后造成被保险人的一切商业损失。因为该损失属于间接损失,故予免除。

(3) 被保险人及其代表违背或不履行投资合同或故意违法行为导致政府有关部门征用或没收造成的损失。因该损失系被保险人故意违法行为所致,故予免除。

(4) 被保险人没有按照政府有关部门所规定的汇款期限汇出汇款所造成的损失。因该损失系被保险人过失所致,为加强其责任心,故予免除。

(5) 投资合同范围之外的任何其他财产的征用、没收所造成的损失。

三、保险期限

投资保险的保险期限分为短期和长期两种。短期为1年;长期保险期限最短的为3年,最长的为15年。投保3年以后,被保险人有权要求注销保单,但如未到3年提前注销保单,则被保险人须交足3年的保险费。保单到期后可以续保,但条件仍需要双方另行商议。无论长期还是短期保险,保险期内被保险人均可随时提出退保,但保险人不能中途修正保险合同,除非被保险人违约。

四、保险金额与保险费

投资保险的保险金额以被保险人在海外的投资金额为依据,是投资金额与双方约定比例的乘积,保险金额一般规定为投资金额的90%。但长期和短期投资项目又有不同:一年期的保险金额为该年的投资金额乘以双方约定的百分比,保险金额一般规定为投资金额的90%;长期投资项目每年的投资金额在投保时按每年的预算投资金额确定,当年的保险金额为当年预算金额的90%。长期投资项目需要确定一个项目总投资金额下的最高保险金额,其保险费需在年度保费基础上加上差额保费,长期投资项目期满时按实际投资额结算。

投资保险费率的确定,一般根据保险期间的长短、投资接受国的政治形势、投资者的能力、工程项目以及地区条件等因素确定。一般分为长期费率和短期费率,且保险费在当年开始时预收,每年结算一次,这是因为投资期间有变化。20世纪90年代中期,我国投资保险的短期年费率一般为8‰,长期年度基础费率一般为6‰。

投资保险是一种承保投资政治风险的信用保险,外国的投资保险一般由投资商在本国投保,保障的是本国投资商在外国投资的风险,投资商是被保险人;而我国的投资保险则可由保险公司为外国的投资商保险,保障的是外国人在我国投资的风险,以配合国家引进外资的政策,从而亦带有保证保险的性质。

五、投资保险的理赔

1. 赔偿期限的规定

由于各种政治风险造成的投资损失有可能在不久后通过不同途径予以挽救,损失发生与否需经过一段时间才能确定,因此,投资保险有赔偿期限的规定。根据不同的保险责任,一般有如下规定:

(1) 战争、类似战争行为、叛乱、罢工及暴动造成投资项目的损失,在提出财产损失证明后或被保险人投资项目终止 6 个月后赔偿;

(2) 政府有关部门的征用或没收引起的投资损失,在征用、没收发生满 6 个月后赔偿;

(3) 政府有关部门汇兑限制造成的投资损失,自被保险人提出申请汇款 3 个月后赔偿。

2. 赔偿金额的规定

在赔偿金额方面有如下规定:

(1) 当被保险人在保单所列投资合同项下的投资发生保险责任范围内的损失时,保险人根据损失金额按投资金额与保险金额的比例赔付,保险金额最高占投资金额的 90%;

(2) 由于投资额的承保比例一般为投资金额的 90%,因而被保险人所受损失若将来追回,也应由被保险人和保险人按各自承担损失的比例分摊。

小结

信用保证保险是以义务人(被保证人)的信用为保险标的的保险。它分为信用保险和保证保险。信用保险是保险人根据权利人的要求担保义务人(被保证人)信用的保险。

信用保险与一般财产保险相比,其特征为:信用保险承保的风险是一种信用风险;在信用保险实务中,只是对权利人的担保;代位追偿权非常重要。

尽管信用保险的产生历史并不长,但历经坎坷。我国的信用保险自 20 世纪 80 年代开始起步。

信用保险对国内外贸易有重要的作用,一般分为国内信用保险、出口信用保险和投资保险。

国内信用保险主要有:赊销信用保险、贷款信用保险和特别的个人贷款信用保险。

出口信用保险是承保出口商在经营出口业务的过程中因进口商方面的商业风险或进口国方面的政治风险而遭受损失的一种特殊保险。与其他财产保险的主要区别在于:经营目的不同,经营方针不同,经营机构不同,费率的厘定不同,投保人不同,适用范围不同。

出口信用保险体制大致可分为:政府直接办理型,政府间接办理型,政府委托私营机构代理型,混合经营型。

出口信用保险可根据不同的要求进行分类。

出口信用保险承保的风险有商业风险和政治风险。出口信用保险的责任免除。出口信用保险的责任限额一般有如下三种：保单的最高赔偿限额，买方信用限额，被保险人自行掌握的信用限额。

制定出口信用保险费率的因素。对短期出口信用的保险费率通常应考虑的因素。

承保出口信用保险的要求主要有：保险机构根据其提供的资料及通过调查掌握的情况，决定是否承保；短期出口信用保险一般实行全部投保的原则；责任限额是出口信用保单中的一项重要规定，一般的保单中都规定了两种限额。

出口信用保险理赔的基本内容包括：索赔手续，最高赔偿限额与免赔额，出口信用保险定损核赔等待期，损失控制。

投资保险是以被保险人因投资引进国政治局势动荡或政府法令变动所引起的投资损失为保险标的的保险。该业务的开展是出于鼓励资本输出的需要。投资保险的保险责任包括战争险、征用险、汇兑险。我国投资保险规定了一定的责任免除的情况。投资保险的保险期限分为短期和长期两种。投资保险的保险金额以被保险人在海外的投资金额为依据，是投资金额与双方约定比例的乘积，但长期和短期投资项目的比例又有所不同。投资保险有赔偿期限的规定。

在投资保险的赔偿金额方面的规定为：当被保险人在保单所列投资合同项下的投资发生保险责任范围内的损失时，保险人根据损失金额按投资金额与保险金额的比例赔付；发生代位求偿也按比例分摊。

关键词

信用保险　伯尔尼联盟　国内信用保险　出口信用保险　投资保险　商业信用保险　赊销信用保险　贷款信用保险　信用卡保险　出口信用保险体制　短期出口信用保险　中长期出口信用保险　商业风险保险　政治风险保险　买方拒付货款　买方信用限额　自行掌握的信用限额　全部投保原则　出口信用保险理赔　战争险　征用险　汇兑险　等待期限

思考题

1. 简述信用保险的概念及其特征。
2. 简述信用保险的作用。
3. 简述信用保险的种类。
4. 简述出口信用保险的特征。
5. 简析出口信用保险体制。
6. 简述出口信用保险的基本内容。
7. 简述投资保险的基本内容。

8. 名词解释:信用保证保险、政治风险、商业风险、出口信用保险、投资保险、等待期。

9. 案例分析:2016 年 8 月 18 日,X 地区某农产品出口企业 A 公司向 B 国买家 C 公司出口葵瓜子,合同金额 28 万美元,结算方式为付款交单(D/P)30 天。A 公司于货物出口前在 Y 保险公司投保了短期出口信用保险,并获得保险人批复的买方信用限额 32 万美元。货物到港后,由于葵瓜子市场价格下跌,货物于 2016 年 10 月 28 日运抵后,B 公司拒绝付款赎单已达 62 天,导致货物滞港。A 公司在获悉出险信息后,立即向 Y 保险公司索赔。试分析此案。

10. 案例分析:中国的 X 外贸公司于 2015 年 8 月向英国的一家进口商 Y 公司出口一批价值 80 万美元的地毯。该合同的支付方式为 D/P 30 天,Z 保险公司给该买家的信用限额为 D/P 30 天 65 万美元,货物到港后,由于市场发生变化,Y 公司拒绝接受货物并拒付货款。由于投保了短期出口信用保险,X 公司在规定的时间内向保险人报告了损失并提出索赔。在保险人的指导下,X 公司将该批货物运回并以 35 万美元的价格转卖给国内的一家企业。其中,运输费为 6 000 美元,仓储费为 3 000 美元。经审核该赔案事故符合保险责任,且被保险人完整地履行了保单规定的义务,该保单项下的免赔率为 20%,问:Z 保险公司应如何赔偿?

进一步阅读的相关文献

1. 杨学进著:《出口信用保险》,中共中央党校出版社,2000 年版。
2. 中国出口信用保险公司编译:《出口信用保险》,APEC 资料汇编,2004 年。
3. 乔林、王绪瑾主编:《财产保险》(第二版),中国人民大学出版社,2008 年版。
4. 姚新超编著:《国际贸易保险》,对外经济贸易大学出版社,1997 年版。
5. 郑功成、许飞琼主编:《财产保险》(第五版),中国金融出版社,2015 年版。
6. 中国出口信用保险公司编:《国家风险分析报告》(上、下册),中国金融出版社,2005 年版。
7. 中国出口信用保险公司网站(http://www.sinosure.com.cn)。

第十章

保 证 保 险

通过本章的学习,掌握保证保险及其各类保证保险的原理和实务,了解各类保证保险条款,理解保证保险中的重要概念。本章的内容包括:

- 保证保险概述
- 诚实保证保险
- 合同保证保险
- 产品保证保险

第一节 保证保险概述

一、保证保险的概念及区别

(一) 保证保险的概念

保证保险(Guarantee Insurance)是义务人(被保证人)根据权利人的要求,要求保险人向权利人担保义务人自己的信用的保险。它所承保的风险是一种信用风险。国际上经营信用保险业务、保证保险业务的除一般财产保险公司外,还有一些专业性的保险公司。

(二) 信用保险和保证保险的区别

信用保险和保证保险都是保险人对义务人(被保证人)的作为或不作为致使权利人遭受损失负赔偿责任的保险,即保险人对义务人信用的担保。但二者的对象和投保人均不同:前者是权利人要求保险人担保义务人(被保证人)的信用,后者是义务人(被保证人)要求保险人向权利人担保自己的信用;前者由权利人投保,后者由义务人(被保证人)投保。信用保险和保证保险承保的标的都是信用风险,但二者存在区别,主要表现为:

(1) 信用保险是填写保险单来承保的,其保险单同其他财产保险的保险单并无大的差别,同样规定责任范围、责任免除、保险金额(责任限额)、保险费、损失赔偿、被保险人的权利义务等条款;而保证保险是出立保证书来承保的,该保证书同财产保险的保险单有着本质区别,其内容通常很简单,只规定担保事宜。

(2) 信用保险的被保险人是权利人,承保的是被保证人(义务人)的信用风险,除保险人外,保险合同中只涉及权利人和义务人两方;保证保险是义务人应权利人的要求投保自己的信用风险,义务人是被保证人,由保险公司出立保证书担保,保险公司实际上是保证人,保险公司为了减少风险往往要求义务人提供反担保(即由其他人或单位向保险公司保证义务人履行义务),这样,除保险公司外,保证保险中还涉及义务人、反担保人和权利人三方。

(3) 在信用保险中,被保险人交纳保费是为了把可能因义务人不履行义务而使自己遭受损失的风险转嫁给保险人,保险人承担着实实在在的风险,必须把保费的大部分或全部用于赔款(甚至亏损),保险人赔偿后虽然可以向责任方追偿,但成功率很低;在保证保险中,义务人交纳的保费是为了获得向权利人保证履行义务的依据。保险人出立保险单并没有完全转移义务人的信用风险,履约的全部义务仍然由义务人自己承担,保险人收取的保费只是凭其信用资格而得到的一种担保费,风险仍由义务人承担,在义务人没有能力承担的情况下才由保险人代为履行义务,因此,经营保证保险对保险人来说,风险是相当小的。

二、保证保险的特征

保证保险是由保险人为被保证人向权利人提供的担保业务。保证保险在保险学界争论较大,它虽然属于广义的财产保险,但同一般的财产保险不同,有如下特征:

(1) 保证保险的当事人涉及三方：保证人(Surety)，即保险人；被保证人(Principal)，或义务人(Obligor)，即投保人；权利人(Oblige)，即受益人。一般财产保险的当事人只有保险人与投保人两方。

(2) 保证保险中的被保险人对保证人(保险人)给予权利人的补偿，有偿还的义务；而一般财产保险的被保险人并无任何返还责任。换言之，在保证保险中，由于保证事故的发生导致的保证人对权利人的赔偿，保证人有权利向被保证人索赔，被保证人有义务返还；而在一般财产保险中，保险人对被保险人没有索赔权和追偿权，也不用提供担保。

(3) 保证保险合同是保险人对另一方的债务偿付、违约或失误承担附属性责任的书面承诺。这种承诺在保证保险合同所规定的履约条件已具备而被保证人不履行合同义务的条件下才能实现。当发生保险事故且权利人遭受经济损失时，只有在被保证人不能补偿损失时，才由保险人代为补偿。因此，从本质上来说，保证保险只是对权利人的担保。

(4) 保险人必须严格审查被保证人的资信。保险人只有严格审查被保证人的财力、资信、声誉的好坏及以往履约历史等，才能代替被保证人向权利人承担法律责任。

(5) 保险费实质上是一种手续费。保险人在承保一般财产保险业务时，都必须做好赔偿准备，一种风险能不能承保，归根结底是看承保这种风险所收取的保险费是否足以抵补这种风险发生的赔款；而保证保险是一种具有一定担保性质的业务，它基本上是建立在无赔款基础之上的。因此，保证保险收取的保险费实质上是一种手续费，是利用保险人的名义提供担保的一种报酬。

三、保证保险的产生和发展

保证保险首先出现于约18世纪末19世纪初，它是随商业信用的发展而出现的。1852—1853年，英国的几家保险公司试图开办合同担保业务，但因缺乏足够的资本而没有成功。最早产生的保证保险是由一些个人、商行或银行办理的，18世纪末或19世纪初诚实保证保险出现，稍后合同担保出现，主要担保从事建筑和公共事业的订约人履行规定的义务，并在订约人破产或无力履行合同时，代为偿还债务。

随后，英国的几家保险公司也开办了该业务，并逐渐推向欧洲市场。1914年诚实存款公司从欧洲撤回，几家英国的保险公司开辟了欧洲合同担保业务市场。近年来，我国为了适应经济发展的需要，也开办了一些保证保险业务，如产品质量保险、机动车辆消费贷款保证保险、住房贷款保证保险等。保证保险是随着商业道德风险的频繁发生而发展起来的。保证保险险种的出现，是保险业功能由传统的经济补偿功能向现代的资金融通功能的扩展，对拉动消费、促进经济增长无疑会产生积极的作用。

四、保证保险的类型

保证保险通常分为诚实保证保险和确实保证保险两类。诚实保证保险将在后面予以介绍，此处只介绍确实保证保险的险种。

确实保证保险是被保证人不履行义务而使权利人遭受损失时，由保险人负赔偿责任的保证保险。其保险标的是被保证人的违约责任，它是对业主和其他权利人的保证。例如，D建筑工程公司2015年12月8日承建C大学的一栋办公楼，C大学要求D建筑工程公司在2016年8月18日前交工，否则D建筑工程公司要向C大学支付罚金。D建筑工程公司便向Z财产保险公司购买完工保证保险，在D建筑工程公司不能履行建筑合同所规定的义务时，由Z财产保险公司向C大学支付赔偿金（如图10.1所示）。

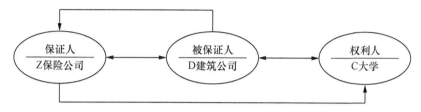

图 10.1 确实保证保险示意图

资料来源：改编自王绪瑾主编，《保险专业知识与实务》，辽宁人民出版社、辽宁电子出版社，2009年版，第170页。

确实保证保险的种类繁多，大致可概括为如下四类：

（一）合同保证保险

因合同保证保险的内容较多，故于后面单独介绍。

（二）司法保证保险

司法保证保险是因法律程序而引起的保证业务。按其内容可分为诉讼保证保险和受托保证保险。

1. 诉讼保证保险

诉讼保证保险是当原告或被告要求法院为其利益采取某种行动，而又可能伤害另一方利益时，法院为了维护双方的合法权益，通常要求保险人为申请人的这种诉讼行为提供担保的保险。其行动如扣押、查封、冻结某些财产等。诉讼保证保险又可分为保释保证保险、上诉保证保险、扣押保证保险、禁令保证保险。

（1）保释保证保险是以被保释人不在规定的时间出庭受审而由法院罚没的罚款为保险标的的保险。

（2）上诉保证保险是以上诉人如上诉失败，所有原诉与上诉费用皆由上诉人负担为保险标的的保险。

（3）扣押保证保险是以原告败诉时负有赔偿被告因临时扣押财产而遭受损失为保险标的的保险。当原告要求法院扣押被告的某一财产，以确保胜诉后得到赔偿时，法院要求提供该保证。

（4）禁令保证保险是以原告要求法院阻止被告采取某一行动，因禁令不当导致被告的损失，应由原告承担的被告损失赔偿责任为保险标的的保险。当原告要求法庭阻止被告采取某一行动（如将约定卖给原告的产品卖给他人）时，便须向法院提供该保证。

2. 受托保证保险

受托保证保险是以法院命令为他人利益管理财产的人因其不尽职尽责而造成被管理人的财产损失为保险标的的保险。需要提供这种保证的被保证人包括财产受托人、破产管理人、遗嘱执行人、遗产管理人、缺乏完全行为能力人的监护人。在若干场合下，若被保证人缺乏为他人管理财产的经验,保证人与被保证人共同管理财产为其出立保证合同的条件。

（三）许可证保证保险

许可证保证保险是担保从事经营活动领取执照的人遵守法规或履行义务的保险。在有些国家,从事某一活动或经营的人在向政府申请执照或许可证时,往往需要提供此种赔偿的保险。常见的许可证保证保险有两种:第一,在被保证人(领照人)违反政府法令或其行为有损于政府或公众利益时,由保险人(保证人)承担由此引起的赔偿责任;第二,保证被保证人(领照人)将按国家法律履行纳税义务。

（四）公务员保证保险

公务员保证保险是对政府工作人员的诚实信用提供保证的保险。公务员保证保险分为诚实总括保证保险和忠实执行职务保证保险两种。前者对公务员不诚实或欺诈等行为所造成的损失承担赔偿责任,后者对公务员因工作中未能忠于职守而给政府造成的损失承担赔偿责任。

第二节　诚实保证保险

一、诚实保证保险的概念与特征

1. 诚实保证保险的概念

诚实保证保险,亦称雇员忠诚保险,是因被保证人(雇员)行为不诚实而使权利人(雇主)遭受损失时,由保证人(保险人)承担赔偿责任的一种保证保险(如图10.2所示)。在诚实保证保险中,雇主为权利人,雇员为被保证人,保险标的是雇员的诚实信用。该险种承保雇员对雇主不诚实行为造成损失对雇主依法应承担的赔偿责任。例如,A银行为防止B会计(被保证人)贪污,而使银行(权利人,雇主)自身遭受损失,向C保险公司投保雇员忠诚保险。

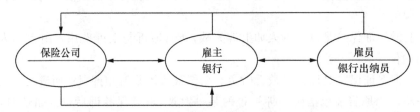

图 10.2　诚实保证保险示意图

资料来源:王绪瑾主编,《保险专业知识与实务》,中国人事出版社,2011年版,第171页。

2. 诚实保证保险的特征

诚实保证保险与确实保证保险相比,二者的共同点在于:二者均属于保证保险,投保人均为被保证人;但也有区别,主要表现在以下几个方面:

(1) 诚实保证保险的保证合同涉及雇主与雇员的关系,而确实保证保险则不涉及。

(2) 诚实保证保险承保的风险只限于雇员的不诚实行为,包括盗窃、欺诈、伪造、隐匿、违背职守等,因此又称为不诚实保险;而确实保证保险承保的风险是被保证人履行一定义务的能力或意愿,与不诚实无关。

二、诚实保证保险的类型

诚实保证保险按其承保的形式,可分为以下五类:指名保证保险、职位保证保险、总括保证保险、伪造保证保险和三D保单。

（一）指名保证保险

指名保证保险是以特定的雇员为被保证人,在雇主遭受因被保证人的不诚实而造成的损失时,由保证人负赔偿责任的保险。常分为个人保证保险和表定保证保险两种。

（1）个人保证保险:是以某一个特定的雇员为被保证人,当该雇员单独或与他人合谋造成雇主损失时,由保证人承担赔偿责任的保险。个人保证合同只承保特定的个人,费用通常由被保证的雇员支付。

（2）表定保证保险:是指同一保证合同中承保两个以上的雇员,每个人都有自己的保证金额的保证保险。实际上该种保证保险只是将若干个个人保证合同合并为一个保证合同而已。该种保证保险可随机增减,只是必须在规定的表内列出被保证人的姓名及其各自的保证金额。

（二）职位保证保险

职位保证保险是在保证合同中不列举各被保证人的姓名及保险金额,只列举各级职位名称、保证金额及每一职位人数的保险。职位保证保险分为两种:

1. 单一职位保证保险

单一职位保证保险是同一保证合同承保某一职位的若干被保证人,无论任何人担任此职位均有效的保险。该险种适用于员工流动性较大的单位,担任同一职位的每一位被保证人,都按保单规定的保证金额投保。若约定的承保职位与被保证人人数不变,但被保证人有更换,则无须通知保险人;若职位与人数有变动,则必须通知保险人,否则,保险人的责任将按照投保人数与全部实际人数的比例予以减少。因此这又可分为两种情形:按此比例减少每一损失的赔偿金额,按此比例减少每人的保证金额。这种保证保险,任何职位都可以投保,但若同一职位中有一个人获得投保,则其余人员也必须投保。

2. 职位表定保证保险

职位表定保证保险是同一保险合同中承保几个不同的职位,每一职位都规定有各自保证金额的保险。其余规定与单一职位保证保险基本相同。在合同订立后新增加的职位,亦可自动承保,但必须在特定的期限内告知保险人,自动保证期间(60日或90日)的保证金额,一般亦有一定的限制。

（三）总括保证保险

1. 总括保证保险的概念与特点

总括保证保险是以雇主所有的正式雇员为保险对象的保险。其特点为:合同不载明每一雇员的姓名、职位名称及保证金额,只要确认损失系雇员的不诚实行为所致,则无须证明由何人或何种职位所致,便可由保险人负责赔偿。

2. 总括保证保险的优点

（1）无须为决定哪一职位或哪一个人需要保证而烦恼;

(2) 自动承保任何新进的雇员,无须告知保险人,也无须在当年增加保费;

(3) 在个人保证保险或职位保证保险下,雇主获得赔偿前,通常必须证明由何人或何职位所致;而在总括保证保险下,只要确认损失系雇员的不诚实行为所致,即可获得保险人的赔偿。

由于总括保证保险具有指名保证保险和职位保证保险所不具有的优点,因此总括保证保险已成为诚实保证保险中最为流行的一种形式。其缺点则是每个雇员的保证金额均相同。为补救该缺点,在保险实务中,许多雇主除投保总括保证保险外,还另外投保个人或职位保证保险。

3. 总括保证保险的类型

(1) 普通总括保证保险。普通总括保证保险是对单位全体雇员不指出姓名和职位的保证保险。保费按年计算,在交费后一年内如雇员人数增加,除企业合并外,不另加保费。只要认定损失是由雇员的不诚实行为所致,保证人均承担赔偿责任。根据确定赔偿限额的方法不同,可将其分为职位总括保证保险和商业总括保证保险:前者规定每次事故中每人的赔偿限额;后者只确定每一损失的赔偿限额,无论损失是一个雇员所致还是多个雇员串通所致,只要是雇员的不诚实行为所致的并在保证金额内的损失,保证人均负赔偿责任。两者的主要区别在于保险责任的不同:前者对每个被保证人引起的损失规定一个限额,后者则对每次损失规定一个限额。由于不诚实行为大多为个别的,故商业总括保证保险的适用性比职位总括保证保险广泛。

(2) 特别总括保证保险。特别总括保证保险是以各种金融机构的雇员由于不诚实行为造成雇主的损失而依法应负的赔偿责任为保险标的的保险。它最早起源于英国伦敦劳合社保险人开办的银行总括保证,以后逐步增加到涵盖各种金融机构。各金融机构中的所有金钱、有价证券、金银条块以及其他贵重物品,因其雇员的不诚实行为造成的损失,保险人均负赔偿责任。

(四) 伪造保证保险

伪造保证保险是承保因伪造或篡改背书、签名、收款人姓名、金额等造成的损失的保证保险,它又分为以下两种形式:

(1) 存户伪造保证保险。承保被保证人或被保证人往来的银行因他人以被保证人的名义伪造或篡改支票、汇票、存单及其他凭单票据等所致损失的保险。此处的承保票据仅指支付票据。

(2) 家庭伪造保证保险。承保个人在收支款项时因他人伪造所致损失的保险。此处的承保票据包括支付票据、收入票据及收入伪钞。

(五) 三 D 保单

三 D 保单是指不诚实(Dishonest)、损毁(Destruction)及失踪(Disappearance)的综合保单。包括诚实保证和盗窃保险两者在内,承保企业因他人的不诚实、盗窃、失踪、伪造或篡改票据遭受的各种损失。

(1) 三 D 保单的内容。包括五部分,被保险人可选择投保部分或全部。这五部分内容包括:① 雇员不诚实保证保险,相当于上述的商业总括保证保险或职位总括保证保险;② 屋内财产的盗窃保险;③ 屋外财产的盗窃保险;④ 保管箱盗窃保险;⑤ 存户的伪造保险。

(2) 三D保单的附加条款。除前述五部分外,还可以附加条款方式增加下列风险的保险:① 收入票据的伪造;② 货物被盗窃;③ 发放的薪金被盗;④ 限额盗窃保险所承保的风险;⑤ 伪造仓库收据。三D保单的保险费,由各部分分别计算后再汇总合计。

三、保障范围与保险责任

(一)诚实保证保险的保障范围

诚实保证保险的保障范围包括:雇主的货币和有价证券的损失,雇主所有的财产的损失,雇主有权拥有的财产或对此负有责任的财产,保险单指定区域的可移动财产。

(二)诚实保证保险的责任范围

1. 诚实保证保险的保险责任

(1) 一般规定。诚实保证保险主要承保雇员的不法行为致使雇主遭受的经济损失。它主要包括:雇员在受雇期间盗窃财物而致的损失,雇员在受雇期间贪污财物而致的损失,雇员在受雇期间的欺诈行为(包括欺骗雇主和其他关系方)而致的损失。雇员在保险期间因上述行为造成钱财损失的发现期,一般规定为6个月,即最迟自该雇员退休、离职或死亡之日起或保险单规定6个月内提出索赔,以其中先发生者为准。如果被保证的雇员被派到其他区域工作,但不超过规定的期限,则该雇员在该区域内引起雇主的损失仍可得到保障。

(2) 美国规定。诚实保证保险的保险责任在不同国家不尽相同,如美国诚实保证保险通常承保两大类风险:欺诈和不诚实。具体为下列六种风险所致的雇主财产或金钱损失:偷窃,非法侵占,伪造,私有,非法挪用,故意误用。其中,偷窃是指暗中用非暴力手段非法拿去他人财物;非法侵占是指将他人所有而由自己保管的财物非法据为己有;伪造是指以欺诈手段伪造票据或其他文件,或将有关票据、文件擅自加以重大修改,使之失去原来的意义;私有是指非法拿走他人的财物供自己使用;非法挪用是指未经所有人同意擅自将其资金供别人使用;故意误用是指以损害他人为目的故意将他人财物用于他所不欲的用途。

2. 诚实保证保险的责任免除

对于下列原因造成的雇主的钱物损失,保险人不负赔偿责任:因雇主擅自减少雇员工资待遇或加重工作任务而导致雇员不诚实行为所带来的损失,雇主没有按照安全预防措施和尽责督促检查而造成的任何钱物损失,雇主及其代理人和雇员恶意串通而造成的损失,超过了索赔期限仍未索赔者。

(三)诚实保证保险中雇主(权利人)的义务

诚实保证保险除具有一般保险合同中规定的明示或默示权利和义务外,还有下列义务:

(1) 接受审查单证的义务,即保险人有权审查雇主提供的索赔说明书、财务计算报告及其他单证,以避免上述资料的不真实而导致保险人的损失。

(2) 通知义务,即雇主及其代理人在发现雇员有某种欺骗和不诚实行为,并可能造成钱财损失时,应随时通知保险人。

(3) 变更雇佣条件的协商义务，即雇主变更雇佣条件或减少雇员报酬等情况，均应事先征得保险人的同意。

(4) 协助追偿的义务，即雇主除有责任向保险人提供有关情况外，还应积极协助保险人向犯有欺骗和不诚实行为造成钱物损失的雇员进行追偿，或从雇主应付给上述雇员的报酬中扣回保险人在该保险单项下已支付的赔款。

第三节 合同保证保险

一、合同保证保险的概念与分类

（一）合同保证保险的概念

合同保证保险是承保因被保证人不履行各种合同义务而造成权利人的经济损失的一种保险。它最初主要是适应建筑工程投资人对承包人如期完工的要求而兴办起来的，最普遍的业务是建筑工程承包合同的保证保险。

（二）合同保证保险的分类

1. 建筑保证保险

建筑保证保险是承保因建筑误期所致各种损失的保险。根据建设工程的不同阶段，它可分为以下四种：

(1) 投标保证保险。是承保工程所有人（权利人）因中标人未继续签订承包合同而遭受损失的保险。

(2) 履约合同保证保险。是承保工程所有人因承包人未按时、按质、按量交付工程而遭受损失的保险。

(3) 预付款保证保险。是承保工程所有人因承包人未履行合同而遭受的预付款损失的保险。

(4) 维修保证保险。是承保工程所有人因承包人未履行合同所规定的维修义务而遭受损失的保险。

一般而言，被保险人既可按阶段投保上述险种，也可投保综合性的建筑保证保险。

2. 完工保证保险

完工保证保险是承保借款建筑人因未按期完工和到期不归还借款而造成有关权利人损失的保险。在投保完工保证保险的情况下，可由保险人负赔偿责任。

3. 供给保证保险

供给保证保险是承保供给方因违反合同规定的供给义务而使需求方遭受损失的保险。如制造厂商与某加工厂商订立合同，由制造厂商按期提供一定数量的半成品给加工厂商，一旦制造厂商违反供给义务而使加工厂商遭受损失，若投保了供给保证保险，则由保险人负赔偿责任。

4. 存款保证保险和贷款保证保险

存款保证保险、贷款保证保险也属于合同保证保险的重要形式。其中，存款保证保险是以银行为投保人，以保证存款人的利益为目的，当银行出现支付危机时，保险人负有赔偿责任的一种保证保险。贷款保证保险是指保险人向债权人（银行或其他金融机构）保证从其那里获取贷款的债务人将确实履行还债义务，如果债务人不履行债务致使债权人（银行或其他金融机构）遭受损失，由保险人向债权人负赔偿责任的一种保证保险，其投保人为债务人（被保证人）。其保险金额的确定为借款合同的借款金额，但最高不得超过抵押物售价的一定比例，两者以低者为准，其目的是防止借款人故意逃避银行的债务。目前在我国保险经营实践中，常见的贷款保证保险如住房贷款抵押保证保险、机动车辆消费贷款保证保险、小额贷款保证保险等。

二、合同保证保险所要求的具体条件

由于合同保证保险的风险较大，因此保险人在承保该类业务时，一般要求具备下列条件：

（1）投资项目已经核实，工程施工力量、设备材料等物已落实可靠。

（2）严格审查承包人的信誉、经营承包能力和财务状况，并要求提供投保工程的合同副本、往来银行名称及账号等资料。

（3）要求承包工程的人提供反担保或签订《偿还协议书》。

（4）工程项目本身已投了工程保险。在承保前，保险人应对工程各方面的情况进行调查研究，在可靠的前提下才能承保。在工程施工期间，保险人一般要经常了解工程进度及存在的问题，并在可能的情况下提出建议，督促有关当事人采取措施，确保工程如期完工。

三、合同保证保险的责任范围

合同保证保险根据工程承包合同的内容来确定保险责任，一般仅以承包人对工程所有人承担的经济责任为限。

（1）保险人只负责工程合同中规定的由于承包人方面的原因造成的工期延误的损失。不属于承包人方面的原因造成的工期延误损失，保险人不负赔偿保险责任。如由于人力不可抗拒的自然灾害或工程所有人提供的设备材料不能如期运抵工地等原因造成工期延误，就属于责任免除。

（2）保险人赔偿的数额也以工程合同中规定的承包人应赔偿的数额为限。如承包合同中规定了承包人若不能按期保质完工就要向工程所有人支付罚款，则保险人的赔偿数额就以该罚款数额为限。

此外，合同保证保险的保险金额，一般以不超过工程总造价的80%为限。

第四节 产品保证保险

一、产品保证保险的概念及其意义

1. 产品保证保险的概念

产品保证保险,亦称产品质量保险或产品信誉保险,是以被保险人因制造或销售的产品丧失或不能达到合同规定的效能而应对买主承担赔偿责任为保险标的的保险。它与产品责任保险的业务性质有根本区别。不过在保险实务中,产品保证保险经常同产品责任保险综合起来承保,尤其在欧美国家,保险人一般同时开办产品责任保险和产品保证保险,制造商或销售商则同时投保产品责任保险和产品保证保险。

2. 开办产品保证保险的意义

开办产品保证保险的意义,主要有以下几个方面:

(1) 产品在保险公司保了险,能增强人们消费或使用产品的安全感,有利于维护用户或消费者的正当权益;

(2) 有利于企业迅速赢得顾客,打开产品销路;

(3) 能促进企业的质量管理,提高投保企业的竞争能力,最终使整个社会生产力水平得到提高。

3. 产品保证保险与产品责任保险的关系

产品保证保险与产品责任保险的关系在于,二者都与产品有关,但二者存在重大区别:

首先,险种性质不同。产品保证保险属于保证保险的范畴,产品责任保险属于责任保险的范畴。

其次,保险标的不同。产品保证保险是承保产品事故中产品本身的损失,产品责任保险承保的是产品责任事故造成他人财产损失或人身伤害依法应负的赔偿责任。

最后,保险责任不同。由于产品保证保险承保的是制造商、销售商或修理商因其制造、销售或修理的产品质量有内在缺陷而造成产品本身的损失对用户所负的经济赔偿责任,因而,其责任范围是产品自身的损失及其有关费用,具体包括:赔偿用户更换或整修不合格或有质量缺陷产品的损失和费用;赔偿用户因产品质量不符合使用标准而丧失使用价值的损失及由此引起的额外费用;被保险人根据法院判决或有关行政当局的命令,收回、更换或修理已投放市场的质量有严重缺陷的产品造成用户的损失及费用。而产品责任保险是以产品的生产者或销售者由于产品存在缺陷,造成使用者或其他人的人身伤害或财产损失,依法应承担的赔偿责任为保险标的的保险。其保险责任包括:在保险有效期内,被保险人生产、销售、分配或修理的产品在承保区域内发生事故,造成用户、消费者或其他任何人的人身伤害或财产损失,依法应由被保险人承担的损害赔偿责任;被保险人为产品事故所支付的诉讼、抗辩费用及其他经保险人事先同意支付的合理费用。

二、产品保证保险的责任范围

1. 产品保证保险的保险责任

由于产品保证保险承保的是制造商、销售商或修理商因其制造、销售或修理的产品质量有内在缺陷而造成产品本身损失对用户所负的经济赔偿责任,因而,其责任范围是产品自身的损失及有关费用,这是产品责任保险不承保的责任。产品保证保险的保险责任具体包括:

(1) 赔偿用户更换或整修不合格或有质量缺陷的产品的损失和费用;

(2) 赔偿用户因产品质量不符合使用标准而丧失使用价值的损失及由此引起的额外费用,如运输公司因购买不合格汽车而造成的停业损失(包括利润和工资损失),以及为继续营业临时租用他人汽车而支付的租金等;

(3) 被保险人根据法院判决或有关行政当局的命令,收回、更换或修理已投放市场的质量有严重缺陷的产品造成用户的损失及费用。

2. 产品保证保险的责任免除

产品保证保险的责任免除包括:

(1) 用户或他人故意行为或过失或欺诈引起的损失;

(2) 用户不按产品说明书或技术操作规定使用产品或擅自拆卸产品而造成的产品本身的损失;

(3) 属于制造商、销售商或修理商保修范围内的损失;

(4) 产品在运输途中由于外部原因造成的损失或费用等;

(5) 因制造或销售的产品的缺陷而致他人人身伤亡的医疗费用和住院、护理等其他费用或其他财产损失;

(6) 经有关部门的鉴定不属于上述质量问题造成的损失和费用;

(7) 不属于该保险条款所列责任范围内的其他损失。

由于产品保证保险是一项十分复杂的业务,因此在经营中必须以投保企业信誉好、产品质量高为承保条件;同时,由于产品保证保险的风险一般不易估算和控制,故保险人通常采取与投保人共保的办法,由保险人和投保人各承担一定比例(如50%)的责任。

三、保险金额和保险费率

产品保证保险的保险金额一般以被保险人的购货发票金额或修理费收据金额来确定。前者如出厂价、批发价、零售价等,以何种价格确定,可以由保险双方根据产品所有权的转移方式及转移价格作为依据。

在费率厘定方面,应以下列因素为依据综合考虑:产品制造者、销售者的技术水平和质量管理情况,这是确定费率的首要因素;产品的性能和用途;产品的数量和价格;产品的销售区域;保险人投保该类产品以往的损失记录。

四、赔偿处理

发生消费者对承保产品的索赔时,保险人按下列处理方式进行赔偿:

(1) 由于设计、制造等原因导致产品零部件、元器件失效或损坏时，赔偿该部件或元器件的重置价和修理费用；

(2) 整件产品需要更换、退货时，其赔偿金额以产品出厂价格或销售价格为限，若出厂价格或销售价格高于产品购买地的重置价，其赔偿金额以重置价为限；

(3) 保险人负责赔偿因产品修理、更换、退货引起的鉴定费用、运输费用和交通费用，合计赔偿金额在同一赔案中不得超过保险责任项下赔偿金额的30%；

(4) 更换或退回的产品残值作价在赔款中扣除后归被保险人所有。

消费者必须通过被保险人向保险人提出索赔，保险人在保单约定的赔偿限额内承担赔偿责任，超过赔偿限额的部分由被保险人负责赔偿，保险人不负赔偿责任。在保险人的赔款达到赔偿限额时，应当注销保险单；但是如果被保险人向保险人提供了合适的担保，保证保险人超过赔偿限额的赔款能够得到补偿，则保险人也可以继续在追加的担保额度内承担赔偿责任。

小结

保证保险是义务人（被保证人）根据权利人的要求，要求保险人向权利人担保义务人自己的信用的保险。信用保险和保证保险承保的标的都是信用风险，但二者存在区别，主要表现为：出立保单的形式不同，投保人不同，风险不同。

同一般的财产保险不同，保证保险的特征为：保证保险的当事人涉及三方；保证保险中的被保险人对保证人（保险人）给予权利人的补偿有偿还的义务；保证保险合同是承担附属性责任的书面承诺；保险人必须严格审查被保证人的资信；保险费实质上是一种手续费。

保证保险通常分为诚实保证保险和确实保证保险两类。确实保证保险是被保证人不履行义务而使权利人遭受损失时，由保险人负赔偿责任的保证保险。确实保证保险大致可分为：合同保证保险，司法保证保险，受托保证保险，许可证保证保险，公务员保证保险。其中，司法保证保险按其保证内容可分为诉讼保证保险和受托保证保险。诉讼保证保险又可分为：保释保证保险，上诉保证保险，扣押保证保险，禁令保证保险。

公务员保证保险分为诚实总括保证保险和忠实执行职务保证保险两种。

诚实保证保险是因被保证人（雇员）行为不诚实而使权利人（雇主）遭受损失时，由保证人（保险人）承担赔偿责任的一种保证保险。诚实保证保险与确实保证保险均属于保证保险，但也有区别，诚实保证保险主要有如下特征：保证合同涉及雇主与雇员的关系；承保的风险只限于雇员的不诚实行为。

诚实保证保险按其承保的形式，可分为以下五类：指名保证保险，职位保证保险，总括保证保险，伪造保证保险，三D保单。

诚实保证保险的保障范围包括：雇主的货币和有价证券的损失，雇主所有的财产的损失，被保险人有权拥有的财产或对此负有责任的财产，保险单指定区域的可移动财产。

诚实保证保险中雇主除具有一般保险合同中规定的义务外，还包括：接受审查单证的义务,通知义务,变更雇佣条件的协商义务,协助追偿的义务。

合同保证保险是承保因被保证人不履行各种合同义务而造成权利人的经济损失的一种保险。合同保证保险包括:建筑保证保险,完工保证保险,供给保证保险,存款保证保险,贷款保证保险。

由于合同保证保险的风险较大,因此保险人在承保该类业务时,一般要求具备一定的条件。合同保证保险根据工程承包合同的内容来确定保险责任。

产品保证保险是以被保险人因制造或销售的产品丧失或不能达到合同规定的效能而应对买主承担赔偿责任为保险标的的保险。开办产品保证保险对用户或消费者、企业均有重要意义。

产品保证保险与产品责任保险都与产品有关,但二者存在重大区别:险种性质不同,保险标的不同,保险责任不同。

产品保证保险的保险责任包括:赔偿用户更换或整修不合格或有质量缺陷的产品的损失和费用;赔偿用户因产品质量不符合使用标准而丧失使用价值的损失及由此引起的额外费用;被保险人根据法院判决或有关行政当局的命令,收回、更换或修理已投放市场的质量有严重缺陷的产品造成用户的损失及费用。产品保证保险存在责任免除的情况。

产品保证保险的保险金额一般以被保险人的购货发票金额或修理费收据金额来确定。在费率厘定方面,应以下列因素为依据综合考虑:产品制造者、销售者的技术水平和质量管理情况,这是确定费率的首要因素;产品的性能和用途;产品的数量和价格;产品的销售区域;保险人投保该类产品以往的损失记录。发生消费者对承保产品的索赔时,保险人按不同处理方式进行赔偿。

关键词

保证保险　诚实保证保险　确实保证保险　合同保证保险　司法保证保险　受托保证保险　许可证保证保险　公务员保证保险　指名保证保险　职位保证保险　总括保证保险　伪造保证保险　三D保单　总括保证保险　普通总括保证保险　特别总括保证保险　建筑保证保险　完工保证保险　供给保证保险　存款保证保险　贷款保证保险　产品保证保险

思考题

1. 简述保证保险的含义及其与信用保险的区别。
2. 简述保证保险的一般特征。
3. 简述确实保证保险的含义及其与诚实保证保险的区别。
4. 试比较产品责任保险与产品保证保险的联系和区别。
5. 试比较诚实保证保险与雇主责任保险的区别。

6. 简述产品保证保险的基本内容。

7. 简述保证保险的类型与内容。

8. 案例分析：用户甲某在 2015 年 8 月 18 日购买了一台 X 公司价值 5 000 元的电热水器。甲某按照说明书的要求使用该热水器，一次因热水器漏电，甲某在洗澡中意外身亡，热水器也完全损坏了，此时距甲某使用该热水器还不到两个月。甲某家人向 X 公司要求退换热水器原价款并承担甲某死亡的赔偿责任 50 万元。X 公司曾向 Y 保险公司投保了产品质量保证保险，保险期限自 2015 年 3 月 8 日起至 2016 年 3 月 7 日止，保险金额为 500 万元，没有免赔额。X 公司以已经投保为由，向 Y 保险公司索赔，要求赔偿 50.5 万元。试分析此案例。

进一步阅读的相关文献

1. 王绪瑾主编：《保险学》（第六版），高等教育出版社，2017 年版。
2. 王绪瑾主编：《保险专业知识与实务》（中级），中国人事出版社，2017 年版。
3. 乔林、王绪瑾主编：《财产保险》（修订版），中国人民大学出版社，2008 年版。
4. 郑功成、许飞琼主编：《财产保险》（第五版），中国金融出版社，2010 年版。
5. 庹国柱主编：《保险学》（第五版），首都经济贸易大学出版社，2009 年版。
6. 林增余编：《财产保险》，中国金融出版社，1987 年版。
7. 〔美〕詹姆斯·S.特里斯曼等著，裴平主译：《风险管理与保险》，东北财经大学出版社，2002 年版。
8. 汤俊湘著：《保险学》，（中国台湾）三民书局，1976 年版。
9. 袁中蔚著：《保险学》，首都经济贸易大学出版社，2000 年版。
10. 《广东省高级人民法院关于审理汽车消费贷款保证保险纠纷案件若干问题的指导意见》，粤高法发〔2006〕19 号，2006 年 6 月 27 日。

第十一章

农业保险

通过本章的学习,掌握农业保险的概念及其分类,了解各类农业保险实务。本章的内容包括:

- 农业保险概述
- 农业保险的主要内容

第一节 农业保险概述

一、农业保险的定义与特点

1. 农业保险的定义

农业保险(Agricultural Insurance)是保险人对于从事农业生产的单位或个人在进行种植业、养殖业生产过程中遭受自然灾害和意外事故所造成的损失,在保险责任范围内承担赔偿保险金责任的保险,是财产保险的一种。农业保险有狭义和广义之分,狭义的农业保险特指种植业和养殖业保险,而广义的农业保险范围则涵盖农业产业的整个过程及相关财产和人员。

联合国贸易与发展委员会将农业保险定义为:首先,总的说来,农业保险涉及农业的整个过程,包括农作物收割后储藏、加工以及将农作物运输到最终市场。进一步讲,它并不局限于耕种农作物,还包括园艺、种植园、森林等。其次,农业生产过程中所使用的财产,包括房屋、机器、设备工具、加工厂等都需要得到保护。再次,从事这些活动的人的保险,也是完备意义上的农业保险的必备内容。最后,对农户来说,各种手工业和家庭产品通常是一种重要的收入来源。所有这些都包括在农业保险的范围内。基于此可以看出,联合国贸易与发展委员会所定义的农业保险是指广义的农业保险。而本书所指的农业保险为狭义的农业保险。

2. 农业保险的特点

农业是人们利用植物、动物的生长机能,通过人工控制和培育来取得农业产品,其基本特点是自然再生产与经济再生产结合在一起,具有生产周期长、自然条件影响大、生产季节性和不稳定性等特点。农业保险虽然属于财产保险的一部分,但由于农业是自然再生产与经济再生产的交织过程,农业保险与农业的特点密切关联,因而农业保险必须符合农业生产的特点。所以它与其他财产保险比较,主要有如下特点[①]:

(1)农业保险具有较强的地域性。农业生产及农业风险的地域性,决定了农业保险也具有较强的地域性,即农业保险在险种类别、标的种类、灾害种类及频率和强度、保险期限、保险责任、保险费率等方面,表现出在某一区域内的相似性和区域外明显的差异性。即使在一个县甚至一个乡,农业保险的地域性也表现得很明显。适应这一特点,农业保险发达的国家,农作物保险的风险区划和费率区划已经达到了县、乡或农场的水平。农业保险地域性强的特点,决定了开展农业保险只能因地制宜,根据当地的特点,开办适当的险种,制定、使用符合当地实际的保险条款和费率;同时,在农业保险的管理上,要重视农业保险的区划,建立合理的农业保险区域,形成合理的农业保险险种布局,严格控制险种的类型组合和业务规模,在空间和时间上做到险种互补、以丰补歉,以分散农业保险的经营风险。

(2)农业保险具有明显的季节性。农业生产和农业风险本身强烈的规律性与季

---

① 参考乔林、王绪瑾主编:《财产保险》,中国人民大学出版社,2003年版,第629—631页。

性,使农业保险在展业、承保、理赔、防灾防损等方面表现出明显的季节性。例如,农作物保险,一般是春天展业,秋后待农作物收获则责任期结束。农业保险的季节性特点,决定了农业保险也要讲农时,即农业保险在展业、承保、理赔、防灾防损等技术环节上,除要遵守保险经济规律外,还要遵循农业生产的自然规律,严格把握农业生产的季节性变化特点来开展业务,组织业务管理,使农业保险的各项技术环节落到实处。

(3) 农业保险标的具有生命性。农业保险的标的大多是活的生物,受生物学特性的强烈制约。农业保险标的具有生命性的具体体现为:一是农业保险的利益是一种预期利益。由于农业保险标的价值始终处于变化中,只有当它成熟或收获时才能最终确定,因此,变动保额以及收获时二次定损等技术都为农业保险所特有。二是农业保险标的的种类繁多,生命规律各异,抵御自然灾害和意外事故的能力也各不相同,难以制定统一的赔偿标准。三是农业保险标的的生命周期使得农业保险承保、理赔工作的开展必须适应这些规律。四是农作物保险标的在一定的生长期内受到损害后有自我恢复能力,从而使农业保险的定损复杂,尤其是农作物保险常常需要在收获时二次定损。总之,有生命的农业保险标的受到自然再生产规律的制约,使农业保险的经营除了要遵循财产保险的一般规则外,还要遵循农业生产的一般规律。

(4) 农业保险经营成果具有周期性。农业保险是对农业风险进行管理的一种方式,而大多数种类的农业风险都具有明显的周期性,这就使得农业保险的经营成果具有某种周期性的特征。表现在无大灾的年份某农业保险险种的赔付率不高,但在大灾年份则出现严重超赔,而大灾年份的出现同农业风险的周期性密切相关。农业保险经营成果周期性的特点表明,要从灾害周期的时间跨度去评价农业保险的经营成果。这就决定了在从事农业保险经营时:一是农业保险的会计期间应当同农业风险的周期相适应,以真实地反映农业保险的经营状况;二是农业保险的开办和投保应当是连续性的,至少要超过当地农业风险的一个周期,否则农业风险难以在时间上分散,会影响农业保险财务的稳定性。

(5) 农业保险经营具有政策性。由于农业保险产品是一种"准公共物品",因此,当市场失灵时,就只好借助政府干预,以矫正市场的偏差。农业保险带有较强的政策性的特征体现在:① 农业保险的非营利性。国家开办农业保险的目的是为农业提供保障,而不是营利,因此国家应当拨付一定的财政资金用以扶持农业保险的开展。以国内农业保险业务最大的中国人民财产保险公司为例,1982—2003 年,农业保险净赔付率(赔款支出/保费收入)高达 87.4%,如果计入经营管理费用,则总赔付率达 117%。[①] 如果政府不予补贴,农业保险的发展就难以为继。② 农业保险对政府推动力的依赖性。农业保险作为国家对农业的保护政策,在一定程度上是政府行为,其实施必须依靠政府在法律、经济及必要的行政强制力方面加以推动。

二、农业保险的风险基础

(一)农业风险的含义

农业风险是指在农业生产或经营过程中动植物的生长机能受到不可预期的自然灾

[①] 邓心安:《中国农业保险制度:回顾与探索》,生物经济发展研究中心,2009 年。

害和意外事故的破坏,从而使农业生产者遭受经济损失的可能性。农业风险是农业保险存在的前提。

农业区别于其他行业的特点是,农业的主要活动是在露天进行的,农业生产的对象是动植物,这就决定了农业的生产、经营活动更直接和更紧密地依赖于自然条件,最易受自然条件的影响。由于人类的知识、技术手段的限制,对自然界的许多规律还没有认识。因此,客观存在着动植物的生长机能遭受自然灾害破坏的可能性,再加上不可预料的意外事故对动植物生长机能破坏的可能性,就是所谓的农业风险。

(二)农业风险的类型

按风险发生的原因可把农业风险分为以下三类:

1. 自然风险

自然风险是自然现象造成农业损失的可能性,即通常所说的自然灾害,是指水、旱、病、虫、鸟、兽、风、雹、霜冻等自然现象造成的灾害。农业的主要自然风险表现在气象灾害、病害和虫害三个方面。

农业气象灾害是指给农业生产造成危害的不利气象条件,如干旱、洪涝、风灾、霜冻、冰雹等。农业气象灾害具有普遍性、区域性、季节性、持续性、交替性和阶段性等特点。

动植物的病害,分为动物的病害和植物的病害:动物的主要病害有瘟病、炭疽病、口蹄疫、肺疫和结核病等传染病;植物的病害是指由细菌、真菌、病毒、藻类、不适宜的气候或土壤等因素引起的植物体发育不良、枯萎或死亡,影响农业生产最主要的病害有稻瘟病、稻白叶枯病、稻纹沽病、禾谷类黑穗病、棉花枯萎病和棉花黄萎病等。

动植物的虫害,分为动物的虫害和植物的虫害:植物的虫害是指某些昆虫或蜘蛛动物引起的植物体的破坏或死亡,造成农作物种植业生产损失最严重的害虫是黏虫、水稻螟虫、稻飞虱、稻纵卷叶螟、玉米螟、蝼蛄、棉蚜、棉铃虫和棉红蜘蛛等;动物的虫害中,畜禽的虫害主要是指寄生虫。

2. 经济风险

农业中的经济风险主要是指在农业生产和购销过程中,由于种子、化肥和农药等农业生产资料价格的上升和农产品价格的下降,或者农产品和农业生产资料的价格不能同步增长等造成经济损失的风险。市场信息掌握不准或判断失误也能造成农业的经济损失。

3. 社会风险

农业中的社会风险是指由于社会原因和人为因素造成的农业生产损失。社会风险可以分为三类:一是政策风险。包括:国家政策的调整,如利率、税收政策以及农产品的收购政策发生变化给农户带来的风险;地方政府行政干预农业生产和领导者的决策失误,如强制在某一区域大面积种植某种农作物所导致的市场供大于求,价格下降,农民收入减少的情况,地方政府单方面中断土地关系所导致的农民土地被征用等。[①] 二是技术风险。主要是指新技术在运用过程中所造成的农业生产损失,如农民没有很好地掌握新型化肥的使用方法和剂量,导致施肥过多,造成农作物损失等。三是人为风险。比如人

---

① 魏文迪:《农业风险的认识与管理对策》,《安徽农业科学》,2007年第11期。

为火灾,销售的伪劣种子、化肥和农药,工业生产带来的污染,偷盗,战争等人为因素造成的农业生产损失。

（三）农业风险的特征

与其他财产保险的风险相比,农业风险的主要特征有:

1. 农业风险往往造成很大的损失面

据统计,1961—1990年,我国农作物生产遭受旱、涝、风、雹、冻、病和虫灾害的面积年均为5.5亿亩,成灾面积达2.95亿亩,分别占当年平均播种面积的29.8%和12.7%。2000—2008年,我国农作物的受灾面积年均则达到4 600万公顷,成灾面积近2 500公顷,分别占当年平均播种面积的29%和16%。① 表11.1为1982—2009年我国主要农作物受灾情况。

表11.1　1982—2009年我国主要农作物受灾情况　　　　　　　　　　单位:万亩

年份	受灾	成灾	绝收	播种面积
1982	49 700.00	24 177.00	4 786.80	217 131.90
1983	52 070.00	24 313.00	6 258.00	215 990.20
1984	47 831.00	22 896.00	5 588.00	216 332.00
1985	66 548.00	34 058.00	7 843.00	215 438.80
1986	70 703.00	35 484.00	10 011.00	216 306.00
1987	63 129.00	30 589.00	5 503.00	217 434.80
1988	76 311.00	35 917.00	7 358.00	217 303.60
1989	70 486.00	36 673.00	6 562.00	219 830.90
1990	57 711.00	26 729.00	5 109.00	222 543.40
1991	83 208.00	41 721.00	8 488.00	224 379.00
1992	76 999.50	38 842.50	6 599.00	223 510.70
1993	73 249.50	34 695.00	8 193.00	221 723.90
1994	82 563.96	47 074.95	9 799.98	222 220.50
1995	68 811.00	33 401.00	8 427.00	224 818.20
1996	70 097.70	31 632.60	7 957.80	228 667.40
1997	80 143.00	45 464.00	9 644.00	230 955.70
1998	75 217.50	37 771.50	11 421.00	233 559.40
1999	74 972.10	40 096.80	10 195.20	234 559.10
2000	82 035.00	51 555.00	15 225.00	234 635.50
2001	78 321.90	47 688.90	12 326.10	233 561.50
2002	70 678.65	40 978.35	9 838.35	231 953.70
2003	81 758.70	48 774.45	12 819.60	228 622.30
2004	52 365.44	24 445.97	6 128.17	230 330.70
2005	58 227.15	29 949.15	6 896.10	233 230.80
2006	61 637.12	36 947.91	8 113.20	235 530.90
2007	73 488.50	37 595.70	8 620.20	230 196.00
2008	59 985.00	33 424.50	6 048.00	234 398.55
2009	70 815.00	31 851.00	7 377.00	238 116.28

资料来源:中国保监会财产保险监管部编,《中国农业保险资料汇编2007—2009》,2010年,第372页。

---

① 郑功成、许飞琼主编:《财产保险》,中国金融出版社,2009年版,第398—399页。

2. 农业风险往往造成巨额经济损失

一次大的洪水灾害和大干旱能造成上百亿元的损失,一次农业作物大面积的病虫害、一场森林大火或一次大范围的畜禽流行病所造成的损失也是相当严重的。一定时期的农业风险造成的损失更为巨大。据统计,全世界各类农作物每年因受病虫和杂草危害的损失约为800亿—1 200亿美元。

3. 农业风险发生的频率高

一方面,农业生产是直接利用动植物的生长机能进行的,自然再生产和经济再生产交织在一起,在相当程度上"靠天吃饭",受自然条件的影响和制约较大;另一方面,自然气候变化不定,成因复杂,人类在现有的条件下还难以预测和控制它们,这就使得农业风险的发生较为频繁。

三、农业保险与农村保险的关系

1. 农村保险的含义及范围

农村保险是指所有面向农村开办的业务。就我国现有的农村经济结构和经营形式看,农村保险包括了对农村中的农业、林业、牧业、副业、渔业、工业、商业、运输业、服务业等保险服务。另外,农村保险还可以包括对农村劳动者的人身及其所有财产的保险服务。

2. 农业保险与农村保险的关系

农业保险与农村保险既有联系又有区别。一方面,二者都包含了种植业保险和养殖业保险,农业保险是农村保险中一种独立的保险类别。另一方面,农业保险仅仅是对被保险人在种植和养殖过程中的损失提供保险保障,是财产保险的一种,其保险标的是动植物的生长机能;而农村保险是对农村中的人和物以及与物相关联的经济利益提供保险保障,既有人身保险又有财产保险。此外,由于二者的保险标的存在区别,因而它们的保险范围、保险责任、保险金额、保险费率以及保险理赔均不同。

四、农业保险制度模式

(一)国外农业保险制度模式

国际上,由于不同国家的国情不同,其农业保险制度模式也不同,但它们有一个共同的目标就是保护农业的发展,或者说贯彻国家的农业政策。世界上有四十多个国家推行农业保险,国外农业保险制度模式概括起来有以下五类:

1. 政府主导型农业保险模式

政府主导型农业保险模式主要以美国、加拿大为代表,也可以称为美国、加拿大模式,简称"美加模式",其基本特点为"政府主办,政府经营"。美国和加拿大都以国家专门的保险机构主导和经营政策性农业保险为主,政府关于农业保险的政策重点在农作物(目前正逐渐向牲畜饲养业扩展)上,有健全的、不断完善的农作物保险法律法规,并依法由官方农作物保险公司提供农作物(包括果树、水产养殖)一切险的直接保险和再保险。这种经营是政策性的,但农民均是自愿投保,农民对投保的农作物仅支付纯保费的一部分,其余由政府补贴。

美加模式有时也可称为国家和私营、政府和民间相互联系的双轨制农业保险保障体系模式，如美国联邦农作物保险公司(FCIC)、私营保险公司、农作物保险协会共同参与开办，实行强制与自愿相结合，美国政府则通过保费补贴、业务费用补贴、再保险、免征税费等形式给予扶持。

美国农业保险的基本特点为：第一，农业保险实行双轨经营，一方是政府农业部领导下的联邦农作物保险公司；另一方是民间私营保险公司与各州的相互保险公司，经营农作物雹灾险、混合保险和一切风险保险。第二，实行政府补贴，包括对投保人进行保费补贴、对民营保险公司经营农业保险的亏损按法定补贴、承担民营保险公司经营农业保险人员的薪金费用、为民营保险公司提供再保险，联邦农作物保险公司则不以营利为目的。第三，实行自愿保险，美国农业现代化程度高，农场主的保险意识强，可根据风险转嫁的需要，选择单一风险保险、综合风险保险或一切风险保险。

在该模式下，政府采取认捐方式出资组建官方的农作物保险公司，免除一切税负并对经营管理费用提供一定的补助。农作物保险公司直接经营政策性农业保险，原则上农民自愿投保，但也有促使农民投保的强制条件，如比例保费补贴、农户信贷、生产调整、价格补贴等都与是否参加保险相联系。

在美加模式下，由中央政府统一组建政策性的全国农业再保险公司，政府可通过再保险机制，使农业风险在全国范围内得以最大限度地分散，维持国家农业生产的稳定。同时，可以补贴各省、市、区农业保险的亏损。这种补贴不同于一般的民政救济，而是一种差额补贴，专业性的农业保险公司、一般的保险互助合作社或愿意经营农业保险的其他商业性保险机构，可按低于农业风险的实际费率来承保，当赔付率超过一般赔付率时，由国家再保险公司来补足。所以这是一种差额杠杆撬动机制，既可保证农民以可接受的费率参加保险，又可撬动一般保险机构以不低于社会市场利润率的水平来承保农业风险。由于全国农业再保险公司发生作用的范围是参加了保险的人，因而也就调动了被保险人、保险人双方的积极性。在这里，国家是通过差额调节来保证农业保险的发展的。

农业保险是美国实施农业保护的一种非常重要的手段。为减轻自然灾害可能给农民造成的风险损失，美国政府对从事农业保险的机构提供大规模的保费补贴，从而使农民能以较低的保费率普遍参加农业保险。

这种政府主导下的商业保险公司经营的模式对一直由商业保险公司代为经营的国家农业体系具有很大的指导意义。美国近年来的农作物保险制度改革的成功经验也表明，由商业保险公司在政府政策性保险经营的框架下来经营农业保险并不是一条无效的途径。

2. 民办公助型农业保险模式

民办公助型农业保险模式是由相互竞争的互助保险社和商业性保险公司承办农业保险，政府不直接参与农业保险的经营，但对农业保险给予税收等政策优惠的农业保险模式。一些欧盟国家，如德国、法国、西班牙、荷兰等主要采用该模式，大洋洲的澳大利亚也采用该模式。基于该模式的经营特点和经营区域的特点，其又被称为政府主导下的商业保险公司经营模式，或西欧模式。

该模式的主要特点为：第一，没有统一的农业保险制度和体系，政府一般不经营农业保险,主要由私营公司、部分保险相互会社或保险合作社经营,但它们一般只经营雹灾、火灾和其他特定灾害保险;第二,农民自愿投保,自己支付保费,有的国家也支持私营公司开办农作物保险,为减轻参加农作物保险的农民的保费负担,也给予其一定的保费补贴。目前,欧盟正在考虑改变这种制度,建立类似美加模式的农业保险制度。

3. 相互会社农业保险模式

该模式以日本为代表。日本农业建立在分散的、个体农户小规模经营的基础之上,为了应付自然灾害给农业带来的后果,以保障农业再生产的经营稳定,使之适应国民经济的高速发展,日本政府把农民组织起来建立农业共济组织,在此基础上建立了具有日本特色的农业保险模式,即相互会社模式。该模式的特点有:

（1）农业保险的承办主体既不是政策性的保险机构,也不是商业性的保险公司,而是由农民自愿参加的非营利性的相互保险合作组织。农业保险以市、町、村的农业共济组合为基层组织,由农民自愿参加的相互合作组织直接承办农业保险,县级机构（都、道、府、县）成立农业共济组合联合会,承担共济组合的分保,以政府为领导的农业保险机关承担共济组合份额以外的全部再保险额,形成了政府领导与农民共济组合相结合的自上而下的农业保险组织体系。

（2）根据立法规定,凡对国计民生有重要意义的稻、麦等粮食作物,春蚕茧及牛、马、猪等牲畜,均列为法定保险范围,实行强制保险。对果树、园艺作物、旱田作物、家禽等,实行自愿保险。强制保险和自愿保险都享受政府补贴和再保险。日本政府对投保人实行保险费率补贴,如水稻为费率的58%,小麦为费率的68%,春蚕茧为费率的57%,牛、马为费率的50%,猪为费率的40%。县以上联合会的全部经费和共济组合的部分费用由政府负担。

（3）政府作为农业保险的后盾,接受共济组合联合会的再保险。一般情况下,承担保险责任的比例为:共济组合10%—20%,联合会20%—30%,政府50%—70%,遇有特大灾害,政府承担80%—100%的保险赔款,这样就保证了共济组合的经营稳定性。

4. 重点扶持模式:亚洲发展中国家模式

重点扶持模式的主要代表为亚洲的一些发展中国家,如斯里兰卡、印度、孟加拉国、菲律宾、巴基斯坦等,因此该模式又被称为亚洲发展中国家模式。该模式的特点为:

（1）大多数国家农业保险的经办主体为政府所属的专业农业保险机构,如国营保险公司或由政府农业部门组织的农业保险合作组织。

（2）承保面相对较窄,主要承保对象为本国最主要的农作物,很少承保畜禽等饲养动物,如斯里兰卡的水稻和棉花保险,孟加拉国的小麦和水稻保险等。

（3）大多数国家的农业保险为强制或半强制实施:强制实施的国家如斯里兰卡,其规定凡种植被保险的粮食作物都要依法投保;半强制的国家如泰国、菲律宾、印度,对那些种植被保险农作物并且申请到这种农作物生产贷款的农户实行依法强制投保。

（4）农业保险的再保险机制和巨灾风险管理体系不完善,超额损失主要由政府承担,如斯里兰卡规定农业保险的综合成本率115%以上部分的赔偿责任均由政府承担。只有少数国家建立了专业再保险公司提供农业保险的再保险,如菲律宾。

(二) 中国农业保险模式的选择

1. 现行的几种主要模式①

(1) 商业保险公司代办政策性业务模式。这一模式是在已有的财产保险公司中选择资金雄厚、管理先进的保险公司,根据当地的实际情况,与地方政府签订协议,为地方财政代理几种重要农产品(如小麦、水稻、奶牛等)的保险业务。这类农业保险业务应该单独建账、独立核算、自负盈亏;政府分险种和区域支付相当于经济管理补贴的代理费,并立法强制保险;在税负政策上给予扶持,尽量少征税或不征税;对代理业务的地域、费率、险种、补贴、巨灾再保险等作出明确规定。由于是代理保险,故由财政部提供标准化保单、制定费率,并负责业务督察。我国目前大部分省、市实行的是这种模式。

(2) 专业农业保险公司模式。这里主要指地方性的专业农业保险公司。2004年9月筹建的上海安信农业保险股份有限公司以及后来成立的吉林安华农业保险股份有限公司、安徽国元农业保险股份有限公司就属于这种模式。这些农业保险公司采取的是"政府财政补贴推动,商业化运作"的经营模式,遵循"以险养险"的思路,经营业务范围扩展至"大农业保险",即以种植业和养殖业为主并涉及农业财产、责任保险的范畴。市、区(县)两级财政对投保种养两险的农户实行保费补贴;公司通过商业性保险的盈余来弥补种养两险的亏损,在遇到特大灾害,公司通过巨灾再保险仍无法承担保险责任时,政府通过采取特殊救灾政策给予支持。

(3) 相互制农业保险公司模式。相互制保险公司在产权形式上属于合作者,其实现形式是合作社(Cooperative Union)。它是基于相互保障原则,由某些面临同类性质风险、具有大体相同保险需求的自然人或法人组成的法人组织。它没有股东,根据公司章程的规定,投保人向公司缴纳保险费后成为公司会员,公司根据合同约定进行赔付,从事相互保险活动。公司会员是保险人和被保险人的统一体,当保险合同终止时,会员与公司的保险关系随之消失。2005年1月12日,阳光农业相互保险公司在黑龙江正式开业,这是我国第一家相互制农业保险公司。其实行的是以公司统一经营为主导、保险社互助经营为基础的双层经营管理体制。保险社负责办理农业保险业务,是投保人组成的基层保险组织,并办理分保业务。公司统一经营种养两险分保业务和防灾防损业务。其保费由农户承担65%、农垦总局和农场分别代表国家财政与地方财政承担35%(国家财政补贴20%,黑龙江农垦总局补贴15%),保险社自留保费50%,向公司分保50%,赔付由公司和保险社按分保比例承担。同时按保费收入的10%提取大灾准备金,用于平抑大灾风险。

(4) 外资或合资保险公司模式。外资或合资保险公司模式是从2003年才开始的一项探索。法国安盟保险公司是第一家在我国经营农业保险的外资保险公司。外资公司有着先进的操作技术和管理经验,允许其进入我国农业保险市场有利于短期内在局部地区建立成熟的现代化农业保险运行机制,对我国国内农业保险公司的发展完善具有示范和借鉴作用,且有利于缓解我国农业保险供给不足的局面,因而在条件适宜地区适当引进外资或合资农业保险公司对我国农业保险业务的整体发展是有积极意义的。

---

① 王韧:《我国农业保险经营模式研究》,北京工商大学硕士论文,2007年。

2. 评析①

从客观上来说,以上提到的几种组织形式孰优孰劣并没有一个统一的衡量标准。如果就其单独的试点区域来看,每一种模式的选择依据主要取决于以下因素:一是地方政府财力。以上海为例,其经济实力雄厚,方可采取政府支持市场化运行的农业保险模式。二是习惯和传统。以黑龙江农垦区为例,由于其具备长期的互助合作的农业保险历史,故在垦区开展相互保险比较易于当地农民接受,同时因其积累了一定的开展相互农业保险的经验,其在垦区范围内运作得较为成功。三是地形、气候条件。地理条件、自然灾害分布情况的不同决定了对经营模式抗衡风险的能力要求的不同,这直接影响到该区域经营模式的选择。四是农业经济发展水平。发达省市农业占国内生产总值的比重一般较低,政府支持农业保险的可行性比较强。

总体而言,经营模式的选择既要考虑地方开展农业保险的实际需求,又要考虑规范和引导地方农业保险经营模式的选择,努力探索适合于当地市场需求的农业保险经营模式。基于我国地大物博,各地气候、经济、人文、地理环境差异极大的特殊国情,多层次、多主体、多渠道的农业保险经营模式比较符合我国农业产业政策和保险业的需要。

3. 我国农业保险的发展建议

农业是典型的弱质产业(生产周期长、环境影响大、回报见效慢),我国要建设现代化的大农业,发展农业保险,建立现代农业保护伞是必不可少的。我国农业占国内生产总值的份额不小,因此农业保险的潜在市场是十分巨大的,健全农业保险,开拓我国保险市场新的业务增长点显得尤为紧迫。具体建议为:

(1)加快现代大农业的发展,夯实我国农业保险发展的基础。从我国开展农业保险的经验看,我国农业保险市场的建立和发展遭受落后小农经济生产方式的抵抗。许多地区,特别是农业欠发达地区,农业保险的意识还相当淡薄。究其原因在于,我国有得天独厚的自然条件,只要风调雨顺就有好收成。因此,农业欠发达地区的农民缺乏自觉运用社会化保障手段来分散农业经营中的风险的意识。我国发展现代化大农业就是要进一步巩固和加强农业的基础地位,调整优化农业和农村经济结构,突出发展畜牧业、特种水产业、生态农业,大力实施农业产业化经营,增加农民收入。农业保险是农业市场经济的组成部分,现代大农业的发展将为农业保险的持续稳定发展奠定坚实的基础。

(2)明确政府在农业保险市场上的角色与定位。灾害损失是一种偶然的意外损失,政府是灾害损失补偿的最后一道防线,是最后的"义务人"。因此,在重大自然灾害损失中,政府具有不可替代的作用。由于灾害损失点多面广,灾害损失广度和深度日益加深,政府越来越难以满足农业灾害补偿的需求。同时,随着市场经济体制改革的深入,政府过多干预市场运作,对市场经济的完善将起到负面作用,不利于农村经济的发展,也不利于农业保险市场的长远发展。因此,政府准确找到在农业保险市场上的角色和定位,确立农业大市场经济观念,树立"凡是市场能解决的,政府就不要干预,但在市场失灵的情况下,政府就必须进行干预,以矫正市场的偏差"的理念,建立政府和市场的互补机制,利用立法和市场竞争等方面的手段,完善农业保险发展的各种法规和制度,服务好农业保

---

① 王韧:《我国政策性农业保险制度优化路径探析》,《经济经纬》,2009年第5期。

险的发展,搞好农业保险市场监管,把市场的事情交给市场,使政府与市场的关系与市场经济的要求相一致。

(3) 坚持政府引导与商业化运作相结合,建立多层次、多主体的农业保险市场体系。自1980年农业保险恢复开办以来,我国农业保险市场并没有真正建立起来,其原因有二:一是政府引导和商业化运作机制并没有有效建立起来;二是农业保险市场缺乏合格的市场主体,农民参加农业保险的积极性不高,商业保险公司参与不多,农业保险产品奇缺。因此,在设计农业保险市场和农业保险产品时,应根据农业风险可保性的高低确定不同的发展策略:一是对于可保性强的农业风险,应该鼓励商业保险公司进行经营运作,政府可以给予一定的税收优惠政策;二是对于可保性较低的农业风险,因其无利可图,并有较大的经营亏损风险,因此不能完全由商业保险公司进行运作,政府应从多角度介入,包括保费补贴、政策支持、再保制度安排等多方面;三是对于可保性很差的农业风险,如巨灾风险,只有借助政府机制才能解决,商业保险公司可以进行经办代办。同时,积极培育农业保险市场的主体,包括专业化的农业保险公司、相互保险公司、农业保险合作社以及政策性的农业保险再保险公司等,在现代农业保险市场中,运用利益驱动,激发保险公司开展农业保险的热情,根据我国农业的现代化进程,分阶段推出符合我国国情的农业保险产品。坚持政府引导与商业化运作相结合,建立多层次、多主体的农业保险市场体系。

(4) 坚持以政策性农业保险为基础。世界贸易组织有关协议明确规定,政府可从财政上参与农业保险以支持本国农业,从这一规定可以看出农业保险是一项政策性很强的保险。加入世界贸易组织后,我国对农业的保护将主要被限定于非价格保护。现代农业是建立在市场经济条件下的,农业保险市场应在政府统筹考虑我国农业"绿箱""蓝箱""黄箱"政策的前提下,明确政策性保险的基础地位,通过市场竞争,引导商业保险公司和广大农户参与进来,真正建立和健全现代农业保险市场。

(5) 建立农业保险巨灾风险保障体系。建立农业保险巨灾风险保障体系可以从两方面入手:一是建立农业保险基金。建立农业保险基金是建立现代农业保险市场运行模式成败的关键。农业保险基金的形成,要依靠国家政策的扶持,需要国家通过财政政策的引导,在税收、利率方面给予支持。从我国的国情出发,对于我国农业保险基金的筹措,可提出如下建议:一是中央政府从农业发展基金中拿一块,民政部门从救济金中拿一块,乡镇企业从上缴资金中拿一块,加上商业保险公司的垫底资金,形成雄厚的农业保险总准备金。二是建立有效的农业保险再保体系。包括:经办农业保险的保险公司可以通过国际国内再保市场,将部分或全部农业保险责任进行转移;政府应主导建立专业的政策性农业保险再保险公司,对农业保险业务实施无条件再保;政府承担最后的"义务人"职责,对超出原保险、再保险责任的赔付责任进行"有限兜底"。

(6) 推动农业风险信息化建设。农业保险以农业风险为经营对象,农业保险开展的重要前提是对农业风险以及灾害损失的特征和规律的掌握。农业保险产品的开发、保险费率的厘定都必须以过去一段较长时期内的风险损失数据作为基础。长期以来,我国缺乏权威的、系统的农业风险数据和信息搜集及管理系统,导致我国农业风险信息分散在诸多相关部门且很不完整。农业风险的信息化建设可以从两方面入手:一是由政府成立专业的农业风险信息管理中心,其参与者包括农业部、国家统计局、保监会、民政局、国家气象中心等;二是经办农业保险业务的保险公司要详细记录承保业务的损失发生情况,总结归纳农业风险的发生特征和规律,以建立可靠的承保风险的经验信息。

(7)建立支持农业保险发展的法律保障体系。我国农业保险的法律保障体系比较薄弱。我国农业保险尚无一套完整的法律法规和配套政策予以支持,其发展是极其艰难的。目前,在农业保险法律法规方面,我国只有《保险法》第一百八十六条的规定:"国家支持发展为农业生产服务的保险事业。农业保险由法律、行政法规另行规定",以及《农业法》第四十六条的规定:"国家建立和完善农业保险制度。国家逐步建立和完善政策性农业保险制度。鼓励和扶持农民和农业生产经营组织建立为农业生产经营活动服务的互助合作保险组织,鼓励商业性保险公司开展农业保险业务。农业保险实行自愿原则。任何组织和个人不得强制农民和农业生产经营组织参加农业保险",对农业保险进行了有限的规定。

因此,我国应认真研究,借鉴发达国家的成功经验,加快农业保险的立法,用法律形式明确政府、农户、保险人等农业保险市场主体在农业保险中的职能和作用,避免农业保险的随意性。

第二节 农业保险的主要内容

一、农业保险的分类

根据保险标的的不同,可把农业保险分为种植业保险和养殖业保险。

(一)种植业保险

种植业保险是指以各种农作物、林木为保险标的,以生产过程中可能遭遇的某些风险为保险责任的农业保险。在我国,种植业保险主要包括农作物保险和林木保险两类险种。

1. 农作物保险

农作物保险是以各种粮食作物、经济作物为保险标的,以各种农作物在生长期间因自然灾害或意外事故造成的经济损失为保险责任的保险。农作物保险按照标的的不同,分为粮食作物保险和经济作物保险;按农作物生长阶段的不同,分为生长期农作物保险和收获期农作物保险。

(1)粮食作物保险和经济作物保险。粮食作物保险是主要以禾谷类作物、薯类作物和豆类作物为保险标的的保险;经济作物保险是主要以纤维作物、油料作物、糖类作物、嗜好性作物及瓜果、蔬菜等作物为保险标的的保险。

(2)收获期农作物保险和生长期农作物保险。收获期农作物保险是以农作物成熟后的初级产品价值为保险标的的保险。它是生长期农作物保险的后续保险。生长期农作物保险是以粮食作物、经济作物等为保险标的,以各种作物在生长期间因农业风险造成价值或生产费用损失为保险责任的保险。生长期农作物保险通常采取农作物成本保险和农作物收获量保险两种方式,并实行不足额承保。

2. 林木保险

林木保险是以具有经济价值的天然原始林和各类人工林为保险标的,以其在生长过程中因约定的、人力不可抗拒的自然灾害和意外事故造成的经济损失为保险责任的保险。分为森林保险和果树保险。

(1)森林保险。森林保险是以不同的经济实体所营造的人工林和自然林为保险标的,以林木生长期间因农业风险造成林木价值或营林造林生产费用损失为保险责任的保险。① 森林的生长过程较长,保险期可定为一年期或数年期。其主要承保责任是火灾造成的损失,保险金额通常以造林成本或林木蓄积量等为依据确定。

(2)果树保险。果树保险是以生长期的果树和水果为保险标的的保险。果树保险的标的既有林业生产特征,又有农作物生产特征;其保险责任主要是各种气象灾害。

(二)养殖业保险

养殖业保险是指以有生命的陆生动物和水生生物为保险标的的保险。包括畜禽保险(家畜保险、牧畜保险、家禽保险)、水产养殖保险(淡水养殖保险、海水养殖保险)和特种养殖保险。

1. 畜禽保险

畜禽保险是以有生命的畜禽类为保险标的的养殖业保险。根据保险标的的不同特点和不同养殖方式,可把畜禽保险分为家畜保险、牧畜保险和家禽保险三类。

(1)家畜保险。家畜保险是以家畜为保险标的的保险。分为大家畜保险和中小家畜保险。① 大家畜保险。大家畜保险是以役用、乳用、肉用、种用的大家畜为保险标的的保险。它是畜禽保险的主要险种,其保险标的有牛、马、骡、驴、骆驼等;保险责任是大家畜由于灾害事故、疾病等原因造成的死亡损失。保险金额的确定主要以大家畜的账面价值、协商价值或市场价值为依据。② 中小家畜保险。中小家畜保险是以各种中小家畜如猪、羊、兔等为保险标的的保险。承保时主要采取定额承保和变额承保两种方式,承保中小家畜饲养期间的死亡损失。

(2)牧畜保险。牧畜保险是以牧区群养群牧的牛、马、驴、骡、骆驼等大牲畜以及山羊、绵羊等小牲畜为保险标的的保险,可采取定额承保和估价承保两种方式。

(3)家禽保险。家禽保险是以鸡、鸭、鹅等家禽为保险标的的保险。保险责任是因自然灾害、意外事故造成的家禽死亡损失。保险金额可以采取定额承保方式,也可以根据家禽的生理生长规律采取变额承保方式。

2. 水产养殖保险

水产养殖保险是以利用淡水水域和海水水域进行养殖的鱼、珍珠等海洋生物为保险标的的保险。保险责任主要是因自然灾害和意外事故造成的水产品死亡责任和流失责任。保险金额主要有保养殖成本和保养殖产量两种,采取不足额承保方式。

此外,为适应经济发展的需要,对有些经济动物养殖业还可办理特种养殖保险,如对鹿、鸵鸟、鳖、蛇、牛蛙、蚯蚓等,可分别承保养鹿保险、鸵鸟保险、养鳖保险等。

基于以上分类,农业保险的类型如图11.1所示。

---

① 实际上,从理论角度看,林场分为国营独资林场、股份制林场、集体林场和私营林场。

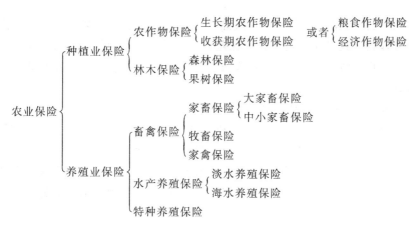

图 11.1 农业保险的分类

3. 特种养殖保险

特种养殖保险是指以特种养殖动物为保险标的一种养殖保险。

二、农业保险的保险标的

农业保险的保险标的因险种而异。为方便起见,按以下分类介绍。

（一）农作物保险的保险标的

根据农作物的生长阶段不同,农作物保险可分为生长期农作物保险和收获期农作物保险;根据作物类别的不同,则可分为粮食作物保险和经济作物保险。这里以农作物的生长阶段为划分标准。

1. 生长期农作物保险的保险标的

生长期农作物保险的保险标的,是处于生长期的各种农作物,包括粮食作物、经济作物、其他作物。根据农作物的用途和植物学系统划分,生长期农作物保险分类如下：

（1）粮食作物保险标的。① 禾谷类作物,包括水稻、小麦、玉米、高粱、稷、薏米、荞麦、黑麦等。② 豆类作物,包括大豆、蚕豆、豌豆、绿豆、小豆等。③ 根茎类作物,亦称薯芋类作物,包括甘薯、马铃薯、木薯、山药、芋、蕉藕等。

（2）经济作物保险标的。① 纤维类作物,包括棉花、苎麻、红麻、大麻、商麻、剑麻、焦麻等。② 油料作物,包括油菜、花生、芝麻、向日葵、蓖麻等。③ 糖料作物,包括甘蔗、糖甜菜等。④ 其他经济作物,包括烟草、茶叶、咖啡、可可等。

（3）其他作物保险标的。如蔬菜作物(如黄瓜、西红柿、辣椒等)、园林作物、药用作物、饲料作物等。

并不是在农作物生长的任何时期,该种作物都可作为保险标的。对于大田作物和保护地栽培作物来说,一般是出土的苗或移栽成活的苗才可作为保险标的。林木保险、果树保险的保险标的也必须是栽植成活后的林木、果树。

2. 收获期农作物保险的保险标的

收获期农作物保险是生长期农作物保险的后续保险。其承保期限一般是从农作物收割(采摘)后进入晾晒场起至完成初级加工进入仓库之前这一时期。收获期农作物保险主要涉及粮食作物和经济作物。凡成熟后进入收割、脱粒、晾晒、碾打、烘烤等初加工的夏、秋粮食作物和经济作物均可作为保险标的。例如，收割的水稻、小麦在脱粒、晾晒、碾打过程中，可作为收获期水稻、小麦火灾保险的保险标的。采摘下来的烟叶可作为烤烟保险的保险标的。

（二）林木作物保险的保险标的

林木作物保险的保险标的分为森林和果林。森林保险的保险标的是防护林、用材林、经济林、薪炭林以及特种用途林。果林保险的保险标的为果林，如栽培的柑橘树、苹果树、葡萄树、香蕉等。对于保护地栽培作物来说，一般是出土的苗或移栽成活的苗才可作为保险标的。林木保险、果树保险的保险标的也必须是栽植成活后的林木、果树。

（三）畜禽保险的保险标的

1. 大家畜保险的保险标的

保险人承保的大家畜主要是牛（奶牛、肉牛和耕牛）、马、骡、驴、骆驼等。按畜群分，大家畜可分为幼畜、青年畜和成年畜（例如，牛分为犊牛、青年牛、成年牛）。而一般只有畜体健康、饲养管理正常的青年畜和成年畜可作为保险标的，而且，成年畜的畜龄也有限制。幼畜和高龄畜（例如10岁以上的奶牛）的染病率及死亡率比较高，故一般不保。

2. 小家畜保险的保险标的

小家畜保险主要承保的是猪、牛、羊、兔等。与大家畜保险的要求类似，只有无伤残、无疾病而且断乳后的这类家畜才能作为保险标的。有的条款还有更具体的投保规定，例如断乳体重要求（猪的断乳体重为10公斤）。

3. 牧畜保险的保险标的

牧畜保险是以牧区放养的牲畜为承保对象的保险。保险标的主要有群养群牧的牛、马、驴、骡、骆驼等大牲畜及绵羊、山羊等小牲畜。承保时有牧畜的健康状况、饲养管理状况等方面的限制。

4. 家禽保险的保险标的

家禽保险承保符合条件的鸡、鸭、鹅、火鸡等家禽。此类保险主要承保符合卫生、防疫、科学饲养管理设施和技术条件的规模化饲养场所饲养的家禽。此外，对承保的家禽也有年龄限制，特别是种禽，例如种鸡的使用年限为1—2年，种鸭的使用年限为2年，种鹅的使用年限为1—4年。农产家庭散养的规模太小的家禽不宜作为保险标的。

5. 特种养殖保险的保险标的

特种养殖保险涉及的动物门类很多，有兽类（鹿、肉狗等）、禽类（鸵鸟、鹌鹑等）、爬行类（蛇、鳖等）、两栖类（牛蛙、蟾蜍等）、节肢动物（蚯蚓等），每种动物都可以作为保险标的，但各自都须具备一定的条件，例如养殖规模、养殖经验、技术条件等。

（四）水产养殖保险的保险标的

水产养殖一般分为淡水养殖和海水养殖，其养殖的水产品有五大类，即鱼类、虾类、蟹类、贝类和藻类。每类又有许多不同的品种，例如鱼类，有传统的四大家鱼（鲤鱼、草鱼、鲢鱼和鲫鱼），还有新兴名贵品种罗非鱼、鳗鱼、鲈鱼等。实践中的保险标的不多，主要是符合承保条件的鱼、虾、蚌、珍珠、贻贝、扇贝、蛤蜊等。淡水养殖保险的承保，要求有一定的养殖面积，水源充足、无污染且周围无污染源，投保人具备一定的饲养技术和条件等,海水养殖的养殖区要有良好无污染的水质,最近 2—3 年无赤潮发生,避风条件好,具有一定的养殖经验等。

三、农业保险的责任范围

(一)农业保险的保险责任

农业保险的保险责任在农作物保险、畜禽保险和水产养殖保险中各不相同。

1. 农作物保险的保险责任

生长期和收获期农作物保险主要涉及粮食作物、经济作物和其他作物。生长期农作物面临的主要灾害有两类:一是由自然气候原因引起的自然灾害,包括干旱、水灾、涝灾、冰雹、干热风、霜冻、暴风、暴雨、台风、龙卷风、寒潮等;二是由病虫草的危害引起的自然灾害。根据保险人承担风险责任的多寡,农作物保险有单一风险责任、综合风险责任和一切风险责任之分。

承保农作物单一风险责任的保险,简称"农作物单一险",就是保险人只承保一种风险责任的保险,例如,小麦雹灾保险、棉花雹灾保险,保险人只对冰雹灾害引起的生长期小麦和棉花产量损失负赔偿责任。又如,水稻、小麦火灾保险,保险人只承担水稻、小麦在收割、运输、脱粒、碾打、晾晒过程中由于火灾原因造成保险标的损失的赔偿责任;烤烟保险,保险人只承担烟叶烘烤加工过程中因火灾原因造成保险标的损失的赔偿责任。

有的险种承担两种或两种以上的风险责任,这种保险简称"农作物综合险"。如棉花保险,承保的风险责任有冰雹、洪水、渍涝、暴风、龙卷风等。

承保农作物一切风险责任的保险简称为"农作物一切险"。这种保险的保险人承担几乎所有的自然灾害和病虫灾害造成的损失赔偿责任。包括地震、干旱、洪水、冰雹、大风、霜冻、雷电、火灾、雨涝、大雪、飓风、龙卷风、病害、虫害等。

2. 林木保险的保险责任

林业生产中的风险很多,有自然风险,例如火灾、洪灾、风灾、雪灾、冻害、雹灾、野兽危害、病虫害等,有社会风险,例如盗伐、哄抢等。林木保险的保险责任可以有多种选择,有单一风险保险和综合风险保险,但目前在一般情况下,保险人对森林只出售森林火灾保险单,承担单一火灾风险的损失补偿责任。

3. 畜禽保险的保险责任

畜禽保险标的面临的可保风险主要有三类:

(1)自然灾害。如火灾、洪水、地震、地陷、崖崩、暴风、暴雨、台风、龙卷风、冰雹、冻灾、雷击、疾病、难产、阉割感染等。

(2)意外事故。如火灾、爆炸、地陷、摔跌、碰撞、互斗、窒息、野兽伤害、触电、建筑物或其他物体倒塌等。

(3)社会风险。如为防止传染病蔓延,执行当地政府命令扑杀并掩埋或焚烧等。畜禽保险可以将以上风险(或其中一部分)所致畜禽死亡或者残废损失综合起来作为保险责任,也可以单独承保其中某一风险责任。

例如,某地奶牛保险责任就包括了上述风险的大部分。

4. 水产养殖保险的保险责任

水产养殖保险的保险责任一般包括死亡责任和流失责任两大类。水产养殖的动植物自身疾病引起的死亡、缺氧死亡,以及他人投毒、养殖池干涸、污染、冰冻等引起的死亡,均构成死亡责任;台风、龙卷风、暴风雨、洪水、地震、海啸等风险造成堤坝溃决引起的养殖动植物流失的损失,则可构成流失责任。流失责任可作为附加责任承保,也可单独承保。

(二) 农业保险的责任免除

农业保险的责任免除因险种而异,各险种共同的除外责任有:

(1) 被保险人及其关系人故意行为、欺骗行为所致的损失。

(2) 被保险人管理不善,或者违反经当地实践证明是合理的栽培和饲养技术,选择作物品种不当,购买的是无繁殖能力、生产率低的品种,或自然淘汰、死亡。

(3) 战争、军事行为、偷盗以及被野兽、牲畜、禽类猎食造成的损失。

(4) 市场价格的跌落造成的损失。

(5) 其他不属于保险责任范围的损失。

农业保险责任范围的确定,因地区、险种、标的而异,其依据主要在于农业保险的性质、目的和被保险人的供给能力、被保险人的需求状况,也取决于社会环境。

四、农业保险的保险金额

鉴于农业保险的特殊性,农业保险的保险金额主要采取以下几种方式确定:

1. 按产量确定保险金额

保险人根据约定的各地同一风险区、同类标的之前一定时期(常为 3—5 年)的亩平均收获量的一定比例(常为四至六成,最高不超过八成)为承保的亩产量,再乘以双方商定的收购价格确定每亩保险金额。[①] 其计算公式为:

$$亩保险金额 = 国家规定的收购价格 \times 一定时期(3—5 年)的平均亩产量 \times 承保成数$$

生长期农作物保险和水产养殖保险适用这种确定保险金额的方式。粮食作物、经济作物、其他作物和水果保险一般以这种平均产量作为保险标的的预期收获量,并以其作为保险价值,保险金额则按该保险价值的一定成数确定。

森林保险的保险金额,可按林木材蓄积量[②]确定,即按单位面积的木材蓄积量和预先选定的木材价格来确定;也可按成本价确定,林木的成本是造林和育林过程中投入物化劳动和活劳动的总和,不包括利润和税金;还可按计划价格或再植成本确定。其中,按林木材蓄积量确定保险金额的计算公式为:

$$林木的总蓄积量 = 单位面积上的林木蓄积量 \times 总面积$$

$$保险金额 = 木材价格 \times 林木的总蓄积量$$

水产养殖保险的保险金额也可以按照平均单位水面上的水产品产量的一定成数来

---

① 这里所指的一定时期是正常年景下的一定时期。
② 林木材蓄积量是林木的产量,按立木体积来度量。

确定。

但有的险种,例如烟草、棉花保险,在上述确定的保险金额范围内,根据作物不同生长时期可能的损失变动情况,保额是有变化的。

2. 按成本确定保险金额

获得准确的农作物或水产品产量资料并非一件容易的事。故保险人便以各地同类保险标的的生产成本作为确定保险金额的依据,包括种子(或种苗)、肥料等材料耗用费,人力作业费,机械或畜力作业费等直接费用。这里的成本有时是完全成本,有时只是费用成本,但使用费用成本的较多,主要目的在于控制道德风险。另外,保收获量的几成是国内外常用的确定农作物保险保额的方法,相对于保成本,这种方式提供的保险保障较高,被保险人易接受。

3. 按市场价或协商价确定保险金额

大家畜保险有时以一个时期的平均价格确定保险保额。例如,若一头 3 岁成年奶牛在当地的市场价为 5 500 元,则保险人可以 5 500 元作为保险金额。水果和果树保险的保险金额是根据果树年龄、果园管理、水果产量等情况来协商确定的。大家畜保险也可以根据大家畜的品种、年龄、用途、健康状况、饲养管理状况等协商确定保额。小家畜和家禽保险还可以根据标的的品种、用途、年龄、经济价值和不同生长阶段、季节的价格差别等情况实行变动保额。

五、农业保险的保险费率

同其他财产保险一样,农业保险的保险费率也由纯费率和附加费率构成。农业保险的纯费率是以保额损失率为基础的,不同的是农业保险保险标的的损失比其他的损失率高得多。由于农业生产自然地理条件的影响很大,这些条件即使在很小的范围内也会有很大的差别,因此农业保险保险费率的厘定比较复杂,一般需要事先按不同的区域区分风险和费率,从而按区域采用区别费率,尽可能地使保费负担与其风险损失相一致。在此情况下,如何确定费率常常是保险人面临的一个难题。完全根据损失率厘定费率,则保户买不起。为了迁就投保人的支付能力,有的保险人就会在没有更有效的资金运用手段的情况下降低价格,但这样又会导致极高的赔付率,致使保险公司亏损。因此,只能依据历年因自然灾害引起农作物产量降低的比例来估算保险费率。所以,完整、系统、可靠的农业保险数据是完善农业保险的基础。同时,农业保险常常属于政策性保险,其附加费率主要是营业费用率。

六、农业保险的保险期限

(一) 农作物的保险期限

农作物保险的保险期限与农作物生产的特点联系在一起。生长期农作物保险一般从作物出土定苗后起保,到成熟收割时止。如小麦保险可以从麦苗出齐苗后开始,水稻保险从插秧结束起保,到小麦、水稻成熟收割为止;对于分期收获的农作物(如棉花、烟草),保险期限应到收完最后一批棉花和烟叶为止。因此,收获期农作物保险保险期限的确定方式有三类:一是根据农作物的生长期确定保险期限。生长期是指某种农作物在某一地区从播种、出苗到成熟的时间。保险期限一般定为从作物出土定苗到成熟收割这段时间的全部或某一部分或该段时间的延伸部分。若是分期收获的作物,如棉花、烤烟等,其保险期限应到收获最后一批为止。二是根据工艺成熟期确定保险期限。工艺成熟期是指加工厂的最佳效益期。按照工艺成熟期确定保险期限的方式通常应用于经济农作物保险中,比如甘蔗、烟草、茶叶、麻类等。三是根据农作物的种植目的和农作物的商品性能确定保险期限。

对于收获期农作物保险,一般从农作物收割进入场院或烘房后起保,到完成脱粒、晾晒等初加工离场入库前,或完成烘制离开烘房为止。有的收获期保险的保险条款,将保险期限提前到收割(采摘)进入场院前10天,包括了收割、运输途中的时间,向后推迟到交售入库为止,从而扩大了保险责任和保障程度。

(二)林木保险的保险期限

林木属多年生植物,生长期较长,林木保险的保险期限因此可长可短。但起保一定是在林木栽植成活后。目前实行1年期的短期保险,少数也有签订3年、5年乃至更长的合同的。

对于果树保险的收获期保险,则一般从水果采摘进入场院或烘房后起保,到完成晾晒等初加工离场入库前,或完成烘制离开烘房为止。有的水果收获期保险的保险条款,将保险期限提前到采摘进入场院前10天,包括了采摘、运输途中的时间,向后推迟到交售入库为止,从而扩大了保险责任和保障程度。

(三)养殖业保险的保险期限

养殖业保险的保险期限,一般与动植物养殖的生产周期相一致。由于养殖对象种类很多,其生活习性、生长规律等方面各有特点,因此,养殖业保险的责任期限不可能按自然年度或其他时间区间确定一个统一的期限,而需要根据标的的养殖周期或风险特点来确定。保险责任期限长短因标的而异,即使同一标的,也可能因为地域和气候的不同、险种的不同而在时间先后和长短方面有一定的差别。例如,生猪死亡保险和生猪屠宰保险,前者承保生猪饲养期间的死亡责任,一般有几个月甚至1年。而后者承保的是屠宰场收购的生猪在候宰期间的疾病和死亡责任,对于分批投保的保险标的,其保鲜期限只有几小时,最多不超过24小时。当然,按当年屠宰计划投保的,保险期限为1年,但其中每一屠宰批次的保险期限仍不超过24小时。

七、农业保险的理赔

由于农业保险的政策性很强,因此做好农业保险的理赔工作,在一定程度上涉及农业政策的落实。农业保险的理赔因不同险种而标准不同。

(一)农作物保险的理赔

1. 对生长期农作物保险的赔偿处理

(1)全部损失。生长期农作物受灾后,80%以上的植株死亡,已没有实现该作物预期收获量的可能,或改种其他作物的季节已过,这种情况下视为全部损失,按保额赔偿。计算公式为:

$$亩赔款 = 单价 \times 亩平均保险产量$$
$$亩赔款 = 亩保险成本 - 还未投入的成本$$

受灾后经保险人同意改种同类作物的,保单继续有效。但是在赔款计算中要扣除改种后的农作物收益。具体赔款计算公式为:

$$亩赔款 = 单价 \times 亩平均保险产量 - 改种时亩赔款 - 改种后亩收入$$

$$亩赔款 = 亩保险成本 - 改种时亩赔款 - 改种后亩收入$$

改种时亩赔款只限于改种时投入的种子(种苗)和人工费。

(2) 部分损失。不论保成本还是保收获量的成数,一般都在收获前(一般为蜡熟期)。测产计算出每亩实际的收益数额。其赔款数额为亩保险金额减去亩平均收入数额。种子的成熟期可分为乳熟期、蜡熟期和完熟期三个时期。乳熟期种子的营养继续积累,种子粒重不断增长;种子进入完熟期,麦粒养分会倒流入秸秆,造成粒重下降,因此种子最好的收获时期为蜡熟期。农作物部分损失的计算公式为:

$$亩赔款 = 单价 \times (亩保险产量 - 实收亩平均产量)$$

$$亩赔款 = 亩保险成本 - 亩平均收入$$

计算时,只有出现正数,才发生赔款。

2. 收获期农作物保险

保险金额一般是正常年景下前3—5年平均亩产量的八成价值。农产品价格以当地收购价或协议定价计算,用公式表示为:

$$亩保额 = 正常年景下前3—5年平均亩产量 \times 保险约定的价格 \times 承保成数$$

另外,有的收获期农作物保险金额还包括了使用的机械、设备、烘烤的价值。

(二) 林木保险的理赔

(1) 如果承保森林发生全损,则按保险金额扣除残值后进行赔付。

(2) 如果承保森林发生部分损失,则赔偿金额由保险金额和损失程度进行确定。损失程度的计算公式如下:

$$损失程度 = (灾前标的估价 - 残值) / 灾前标的估价$$

在此,若实际林地面积大于投保面积,则按比例赔付,即实际赔偿金额 = 应付赔偿金额 ×(投保面积/实有面积);若发生多次保险事故,并多次赔款,则应冲减其保险金额,在有效保险金额限度内赔偿。有效保险金额的计算公式为:有效保险金额 = 原保险金额 - 已赔款金额。在理赔中,要扣除免赔金额和残值。

对果树保险,因水果价格受供求影响较大,实际中只承保产量而不承保产值,也不负责水果质量损失补偿。承保价格可按前3—5年的平均价格并结合市场预测,以及理赔时约定价格波动值的五至七成确定。

(三) 养殖业保险的理赔

1. 对大家畜保险的理赔

(1) 按账面价值成数承保的,按账面价值扣除残值后的余额进行赔付,赔偿公式为:

$$赔偿金额 = 账面价值(保额) - 残值$$

(2) 按估价承保的,在保险金额内按出险时市场价格扣除残值后进行赔付。

(3) 按畜龄分档次定额承保的,按每头的保险金额赔付,不扣残值。因为承保时,仅按当时大牲畜实际价值的一定比例予以确定,已考虑了大牲畜跌价的因素和残值回扣的部分。

2. 对中小家畜保险的理赔

（1）赔付方式。在赔付方式上，按定额承保的，在定额内按相应的档次赔付，不扣残值；按变额承保的，以死亡的家畜尸体重量乘以保险价格，扣除残值后赔付。

（2）理赔技术要点。为防止道德风险，促进养殖人加强饲养管理，减少人为事故造成的损失，在理赔过程中，保险人应注意以下理赔技术要点：第一，坚持在保险金额范围内，补偿出险时的实际损失；第二，坚持数量（头或只）的免赔规定，剔除中小家畜正常死亡因素；第三，必须扣除死亡赔偿应收回的残值；第四，出险时，实际存栏数量多于承保数量时，应按比例赔付；第五，与有关部门联合共保的，应按共保合同规定比例，分提赔款，采取逐日变动保额比较合理。

3. 对水产养殖保险的理赔

水产养殖保险的赔偿处理可根据承保方式的不同采取不同的赔偿处理方法，坚持保成本赔成本、保产值赔产值的原则。方法有两种：

（1）保养殖成本的赔付方法。按成本的投入规律补偿出险时已投入的成本损失。根据保险标的在保险期限内的不同时期凝聚的不同成本量，在保险条款中规定不同的赔付标准（不同时期的赔偿额占最高保额的比例）来计算赔偿金额，残值在赔款中扣除。这种办法主要用于内塘养鱼保险、网箱养鱼保险等。对于养殖水面比较大、发生损失后难以测定其损失程度的水产养殖保险，可根据养殖条件（工具）的损失程度来确定赔偿比例，如围栏养鱼就可以根据围栏的损失大小和流失时间来规定赔偿比例。

（2）保产值的赔付方法。按实际损失在保险金额内赔付，并扣除残值。

小结

农业风险是指在农业生产或经营过程中动植物的生长机能受到不可预期的自然灾害和意外事故的破坏，从而使农业生产者遭受经济损失的可能性。

按风险发生的原因，可把农业风险分为自然风险、经济风险和社会风险。

农业风险的主要特征有：农业风险往往造成很大的损失面，农业风险往往造成巨额经济损失，农业风险发生的频率高。

农业保险是保险人对于从事农业生产的单位或个人在进行种植业、养殖业生产过程中遭受自然灾害和意外事故所造成的损失，在保险责任范围内承担赔偿保险金责任的保险；农村保险是指所有面向农村开办的保险业务。农业保险是农村保险的一部分，农业保险和农村保险既有联系又有区别。

农业保险与其他财产保险相比，主要的特点为：农业保险具有较强的地域性；农业保险具有明显的季节性；农业保险标的具有生命性；农业保险经营成果具有周期性；农业保险经营具有政策性。

国外农业保险制度模式概括起来有：政府主导型农业保险模式，民办公助型农业保险模式，相互会社型模式，重点扶持型模式。

中国农业保险模式的选择要考虑：农业保险的发展必须建立在发展现代大农业上；

政府要在农业保险市场上准确定位;建立产品丰富、市场繁荣的现代农业保险市场;现代农业保险以政策性保险为基础;建立保险基金;推动农业保险信息化;建立有权威的我国信用评估体系;建立适合农业保险的法律保障体系。

根据保险标的的不同,可把农业保险分为种植业保险和养殖业保险。种植业保险分为农作物保险和林木保险,养殖业保险分为畜禽保险和水产养殖保险。

农作物保险按照保险标的的不同分为粮食作物保险和经济作物保险,按农作物生长阶段的不同分为生长期农作物保险和收获期农作物保险。

林木保险分为森林保险和果树保险,畜禽保险分为家畜保险、牧畜保险和家禽保险,其中,家畜保险分为大家畜保险和中小家畜保险。

关键词

农业风险　农业保险　农村保险　农业保险制度模式　政府主导型　民办公助型　相互会社型　重点扶持型　种植业保险　养殖业保险　农作物保险　林木保险　畜禽保险　水产养殖保险　生长期农作物保险　收获期农作物保险　森林保险　果树保险

思考题

1. 什么叫农业保险? 它有哪些特点?
2. 简述国外农业保险制度模式。
3. 简述农业保险的分类。
4. 简述种植业保险的基本内容。
5. 简述养殖业保险的基本内容。
6. 案例分析:某蔬菜种植大户为其种植的 500 亩青菜投保了蔬菜成本价格保险,标准产量为 1 800 公斤/亩,预定市场价格为 0.990 元/公斤。5 月中旬蔬菜集中上市后,市场交易价跌至 0.785 元/公斤,假设免赔率为 5%。试分析此案例。

进一步阅读的相关文献

1. 庹国柱主编:《农业保险》,中国人民大学出版社,2008 年版。
2. 许飞琼主编:《财产保险》,高等教育出版社,2014 年版。
3. 庹国柱主编:《保险学》(第七版),首都经济贸易大学出版社,2016 年版。
4. 郑功成、许飞琼主编:《财产保险》(第五版),中国金融出版社,2015 年版。
5. 乔林、王绪瑾主编:《财产保险》(第二版),中国人民大学出版社,2008 年版。

6. 郝演苏主编:《财产保险》,中国金融出版社,2005年版。

7. 庹国柱、赵乐、朱俊生等著:《政策性农业保险巨灾风险管理研究——以北京为例》,中国财政经济出版社,2010年版。

8. 郭晓航、姜云亭主编:《农业保险》,中国金融出版社,1987年版。

9. 庹国柱、王国军著:《中国农业保险与农村社会保障制度研究》,首都经贸大学出版社,2002年版。

主要参考文献

1. 王绪瑾主编:《保险学》(第六版),高等教育出版社,2017年版。
2. 庹国柱主编:《保险学》(第七版),首都经济贸易大学出版社,2016年版。
3. 孙祁祥著:《保险学》(第五版),北京大学出版社,2013年版。
4. 郝演苏编著:《保险学教程》,清华大学出版社,2004年版。
5. 郝演苏主编:《财产保险》,中国金融出版社,2005年版。
6. 郑功成、许飞琼主编:《财产保险》(第五版),中国金融出版社,2015年版。
7. 许飞琼主编:《财产保险》,高等教育出版社,2014年版。
8. 乔林、王绪瑾主编:《财产保险》(第二版),中国人民大学出版社,2008年版。
9. 林增余编:《财产保险》,中国金融出版社,1987年版。
10. 〔美〕所罗门·许布纳等著,陈欣等译:《财产与责任保险》,中国人民大学出版社,2002年版。
11. 陈振金著:《火灾保险学》,(中国台湾)作者自行出版,2002年版。
12. 周延礼主编:《机动车辆保险理论与实务》,中国金融出版社,2001年版。
13. 李继雄、魏华林主编:《海上保险学》,西南财经大学出版社,1999年版。
14. 郭颂平编著:《海上保险理论与实务》,中国金融出版社,1998年版。
15. 应世昌编著:《新编海上保险学》(第二版),同济大学出版社,2010年版。
16. 杨良宜、汪鹏南著:《英国海上保险条款详论》(第五版),大连海事大学出版社,1996年版。
17. 张拴林主编:《海上保险学》,东北财经大学出版社,1999年版。
18. 雷荣迪编著:《国际货物运输保险》,对外经济贸易大学出版社,1991年版。
19. 姚新超编著:《国际贸易保险》,对外经济贸易大学出版社,1997年版。
20. 吴焕宁主编:《海上法学》,法律出版社,1996年版。
21. 王和著:《工程保险理论与实务》,中国财政经济出版社,2011年版。
22. 王和著:《工程保险》(上、下册),中国金融出版社,2005年版。
23. 朱世昌主编:《工程保险》,湖南教育出版社,1993年版。
24. 许飞琼编著:《责任保险》,中国金融出版社,2007年版。
25. 郑功成著:《责任保险理论与实务》,中国金融出版社,1991年版。
26. 江平、费安玲主编:《中国侵权责任法教程》,知识产权出版社,2010年版。
27. 李仁玉著:《比较侵权法》,北京大学出版社,1997年版。
28. 杨学进著:《出口信用保险》,中共中央党校出版社,2000年版。
29. 中国出口信用保险公司编译:《出口信用保险》,APEC资料汇编,2004年。
30. 庹国柱主编:《农业保险》,中国人民大学出版社,2008年版。
31. 郭晓航、姜云亭主编:《农业保险》,中国金融出版社,1987年版。
32. 庹国柱主编:《保险专业知识与实务》(初级),中国人事出版社,2017年版。
33. 王绪瑾主编:《保险专业知识与实务》(中级),中国人事出版社,2017年版。
34. 凌氤宝、康裕民、陈森松著:《保险学:理论与实务》,(中国台湾)华泰文化,2006年版。
35. 〔美〕詹姆斯·S.特里斯曼等著,裴平主译:《风险管理与保险》,东北财经大学出版社,2002年版。

36. 吴定富主编:《〈中华人民共和国保险法〉释义》,中国财政经济出版社,2009年版。

37. 李玉泉主编:《保险法》,法律出版社,2003年版。

38. 郑伟、贾若著:《保险法》,中国发展出版社,2009年版。

39. 朱铭来主编:《保险法学》,高等教育出版社,2015年版。

40. 李玉泉主编:《保险法学案例教程》,知识产权出版社,2005年版。

41. 中国保险监督管理委员会编:《重大灾害事故保险理赔案例选编》(2016),中国金融出版社,2017年版。

42. 许飞琼编著:《财产保险案例分析》,中国金融出版社,2004年版。

43. 黎宗剑主编:《保险案例汇编》,中国时代出版社,2007年版。

44. 林群弼著:《保险法论》,(中国台湾)三民书局,2010年版。

45. 袁中蔚著:《保险学》,首都经济贸易大学出版社,2000年版。

46. 汤俊湘著:《保险学》,(中国台湾)三民书局,1976年版。

47. 陈云中著:《保险学》,(中国台湾)五南图书出版公司,1993年版。

48. 凌氤宝、陈森松著:《产物保险经营》,(中国台湾)华泰文化,2006年版。

49. 孙祁祥、郑伟等著:《中国保险业发展报告2016》,北京大学出版社,2016年版。

50. 吴定富主编:《中国保险年鉴》,中国保险年鉴编辑部,1997—2010年版。

51. 《保险研究》。

52. 瑞士再保险网站:http://www.swissre.com/publications,Sigma。

教辅申请说明

北京大学出版社本着"教材优先、学术为本"的出版宗旨，竭诚为广大高等院校师生服务。为更有针对性地提供服务，请您按照以下步骤通过**微信**提交教辅申请，我们会在 1~2 个工作日内将配套教辅资料发送到您的邮箱。

◎扫描下方二维码，或直接微信搜索公众号"北京大学经管书苑"，进行关注；

◎点击菜单栏"在线申请"—"教辅申请"，出现如右下界面：

◎将表格上的信息填写准确、完整后，点击提交；

◎信息核对无误后，教辅资源会及时发送给您；
如果填写有问题，工作人员会同您联系。

温馨提示：如果您不使用微信，则可以通过以下联系方式（任选其一），将您的姓名、院校、邮箱及教材使用信息反馈给我们，工作人员会同您进一步联系。

联系方式：

北京大学出版社经济与管理图书事业部
通信地址：北京市海淀区成府路 205 号，100871
电子邮箱：em@pup.cn
电　　话：010-62767312 /62757146
微　　信：北京大学经管书苑（pupembook）
网　　址：www.pup.cn